Curt Meyer-Clason

Portugiesische Tagebücher

(1969–1976)

Gustav Lübbe Verlag

Lektorat: Heinar Kipphardt und Roman Ritter

Umschlaggestaltung: Roberto Patelli, Köln unter Verwendung eines Gemäldes von Antonio Costa Pinheiro »Fernando Pessoa allein«, Öl auf Leinwand, 170 × 145 cm, 1976/77. Coll. Dr. Hubert Burda, München; Foto: Manuel Schnell, München.

Gesamtherstellung: Friedrich Pustet, Regensburg
Printed in Germany
ISBN 3-7857-0469-0

Für
Christiane, Philine, Juliane.

1969

Denken und Tun, Tun und Denken,
das ist die Summe aller Weisheit,
von jeher anerkannt, von jeher geübt,
nicht eingesehen von einem jeden.
Beides muß wie Aus- und Einatmen
sich im Leben ewig fort
hin und wider bewegen;
wie Frage und Antwort sollte eins
ohne das andere nicht stattfinden.

J. W. Goethe

Was halten Sie von der Formel: Geschäft + Ästhetik = Kulturpolitik?
Ein Beamter des Auswärtigen Amts

»Wie Ihnen bekannt ist, muß vor Ihrer Entsendung der Personalgutachterausschuß für die Institute im Ausland gehört werden, dem neben den leitenden Persönlichkeiten der Zentralverwaltung Vertreter des Auswärtigen Amtes, des Bayerischen Kultusministeriums, der Universität München und andere Repräsentanten des geistigen und kulturellen Lebens angehören.« (Brief des Goethe-Instituts E.V. München vom 16. Juni 1969)

Zur anberaumten Stunde trete ich in einer Seitenstraße des Lenbachplatzes durch die enge Pforte des Instituts. Mir schießen die Fragen durch den Kopf, die man mir wohl stellen wird: Welche Verwandtschaft oder Gegensätze bestehen seit Portugals Befreiung von Kastiliens Herrschaft im Jahre 1640 zwischen den beiden iberischen Ländern? Welche Bedeutung hat Portugals älteste Universitätsstadt Coimbra für die Germanistik? Gibt es zeitgenössische Schriftsteller von Weltrang? Wie steht es um die Rezeption von Camões in Deutschland, wie um die der neueren deutschen Literatur in Portugal? Welche Rolle spielen im Volksbewußtsein noch immer *Saudade* und *Fado*? Ist Portugal eine Kulturkolonie Frankreichs oder haben wir dort eine Chance? Wie hoch ist die illegale Auswandererquote der Kriegsdienstpflichtigen? Wie steht es um Zensur und politische Repression? Wie stark ist die Position des sterbenden Salazar und wie sieht die Lage des kriegführenden Landes in den Überseeprovinzen aus? Welchen Einfluß hat die Opposition, die KP im Untergrund? Welches sind die Gründe für eine aktive Zahlungsbilanz bei passiver Handelsbilanz: Überweisungen ausgewanderter Arbeiter, Tourismus, ausländische Investitionen? Über wie viele Kulturkonsumenten verfügt Lissabon?
Aber die staubige Luft des Hinterhauses stört mein Denken, das abwesende »n'Tag« aus der muffigen Portiersloge, die sterilen Plastikwände des Aufzugkäfigs lähmen meinen Elan. Im zweiten Stock empfangen mich die hallenartig hohen, halbdunklen Gänge des Bernheimerbaus aus der Gründerzeit, das Provisorium kahler Kanzleiräume, die wie in der Unterwelt stumm aneinander vorbeigleitenden Gesichter von Finanz-

oder Justizbeamten. Wo ist der Atem des Schirmherrn, wo sein Sturm, sein Drang? Hier also werden im Geist Goethes – oder ohne ihn – die Kulturerzeugnisse der Bundesrepublik Deutschland auf ihre Repräsentanz, auf ihren Wert für bundesdeutsche Selbstdarstellung und auf Exporttauglichkeit hin abgeklopft.
Die Sitzung, richtiger: die beiden Sitzungen, mit je sieben Prüfern in zwei verschiedenen Räumen, beginnen: hilflose Förmlichkeit linkischer Norden, Atmosphäre eines Diplomatenempfangs von der Stange, Gemurmel, Lächeln, Unverbindlichkeiten. Fragen ohne Bezug: »Wie ist der Stand der Germanistik in Rio?« Fragen, um sich tüchtig zu zeigen: »Werden Sie sich um Gehaltsfragen der Ortskräfte kümmern?« Liebhaberfragen: »Was schreibt (der 1967 verstorbene brasilianische Epiker) Guimarães Rosa heuer?« Portugal, das ferne Unbekannte, kommt nicht vor. In der zweiten Sitzung die Frage – ich habe sie geahnt, weil sie charakteristisch ist für den deutschen Behördengeist, in dem das Denken vor dem Sehen, in dem Vorstellung vor Erfahrung steht, charakteristisch für den grünen Beamtentisch mit seinem Code von Grundsatzerklärungen, von Leitsätzen, von Ausführungsbestimmungen und der ewigen Angst vor der Verantwortung, vor dem Risiko –: »Die Zweigstelle Lissabon war bis jetzt vorwiegend eine Sprachabteilung. Sie sollen den Dialog mit dem Lande beginnen. Wie stellen Sie sich Ihre Kulturarbeit vor?«
Ich mache eine Kunstpause, denn ich habe die Antwort auf dem Weg zum Institut präpariert: »Das kann ich Ihnen sagen, wenn ich drei Monate dort bin.« Stille. Räuspern. »Die Prüfung ist beendet. Wir werden von uns hören lassen.«
Auf der Rückfahrt fällt mir die Antwort ein, die ich einem interessierten Gesprächspartner gegeben hätte: Schwierig. Und die Gründe dafür: Die Regierung der Bundesrepublik Deutschland unterstützt die Diktatur Portugal, mit der sie in der NATO verbündet ist, im Kampf um die Besitzwahrung ihrer als »Überseeprovinzen« getarnten Kolonien. Literatur und Kunst verherrlichen aber nicht das Bestehende, sie stellen es um des Künftigen willen in Frage. Das offizielle Portugal lebt ängstlich rückwärts. Will ich also die fortschrittlichen Kräfte beider Länder in einem Dialog zusammenbringen – und ohne dies gibt es keine schöpferische Kulturarbeit – muß ich eigene, womöglich gefährliche Wege gehen. Bei meinem kürzlichen Besuch in Lissabon hat der 23jährige Romancier Almeida Faria in dem winzigen Hotelsalon mit gesenkter Stimme gesprochen und sich jede Minute ängstlich umgedreht. Zudem übt die In-

stitution, die mich zu beschäftigen gedenkt, Zensur und Selbstzensur: vor einem Jahr hat der Leiter der Programmabteilung nach Lektüre meines Referats »Der Schriftsteller und die Politik«, das für eine Vortragsreise durch Lateinamerika bestimmt war, bemerkt: »Bedenken Sie, ich verwalte Steuergelder!« Er hatte vor allem eine Stelle beanstandet, wo unter Berufung auf Mitscherlich die westdeutsche Nachkriegszeit beschrieben wurde als die Entwicklung »einer rückschrittlich aggressiven Nation in eine apolitisch konservative«, wo die Rede war von der »Verdrängung der eigenen Schuld und ihrer Ersatzhaltung eines emotionalen Antikommunismus, jener offiziellen staatsbürgerlichen Haltung, in der sich ideologische Elemente des Nazismus mit denen des kapitalistischen Westens amalgamierten ...« Das könne man nicht sagen, erklärte der Programmdirektor, so jedenfalls könne man es nicht sagen. Schließlich verwalte er Steuergelder.

Brasilien verdanke ich eine wunderbare Lehre: die ermüdende gesamtdeutsche Rechthaberei durch das Jiu-Jitsu der passiven Überrumpelung zu ersetzen. Ich fügte dem Referat eine Ergänzung bei: »Doch diese Feststellung eines Wissenschaftlers (Alexander Mitscherlich) würde einen Schriftsteller wie Thomas Mann, wenn er noch lebte, nicht verwundern: noch nach 1945 hat er mehrfach die Überzeugung ausgesprochen, wir würden lange über das militärische Ende des Dritten Reiches hinaus in einem Zeitalter des Faschismus leben«. Der Programmdirektor war es zufrieden, er war gedeckt. Zu jener Zeit präsentierte das Goethe-Institut in aller Welt seine Thomas-Mann-Ausstellung, und die Eröffnungsredner warben mit Thomas Manns Humanismus und sozialem Demokratismus für das neue Deutschland.

Ich komme an (18. September)

Im Grunde weiß ich wenig von Portugal, wenig von seiner Geschichte. Ich kenne einige Schriftsteller, habe einige Bücher übersetzt, das Land einmal besucht. Dafür spreche und schreibe ich die Sprache des Landes, richtiger: die Sprache von Portugals größter Entdeckung, Brasilien, dieses vokalhelle, springende, singende, von Schwarzafrika und Japan bereicherte Idiom, das die herbe rhetorische Syntax des geschlossenen, verschlossenen Portugiesisch aufgelockert hat. Es verzichtet gerne auf Artikel und Pronomina, eine geborene Dialogsprache, die auf den anderen zuredet, die Anspielungen liebt, Wortspiele, Indirektes und die offen ist, statt wie der zum Monolog neigende Portugiese die unbetonten Vokale abzuschwächen oder gar zu verschlucken, andere nasal zu schließen und gleichsam stets ängstlich an sich zu halten, als fürchte er, der andere könne ihm etwas wegnehmen. Ein brasilianischer Spötter hat einmal gemeint, das Portugiesische, das im sechzehnten Jahrhundert angeblich so geklungen hat wie das Brasilianische noch heute, sei zu einer Geheimsprache von Geschäftsleuten, von Lebensmittelhändlern geschrumpft, seit bald fünfzig Jahren dann zu der Klischeesprache von Faschisten geronnen, die von ihrer undurchdringlichen Fassade wegsprechen, damit niemand wage, sie in ein vertrauliches Gespräch zu ziehen.

Als junger Mann war ich »übers große Wasser in die Welt gefahren, um mir die Hörner abzuschleifen«, wie man bei uns zu Hause sagte, und landete im Dezember 1936 auf der Seereise nach Santos in Lissabon. Die *Massilia*, aus Bordeaux kommend, hatte am Alcântara-Kai festgemacht, und die Passagiere stiegen an Land, um die Zeit der Zwischenlandung für einen Ausflug nach Sintra zu nutzen. Leider sei der Omnibus in »Havarie«, erklärte, die Hände ringend, der Reiseleiter, unter Wiederholungen. Daher schlage er vor, mit Taximetern auszufahren, mit bequemen, offenen Reisewagen, »pour ne pas *perrdre* du temps«. Ein kleiner Preisaufschlag, ein unbedeutender Zeitverlust nur, zu verschmerzen unter den obwaltenden Umständen, er werde die Automobile unverzüglich bestellen, sofern die *Excelências* einverstanden ... Nach dreistündigem Warten rollten die Wagen mit weißen Planverdecken, weißbespannten Sitzen und roten Holzspeichenrädern herrschaftlich an, und die ungeduldigen Reiselustigen stiegen geduldig ein, darunter der französische Baumwollkönig Jean Louis Dreyfus,

unterwegs nach Buenos Aires, der mit spöttischen Lippen wiederholte: »Pour ne pas *perrdre* du temps . . .«
Das war meine erste Bekanntschaft mit Lusitanien gewesen.

Kaum sitze ich im Minimorris von »Fräulein« Lopes, der Allsekretärin des Deutschen Instituts, habe ich die Fluglinie, den Einflug vom Meer über den herrscherlichen Strom, über die graue, wie entkörnte, entkräftete Erde zur Flugschneise vergessen. Ich bin erwartungsvoll, beklommen wie ein Schüler, der in die Lehranstalt einer fremden Stadt versetzt wird. Warum habe ich diese »Herausforderung« – Kulturarbeit in Portugal – angenommen? War mir die tägliche Herausforderung eines sogenannten freien Schriftstellers nicht genug? Hatte ich nicht genug mit meinen Erfahrungen?
Nach dem Besuch des Eberhard-Ludwig-Gymnasiums in Stuttgart, des alten »gymnasium illustre«, bis zur Unterprima, hatte ich eine Banklehre gemacht, dann im Baumwollimport (Untertürkheim) eine kaufmännische Ausbildung erhalten und als Baumwollklassierer und Korrespondent in Bremen und Le Havre gearbeitet. Für Edward T. Robertson & Son, Boston/Mass., USA, Cotton-Controller in São Paulo, von dort aus Brasiliens Häfen befahrend. In der argentinischen Provinz Santa Fé mit den Peones zum Märken der Jungstiere in die Pampa geritten; in Porto Alegre, Rio Grande do Sul, eine Möbelfirma verwaltet. In der Internierung lesen gelernt –: Rilke, Thomas Mann, Friedell, Montaigne, Pascal, Proust, Bernanos, Berdjiajew, Buber, die großen Russen, et alteri. Anschließend im Lebensmittelhandel von Rio de Janeiro Kompensationsgeschäfte durchgeführt (brasilianisches Pinienholz gegen schottischen Whisky). Nach meiner Rückkehr 1954 habe ich in der Bundesrepublik als Verlagslektor begonnen, als Übersetzer und Schriftsteller gearbeitet, als Vortragsreisender ausländische Goethe-Institute kennengelernt. Warum nicht ein Institut von innen kennenlernen, vom betrachtenden Leben zurückkehren ins handelnde Leben, erproben, was Kulturpolitik ist, was Politik der Kultur, was politische Kultur, und welchen Dienst sie dem Menschen der Ökumene leisten kann? Außerdem: Braucht man nicht immer wieder das Ungewohnte als Korrektur des Gewohnten, das Unheimliche als Zersetzung des Heimlichen?
Wir kommen an, Rua do Monte Oli*vete*, Nummer Trinta e *Sete*, der Reim bringt mich ins Lot, Oberstadt, steilabfallende enge

Straßen, stille Häuserfronten des siebzehnten, achtzehnten, neunzehnten Jahrhunderts, Wohnhäuser, Etagenhäuser, Lädchen, Kneipen, abgeblättert und anheimelnd muffig.
Maria, ich kenne sie seit Jahren, öffnet, entschuldigt »Senhor Doutor Ruben«, der noch unterwegs, »Dona Rosemary«, die noch in der Schule ist, und führt mich in das Schlafzimmerchen meines Gastgebers, das mich fürs erste beherbergen soll: hohes Fenster zum Nachbarhaus, Bücherwände, kein Kleiderschrank, asketisches Eisenbett, hier liest man auch tags bei Lampenlicht.
Ich packe nicht aus und wandere durch die behagliche Parterrewohnung; hüfthoch mit blauweißen Fliesen gekachelt sind die Wände des langen dunklen Gangs; die Zimmerflucht auf den unbenutzten Garten, eher ein Innenhof, ist portugiesisch maßvoll, nicht zu groß, nicht zu hell, eher zu dunkel für den Lichthunger von Menschen unserer Breitengrade, aber der legendären Durchsichtigkeit des lusitanischen Lichts muß offenbar gewehrt werden. Alle Räume, auch die Kinderzimmer, vollgestopft mit alten Kommoden, Truhen, Stühlen, bäuerlicher Fayence aus dem Alentejo, Säulenbetten, ein Stilgemisch wie in der Wohnung eines Antiquitätenhändlers, die zugleich als Ausstellungsfläche dient. Ziertische präsentieren die Sammlerleidenschaft des Ehepaars: Kuchenrädchen, Brieföffner, Flacons, Uhren, Kaffeemühlen. Rubens Arbeitszimmer – kleine Kanzlei eines Notars aus dem Achtzehnten, gepunzte Bücherrücken, Stiche, einziger Anachronismus: die altgediente Remington neben dem zarten *bureau plat* auf einem Nähmaschinentisch Marke *Singer* aus der Pionierzeit. Auf dem Fußboden Stapel broschierter Bücher, das Aufschneiden der Seiten bereitet Lesevorfreude in einem Land, dessen Uhren nach eigenem Zeitmaß gehen, auf der ersten Seite die obligate Widmung, deren Wortwahl den begrenzten Kanon nie überschreitet: dem illustren (hochverehrten, hochgeschätzten) Freund (Meister, Gönner, Gefährten, Kameraden) dieser bescheidene Versuch in alter Zuneigung (Freundschaft, Bewunderung, Ergebenheit). Die unerläßliche »dedicatória« gehört zwischen Portugiesen zu einem Beziehungsreichtum, der sich hinter festgefügten Konventionen verbirgt, hier wirkt Tradition als Katalysator von Verbindungen, die nicht abreißen dürfen, und die Unterschrift gilt als Gewähr für Verläßlichkeit, für Dauer, für Verwertbarkeit von Vertrautheiten, deren Mittelpunkt in der Vergangenheit ruht.
Ich denke an unsere erste Begegnung in Rio de Janeiro, 1965,

bei einem Schriftstelleressen. Am nächsten Tag brachte Ruben mir seine Bücher ins Hotel und erzählte ohne Übergang von seiner Arbeit. Sein Gesicht, ich erinnere, es war gespannt, er trug die Nase hoch, vielleicht weil er kleiner ist als ich, dabei sah er mich prüfend an, als frage er mich, ob ich wisse, wem ich gegenüberstehe, ich sei wohl in Brasilien verliebt, einverstanden, aber das kleine, zähe, große Mutterland – achthundert Jahre Geschichte, Lissabon, ein Juwel der Baukunst, die Architekten seines Vaterlandes hätten vor Jahrhunderten Macao entworfen, auf dem Reißbrett, ob ich ahne, was das bedeute? Brasilien, weich, geschmeidig, seine Weite, sein Samba, seine Negerklänge, seine *delicadeza*, gewiß, aber Portugal? »Sie kennen Portugal nicht? Das *muß* man kennen, wenn man wissen will, woher all das kommt, was Ihnen hier gefällt. Das ist nur ein Schatten, Anklänge von weit her, und die Sprache Lusitaniens, etwas ganz Anderes, Sie müssen doch den Unterschied hören.« Dann hatte ich Ruben Andresen Leitão während meines ersten Besuchs in Portugal wiedergetroffen, in Viana do Castelo in der Nordprovinz Minho, wo er ein Musikfestival der Gulbenkian-Stiftung leitete, mit bedeutendem Gesicht bedeutende Ansprachen hielt, die Zuhörer an die Bedeutung der Bildung erinnerte und die Bedeutung der Darbietungen betonte. Und in der Säulenhalle des romanischen Rathauses hörte ich den Vortrag eines Musikwissenschaftlers über Heitor Villa Lobos, der um halbzehn abends beginnen sollte, um halbelf begann und um halbeins noch nicht zu Ende war, weil das schadhafte Tonbandgerät die Übertragung der Musikeinblendungen immer wieder verzögerte. Schon im Verlauf der weitschweifigen Einleitung wurde klar, daß der Redner vor Mitternacht kaum zum Hauptthema gelangen werde. Doch keiner der seßhaften Zuhörer beanstandete die Zeitvergeudung, denn was sollte man in einem Land, das außerhalb der Zeit lebt, anderes tun als Zeit vergeuden, da die Zeit hierzulande nicht in Gleichklang gebracht werden durfte mit dem Tun; und was aus der portugiesischen Zeit werden konnte, wenn sie eingeholt, womöglich überholt oder überrundet wurde, war nicht auszudenken . . .

Draußen geht die Tür, und Ruben kommt herein, Zeitungen unter dem Arm, straff, mit gespanntem Gesicht, verratend, daß er Mehreres gleichzeitig bedenkt und ausführt. Darin ist er vollkommen unportugiesisch, sein Zeitgefühl muß er von seinen Vorfahren mütterlicherseits, den Andresen von der Insel Föhr, Dänen, wie er sagt, geerbt haben.

Maria hat ein kleines *almoço* bereitgestellt, und da Ruben nach dem Mittagessen sofort seine Arbeit in der Kulturabteilung der Brasilianischen Botschaft antreten muß, verabschieden wir uns, und ich gehe zu Fuß ins Institut, fünfzehn Minuten Wegs.

Fragen an den für die Erfolgskontrolle verantwortlichen Inspektor des Goethe-Instituts e. V. München

Der Deutsche hat eine ungeheure Sachlichkeit und ein sehr geringes Verhältnis zu den Dingen.

Hugo von Hofmannsthal

Verfügen Sie über –

a) Beschreibung oder Diagramm des Modellinstituts zwischen einem Ein- und einem Dreißig-Mann-Betrieb, als Niederschlag aus den Erfahrungen von einhundertundzehn Instituten im Verlauf von siebzehn Jahren Existenz der Institution?
b) Beschreibung des Arbeitsablaufs der Hauptfunktionen eines Instituts: 1) Kulturprogramm, 2) Sprachunterricht, 3) Bibliotheksdienst, 4) Information und Werbung, 5) Repräsentation?
c) Erfahrungsbericht über Öffentlichkeitsarbeit mit Universitäten, Schulen, Museen, Theatern, Massenmedien, inländischen und ausländischen Kulturinstituten?
d) eine Zusammenfassung, wie ein gutgeführtes Institut im Gastland leben, funktionieren, florieren soll?
e) sozio-politische Richtlinien für Zweigstellenleiter?
f) Ausbildungskurse für Institutsleiter?

Antwort: Nein.

Avenida da Liberdade 222 I

Ein Auge schiebt die Brille hoch,
schaut dich verwundert an:
Was suchst du denn in unsrem Reich,
Du fremder, fremder Mann?

1

Das ist ein dreistöckiges, an der Hauptstraße gelegenes Etagenhaus des ausgehenden neunzehnten Jahrhunderts auf halbem Wege zwischen dem Platz des Marquis von Pombal und dem Rossio. Trotz seiner privilegierten Lage an der Ecke der Rua Santa Marta könnte man jahrelang daran vorübergehen, ohne neben der Tür ein grünspangeflecktes Messingschild zu entdecken: *Deutsches Institut – Instituto Alemão.* Ich trete ein. In der Fensternische der Portierswohnung ein Eulengesicht, im dämmrigen Hochparterre ein Schild *John W. Nolte*, es könnte anglisierten Hansehandel wachrufen, röche das klebrige Halbdunkel nicht nach Schmuggel und lichtscheuen Agenturen. Im dunklen Flur des zweiten Stocks, erreichbar durch das finstere Treppenhaus oder den finsteren Aufzug, taste ich nach dem Klingelknopf, zähle einundzwanzigzweiundzwanzigundsoweiter ... Ein Rasseln zerreißt die Stille, die turmhohe Tür öffnet sich einen geizigen Spalt, ein Fensterchen schiebt sich hoch, dahinter, auf einem zweiten Eulengesicht, schiebt sich eine Hornbrille hoch. Diese winkt. Ich trete ein, murmle »Ich bin der neue ...« Eine Hand winkt ab. Auf Höhe des Porzellanknopfs erscheint ein Kahlkopf und führt mich stumm durch das tiefe Bodendunkel hoher fremdriechender Gänge, durch eine eichengetäfelte dämmrige Bibliothek, durch ein dämmriges Sekretärzimmerchen ins Dämmer der Institutsleitung. Der Kahlkopf verneigt sich: »Mein Name – Herr Santos ...« Ich neige mich zu dem Kahlkopf hinunter, unsere Hände finden einander, eine weihevolle Stimme sagt: »Ich begrüße den neuen Herrn Direktor ...« und weicht unter Verbeugungen rückwärts ins Dämmerlicht. Ich richte mich auf. Ich blinzle ins Dämmerlicht. Ich öffne die zimmerhohen Läden der einzigen Fenstertür, verschwiegen filtert silbriges Nachmittagslicht aus der Rua Santa Marta herein. Ich erkenne die Umwelt, meine künftige Umwelt: schwerer Schreibtisch, Nußbaum poliert, schwerer runder Tisch, schwere Polstersessel, schwere Bücherregale und -wände, schweres schwarzes Kastentelefon mit Handkurbel.

2

Hier also wird die Kulturarbeit der Bundesrepublik Deutschland für Portugal konzipiert, projektiert, programmiert, exekutiert. Ich öffne Schubladen und Schränke. Lose Blätter umsegeln mich, Staubschwaden umwölken meine Augen, Briefbündel prallen gegen meinen Brustkasten und poltern zu Boden. Ich stemme mich gegen Schranktüren, quetsche quellende Laden zu. Ich nehme am Fenster einen Schluck Luft und setze mich an den leeren Schreibtisch. Ich öffne die Schublade und lese einen Briefkopf: Deutsches Institut, Avenida da Liberdade 222. Kein Lissabon, kein Portugal, keine Telefonnummer, keine Telegrammadresse. Ein Geheimklub für deutschsprechende Eingeweihte?
Ich versuche zu denken. Wieder trete ich ans Fenster, atme das Sonnenlicht der Rua Santa Marta, wünsche mich hinüber ins jugendliche Kommen und Gehen im Eckcafé *Smarta.*

3

Der scheidende Institutsleiter läßt sich schwer in einen schweren Sessel fallen. Er seufzt – halb elegisch, halb erleichtert. Er setzt seine dunkle Brille ab. Mit dieser dunklen Brille betrat er während der letzten sieben Jahre die Institutsleitung, mit dieser dunklen Brille suchte er von seiner versteckten Wohnung aus täglich zu Fuß neue verwinkelte Umwege, um den Augenblick um zehn, um fünf Minuten hinauszuzögern, da er in seinem verdunkelten Arbeitszimmer Verantwortung übernehmen mußte. Mit dieser dunklen Brille las er die eingegangenen Briefsendungen und entwarf handschriftlich mit Datum, Anschrift, Anrede, Bezug, Betreff, Einleitung, Thema und Schlußwort die ausgehenden Briefe, die »Fräulein« Lopes abschrieb oder übersetzte und nach Änderungen, Neuentwürfen, Rückänderungen dem Institutsleiter in der Unterschriftenmappe vorlegte und nach handschriftlichen Zusätzen oder maschinengeschriebenen Nachsätzen kouvertierte, frankierte, spedierte. Mit dieser dunklen Brille gab er Anweisungen, empfing er unwillkommene und willkommene Besucher. Mit dieser dunklen Brille spülte er nach Dienstschluß in der Bar *Smarta* der Rua Santa Marta mit *cerveja a copo* – Bier vom Faß – seine Fremdheit, seine Melancholie, sein Leiden hinunter.

4

Das Exil ist eine Krankheit.
Hilde Spiel

Montanus – so nannten ihn Freunde – war nach Abbruch seines Studiums, um mit seiner jüdischen Braut Hitlers Deutschland zu entkommen, nach Salazars Portugal geflohen und auf der Insel Madeira gelandet. Dort bestritt er den gemeinsamen Unterhalt mit Unterricht in Latein, Griechisch, Deutsch, Literatur. Dort pflegte er die Sprache seines Vaterlandes. Dort durchlebte er eine dreifache Verbannung: seine Verbannung im vorhitlerschen Sprachraum verpflanzte er in die Verbannung im faschistischen Portugal und diese beiden in die Verbannung auf Madeira. Da er kein Bergwanderer war, konnte er sich nur auf dem schmalen Siedlungskranz der kleinen Insel rings um den bewaldeten Bergkegel bewegen und kehrte immer wieder zum Ausgangspunkt zurück. Sein Denken wurde zentripetal und landete immer wieder im eigenen Kern. Stieß sein Blick nach außen, stürzte er ins Meer und mußte sich aus dem Schiffbruch ins eigene Ich retten. Statt sich zu vergessen und Welt zu gewinnen, blieb er bei sich und agonisierte. Die Insel züchtete in ihm Verfolgungswahn, Klaustrophobie, Introversion. Als er nach über zwanzig Jahren Madeira-Aufenthalt in dem 1956 neueröffneten Lissaboner Goethe-Institut zuerst Sprachlehrer, später Institutsleiter wurde, war er ein Einsiedlerkrebs geworden. Er hatte mit seiner Frau eine verwinkelte, hochgelegene Wohnung bezogen. Die Aufforderung der Botschaft, repräsentativere Räume zu mieten, lehnte der gebürtige Elsässer mit Hilfe von Robert Minders Urteil über sein Refugium ab: »Ici, on vit!«

5

Der scheidende Institutsleiter erhebt sich schwer aus seinem schweren Sessel und setzt seine schwarze Brille wieder auf; er wirft einen abwesenden Blick durchs Fenster, schließt abweisend das Fenster und verkündet mit bitterem Sehermund: »Wenn ein neuer Pfarrer ins Dorf kommt und klug ist, läßt er zwei Jahre alles beim Alten . . . Haben Sie noch Fragen?«
»Richten Sie Ihre Schwerpunkte nach den Bedürfnissen des Landes aus?«
»Schwerpunkt unserer Programme ist die Musik!«
»Die Zentrale schlägt mir einen Dialog mit dem Lande vor.«
»Keine Kolloquien bitte, keine Diskussionen, keine Auseinandersetzungen . . .«

»Kann man über die Spracharbeit in die Universität vordringen?«
»Wenn die Universität etwas von uns will, soll sie zu uns kommen.«
»Läßt sich durch fremdsprachige Vorträge der Hörerkreis erweitern?«
»Wir sind ein deutsches Institut und veranstalten nur deutschsprachige Programme.«
»Und auf Portugiesisch?«
»Ich habe nie eine Beziehung zur Sprache des Gastlandes gewonnen.«
»Wie wirbt man für ein Kulturinstitut?«
»Bleiben Sie still in Ihrem Winkel, fallen Sie nicht auf.«
»Wie werben Sie?«
»Wir haben unseren Kreis und werben durch deutsche und portugiesische Freunde. Wozu soviele neue Leute kennenlernen?«
»Läßt sich der Interessenkreis durch Ausstellungen vermehren?«
»Austellungen sind das Stiefkind des Instituts.«
»Läßt sich durch Zeitschriften werben, durch Bibliotheksnachrichten über neuere Literatur?«
»Bitte keinen *Spiegel*, keine progressive Literatur, keine *Edition Suhrkamp*, schon gar keine marxistische Literatur. Verwahren Sie Brecht und Grass unter Verschluß und leihen Sie dergleichen nur privat aus, auf Anforderung.«
»Was geschieht in ruhigeren Zeiten, in der Off-Season?«
»Sie haben genug zu tun, die neuesten Ausführungsbestimmungen der Zentralverwaltung und Grundsatzerklärungen des Auswärtigen Amtes auswendig zu lernen.«
»Ist dergleichen lesenswert?«
»Sie unterstehen der Botschaft! Diese entscheidet über Ihr Programm. Im Zweifelsfall immer rückfragen! Sichern Sie sich ab! Halten Sie sich streng an die Vorschriften! Ich habe mich stets streng an die Vorschriften gehalten. Ich rate Ihnen, das gleiche zu tun.«

6

Wir sitzen im Dämmer. Der scheidende Institutsleiter zündet einen Kerzenleuchter an. Unser Atem geht schwer. Wir stehen auf. Der Institutsleiter ergreift Hut, Stock und Brille und führt mich schweren Schritts aus dem Institut durch die durchsichtige Spätnachmittagshelle ins Café *Smarta*. Dort nehmen wir in seiner dunklen Ecke Platz. Schweigsam, mit gespannten Gesichtszügen schüttet der scheidende Institutsleiter drei kleine tauglitzernde Gläser Bier hinunter, die der Kellner unaufgefordert vor ihm hinstellt. Dann wirft er tief atmend den Kopf zurück, bückt sich zu seiner abgegriffenen Aktentasche auf dem Fußboden hinunter, entnimmt ihr ein Linienblatt DIN A 8 und schreibt, nachdem er mit zusammengekniffenen Brauen in seine Erinnerung getaucht ist, mit dem Füllhalter in einem Gemisch aus Fraktur und lateinischen Buchstaben:

»Und wieder ist ein Hauch in unseren Haaren
Und heißt uns tun, was immer wir getan.
Wir wollen wieder unseren Mond befahren
Mit unserer Schwermut kühlem Segelschwan.«

Er versieht das Blatt mit einer Widmung und reicht es mir. Die Sitzung ist beendet. Schweigend verbeugen wir uns gegeneinander.

Avenida da Liberdade 222 II

»Fräulein« Lopes tritt auf. Fernanda da Souza Lopes ist Chefsekretärin, Programmassistentin, Bibliothekarin, Buchhalterin in einer Person. Vor allem ist sie Dame, die Dame des Hauses. Sie gibt den Ton an, sie bestimmt, wer und was zum Institut paßt, sie entscheidet, welche Besucher und Anrufer bis zum »Chef« vorgelassen werden (Angestellte dürfen ihre Anliegen nur durch ihr zensierendes Sprachrohr vorbringen). Kurz: sie ist Mittlerin zwischen dem verdunkelten Direktionszimmer und der Außenwelt. Übelmeinende würden sie als matriarchalischen Zerberus betrachten. Weit gefehlt: Sie ist groß, schlank, etwa fünfzig, liebenswürdig, dabei zurückhaltend und doch wortreich-gefällig (ihre Mutter ist Brasilianerin), sie ist mit Maßen anmutig, gepflegt, gutangezogen und liebt kühne Dauerwellen. Ihr Deutsch ist fließend, doch nicht fehlerfrei; als Kind der begüterten Oberschicht hatte sie eine deutsche Amme. Dafür ist ihr Französisch, Merkmal des Portugiesen, der sich für gebildet hält, makellos. Später verarmte ihre Familie, obwohl ihr Onkel noch immer einhundertundfünfzehn (leicht zu behalten: die Zahl der ausländischen Goethe-Institute) Mietshäuser in der Hauptstadt besitzt, und sie lebt mit einer Schwester bei ihrer

verwitweten Mutter in einer Zehnzimmerwohnung, bedient von zwei Zimmermädchen. Sie ist einmal Krankenschwester gewesen, entdeckte dann ihre Liebe für das Kulturelle; seit Jahren besucht sie die Abonnementskonzerte mehrerer Musikgesellschaften und die Wintergastspiele des »Théâtre de Paris«. Ihre Domäne ist das Gesellschaftliche, das sie am Rande miterlebt; ihr Gedächtnis für die »chronique scandaleuse« der führenden Klasse, für die Roben und Schneiderinnen der Ministerfrauen und -töchter grenzt ans Magische. Richtig: ihr Gedächtnis ist magisch, aber variabel und exzentrisch. Konzentration ist nicht ihre Sache – dem scheidenden Institutsleiter zufolge. Da sie viele Nächte der Woche am Bridgetisch verbringt, trifft sie – laut Institutsleiter – zum Dienst meist verspätet, frühestens gegen zehn Uhr dreißig ein, mit fahler Haut. Sie nimmt Mittel, meint er. Daher vergesse sie so leicht, vor allem, rechtzeitig zu planen. Die Kartei der Bibliothek ist ihre Erfindung, ein Geheimsystem gewissermaßen, ohne ihre Anwesenheit unbrauchbar. Ohne »Fräulein« Lopes geht nichts im Institut. Dafür ist sie eine Meisterin der Stegreiflösung, womöglich das einzig Wahre – meint der scheidende Institutsleiter – für das Rückblickende, Verschleppende, Hinhaltende des Nationalcharakters. Sie genieße es, aus schmachtender Starre aufzufahren zur Fackel, die mit einem Schlage alles entzündet, belebt, ins Gelingen lenkt. »Fräulein« Lopes herrscht.
Wären die unteren Chargen zu nennen. »Herr« Santos, einst Angestellter der Portugiesischen Botschaft in Berlin bis zum Zusammenbruch Deutschlands im Zweiten Weltkrieg. Er ist zwei Kopf größer als ein Tisch, seine deutsche Frau überragt ihn nicht, ihr Sohn Siegfried erreichte Naturerbe und Bombenregen zum Trotz Mittelgröße; seine in Paris verheiratete Schwester desgleichen. »Herr« Santos ist Kassierer; er kassiert die Sprachkursgebühren, führt die Sprachschülerlisten und bezahlt alle Rechnungen; er schuldet »Fräulein« Lopes Rechenschaft, versteht sich. Er empfindet sich als Vater aller Sprachschüler, über tausend an der Zahl; er nimmt ihre Personalien auf, stellt ihre Kennkarten mit Foto und dem Titel »Student« (Student der deutschen Sprache am Deutschen Institut zu Lissabon) aus, Freipaß für verbilligte Eintrittskarten und ein gewisses gesellschaftliches Gütesiegel. Seine verantwortungsbewußte Miene entspricht seiner verantwortlichen Arbeit.
Joaquim Morais, einst Matrose der Handelsmarine, ist Hausmeister; er und seine hirschkuhäugige Frau Gisa verrichten mittlere Verwaltungs- und Aufsichtsdienste im Kulturinstitut

und in den zwei Stockwerken der Sprachabteilung im Eckhaus gegenüber, einen Steinwurf vom Fenster der Institutsleitung entfernt. Beide, Gisa mehr als ihr Mann, unterstehen Frau Platschek, welche die Sprachlehrer organisatorisch betreut und in der Sprachabteilung Aufsicht führt über Kommen, Gehen und Moral der bis zu siebzig Prozent weiblichen Sprachschüler aller Alter, die jüngsten sechzehn, Gymnasiast und Gymnasiastin, die ältesten sechzig, Fregattenkapitän a. D. und Musikkritikerin. Camila Felisberto, Halbtagskraft, hat Musik studiert, arbeitet im Musikprogramm der staatlichen Rundfunkanstalt, besorgt Bestellung und Versand der vom Presse- und Informationsamt der Bundesregierung gelieferten Tonbänder an die Sender des Mutterlandes, der Inseln und »Überseeprovinzen«. Sie verrichtet ihre Arbeit an einer Tischecke des Sekretariats; dort häufen sich die Pakete und Listen, dazwischen bespricht sie mit Fräulein Lopes, die zwischen Schreibmaschine, Telefon (private, aber auch berufliche Gespräche), Bibliothek, Institutsleitung, Friseur, Zahnarzt und Schneiderin hin- und herpendelt, die Tagesereignisse, trinkt Kaffee oder Tee, raucht, klagt über Migräne oder Augenentzündung und schmachtet gekränkt dahin, worüber ist schwer zu ermitteln. Ihr Gang, ihr Gesichtsausdruck und ihre Stimme sind leidend. Doch ihr Wesen erhellt sich, sobald sie mit Herrn Werth gemeinsam gehörte Konzerte kritisiert.
Nun tritt Herr Werth auf, Karlheinz Werth, entsandter Leiter der Sprachabteilung. Herr Werth strahlt mit Zähnen und Augen, er ist braun und glatt, ein Sieger, sein schwarzes, von wenigen weißen Strähnen durchzogenes Haar liegt makellos um seinen wohlgeformten Kopf. Studienrat Karlheinz Werth kommt aus dem hannoverschen Schuldienst, Französisch und Musik, sein Mund formt feine Leitfadensätze, kurz, klar, kartesianisch, und seine Hände reden mit, spielen mit in Trillern, Vorschlägen, Arpeggios. Morgens früh – so hält er mich von meiner müßigen Betrachtung ab, verschämt und kokett lächelnd – spiele er manchmal auf dem Stutzflügel des Vortragssaals Schumann, Chopin, Schubert, ich möge nicht erschrecken. Natürlich hebe ich entzückt und vergebungheischend die Hände und gelobe, daß ich hereinschleichen werde, um ihn nicht zu stören, und lauschen werde durch die (drei oder vier) verschlossenen Türen (der zum Institut aus- und umgebauten großbürgerlichen Etagenwohnung).
Auf dem Flügel übrigens breitet er mit Frau Mahncke, der stellvertretenden Sprachleiterin, die von Herrn Santos vorbereite-

ten Schülerlisten aus und teilt diese ein in Unterstufe, Mittelstufe und Oberstufe, Sonderkurse. Beide stehen dann wie Generalstäbler über den papierbedeckten Flügel gebeugt, Bleistiftspitzen an den Lippen, und murmeln, umschreiten das wehrlose Instrument, wie um Positionen abzustecken, Aufmarschpläne zu ersinnen.

Der Vortragssaal faßt achtzig Plätze und kann für Vorträge durch einen Mittelvorhang geteilt werden, damit man auch bei zwanzig, dreißig Hörern »ein nahezu volles Haus« bekommt. Ich sehe mich schon vor Dienstbeginn zwischen neun und zehn Uhr Karlheinz Werths perlendem Spiel mit gelegentlichen Pedalgeräuschen lauschen und mich fragen, welch geistiger Kurzschluß mich hierher geführt hat. Aber ich schweife ab – und voraus. Fast hätte ich António Ribeiro vergessen, den sechzehnjährigen Boten. Obschon Jugendmeister der Iberischen Halbinsel im Zwei- und Vierhundertmeterlauf, bewegt er sich in Zeitlupe – ein vermeintlicher Widerspruch, der nur einen phantasielosen Neuling beunruhigt. Nebenher lernt er Schreibmaschine, doch nur nebenher. Ob er mit seinem Leben und seiner Tätigkeit zufrieden ist, oder ob er höher hinaus will, vermag ich an seinem hübschen, gleichgültigen Gesicht nicht abzulesen. Er sieht immer müde aus und so, als sei es ihm gleichgültig, ob er Institutsbriefe und -programme schreibt, liest oder zur Post bringt. Fräulein Lopes, der alle Institutsangehörigen ihre Stellung verdanken, wird nie zulassen, daß ihr Schützling überanstrengt wird; sie sorgt auch dafür, daß er zu Trainings- und Wettbewerbsreisen vom Dienst freigestellt wird. Und er profitiert von ihren unverbrauchten Muttergefühlen.

Wohnungssuche

»Ruben macht alles«, pflegt Rosemary spöttisch von ihrem Mann zu sagen. In der Tat kenne ich keinen Menschen, der in seinen Achtzehnstundentag so vieles hineinpreßt wie er: Schreiben, Lesen, Agieren, Repräsentieren, ein wenig Intrigieren: *literary gentleman* und *man about town*. Er weiß von vorneherein, wo wir nicht wohnen dürfen: in Restelo (gesichtsloses neueres Villenviertel für Großbürger und Diplomaten, keine Katze auf der Straße); im sterilen Estoril; in Cascais (Ex-Fürstlichkeiten, Zinnkönige, fade Feudalisten, vierzig Minuten Autofahrt auf lebensgefährlich gewundener Küstenstraße, Höchstgeschwindigkeit 70 km/h); im klassischen Lapa (deren Stadtpalais drei bis sechs Haushilfen erfordern). In der Oberstadt sollten wir wohnen: »Du willst doch Menschen sehen, mit Portugiesen verkehren, keine Zierkultur treiben.«
Zur Wohnungssuche in Lissabon braucht man keine zeitraubenden Maklerverhandlungen. In seinem wendigen Minimorris fegt Ruben mit mir durch die in Frage kommenden Stadtteile und späht beim Steuern an den in Frage kommenden Häusern und Gebäuden empor (Ruben kennt sie auswendig), auf der Suche nach weißen Papierschildchen auf den Fensterscheiben, die »Zu Vermieten« bedeuten. Unverhofft bremst er brüsk: Rua Silva Carvalho, 230. Weiße Rechtecke im fünften Stock.
Die Umgebung gefällt mir: An der nahen Straßenecke ein Stadtpalais aus dem Achtzehnten, daneben, hinter einem kleinen Platz, ein Straßenbahndepot, dann, Nummer 230 gegenüber, die Straßenbahnerkneipe, anschließend, hinter einer fröhlichen Kachelfassade aus dem Neunzehnten, die ein Damenstift beherbergen könnte, ein verschwiegenes Freudenhaus, der Straße entlang Häuserfronten aus drei Jahrhunderten, dazwischen Läden, Restaurants, Kanzleien, Konsultorien – jene gemischte Bauweise romanischer Städte, die Wohnstätten sind.
Die freie Wohnung ist weiträumig: jeder von uns vieren – Christiane, Philine und Juliane, ich – bekommt sein eigenes Zimmer; Wohn-, Eß-, Gästezimmer, Nebenräume, Balkon über Stadt und Fluß, zu Füßen die große, von Gemüsegärten umrahmte Rasenfläche des Reservoirs der (privaten) Wasserwerke, daneben, stadtabwärts gleitend, der bogenreiche Aquädukt aus dem achtzehnten Jahrhundert. Nach der zentimeterdicken Staubschicht auf den hellen Holzfußböden zu schließen,

muß die begehrenswerte Wohnung über ein Jahr leergestanden haben. Gehört das Phänomen des toten Kapitals – in Bank- und Privatsafes sollen riesige Barbeträge liegen – zu der bis ins Heute hinübergeretteten Feudalherrschaft der Wenigen? So wie Portugal das in Übersee erbeutete Gold jahrhundertelang in den Gewölben der Bank von England lagerte, den portugiesischen Boden auf weite Strecken brachliegen ließ und dafür Lebensmittel einführte? Körperliche Unbeweglichkeit und unbeweglicher Besitz – sind das Entsprechungen, Ergänzungen, Selbstverständlichkeiten eines zum Stillstand gekommenen Lebens? Ruben kennt natürlich die Hausbesitzerin, die elegante Witwe Maria Helena de Saraiva Carvalho Bento Lima. Während er mit ihr Einzelheiten über gemeinsame Geschäfts-, Verwandschafts-, Bekanntschafts- und Freundschaftsbeziehungen tauscht, handelt er ihr in Nebensätzen und nebensächlichen Handbewegungen zehn Prozent Mietnachlaß ab. Das ist der Kanon des Handelns, seine Ästhetik und zugleich seine Ethik, das ist der Augenblicksreiz, die Eroberungstrophäe des Mannes qua Männchens, des Jägers, Schauspielers, Selbstdarstellers, kurz des Portugiesen halbenglischen Stils, der das »métier mondain« aus dem Effeff beherrscht. Rubens triumphierender Seitenblick erheischt meine stumme Anerkennung.
Die Miete wird in der Unterstadt zu entrichten sein, im zweiten Stock eines Gebäudes aus der Bauepoche des Marquis von Pombal an dem intimen Platz Largo de São Julião, bei Senhor Miranda, in bar. Schecks, Postscheck- oder Banküberweisungen nimmt die Firma nicht entgegen; doch das Problem ist nicht technischer Art: das Finanzamt darf nicht die Höhe der effektiven Mietzahlung erfahren.
Das kleine Büro, welches Landgüter, Liegenschaften, Industrien und Auslandsbeteiligungen verwaltet, ist ein mit barokken weißblauen Wandkacheln geschmückter, seit zwei Jahrhunderten nicht renovierter, durch eine halbhohe Holzwand unterteilter Kanzleiraum. Gleichsam blind tauschen die Händepaare des Einzahlers und Empfängers Banknoten und Quittung auf dem rissigen Brett unter der schmalen Schalteröffnung, während ihr »Guten Tag« und »Danke« zu beiden Seiten der wurmstichigen Wand in verblichenem Taubengrau und Moosgrün wie welke Blätter herabsinken.

1. Oktober

Seien Sie reich, mein Freund, seien Sie reich!

Calouste Gulbenkian

Feierlich, gemessen, unnahbar schreiten fünfzehn dunkelgekleidete Herren besten oder fortgeschrittenen Alters unter Anführung des Hausherrn die Freitreppe der neueröffneten Gulbenkian-Stiftung hinunter, in der Mitte die Hauptpersonen: der greise Staatschef mit blankem Totenschädel und Fledermausohren, der Blick leblos zwischen Dämmern und Lauern; der Ministerpräsident mit Streberhinterkopf, glattem Scheitel und machthungertarnendem schmallippigem Lächeln; der Patriarch-Erzbischof von Lissabon, die Arme graziös übereinander unter dem wallenden Pluviale aus kardinalrotem Moiré, lächelnd wie eine Fürstin-Witwe bei der Eheschließung ihrer jüngsten Tochter; der Außenminister mit müdem, aber energisch-schlauem Bauerngesicht. Die Teilnehmer im vollen Auditorium I erheben sich schweigend, als die dunkelgekleideten Herren hinter dem Tagungstisch der Bühne Platz nehmen. Nur der Patriarch-Erzbischof besteigt zur Linken einen Thronsessel, flankiert von seinem Kammerherrn (auf niederer Ebene), mit kniedeckenden Händen.

Es ist ein großer Tag für das kleine Portugal. Der Stiftungspräsident auf Lebenszeit, Dr. José Azeredo Perdigão, steht auf, um die Eröffnungsrede zu halten. Seine Stirn und seine birnenförmige Krawattenperle spiegeln Befriedigung über die Krönung seiner Anwaltslaufbahn: im Auftrag des Ölmagnaten Calouste Sarkis Gulbenkian, 1869 in Armenien geboren, als naturalisierter Engländer 1953 gestorben »in Lissabons friedlicher Oase, die ihn nach der Hölle des Nachkriegseuropa bezaubert und zum Bleiben verführt hatte«, eine portugiesische Stiftung auf Dauer gegründet, des Stifters in Frankreich lagernde Kunstschätze André Malraux' Einspruch entzogen und den in anderen Ländern beherbergten Kunstbesitz in *einem* Museum, dem linken Flügel des imposanten Neubaus vereinigt zu haben. Liegt die gedämpfte Stimmung an der dunkelbraunen Holzverschalung, an der dunkelbraunen und orangefarbenen Verlourbespannung der Böden und Sitze, an der bedeckten Beleuchtung? Gebietet dieser Festakt Trauerstille statt Fröhlichkeit? Oder gehört die Förmlichkeit zum Stil des Hauses – oder des

Landes, zumal in Anwesenheit der Spitzen von Regierung und Behörden? (Ein Brief Rubens aus dem Jahre 1966: »Überall Staatspolizei, überall Zensur, überall geknebelte Münder . . .«)
Der Präsident der Stiftung und das Oberhaupt der Republik Portugal rühmen den Stifter, nicht den Menschen Calouste Gulbenkian, weil sie selbst nicht als Menschen sprechen. Ihre Reden sind Laboratoriumssätze, aus vorzensiertem Wortschatz gemischt und auf unwiderruflichen Manuskriptbögen montiert. Sie sprechen, ohne sich zu äußern. Die Überbetonung der erlaubten Wörter ersetzt das Fehlen der unerlaubten Wörter.
Eine Glaswand scheint die Zuhörer vom Präsidiumstisch zu trennen. Jedes Wort, jede Geste, jede Gefühlsregung in diesem Saal ist von einem unsichtbaren Willen gesteuert. Die Sätze der Redner, geronnene Form, unwiderlegliche Autorität, werfen keine Schatten; von hohlem Hall begleitet, segeln sie wie kühler, künstlicher Atem durch den Raum. Kaum sind die Reden verhallt, sind sie vergessen. Als wüßten sie das aus langgeübter Gewohnheit, klatschen die Zuhörer unverzüglich Beifall – wie um die bereitwillige Pflicht nicht nach kurzer Pause zu vergessen. Der Beifall entspricht den Reden. Er ist maßvoll, weder zu laut, noch zu leise, auch nicht zu lang; ihr Blick entspricht dem der Redner, geradeaus, starr, ohne Abflug, ohne Ankunft.
Der Präsident sagt: ». . . Nicht ohne tiefe Bewegung schreiten wir nach so vielen Kämpfen, so vielen Anstrengungen, so vielen Opfern heute zur Einweihung des Museums, in dem die Kunstwerke, die Kinder des Stifters, leben werden, als bildeten sie eine Familie, zum Entzücken aller, die sie besuchen, sie studieren, sie befragen und mit ihnen eine nie endende Zwiesprache führen, die sich stets zwischen dem Menschen und dem wahren Kunstwerk einstellt . . .«
Der Staatschef sagt: ». . . Ich habe bereits gesagt, daß es sich lohnt, reich zu sein, wenn man sich in seinem Denken immer der Verpflichtung bewußt ist, die Armen weniger arm zu machen. Und Calouste Gulbenkian stellt das tröstliche Beispiel dar, daß dieses Denken in seinem Bewußtsein stets gegenwärtig gewesen ist und zum Glück wieder einmal zeigt, daß die Geschäfte und Interessen nicht immer die Seelen der Mächtigen abstumpfen . . .« (Lissabon erzählt sich seit Jahren, Gulbenkian habe nur an »seine Kinder, die Kunstschätze« gedacht und nie einem portugiesischen Betteljungen auch nur einen *Vintém* geschenkt.)
Zum Schluß sprechen zwei Angelsachsen, einstige Berater des

Sammlers Calouste Gulbenkian, Sir Kenneth Clark aus London und John Walker aus Washington, weitgereiste Männer von Welt, Künstler und Pragmatiker. Sie sprechen frei, als säßen sie am Kamin, sie bewegen Kopf und Hände, bemüht, ihren Zuhörern die Persönlichkeit des Stifters durch Einzelheiten und Untertöne nahezubringen.
Kenneth Clark sagt: ». . . Nichts muß schwerer auf der Welt gewesen sein, als diesem Mann ein Bild zu verkaufen. Ich versuchte ihm häufig, aber vergebens klarzumachen, daß er mit seiner Analyse, hätte er sie auf Shakespeare angewandt, an dessen Stücken kein gutes Haar gelassen hätte . . .«
John Walker sagt: ». . . Dann folgte einer der donnernden, schreckenerregenden Wutanfälle, die Mr. Gulbenkian nicht beherrschen konnte. Jahre später schwor er, nie mehr ein weiteres Kunstwerk von den Sowjets zu kaufen, ein Entschluß, den er zeitlebens bereut hat . . .« Die Zuhörer sind offensichtlich so abgerichtet, daß sie die amüsanten Plaudereien der Angelsachsen weniger beklatschen als die Reden der portugiesischen Persönlichkeiten.
Das warme Mittagessen mit fünf Gängen für zwölfhundert Personen wird in der vollständig mit Läufern ausgelegten, mit Wandbehängen verkleideten und Girlanden verzierten Tiefgarage gereicht, die jetzt wirkt wie ein hängender Garten. Ich sitze am Tisch des Präsidenten der Akademie der Wissenschaften zwischen broschengeschmückten Matronen und zugeknöpften Herren. Die Unterhaltung ist auf Floskeln geschaltet, auf genormte Liebenswürdigkeiten.
Abends Festkonzert im vollen Auditorium I. In der erhöhten Ehrenloge zur Rechten nehmen der Staatschef mit Frau und Tochter zwischen dem Stiftungspräsidenten und seiner Frau Platz, dahinter die Adjutanten mit Ordensschleifen. Mechanisches Lächeln, erfrorene Würde. Die Anwesenden erheben sich in ehrfürchtigem Verstummen. Der linealdünne italienische Dirigent verbeugt sich mit pendelarmiger Ungeduld zur Staatsloge. Der Applaus für Souza Carvalhos *Tedeum* rauscht weihevoll mürbe, als werde die Stiftung aufgelöst statt eröffnet.
Am nächsten Abend Bankett im Palácio das Necessidades, dem Außenministerium. Gastgeber ist der scheidende Minister Franco Nogueira und seine chinesische Frau aus Macao. Zweitausend Gäste überfallen von vier Fronten aus das achtzig Meter lange, von einer Blumenkordillere überrankte Buffet. Hummer, Trüffel, Gänseleberpastete, Kapaun, Fasan und Filet werden verschlungen wie alentejaner Stockfisch auf dem Stop-

pelfeld, plötzlich sind glitzernde Dekoletés und zangenenge Frackkragen Verkleidung. Dann wogen die sedaten Herren und fächerflirrenden Damen gravitätisch durch Säle, Galerien, die lichtüberflutete Schloßterrasse und den französierten Schachbrettgarten – wie gedrillt für einen Spielfilm aus der Zeit des Bürgerkönigs. Abseits in einer Galerie steht Umberto, Exkönig von Italien, aufrecht, leichtfüßig, als liebe er Diät, umgeben von Damen aller Alter, die vor seiner anmutig ausgestreckten Rechten knicksen wie bei Hof; neben ihm Conte Cavalieri, sein achtzigjähriger zierlicher Kammerherr, das Diamantenkrönchen seiner Würde im Knopfloch. Nirgends ein Wort, das mitzunehmen wäre.

Wo bin ich?

Sie waren Großgrundbesitzer, behandelten die übrigen römischen Bürger als ihr Gesinde und ihr Gesinde als Gesindel.

Bertolt Brecht, *Die Geschäfte des Herrn Julius Cäsar*

Portugal, Republik im Westen der Iberischen Halbinsel; 91641 Quadratkilometer, 9,5 Millionen Einwohner, katholisch, Hauptstadt Lissabon.
Ziegen- und Schafzucht; Weizen-, Mais-, Kartoffelanbau, Korkeichen-, Kastanienhaine; Macchien, an der Küste und in den Flußtälern Weinbau, Oliven- und Eukalyptushaine, teilweise Reisanbau.
1953 erste staatliche Entwicklungsmaßnahmen für die Industrialisierung des Landes, im Grunde ein institutionell garantiertes Netzwerk für das Wohlergehen einflußreicher Sippen. Pro-Kopf-Einkommen 1967 DM 1440.- (Spanien DM 2050.-, Griechenland DM 2080.-, Italien DM 3400.-) Alle Arbeiter sind automatisch Mitglieder der staatlichen Korporationen; Gewerkschaften und Streikrecht gibt es nicht. Wegen der illegalen Emigration und des langen Militärdienstes Mangel an Facharbeitern. 35,8% der werktätigen Bevölkerung sind in der Industrie, 33% in der Landwirtschaft, 31,2% in anderen Berufen tätig. 3% aller Grundbesitze verfügen über 61,3% der landwirtschaftlichen Nutzfläche; von 800000 Landarbeitern besitzen 700000 weniger als fünf Hektar Land. Am ärmsten sind die Zwergbauern in den Nordprovinzen Minho, Trás-os-Montes und Alto Douro; Analphabetenquote dort 75%. Nur 0,8% der Landbevölkerung haben die mittlere oder höhere Schulbildung.
Wegen veralteter, unrentabler Anbautechnik fallen die Ernteergebnisse im Vergleich zu Spanien mager aus: 7 Doppelzentner Gerste (17.9 dz), 12,5 dz Mais (28.2 dz), 45,2 dz Reis (60,3 dz); Saatenveredelung, künstliche Bewässerung, Kunstdünger und Flurbereinigung sind so gut wie unbekannt.
Landarbeiter, die in der Hoffnung auf höhere Löhne nach Lissabon ziehen, enden häufig in Elendsquartieren (80000, meist arbeitslos).

Bruttoinlandsprodukt: Öffentliche Dienstleistungen 38,7%, Industrieproduktion 44%, Landwirtschaft 1,3%.
Höchste Geburtenrate, höchste Säuglings- und Kindersterblichkeit, niedrigster Pro-Kopf-Kalorienverbrauch, niedrigste Lebenserwartung, niedrigste Anzahl der Telefone, Rundfunk- und Fernsehgeräte, zweithöchster Benzinpreis Westeuropas.
30 bis 40% der Gesamtbevölkerung Analphabeten.
Besitztum: Acht Clans, etwa zweihundert Familien beherrschen die Wirtschaft und halten damit den größten Teil der Macht in Händen. Von den 186 Industrieunternehmen besitzen die Melos, Sacor und Champalimaud 40%, die restlichen 60% verteilen sich auf drei andere Bankgruppen: Borges, Português Atlântico, Espírito Santo. Der Umsatz des Melo'schen CUF-Konzerns beträgt 7–8% des Industrieumsatzes.
In einem Jahrzehnt sind 10% der Landesbevölkerung ausgewandert; ihre Jahressparüberweisungen von etwa DM 1,2 Milliarden tragen maßgeblich zum Ausgleich der Zahlungsbilanz bei; 1964 betrugen sie 20%, 1968 67% des Exportwerts.

Rückblende (Mai)

Ist mir mein Leben getraumet, oder ist es wahr?
Walther von der Vogelweide

Wo sind wir?
Abgestürzt aus dem Bienenhaus Manhattan durch den atlantischen Nachthimmel ins Platanenlicht der »Restauradores« von Lissabon.
Wer sind wir?
Wir sehen einander an und erkennen uns nicht, wir sind nur noch Hülle und fühlen keinen Inhalt, keinen Kern. Atemlos öffnen wir die Lippen, hören aber nur Wörter aus Druckerschwärze. Leise! Kein Wort, keine unvorsichtige Bewegung! Wir könnten die hauchdünne Glasglocke, unter der wir sitzen, zerbrechen, könnten ersticken in der Überflut der hereinbrechenden Luft.
So nah am Tode und so nah am Leben, empfanden wir in New York. So fern vom Leben und so fern vom Tode, empfinden wir

hier. Wir schlucken. Wir müssen etwas tun, damit wir erfahren, ob wir noch am Leben sind: wir bestellen Tee. Der Kellner kommt, schiebt sich geräuschlos näher, schief, wie eine Pappmachépuppe auf einer Puppenbühne. Plötzlich meine ich, auch ich sitze schief, obwohl ich mich krampfhaft gerade halte. Der Kellner stellt das Puppenkännchen auf das wacklige Eisentischchen mit den buttergetränkten Toaststreifen. Über uns raschelt der bühnengrüne Platanenbaldachin.
Und die Autos schwimmen vorbei, lautlos. Die Passanten auf dem Gehsteig der Avenida schleichen. Sind es Städter, oder Schemen aus der Provinz, Gespenster, bäuerlich gekleidet? Die Frauen in schwarzen Kopftüchern, die Männer vor den Cafés in duffem Schwarz, kantige Gesichter, in Trauben, Gruppen, regungslos rauchend, stumm. Haben Sie einen Knebel im Mund? Kommen oder gehen sie? Wissen sie es selber?
Die Luft umstreicht uns flau, fern, fremd. Wir sind eingetaucht in die lusitanische Hauptstadt und sind uns unwirklich geworden. Wir haben unser selbständiges Denken und Fühlen verloren. Wird uns auch das Handeln abhandenkommen in diesem, diesem . . . Ich finde das Wort nicht. (Ich weiß noch nicht, daß der Graf von Schack – *Romanzero der Portugiesen* – schon vor hundert Jahren vom Totenhaus Lissabon sprach.)
Wir haben sagen hören: Lissabon, herrlich dort zu leben, allem zu entfliehen. Gerade das wollen wir nicht. Plötzlich höre ich mich sprechen, viel zu laut, wie mir scheint: »Letztes Jahr bei Ruben in Estremoz, da fandst du es doch fabelhaft!« – »Ich glaube, wir überlegen's uns nochmal«, sagt Christiane. Wir zahlen und schlendern die Avenida hinauf, Richtung Rubens Haus, die Bewegung treibt uns das Blut in die Adern, die Erde hat uns wieder.
Ruben hat »Fräulein« Lopes zum Mittagessen eingeladen, damit ich im Gespräch mit ihr kläre, ob ich das Institut leiten und gleichzeitig meiner literarischen Arbeit nachkommen kann, um nach Ablauf meines Kontraktes ohne Bruch ins freiberufliche Erwerbsleben zurückzukehren. »Wie läuft das Institut?« frage ich Fräulein Lopes. »Der Chef schwebt über allem. Er kommt gegen elf, geht um eins, kehrt um fünf für zwei Stunden zurück. Alles andere mache ich. Sie können unbesorgt zu Hause arbeiten . . .«

Dein Ohr leih jedem, wen'gen deine Stimme,
Nimm Rat von allen, aber spar Dein Urteil!
Shakespeare, *Hamlet*

Erstes Abendessen beim bundesdeutschen Botschafter, gleichfalls neu im Amt, mit Professor Kurt Isaakssohn und Frau. Dr. Isaakssohn ist gebürtiger Berliner, seit 1925 im Land, naturalisierter Portugiese, Professor der Biologie, Vizerektor der Universität Lissabon. Wir sitzen im kleinen Salon des Obergeschosses der Residenz in Restelo, nicht in einem der Empfangsräume des Erdgeschosses, auf Anordnung des Hausherrn angefüllt mit nagelneuen Louis Quinze-Möbelchen aus den Kunstwerkstätten der Stiftung des Magnaten Ricardo do Espírito Santo vom Banco Espírito Santo e Comercial, der Heiligen Geist- und Handelsbank. Der Botschafter, in seinen letzten besten Jahren, gelinde massig, rosig, gepflegt, mit gutgetrimmtem graumeliertem Jungenscheitel, schenkt den Sekt ein; mit seinem schrägen Lächeln wirkt er wie ein in Muße ergrauter Lebemann. Seine Frau, überschlank, mit euphorisch geweiteten Pupillen künstlich und gespannt, bietet Kaviar- und Lachsbrötchen an, ein für diesen privaten Anlaß übertriebener Aufwand. Professor Isaakssohn erzählt von seiner akademischen Laufbahn, die Dame des Hauses, Amateurarchäologin, zeigt ihre Lieblingsfunde aus Ägypten und dem Libanon, die in erleuchteten Vitrinen den Raum rahmen wie einen Juwelierladen. Dann erkundigt sich der Professor nach meinen Plänen. Ungeduldig beklage ich die Enge, den Luftmangel, streife Ideen, Pläne. Nach meinen portugiesischen Freunden befragt, nenne ich Fernando Namora, den von mir übersetzten Romancier und Neorealisten. »Mit dem können Sie sich natürlich nicht auf der Straße zeigen!« warnt Professor Isaakssohn. Überrascht hebe ich die Hände. Begütigend legt der Botschafter eine Hand auf meine Schulter und blinzelt dem gelblichen Nußknackerschädel des kleinen Professors verständnisinnig zu: »Unser neuer Freund möchte immer so gerne vorpreschen ...« Und beantwortet meinen ungläubigen Blick mit seinem schrägen, weltmännischen Lächeln. »Na ja, Sie wissen schon, wie ich das meine. Ist ja alles halb so schlimm ...«
Christiane hört schweigend zu. Ich bitte den Hausherrn um eine Zigarre, obwohl ich Nichtraucher bin, und denke: »In mir habt ihr einen, auf den könnt ihr nicht bauen.«

Lektüre

»Paragraph 2 (2): Der Mitarbeiter wird sich während der Vertragsdauer jeder, auch politischer Tätigkeit enthalten, die den wohlverstandenen deutschen Interessen, auch im Sinne des Goethe-Instituts, zuwiderlaufen könnte. Desgleichen wird er dafür Sorge tragen, daß seine Familienangehörigen sich entsprechend verhalten.« So lese ich heute in meinem am 11. August ungelesen unterschriebenen Dienstvertrag. Sybillinische Klausel! Was sind die »wohlverstandenen deutschen Interessen«? Die wirtschaftlichen Interessen der Bundesregierung in Portugal, und somit die Interessen des Goethe-Instituts, das sich dem politischen Vetorecht der diplomatischen Vertretung unterzuordnen hat? Nach Isaakssohns Urteil über den international bekannten Vertreter des portugiesischen Neorealismus (Variante des Sozialistischen Realismus nach dem Vorbild von Silone, John dos Passos, Gorki, Malraux, Steinbeck, Jorge Amado, Graciliano Ramos, gegen die herrschende oder angepaßte Gesellschaft, gegen literarischen Aristokratismus gerichtet) würde der bei dem von Namora literarisch bekämpften Regierungssystem akkreditierte Botschafter auf meine Konsultation womöglich antworten: »Gibt es denn nicht andere, ebenso gute Schriftsteller im Lande, mit denen Sie – natürlich mit meiner vollen Unterstützung, Sie wissen, wie ich Ihren Enthusiasmus schätze – zusammenarbeiten können? Sie wollen doch gewiß nicht gleich zu Anfang auf Kollisionskurs steuern? Politik, ich meine, das ist doch nicht unsere Sache. Oder halten Sie Politik für einen Teil der Literatur, Aufklärung gar für Literatur selbst? Sie wollen doch Kultur verbreiten, meinetwegen austauschen, ein hohes Ziel, das alle angeht, auf hoher Ebene! Soll denn Aufklärung plötzlich Kultur sein? Muß denn Kultur nicht vor allem unsere Sensibilitäten ansprechen? Denken Sie doch – und ich sehe meine Frau nicken und wieder nicken – an die Nofretete, die einen geradezu hinaushebt über die leidige Tagespolitik, ins Gültige, Ewige? Aber das wissen Sie selber doch besser als ich, ein sensibler Mensch wie Sie, ein Schöngeist, wer weiß, ein heimlicher Poet, nanana . . . Wenn ich an die vielen Poeten Portugals denke, die die Seele lieben! So ein herrliches Feld für Sie . . . Also, ich bin sicher, wir werden uns immer verstehen. Aber Namora und Konsorten, nein, mein Guter, die sollten Sie sich lieber aus dem Kopf schlagen, meinen Sie nicht? Allerdings, ich höre den Namen zum ersten Mal . . .« (Oder so ähnlich).

Auf der Suche nach Anhaltspunkten I

• Bericht eines Lektors für Deutsch an der Universität Coimbra: »Die Schüler besitzen geringe Kenntnisse der Grammatik und einen kleinen Wortschatz. Sie bereiten sich mechanisch und oberflächlich vor. Die meisten Schüler sind Mädchen, die ohne Interesse am Studium nur die Note Zehn erstreben, um eine Staatsstellung zu erlangen. Manche müssen den Kurs zehnmal wiederholen! Da der Schüler im Unterricht nur auswendig lernt, vergißt er das Gelernte in seinen ungenutzten Ferien. Diskussion im Unterricht gibt es nicht. 80% der Leistungen sind ungenügend, nur 10% sind gut. Da die Schüler den vierten Teil der Stunden versäumen dürfen, ist der Unterricht anhand eines festen Lehrplans widersprüchlich und sinnlos.«

• Presseerklärung eines deutschen Botschafters (Dr. Herbert Schaffarczyk) nach seinem offiziellen Besuch in Angola über seine Eindrücke in den Eingeborenenzentren, 1960: »Ich habe mehrmals mit Negern gesprochen und festgestellt, daß sie ihr Vaterland genauso empfinden wie die Portugiesen des Mutterlandes und zufrieden sind. Übrigens habe ich in Angola Ordnung und Ruhe gefunden, viel Ruhe.« Auf die Frage nach den Anzeichen des Fortschritts, die ihn in Angola am meisten beeindruckt hätten, antwortet er begeistert: »Alles, alles! Besonders muß ich die vielen guten Autostraßen erwähnen, die ich befahren habe.« Und fügt scherzend hinzu: »Im Urwald gibt es natürlich keine guten Straßen – aber es gibt Straßen, und das ist sehr wichtig.« Endlich betont er, er habe keinen Unterschied gefühlt zwischen dem Festland und jenem portugiesischen Gebiet.

• Castro Soromenho (1910–1968) *Die Wunde,* Roman: »Das Wunder der Zivilisation beruht in der großen Lehre der Jesuiten, den drei »P«: Pau, Pão e Pano«, zu deutsch: »den drei »St«: Stock, Stulle, Stoff«.

Bonifácio Pereira, Imperialist: »Angola ist Portugal: Das Vaterland ist ein einziges.«

Gabriel Araújo, Antifaschist: »Das ist ein Propagandamärchen. Hier ist das Land der Neger. Dort, in Europa, ist das Vaterland, Portugal. Der Kolonialismus hat den Neger entwürdigt. Der Faschismus tut das gleiche mit Portugal. Der faschistische Kolonialismus hat den Abgrund zwischen dem Weißen und dem Schwarzen nur vertieft.«

• Alvaro Lins, brasilianischer Schriftsteller und Botschafter in Lissabon (1959–1960), in seinem *Mission in Portugal,* Rio de

Janeiro, 1960: »Rassenabsonderung, -trennung und -diskriminierung – das ist die portugiesische Wirklichkeit in Angola und Moçambique. In gewisser Hinsicht ist die Lage der Neger dort noch schlimmer als die der Neger in der Südafrikanischen Union, welche die denkbar schlechteste ist. Merkantilistische Politik mit maßlosen Gewinnspannen, unmenschlich in der Ausbeutung der großen schwarzen Bevölkerung durch eine weiße Minderheit, veralteter Regierungsstil des brutalsten, grausamsten Polizeistaats. Dazu zahllose Schmutzgeschäfte, Diebstahl, Raubbau der Bodenschätze wie im Fall der Diamantengesellschaft von Angola oder bei den Operationen der Überseebank. Im Gegensatz zu dem, was in den ersten Zeiten der Kolonisation Brasiliens geschah, besteht so gut wie keine Verbindung zwischen den Einwanderern aus dem Mutterland und den Eingeborenen Angolas und Moçambiques. Schlimmer noch: Feindseligkeit des ausgebeuteten Negers gegenüber den Weißen, Ruchlosigkeit des weißen Ausbeuters gegen den Schwarzen . . . Kritische Haltung der Angolaner europäischer Abstammung gegenüber den augenblicklichen Verwaltungsmaßnahmen und ein lauwarmes Zukunftsprogramm in solch riesigen Gebieten!«

• ». . .
Hier im Kerker
die Wut in der Brust vergraben
warte ich geduldig
auf das Sammeln der Wolken
auf das Wehen der Geschichte
Niemand
wird den Regen hemmen«

lautet das Ende des Gedichts *Hier im Kerker* von Agostinho Neto, Doktor der Rechte der Universität Porto, daselbst 1951 inhaftiert wegen Unterschriftensammlung für die Weltfriedenskonferenz in Stockholm, Führer des MPLA, der angolanischen Befreiungsfront. Das Gedicht wurde 1960 in der Sprache von Agostinho Netos Peinigern im Kerker von Luanda, Angola, geschrieben und entstammt dem Band *Sagrada Esperança – Heilige Hoffnung*, auf Empfehlung erhältlich unter dem Ladentisch der Buchhandlung Sá da Costa Editora, Rua Garret, 100–102, Lissabon.

• Zur gleichen Zeit besucht der deutsche Verteidigungsminister Dr. Franz Josef Strauß den portugiesischen Verteidigungsminister, besichtigt die Stützpunkte der NATO, bewundert in Montijo nostalgisch sechs stolz aufgereihte dreimotorige Vorkriegs-Junkers und dekoriert seinen Kollegen bei einem Bankett für seine Schutz- und Trutzdienste. In einer Rede rühmt er das seinem antiken Erbe treu gebliebene Portugal, welches, durchdrungen von seiner christlichen Sendung, schon früh »den Vorhang zur Ewigen Werkstatt des Schöpfers« gelüftet und der Welt neue Welten eröffnet habe, Portugal und seine entscheidende Rolle, einst vorgeschobener Wachposten des jungen Europa, heute Vorhut unseres Kontinents. Außerdem sei Alexandre Herculano, wohl der größte portugiesische Historiker des neunzehnten Jahrhunderts, Ehrenmitglied der Akademie der Künste Bayerns, seiner Heimat, gewesen und von Heinrich Heine übersetzt worden. Endlich suchen in unseren Tagen zwei deutsche Institute in Lissabon und Porto die Kontinuität des deutschportugiesischen Kulturaustauschs aufrechtzuerhalten ...

Auf der Suche nach Anhaltspunkten II

• Besuche ich João de Freitas Branco, Pianist, Musikologe, Sohn eines Komponisten und Neffe eines Dirigenten, Präsident der Juventude Musical Portuguesa, Sekretär des Portugiesischen Automobilklubs, Musikkritiker: »Der portugiesische Himmler, Major Silva Pais, ging nachmittags oft ins Café *A Brasileira* am Chiado, hundert Schritt vom Hauptquartier der *Pide*, der Geheimen Staatspolizei in der Rua Maria Cardoso entfernt. Gleich dahinter liegt die Staatsoper, daneben das Theater São Luis. Merkwürdige Verwandtschaft: Das Hauptquartier der Gestapo, Berlin, Prinz-Albrecht-Straße, lag zwei Schritt vom Deutschen Theater; die *Seguridad* in Madrid ist von Theatern umgeben. Mein Vater war Stammgast des Literatencafés. ›Wenn der Chef der Staatspolizei sich in der *Brasileira* unter die Bürger mischt, kann die Diktatur eigentlich nicht so schlimm sein, oder?‹ fragte mein Vater. Der Major Silva Pais lachte, rätselhaft, und zuckte die Achseln.«
João de Freitas Branco spricht vollendetes Deutsch, melodisches Legato, hin und wieder Scherzo, doch stets Moderato, aus jahrzehntelanger Gewohnheit. Er hat die Gesichtszüge und Bewegungen eines verwöhnten Europäers, er trägt – ich werde es feststellen – jahraus jahrein denselben, etwas blankgewetz-

ten blauen Anzug; um als Künstler oder Intellektueller zu überleben, braucht er mindestens drei Stellungen, dazu Sendereihen im Rundfunk (Zwiegespräche über die beethovensche Sonate, die romantische Oper, den bachschen Kontrapunkt).

• Frage ich Dr. Raul Rêgo, Chefredakteur der oppositionellen Abendzeitung (erscheint um 16.30 Uhr) *A República*; er kennt Deutschland und unterhält Beziehungen zur SPD: »Wer bestimmt eigentlich hier?«

»In diesem Jahr der Wahlen für die Nationalversammlung bekleiden neunundsechzig ehemalige Minister und Staatssekretäre von Salazars *Estado Novo* hohe Posten in Großindustrie und Hochfinanz. Der soeben abgetretene Außenminister Franco Nogueira ist neuernannter Direktor der Benguela-Eisenbahnen in der Kolonie Moçambique; Marcelo Matias, erst Außenminister, dann Botschafter in Paris, wurde Direktor des Serviço Internacional der Gulbenkian-Stiftung. Das öffentliche Leben ist für viele eine Durchgangsstation auf dem Weg zu hochbezahlten Stellungen, und die Konzerne nutzen den Einfluß früherer Politiker im Regierungsbereich.«

»Und die Überseepolitik?«

»Der Krieg in Übersee, Portugals brennendstes Problem, darf nicht angeschnitten, geschweige denn diskutiert werden. Wir sind ein Kranker, der von seinen Gliedmaßen sprechen darf, nur nicht von dem Übel, das ihn zerfrißt, er darf auch keinen Spezialisten konsultieren. Unser einziger Arzt, unsere einzige Arznei ist die Zeit ... Wo sind die öffentlich gepriesenen Staatsmänner, um die uns das Ausland angeblich beneidet?«

Das sind Themen, die Raul Rêgo in Artikeln behandeln möchte. Der kleine Chefredakteur mit den spöttisch blitzenden, kampfharten Augen und dem vor Verbissenheit spröden Mund hebt die Arme dorthin, wo die Zensur thront: hoch oben.

»Der Arzt hält den Kranken in Unbeweglichkeit, er versucht gar nicht erst, ihm seine Bewegungsfreiheit wiederzuschenken, und rechtfertigt mit den absehbaren Folgen der falschen Behandlung deren Aufrechterhaltung. Da acht Jahre Krieg keine Lösung gebracht haben, gibt es nur eine politische Lösung, doch die wird erschwert durch das Fehlen von Eingeborenenkadern, zumal da die portugiesische Verwaltung seit dem unseligen »Acto Colonial« nur Unterschiede zwischen Portugiesen geschaffen hat. Wir haben keine schwarzen Offiziere im Heer und wenige schwarze höhere Beamte. Wie stünden Angola und Moçambique heute da, wenn die menschliche und materielle Entwicklung gleich nach 1920 weitergeführt worden wäre?

Doch für die Minister des *Neuen Staates* in Übersee wie im Mutterland gibt es nur ein Dogma: ausgeglichenes Budget und Unfehlbarkeit der Herrschenden.«
»Wie steht es mit dem Zeitungswesen?«
»Die Inquisition des 20. Jahrhunderts hat ebenso viele Intellektuelle ins Exil getrieben wie die Inquisition in der zweiten Hälfte des sechzehnten Jahrhunderts; die Beschränkungen und Bedrängnisse in der Jugenderziehung sind groß.«
Der kleine Dr. Rêgo lacht zu mir herauf; sein Mund ist spröde verschlossen, sein Handschlag nibelungenhaft trotzig, seine Augen blitzen eigensinnig. Wir treten aus seiner Haustür. »Dort drüben wohnt der Ministerpräsident. Er kann alle meine Besucher überwachen lassen. Ich bin manches gewöhnt.« Raul Rêgo zuckt mit den Achseln. Das ist seine Antwort, vielsagend wie die Zeit.

• *Der letzte Traum des Ministerpräsidenten.*
Ein portugiesisches Wintermärchen.
1. Kapitel

6. September 1969, elf Uhr, Gespräch zwischen Roland Faure von *Aurore,* Paris, und dem Ministerpräsidenten Professor Marcello Caetano:
»Wie sind Ihre Beziehungen zu Salazar?«
»Ich habe ihn seit meiner Amtsübernahme nicht wiedergesehen.«
»Stimmt es, daß er sich noch im Amt fühlt?«
»Es heißt: Ja.«
»Manche behaupten, er tue nur so.«
»Auch möglich. Aber wer kann das mit Sicherheit behaupten?«

2. Kapitel

6. September 1969, siebzehn Uhr, Gespräch zwischen Roland Faure von *Aurore,* Paris, und Dr. Oliveira Salazar, der seit einem Jahr der Zerebralthrombose, die ihn aufs Krankenlager gestreckt hat, Widerstand leistet:
»Hier empfange ich täglich alle Minister, weil es im Garten angenehmer ist als im Haus. Ich setze bei ihnen meine Entscheidungen durch, denn diese werden vom Ministerrat während der

Gemeinschaftssitzungen unter dem Vorsitz des Präsidenten der Republik getroffen. Ich würde ohne Zögern jeden Minister entlassen, der nicht meiner Politik folgt.«
»Was halten Sie von Marcello Caetano?«
»Ich kenne Marcello Caetano gut. Er war mehrmals mein Minister und ich schätze ihn. Er liebt die Macht, nicht wegen persönlicher Vorteile, denn er ist ehrlich, er liebt die Macht um der Macht willen. Er ist intelligent und hat Autorität, begeht aber einen Fehler, da er nicht mit uns in der Regierung arbeiten will. Sie wissen doch, daß er nicht in der Regierung ist. Er lehrt noch immer Jurisprudenz in der Universität und schreibt mir gelegentlich, um mir zu sagen, was er von meinen Initiativen hält. Er heißt sie nicht immer gut und hat den Mut, es mir zu sagen. Er scheint aber nicht zu begreifen, daß man in der Regierung sein muß, um die Ereignisse abwägen, um wirksam handeln zu können.«
(Diese Interviews wurden nicht in der portugiesischen Presse veröffentlicht.)

• Über die Zensur
Dr. Oliveira Salazar, Ministerpräsident vom 5. Juli 1932 bis zum 27. September 1968, 36 Jahre und 84 Tage, (1948):
»Die Lügen und Fiktionen und wiewohl ungerechtfertigten Ängste schaffen schließlich Geisteszustände, die politische Wirklichkcit sind.«
»Was in der Politik scheint, ist.«
»Politisch gesehen existiert nur das, von dem das Publikum weiß, daß es existiert.«
Professor Marcello Caetano, (Juli 1969):
»Es ist kein Gesetz zur Abschaffung der Zensur geplant. Nach dreiundvierzig Jahren haben die portugiesische Bevölkerung und die seither geborenen Generationen von Journalisten sich an das Regime der Zensur gewöhnt. Die plötzliche Abschaffung der Zensur würde das Publikum und die Presseleute nur verwirren.«

• *Sehnsucht Vaterland zu sein* von Manuel Alegre (im Pariser Exil), 1969:

> Ich weiß nicht ob die Steine gehen.
> Aber mein Land ist Stein und
> geht. Bewegt sich fort. Flieht.

Überspringt Bäche mit den Beinen
des Volkes. Überwindet Grenzen
mit seinen Beinen. Kriecht.
Schwimmt. Versteckt sich.
Übersteigt Berge. Verschwindet.
Verstellt sich. Mein Land hat aufgehört
Land zu sein. Es
ist etwas das wandert.
Das sich sucht. Sehnsucht
Vaterland zu sein. Land
in Bewegung. Land ohne
Erdboden. An der Wurzel
abgehackt. Mein Land
besteht aus zwei Ländern:
Eines ist Herr und das andere nicht.

Erkundungen

Der Attaché: »Der Minister hat eine Schwäche für mich. Er hat mir gesagt: Sie kann man überall hinschicken, Sie begehen keine Indiskretionen, Sie interessieren sich nicht für Politik. Er meint, ich repräsentiere gut.«

Bertolt Brecht, *Herr Puntila und sein Knecht Matti*

»Wenn ein neuer Pfarrer ins Dorf kommt . . .« heißt in meiner Dialektik: Ans Werk. Mao schreibt, er verdanke der japanischen Besatzungszeit die Technik des Angriffs. Ob mir Antrittsbesuche bei den Leitern der anderen ausländischen Institutionen weiterhelfen? M. Robert Perrou, Agrégé ès lettres, Attaché Culturel und Directeur de l'Institut Français, untergebracht im weiträumigen Botschaftspalais mit gepflastertem Innenhof, portugiesisches Louis XVI, empfängt mich in seinem gobelinbehangenen, mit einem genialischen Provisorium aus alten und neueren Möbeln vollgestopften Arbeits- und Empfangszimmer. Bravourös perorierend, als spreche er einen Molière-Monolog, führt er mich in die getäfelte Bibliothek, die nach demselben kühnen Behelfssystem zugleich als Filmstudio dient (René Clair bis Renoir für die »dames au chapeau« der lokalen Oberschicht). Jovial, fast expansiv beklagt er die Bürokratie des Quai d'Orsay, beschwert sich über seine administrativen Pflichten, hebt resignierend die Hände: »Vous savez, ich habe die Lust an Kulturarbeit verloren, hinzu kommt die politische Lage des Landes, vous vous rendez compte . . . Dafür halte ich mich an meiner Habilitationsschrift über Nietzsche schadlos. Bald ist meine Zeit ohnehin um. Adieu et à bientôt!«
Mr. James Crocker, ehemaliger Marineoffizier, Deputy des British Council, sitzt in einem der Bel Etage-Salons der von Hof und Palmengarten umzierten Herrschaftsvilla im Rosa und Taubengrau der Jahrhundertwende in der alten, intimen Oberstadt zwischen Stadtpalästen, Wohnhäusern, Antiquitätenläden, Konditoreien und verräucherten Weinkneipen. Gelassen, freundlich, als beabsichtige er, mit seinen Vormittag zu widmen, führt er mich Schritt für Schritt, wie an Bord, von Raum zu Raum. Auf demselben Stock, ringsum das weite

Treppenhaus, liegen die Verwaltungsräume und der schlauchartige, rupfenbespannte Saal für Hausausstellungen, Empfänge, Vorträge (die Leichtmetallklappstühle werden je nach Besucherzahl in Kreisen, Halbkreisen oder Reihen gruppiert). Wird ein Cocktail gereicht, werden die Erwählten des kleinen Clan von Mr. Crocker persönlich in sein geräumiges Arbeitszimmer geführt. Im aufgestockten Obergeschoß liegen zusätzliche Klassenzimmer und ein kleines Theaterstudio – eine englische Institution, gleichviel welcher Art, ohne Amateurbühne ist undenkbar. Englisch wollen mehr portugiesische Schüler, Studenten, Freiberufliche, Angestellte lernen als das Institut aufnehmen kann. Captain Crocker ist umgeben von einem Stab entsandter Mitarbeiter – Dozenten, Verwaltungsbeamten, Ortslehrkräften, von einem Schwarm heiterer, hellgepuderter Damen meist vorgerückten Alters, die mit Flötenstimme Auskunft geben, als probten sie ein Singspiel für Queen's Birthday. Obwohl es kaum elf Uhr vormittags ist, wird mir im Wintergarten-Tearoom mit seinen bunten Jugendstilfenstern eine Tasse rotduftenden Darjeeling mit Keks angeboten. Man hofft, mich bei Veranstaltungen zu sehen: »You speek such lovely English« (was mir umsomehr schmeichelt, als ich den snobistischen Oxford-Akzent meiner Jugend eingebüßt habe). Hier herrscht Clubatmosphäre, überlegene Kolonialluft, hier ist ein Stück Inselreich, welches das Verhältnis von Aus- und Inländern umkehrt: Die Einheimischen sind Fremde und daher Gäste. Unter vielen Auslandsbriten waltet noch wie zu meiner Brasilienzeit (zwischen »München« und »Potsdam«) hartnäckige Empire-Gelassenheit; in diesem Institut fühle ich mich um hundert Jahre zurückversetzt in Portugals wirtschaftliche Abhängigkeit vom Weltreich, obgleich der Escudo heute hart ist und das Pfund Sterling wachsweich.

»Uns interessiert, daß möglichst viele portugiesische Ph.D.'s oder M.A.'s von Cambridge oder Oxford führende Stellungen im eigenen Lande erreichen.« Das ist Kulturpolitik mit der Betonung auf Wirtschaftspolitik – ebenso einleuchtend wie einseitig. »Divide et impera« scheint noch immer der vom Geschichtsablauf widerlegte Wahlspruch Englands zu sein.

Im Marmorvestibül der US-Botschaft in der Avenida Duque de Loulé verweist mich ein junger Offizier der Marine-Infanterie in Paradeuniform (jedenfalls wirkt er so auf mich) an eine Empfangsdame, die ebenso gut von Tiffany sein könnte wie vom Hotel Astor oder vom Weißen Haus; der Name meiner Visitenkarte wird in ein Protokoll- (oder Kontroll-)buch einge-

tragen; auf wenige, in ein elfenbeinfarbenes Telefon gelispelte Kürzel oder Kabelchiffren erscheint eine zweite Dame, diesmal mit University-Look, und geleitet mich nicht zu rasch, nicht zu langsam durch mehrere Vorzimmer, geschmückt mit dem Star-Spangled Banner, Büchertischen und Werbeplakaten, ins Arbeitszimmer des Kulturattachés. Planungsluft empfängt mich, kühl, matter-of-fact, ein Gemisch aus Diplomatie und Business. Was ist Kultur? fragt jede Handbewegung meines Gastgebers. Was kommt bei einer Veranstaltung, sprich: Investition heraus? Kein Wort ohne direkten Bezug zur Zielsetzung. Plaudern über den beruflichen Interessenbereich hinaus, das bringt nichts ein, hier muß Beziehung die eigene Einflußsphäre im Auge behalten. Von einer Begegnung nicht mehr erhoffen als Gegenwart des anderen; Nähe, Sympathie, gar Gemeinsamkeit, wie es im Lateinamerikaner angelegt, verankert ist, gerade weil dieser Realist ist und wohl weiß, was sein Alltag fordert, freilich ohne den Glauben an das Vermächtnis von »God's own country« und dessen Gleichung von Wohlstand und Wohlanständigkeit, dafür aber neugierig auf den menschlichen Augenblick, der sich ohne Berechnung im Künftigen verzinsen wird, irgendwann, irgendwo – das wäre zuviel verlangt von diesem smarten Yankee. Trotzdem erzähle ich von meiner Begegnung mit Robert Lowell in New York, erwähne, Norman Mailers Freund beabsichtige, anläßlich eines bevorstehenden Seminars in Cambridge uns in Lissabon zu besuchen. Ob er nicht Lust habe, den großen Dichter aus Neuengland den Studenten der Universität Lissabon vorzustellen, der »madman« Lowell – mit dieser Bezeichnung hoffe ich, Mr. Wheeler meinen Vorschlag schmackhaft zu machen – sei, wie er wisse, Spezialist für Studentendialoge, er liebe die Jugend, gehöre selber dazu . . . Kein Zweifel, ein reizvoller Vorschlag – mein Gegenüber spricht verhalten, als handle es sich um ein riskantes Bohrungsprojekt im Algarve –, er werde nicht verfehlen, meine Idee im Hause zu besprechen und mich seine Entscheidung wissen zu lassen, »in due course«. Eine Minute später, auf der Straße, sagen mir das Wappen des Botschaftsportals und die Gesichter der Fußgänger: Robert Lowell, einstiger Gegner Roosevelts, Johnsons und folglich auch Nixons, Teilnehmer am »Marsch aufs Pentagon«, soll im Auftrag der nordamerikanischen Kulturvertretung portugiesischen Studenten Rede und Antwort stehen, stark über ein Jahr nach dem Mai 1968?
Wenige Tage später erfolgt die Antwort: Leider – sei das Programm für die Saison voll, leider, jedenfalls Dank für die Anre-

gung, some other time, perhaps, und: so long ...
Bei Professor Riccardo Averini im abgeblätterten Stadtpalais des Istituto Italiano mit seinem wandgekachelten Treppenhaus des Achtzehnten in der schmalen, schattengrauen Rua do Salitre gibt es keine falschen Töne. Seine Stimme ist hell wie das Mare Nostrum, er hat viele Jahre in Brasilien gelebt und mischt mir zuliebe Rio-Rotwelsch in sein Venezianisch. »Ich verbringe die kürzeste Zeit im Institut, Sprach- und Kulturprogramme besorgen meine Kolleginnen. Unser Außenministerium hat wenig Interesse an Portugal, daher bekomme ich so gut wie kein Geld. Außerdem habe ich als Kulturrat der Botschaft viel Protokollarisches am Hals, schreibe außerdem aus Liebhaberei über portugiesische Architektur des Seicento, Settecento, reise daher viel, zu berühmten Geburtstagen spreche ich über Leute, die mich interessieren – Leonardo, Petrarca, Manzoni e tutti quanti. Mein deutsches Faible ist der Expressionismus, ich sehe die Schönheiten unter der herben, keuschen Oberfläche, welche die Franzosen schmähen.« Sein Mund, heiter wie ein römischer Brunnen, wird schmal, bissig; hier sitzt Averinis Achillesferse, die Überheblichkeit des romanischen Vetters empört ihn: »Die französische Kunst mag feinere Nerven haben, aber die unsrige hat Fleisch, Blut!« Ob der caro professore einmal im Deutschen Institut über den Expressionismus sprechen möchte? Volontiere. Und arrividerci.
Es gibt auch ein Spanisches Institut, und dieses soll auch Sprachschüler haben, obgleich die Portugiesen, seit über dreihundert Jahren vom spanischen Joch befreit und noch immer gekränkt, gerne so tun, als stünde ihnen das Französische näher, auch wenn sie das Spanische verstehen wie eine Variante, womöglich wie die Urform ihrer eigenen Sprache. Die spanische Vertretung hat sogar zwei Kulturräte, einer von ihnen trägt den Titel »Professor«. Warum habe ich sie nicht aufgesucht? Aus Vergeßlichkeit, Erschlaffung oder weil ich ahne, was ich dort nicht erfahren werde?
Kulturarbeit in Portugal ist wohl so etwas wie unverbindliche Präsenz einer Institution, vertreten durch einen Beauftragten, der im Land seiner Tätigkeit spazierengeht und -sieht, der Gesten verteilt und dann und wann ein Stipendium, ein Konzert, eine Ausstellung, einen Festredner, einen Experten für Energie oder Esoterik, doch stets mit dem Gefühl der Überlegenheit, der für ein verhältnismäßig hohes Einkommen bescheidene Dienste leistet, weniger dem Gastland als dem eigenen, und das beweist er am Ende der »Kultursaison« mit einem schönformu-

lierten Bericht an seine Dienststelle und denkt dabei weniger an die Bedürfnisse des Gastlandes als an das Repräsentationsbedürfnis des eigenen.

Was ist dieses Portugal eigentlich?

Um zusammenzufassen: Die Engländer halten auf Einflußnahme wie seit Beginn ihres Handelsvertrages mit Portugal im 14. Jahrhundert; Handelssprache ist die englische Sprache, die Sprache des reibungslosen Umgangs ohne tiefschürfende Analyse, das Idiom des gesunden Menschenverstandes und der kommerziellen Anspielung, der unauffälligen Aufforderung zum Abschluß von Geschäften. Wer unbedingt die Sprache von Shakespeare oder Joyce studieren will, bitte sehr . . .
Frankreich sieht in dem kleinen Portugal, dem Vorzimmer zum arabischen Raum, dem Ländchen am Rande der Welt, am Rande der Zeit, den unverdrossenen Schüler der »Grande Nation«, der stolz ist auf sein gutes Französisch, stolz darauf, daß er in dem Marie Antoinettes Trianon nachempfundenen Tivoli an der Avenida da Liberdade winteraus, winterein das stereotype Programm des »Théâtre de Paris« – was immer darunter zu verstehen ist – beklatschen kann, selbst wenn er weniger versteht, als er zugibt. Noch stehen in den Schaufenstern der Delikatessengeschäfte die bunten Likörflaschen der Marie Brizard, dazu Benedictine, Cointreau, Curaçao, doch schon trinken Lissabons Damen lieber Whisky wie die Männer, tragen Bikini, rauchen, auch öffentlich – Salazar ist tot oder so gut wie tot, und sein Nachfolger Marcello Caetano verspricht mit kahlem Lächeln eine »allgemeine Öffnung«. Über Frankreich geht nichts, auch ohne Sartre, Merleau-Ponty, Le Clézio, schon weil Helena Vieira da Silva, pièce de résistance der portugiesischen Malerei, »école de Paris«, Frankreich ihre Weltgeltung verdankt. Was schert es da die Führenden des Landes und jene, die sich nach den Führenden richten in der Lebensführung, im Urteilen und Handeln, wenn ein obskurer Dichter wie Egito Gonçalves, dazu aus Porto, aus der Provinz, »Wo nichts los ist und nie etwas los sein wird«, behauptet, Portugal, Frankreichs Kulturkolonie, habe noch keine eigene Sprache, und von seinen Landsleuten sagt:

> »Die Lüge die sie heucheln
> ist die Wahrheit.

Die Unterwerfung
verdirbt. Sie sind
noch nicht geboren.
Können sie noch später
geboren werden,
so erwachsen von Aussehen?«

Was heißt »Aussehen«? Schein ist Sein, Salazar hat es gesagt, die Geschichte hat ihm recht gegeben, die portugiesischen Frauen haben ihm gedankt, daß er ihre Söhne nicht der Hekatombe des Zweiten Weltkriegs geopfert hat. Sie haben ihm ein Denkmal gesetzt, er hat der Nation ein Denkmal gesetzt, einen turmhohen Christus am Fluß, ein Dankmal, Mahnmal und Schutzmal für seine Brücke, die Ponte Salazar, eine portugiesische Golden Gate-Brücke, abzahlbar in Raten an die nordamerikanische Konstruktionsfirma. Die Verantwortlichen gingen auf Nummer Sicher, man zog die bewährte Hängebrücke neuen europäischen Modellen vor, das Anhängsel eines Schienenstrangs unter der Fahrbahn für den raschen Transport der Arbeiter wurde abgelehnt, die sollen früher aufstehen und die Fähre nehmen.

Anfangen anfangen anfangen

Am Montag, dem 3. November um einundzwanzig Uhr dreißig plus fünfzehn Minuten akademischen Viertels, besteigt der neue Institutsleiter in einem dunkelgrauen Anzug das ächzende Podium. Da der hellbraune (warum nicht schwarze?) Stutzflügel in die Ecke geschoben wurde, kann er sich nicht anlehnen und kommt sich daher vor wie ein Schauspielschüler, der vornüberzufallen glaubt, obgleich er gerade steht, allzu gerade, wie er fühlt, denn er möchte gelockert wirken und keinesfalls germanisch und steif. Er hat geglaubt, er könne sich dem Publikum, den sogenannten Freunden des Deutschen Instituts unauffällig vorstellen, indem er den Redner des Abends, den Schauspieler und Rezitator Kurt Winkler vorstellt. Er hat seine schriftlich skizzierte Einführung auswendig gelernt, doch im letzten Augenblick packt ihn die Angst, er könne steckenbleiben und zieht daher sein Papier aus der Tasche, in das er gelegentlich schielt. Der durch den Zwischenvorhang verkleinerte Saal ist mäßig besucht; die Hörer, angelockt vom Thema des Abends »Heinrich Heines Prosa und Poesie«, sind Deutsche, meist Emigranten, Deutschportugiesen, Studenten der Germanistik und deutschsprechende Einheimische wie der greise Professor Castro Freire, der in Deutschland studiert hat, in einem Streichquartett fast professioneller Güte zweite Geige spielt, Leser klassischer Dichtung, für den das Bildungsgut des neunzehnten Jahrhunderts unantastbarer Besitz ist. Er gehört zu der privilegierten, ausgeruhten, keineswegs kleinen Schicht von Menschen dieses Landes, die mehrmals in der Woche Vorträge, Konzerte, Ausstellungen oder Theatervorstellungen besucht. Zu jener bürgerlichen Klasse, an die sich die Darbietungen der inländischen und ausländischen Institutionen nahezu ausschließlich richten. Der Institutsleiter erinnert daran, daß der Dichter, den der Gastredner zu behandeln gedenkt, in Portugal sicherlich einer der meistgelesenen deutschen Schriftsteller, von bedeutenden Autoren wie Antero de Quental, Júlio Dinis und Augusto de Castro übersetzt wurde und – das fügt er als *captatio benevolentiae* hinzu – laut einer portugiesischen Doktorarbeit, die »unseren Hörern in der Bibliothek zur Verfügung steht«, mütterlicherseits aus Portugal stammt. Was Kurt Winkler angehe, so liebe er Vortragsreisen und nenne sich einen Vergnügungsreisenden, weil das Vortragen ihn vergnüge und anrege wie ein Gespräch. Kurt Winkler sehe nämlich die

Rezitation als eine Art Gespräch, als Zwiegespräch an, er sei zu der Erkenntnis gelangt, daß es eine Ursituation des Erzählens gebe, die erfordere, daß der Vortragende seinen Stoff so sehr vom inneren Kern her, auswendig, auf portugiesisch »de cor«, »aus dem Herzen« kenne, um auf diese Weise den Text gleichsam in einer dialogischen Bewegung mit dem Hörer neu zu entdecken, zu erfinden, zu erzählen. Und nun wollen wir Kurt Winkler um jenen Heine bitten, der uns heute in Deutschland besonders angeht, weniger den Lyriker als den Epigrammatiker, den Chronisten, den Kritiker und Ironiker, den Emigranten, der mit seinem verlorenen, aber nie aufgegebenen Vaterland hadert.
Und dann liest Kurt Winkler, doch entweder erfindet er nicht so neu, wie der Institutsleiter versprochen hat, oder er wiederholt seine in ländlichen Volksschulen angewandte Vortragsart mit zu deutlichen Akzenten und Effekten, oder aber die scharfe Sprachklinge des verwundeten Dulders im Pariser Exil erinnert die portugiesischen Bürger an landeseigene Themen, die sie aus Angst, Selbstschutz oder Bequemlichkeit seit Jahrzehnten verdrängen – jedenfalls endet der Vortragsabend für den Institutsleiter ohne das, was er in seiner utopischen Naivität erwartet hatte: irgendein Erkennen, das Überspringen eines Funkens, ein Echo, das er nicht zu präzisieren vermag, einen Anstoß. Natürlich kommt es nicht zu dem Frage- und Antwortspiel zwischen Vortragendem und Hörern, zu dem er zu Beginn der Rezitation aufgefordert hatte, und selbst ein privates Wort des Glückwunschs von Dr. Katz, Steuerberater und Cellist, tröstet ihn nicht. Daher überläßt er sich gleich nach seiner ersten Veranstaltung der Technik seiner Gehirnmaschine: den als Mißerfolg und Reinfall verbuchten Programmpunkt zu vergessen, um sich den Leichtsinn zum unbekümmerten Tanz auf dem Seil zu bewahren. Am nächsten Tag kommentiert er seinen Befund mit dem Leiter der Sprachabteilung, doch Karlheinz Werth, der ungeduldig zugehört hat, schiebt kokett eine Schulter vor und erwidert unwirsch: »Müssen Sie sich denn von vornherein mißliebig machen? Sie wollen's doch nicht anders.« *Sie*, das sind die Portugiesen, das Publikum, für das wir da zu sein haben. Wir haben zu gefallen, nicht aufzufallen, wir haben anzukommen, nicht anzustoßen. Wir haben uns anzupassen, aber keinem Lehren oder Verweise zu verpassen. Ich hätte doch gehört, was mein Vorgänger zu dem Thema gesagt habe. Er jedenfalls könne dem nur beipflichten. Darauf weiß ich natürlich keine Antwort, denn noch fällt mir nicht die richtige Frage ein: Ob

es nicht darauf ankomme, das richtige Publikum zu suchen, zu prüfen, ob es in Portugal trotz vierzig Jahren Diktatur, trotz politischer Enklave, hermetischer Abriegelung von Mitteleuropa, nicht dennoch *Zeitgenossen* gibt. Freilich, Fernando Namora, der langjährige Freund, meint: »Vorträge und Diskussionen wollen Sie veranstalten . . . Die Portugiesen sind des Redens und Diskutierens seit fünfzig Jahren entwöhnt. Schlagen Sie sich solche Pläne aus dem Kopf, jedenfalls vorderhand.« – »Schön, aber versuchen will ich es, muß ich es.« Fernando Namora zuckt mit den Achseln.

»Diese Mauer hält ewig!«

Heute, am 20. November, wird das Richtfest des neuen Botschafts- und Institutsgebäudes gefeiert. Die Presse erinnert daran, daß der Palácio Valmor am Campo dos Mártires da Pátria, dem Feld der Märtyrer des Vaterlandes, ein klassizistischer Bau aus der Mitte des neunzehnten Jahrhunderts (mit kostbaren Wandfliesen aus dem Achtzehnten, die laut Kaufvertrag zwischen Stadtverwaltung und Bundesregierung an den Verkäufer zurückgingen und fast so viel wert sind wie das gesamte Objekt an einem der schönsten Plätze der Stadt zu einem Mitte der sechziger Jahre bereits horrenden Quadratmeterpreis), im ersten Jahrzehnt unseres Jahrhunderts Gesandtschaftskanzlei des Deutschen Reiches und Residenz des deutschen Gesandten Graf von Tattenbach war und von 1914 bis 1953 die Rechtsfakultät der Universität Lissabon beherbergte (an der Marcello Caetano und alle namhaften Honoratioren des Landes studierten, auch der 1962 aus der Festung Peniche entwichene Kommunistenführer Dr. Alvaro Cunhal).
Als Auftakt überreicht der Kranführer dem Botschafter im Namen der Bauarbeiter zwei Fahnen, die sogleich gehißt werden, dazu ein silbernes Tablett. Ein Maurer leert zur Einweihung des Baus ein Glas Portwein und schleudert das Glas gegen die Rohmauer. Nach einem Dankeswort des Botschafters zieht der Kran den Kranz aufs künftige Botschaftsdach. Dann fahren die Teilnehmer, die gesamte Belegschaft eingeschlossen, zum Mittagessen ins Restaurant Montes Claros hoch auf einem Hügel über dem Tejo, wo die Festgesellschaft an einer langen, durch Quertische unterteilten Hufeisentafel Platz nimmt. Es sprechen

der Präsident der Bundesbaudirektion Berlin, ein Vertreter des portugiesischen Außenministeriums, der deutsche Bauleiter, der Chefingenieur der portugiesischen Baufirma, der greise Architekt Raul Lino, der für die Restauration der Fassade mit ihrer Dachbalustrade, ihren Fruchtschalen und neoklassizistischen Figuren aus der griechischen Mythologie verantwortlich ist. Währenddessen schiebt der Botschafter mir einen Zettel zu mit der Bitte, ein paar Worte zu sagen. Die ungewohnte Aufgabe, nach Jahren stummer Schreibtischarbeit eine Stegreifansprache auf Portugiesisch zu halten, jagt mir einen gelinden Schrecken in die Magengrube. In höchster Not fällt mir ein Erlebnis aus Taormina ein, das ich auf Portugal zu übertragen gedenke. Ich nehme einen langen Schluck des schweren roten *Dão,* der meine Adern wohlig füllt, fasse mich und stehe auf. Die protokollarische Reihenfolge der Anreden fällt mir nicht schwer und das »Amigos Operários« leicht. Ich erkläre zunächst, daß ich mit der sogenannten Kulturarbeit in der linken Hälfte des Baus, der für den Vortragssaal und die Bibliothek darunter in den Garten hinaus verlängert worden sei, zu tun haben werde, daß ich aber nicht genau sagen könne, was Kultur eigentlich sei, obwohl ich für deren Pflege in ihrem schönen Land bezahlt werde. Schmunzeln, auch wegen meiner brasilianischen Aussprache, die dank ihres leichten, fast leichtfertigen Klangs hierzulande mit einem Gemisch aus Überlegenheit und Neid gehört wird. Kultur, sage ich, blicke ja voraus und zurück, sie erstrebe eigentlich das Unmögliche, beides zugleich, auf keinen Fall wolle man auf das Geschaffene verzichten, gleichzeitig aber das Alte überbieten, ins Unbekannte, Künftige vorstoßen und dies auch möglichst unverzüglich verwirklichen. Aber ohne das Geschaffene zu bewahren gehe das nicht, kein Mensch könne auf Ruinengeröll bauen, der Grund müsse fest sein und verläßlich. Und das bringe mich auf ein Erlebnis, das ich ihnen erzählen möchte – dabei schaue ich all die Maurer und Zimmerleute an und Elektriker und Installateure und Klempner und Maler. Vor Jahren, bei meinem ersten Besuch in Portugal, sei ich von Freunden im Minho zu einer Fahrt auf dem Rio Lima mitgenommen worden, einmal im Leben müsse man diese Flußfahrt unternehmen, hätte mir mein Freund nach Deutschland geschrieben. Beifälliges Nicken. Wir seien ausgestiegen und ich sei umhergeschlendert und an einem Bau stehen geblieben, wo eine Bruchsteinmauer aufgeführt wurde. Ich hätte zugesehen, wie der Steinmetz längs der Schnur seine Steine zurechtgerückt und die von seinen Gehilfen herbeigebrachten

nach dem Augenmaß mit gutgezielten, gleichmütigen Schlägen behauen und dann eingepaßt habe. Dieser Arbeit also hätte ich zugeschaut und dabei meine Freunde und die Umgebung vergessen. Und dann hätte ich zu dem Meister gesagt: »Eine Frage, bitte ...« Und der Meister habe kaum dem Kopf gewendet und unbeirrt weitergearbeitet – kurzes Gelächter –, die Steine in der Hand gewendet, manchmal hochgeworfen, zackig, zünftig, behauen und eingesetzt. Und ich hätte wiederholt: »Eine Frage bitte, Meister ... Wie lange hält so eine Mauer?« Und der Meister hätte weitergearbeitet, als habe er meine Frage überhört, einen Stein besonders aufmerksam behauen – leises, überlegenes Gelächter – und habe dann halb mürrisch, halb verächtlich in den Sand hinein gebrummt, als sei die Antwort gar nicht für mich bestimmt: »Ewig ...!« Anschwellendes Gelächter, das langsam verebbt und mir eine Kunstpause erlaubt. Und deshalb möchte ich euch sagen, fuhr ich fort, daß ich euch beim Arbeiten zugesehen und eure Arbeit bewundert habe, eure Genauigkeit und eure saubere Ausführung, wie man sie in Europa kaum noch findet (keine Demagogie, sondern Wahrheit). Und das, meine ich, ist Kultur, etwas schaffen, was dauert. Denn ohne den Wunsch nach Dauer gibt es keine Dauer. Daher verspreche ich euch, fuhr ich fort, daß ich euer Haus – denn das Haus soll offen sein für alle, die eintreten wollen, darum soll auch Licht durch die großen Glasportale fluten, damit einer von außen sehen kann, was drinnen vor sich geht, und schon heute gehört es allen Portugiesen dieser Stadt und aller Städte und Dörfer des Landes –, daß ich, sage ich, dieses Haus pflegen werde – denn Kultur ist Pflege, *cultura* heißt ja zunächst Anbau, und Kultivieren ist die Pflege von Menschen und von Dingen –, damit irgendeiner von euch, der in dreißig oder vierzig Jahren vorbeikommt, sagen kann: »Es sieht noch so aus, wie wir es im Jahre 1970 fertiggestellt haben. Und dafür danke ich euch und wünsche euch Glück zuhause und im Beruf.«
Unbemerkt für die meisten ist ein Schatten auf die Veranstaltung gefallen: der abgelöste Institutsleiter hat seinen Platz neben Fräulein Lopes an einem Quertisch statt am Honoratiorentisch als Herabsetzung empfunden und trotzig geradeaus geblickt, obgleich er erklärtermaßen froh war, den Dienst quittieren zu können und nicht in das neue große Institut neben der Botschaft umziehen zu müssen, deren Verfügungsgewalt er sich stets wortlos gebeugt hat. Rätselhafte Widersprüche! Beim Verlassen des Restaurants berührt der Handelsattaché, ein graumelierter Dandy, lächelnd meinen Arm: »Nach dieser

Rede werden Sie wohl nächstens Botschafter in Brasilien!« Noch ist mein Ohr nicht auf die Diktion der Diplomatie geeicht. Heißt das: »Da haben Sie ganz schön aufgedreht, steht Ihnen eigentlich nicht zu, sollten sich lieber zurückhalten, bei uns lernen, wie man spricht, piano piano, nicht immer gleich vorpreschen. Aber Portugiesisch können Sie, na schön . . .«

Ein Zeitgenosse

»Ein Herr namens Pires wartet in der Bibliothek auf Sie«. An Fräulein Lopes' bridgemüder, gelangweilter Stimme merke ich, daß es keine Person ist, die sie als institutswürdig betrachtet. Durch die halbgeöffnete Tür sehe ich einen Herrn im hellen Fensterausschnitt der dunklen Bibliothek stehen. Er ist sehr klein für deutsches, klein für portugiesisches Maß, stämmig, eher bäuerlich, kräftige weiße Zähne, kräftiges, etwas widerborstiges Haar, koksschwarze Augen, die blitzschnell sehen, rechnen, denken; sein Körper, so fest auf dem Boden, steht wie zum Absprung bereit, beim geringsten Alarmzeichen könnte er mit einem Satz an der Tür sein. Dabei wirkt er gelassen, auf herausfordernde Weise selbstsicher, grimmig humorvoll, als trage er einen Freibrief oder Freiraum bei sich, der ihn vor seiner offensichtlich latent bedrohlichen Umwelt schützt. José Cardoso Pires begrüßt mich mit blitzenden Zähnen, als erkenne er den Briefpartner, und einem unter Freunden landesüblichen »abraço«, der französischen »accolade«. Wir haben seit ein paar Jahren korrespondiert, unlängst wegen seines Romans *O Delfim*, den der Kurt Desch Verlag veröffentlichen will. José Cardoso Pires leitet das Feuilleton der Abendzeitung *Diário de Lisboa* und ist im Augenblick Gastprofessor für lusobrasilianische Literatur am Londoner King's College. »Ich wußte gar nicht, daß es in Lissabon ein Deutsches Institut gibt; hatte nur einmal von Sprachkursen gehört. Das hier jedenfalls kennt kein Mensch.« Seine geschürzten Lippen stoßen ein Prusten aus wie eine rasch geöffnete Selterwasserflasche, das hört sich an wie ein Gemisch aus Wurstigkeit und Geringschätzung; es heißt aber auch: Hat nichts zu bedeuten, weiter im Text! »Kein Mensch« heißt in seinem Sinn: Kein portugiesischer Regimegegner, der an zeitgenössischen Kulturbestrebungen interessiert ist, erwartet von einem ausländischen Kulturinstitut, Anhängsel und

Aushängeschild einer bei der salazaristischen Diktatur akkreditierten westeuropäischen Botschaft etwas Sehens- oder Hörenswertes, am wenigsten von der bundesdeutschen, die Portugals Kriegsziele in Afrika unterstützt, zumindest indirekt.
Ich frage ihn, wie ich das Institut bekannt machen, wie ich die richtigen Leute erreichen könne. Cardoso Pires verspricht, mir seinen Mitarbeiter Victor Silva Tavares für ein Interview zu schicken; der würde mir auch die Mitgliederliste der erloschenen Schriftstellergesellschaft beschaffen und mich in Sachen Werbung beraten. Dann sprechen wir über die Autoren, die ich in eine von mir geplante Sammlung zeitgenössischer Erzähler aufnehmen möchte; bei der Erwähnung zahlreicher Schriftsteller, die ich aus Raummangel wahrscheinlich nicht unterbringen kann, nenne ich den Namen Braga De Almeida: »Er ist so etwas wie Informant der Presseabteilung der Deutschen Botschaft.« Cardoso Pires zuckt zusammen, als müsse er vom weißglühenden Fußboden aufschnellen. »Der Mann ist Faschist, Zensor, unser Feind«, erwidert Cardoso Pires und blickt mich ungläubig an. Sein Blick bedeutet: Entweder der oder wir. Sie müssen sich entscheiden, ob Sie die Lobhudler, Nutznießer, Mitläufer des Regimes bedienen, ob Sie eine Ausstellung unter dem Patronat des portugiesischen Dr. Goebbels, des Staatssekretärs Moreira Baptista eröffnen, oder ob Sie Gesprächspartner der progressiven Kräfte sein wollen, die Verbindung suchen mit dem progressiven Europa.
Ohne Cardoso Pires' Parteizugehörigkeit zu kennen, geht seine Einstellung aus allen Äußerungen und Briefen hervor: er ist befreundet mit dem argentinischen Exilschriftsteller Julio Cortázar, mit García Márquez, in einem Essayband zitiert er aus H. M. Enzensbergers *Politik und Verbrechen* und kennt in London dessen Frau, Fadejews Tochter. Unbekümmert und ohne falsche Bescheidenheit verfolgt er sein Ziel: in Europa gedruckt und diskutiert zu werden. »Ich, der Herr Schriftsteller der Gemarkung Portugal, folglich nur ein geduldetes Tier am Rande ...« schreibt er als Ich-Erzähler, Beobachter und Chronist in seinem *Der Dauphin*, Schwanengesang auf die Feudalherrschaft.
Der Mensch dieses Landes, gleichviel welchen Berufs, besonders der Künstler, falls er nicht lebendigen Leibes verfaulen, als Leichnam leben will, bedarf, um geistig zu überleben, des eisernen Willens, der geduldigen Beharrlichkeit, der stetigen Wachsamkeit, sogar im Schlaf, denn heute noch mag die *Pide* an seiner Haustür klingeln und ihn ohne Haftbefehl mitnehmen.

Dazu braucht er Echo, Freunde, das Gespräch, den Gedankenaustausch, die dauernde Teufelsaustreibung durch das geschriebene oder gesprochene Wort. Ein Augenblick des Nachlassens, der Nachsicht, der Gleichgültigkeit kann den Blick trüben, die Linse entschärfen und zur Selbsttäuschung, zur Selbstbelügung führen. Vor wenigen Tagen schrieb er mir aus London: ». . . Ich möchte ganz schamlos darauf bestehen, daß Sie die deutsche Fassung herstellen. Eine so wenig bekannte Literatur wie die portugiesische kann sich dem Vergleich mit internationalen Valeurs nur dank einer einfühlsamen, sprachgerechten Übertragung stellen.« (Um eine Stimme der Jury ist ihm soeben die begehrte Pariser Bewertung des »meilleur livre étranger« entgangen.) Das ist die eine, objektive Seite. Die andere ist subjektiver Art, eng mit der ersten verknüpft. Wird sein Buch im Ausland besprochen, gerühmt, wird er gehört, zitiert, so kann er im Fall persönlicher Bedrohung im eigenen Land auf internationale Solidarität rechnen, und diese schützt ihn auf unwägbare Weise vor seinen Landsleuten, die ihn unschädlich machen wollen. Salazar haßte nach berühmtem Vorbild die Literatur, den Film, das Theater – alles, was den Menschen aufklärt, bildet, bewußt macht.

Sein Buch in Deutschland herauszubringen, abgesehen vom persönlichen Antrieb, das in meinem Rahmen Mögliche zu tun, erfüllt die Forderung nach der einzig gültigen Kulturarbeit: der Zweigleisigkeit, der Parallelen, die sich im Unendlichen schneiden. Ich will nicht fragen: womit können bundesdeutsche Künstler, Literaten, Wissenschaftler bei euch glänzen, womit kann ich das Ansehen der Bundesrepublik im Gastland mehren, womit kann ich die Bestrebungen der Bundesregierung und der diplomatischen Vertretung in Portugal unterstützen? Sondern umgekehrt: Was interessiert euch, Portugiesen, an Deutschland, was könnt ihr von unserer Zivilisation gebrauchen – Zivilisation als Kartographie und Konsumgewohnheiten, als Gewerkschaftsarbeit und Goethes Schriften zur Natur –, welche Kulturgüter wünscht ihr in die Bundesrepublik zu exportieren? Oder noch anders: Welches Thema, das wir gemeinsam behandeln, könnte zu einem Neuen, Dritten führen? Menschlicher Fortschritt als Gemeinsamkeit, als Fernziel nächstliegender Bedürfnisse, weit weit ab vom Stolz eigener Leistung, von der Eitelkeit der Selbstdarstellung, weit weit ab von verjährten Attributen wie Nationalflaggen, Ehrenkompanien, Nationalfeiertagen, Nationalhymnen und zeitraubender Gegenseitigkeitsbeweihräucherung.

Der »Millionen-Schultz«

»Wählen Sie, wählen Sie, eine ›Crèpe Suzette‹, eine ›Bombe flamboyante à Gambrinus‹, hahaha.« Mit weiter Gebärde gibt Herr Dr. Mathias Schultz seinen Gästen zu verstehen, daß er über Repräsentationsmittel verfügt, die dem Ansehen der Bundesrepublick in Portugal entsprechen, vor allem aber seinem Prestige in beiden, beziehungsweise in allen Ländern der Erde. Diese Gebärde umfaßt offensichtlich auch seine Machtbefugnis über das Restaurant ›Gambrinus‹ und dessen viele Tische, dessen Kellnerpulks und Piccolorudel, die zur Betreuung seiner regelmäßigen »Kulturkunden« dienstbeflissen und hintergründig lächelnd herbeieilen. An Trinkgeldern geizt er nicht, er weiß, was er sich und seiner Ausstrahlung als Diplomat schuldig ist. Mir bedeutet er in vertraulicher Zwiesprache, daß er als einstiger Leiter eines Sonderreferats der Kulturabteilung des Auswärtigen Amts im Grunde das Goethe-Institut gegründet und den ehemaligen Botschafter Pfeiffer als Präsidenten plaziert habe, daß er imstande sei, mich als Direktor des nächstens zu gründenden Portugiesischen Kulturinstituts in Deutschland, München etwa, einzusetzen. »Ich habe die persönliche Zusage des Präsidenten der Gulbenkian-Stiftung. Nun, was sagen Sie, wählen Sie . . .« Strahlend, hingerissen von der eigenen Redner- und Überzeugungsgabe streckt er die Arme aus, unter denen sich seine Tischnachbarn ducken, und seine hinter dicken Doppelfokuslinsen schwimmenden Pupillen singen: Ich und die deutsche Kultur sind eins. Beim Verlassen des Speisehauses nimmt der wohlgenährte Kulturrat gnädig die Parade der Bediensteten ab, sendet beim Verteilen der Trinkgelder ein Abschiedslächeln über die Köpfe der Speisenden hinweg und seufzt, die bleiche Wange eines uniformierten Knirpses tätschelnd: »Tja, hier herrscht noch *Humanitas*. Nehmen Sie das ruhig einmal zur Kenntnis, mein Bester . . .« Staunend, fast andächtig nehme ich all das zur Kenntnis und bin dankbar, einen Mann von Welt kennengelernt zu haben, dessen Macht ihm den bewundernden Spitznamen »Millionen-Schultz« eingebracht hat.

1970

Wenn man nicht weiß, wohin man will,
kommt man am weitesten.
Shakespeare, Was ihr wollt

Brief an einen Kollegen (11. Januar)

». . . Meine Tage gehen dahin mit Aufbauarbeit – soweit das hier möglich ist, bei der zähen Zurückhaltung. Taucher muß man sein und Holzwurm, der sich durch tiefe Schichten archaischen Moders frißt, sanft wie die Taube und klug wie die Schlange. Dann stößt man auf den Humus derer, die sich ein freies Auge bewahrt haben oder erwerben wollen. Das ist für mich das einzige, was hier zu tun die Mühe lohnt. Die Germanistik liegt im Argen (der Arge: der Teufel), mit Argusaugen bewacht von den regimegetreuen Bewahrern entschlummerter Größe . . .«

Rubinho

Rubinho – wie Angehörige und Freunde ihn nennen –, mit vollem Namen Ruben Andresen Leitão, kann wie die meisten Schriftsteller Portugals nicht von seiner Berufung leben und übt daher mehrere Berufe aus: Dr. Ruben Leitão arbeitet als Sekretär der Kulturabteilung der Brasilianischen Botschaft in Lissabon (»Stenotypist«, spottet Rosemary, die seine Bücher durch Nichtlesen mißachtet); Dr. Ruben Andresen Leitão bespricht als Historiker für die Abendzeitung *Diário Popular* seit Jahren geschichtliche und kunstgeschichtliche Bücher; Ruben A. ist Romancier; Ruben Leitão endlich ist Privatmann, Mann der Öffentlichkeit, Kunstsammler und -händler, sowie vermischter Vermittler. Seine Schlaflosigkeit kommt ihm zustatten; zwischen fünf Uhr dreißig und acht Uhr liest er das Buch, das er nach dem Frühstück im Morgenrock zwischen Büchertürmen zweifingrig auf seiner altgedienten Remington rezensieren wird; die erste Fassung ist endgültig. (Wortreichtum und Wiederholungen schmeicheln dem portugiesischen Leser.) Ein Faktotum (Verwandter der Köchin, irgendwo angestellt, Nachtwächter im Elektrizitätswerk oder dergleichen), kommt zum Befehlsempfang: Botengänge, Reparaturen, Postbeförderung. Ein Adlatus wie dieser gehört zum guten Ton, zumal da Ruben sich zur Oberschicht zählt, ohne sich vermögend zu nennen. Sein Vater, Doktor der Rechte von der Universität Coimbra, der seinen Anwaltsberuf nie ausübte, hat dafür die Mitgift seiner Frau, geborene Andresen, jahrzehntelang Name einer der bedeutendsten Portweinexporteure, in einem langen Leben mit fehlgelenktem Antiquitätenhandel durchgebracht. Rubens Cousine ist die aristokratische Dichterin Sophia Mello Breyner Andresen (das Stadtpalais der Mello Breyner vom Ende des Achtzehnten steht uns schräg gegenüber an der Ecke der Silva Carvalho; in dieser Stadt ist alles eng versippt, verflochten, das ganze Land, obschon ein Knäuel aus Zwisten, Nervenbürgerkrieg, Machthunger und Hunger, gleicht einer einzigen Familie); ein Cousin ist Diplomat; alle Freunde, versteht sich, sind in einflußreicher Stellung. Von der Mutter hat er die Dynamik ererbt, vielleicht auch den Sinn für das Surreale, vom Vater die Logik, die Liebe zum Antiquitätenhandel, den er als Liebhaberei und Gelegenheitserwerb betreibt – a job for gentlemen. Erst jetzt, nach getaner Morgenarbeit, zieht er sich an, die Foulardkrawatte kühn gebunden, das wirkt bezwingender als eine angestrengt geblähte Brust. Es folgen Telefongespräche, Verabredungen, Besichtigungen für An-, Verkauf oder Tausch von Mobilien und Immobilien, Vermittlungen für ausländische Freunde: er weiß genau, was sie brauchen, führt sie in die stilgerechten Geschäfte, handelt erfolgreich für sie, nimmt fürsorglich ihre Schecks entgegen und kassiert bei den Händlern, seinen Freunden, die auf Grund der vorher heraufgesetzten Preise vereinbarte Kommission; Vermittlergebühr ist in Portugal, so wird mir versichert, auch unter Verwandten und Freunden »heilig«. Lunch mit einem Bankier zur Besprechung eines Finanzgeschäftes; sein Anteil ist der Tip. Um vierzehn Uhr (meist später) Dienst in der Brasilianischen Botschaft. Dort schrieb er Mitte der sechziger Jahre, ohne belästigt oder unterbrochen zu werden, auf seiner Sekretärsmaschine und auf Botschaftsbogen zwischen zwei und fünf Uhr nachmittags Monat auf Monat die vielen hundert Seiten seines prämierten Romans *Turm von Barbela*, eine unerhörte Leistung der Willenskraft und Konzentration. Lektor und Bezähmer seines surrealen Überschwangs war der Lyriker Alexandre O'Neill. Wenn er nicht als Maître de Plaisir bei Empfängen dem Botschafter, einem bürgerlichen Nachfahren und Dandy der Barone von Rio Preto, die Namen der die Freitreppe heraufschreitenden Gäste zuflüstern muß, eilt er zu Vernissagen, mit Vorliebe zu Repräsentationsausstellungen der Gulbenkian-Stiftung, und bewegt sich stets zufällig in der Nähe des die Veranstaltung eröffnenden Präsidenten, wenn die Zeitungsreporter knipsen und die Journalistin von *Gente* (Leute) Namen von Notabilitäten notiert; oder er besucht ein Konzert der Mäzenin Marquise von Cadaval, aus der Nebenlinie der königlichen Orleans und Bragança, geborene Gräfin Di Robillant, Erbin des venezianer Palazzo Moncenigo, das einst Byron mietete; in der Pause absolviert er seinen Handkuß in ihrer Loge des *Tivoli* und eilt nach Hause, zum Lesen oder Schreiben. Abends häufig Einladungen zum Essen, bei Freunden, auf Botschaften, bei sich (einfach, aber stilvoll, man hat Dienstmädchen, zumindest zwei in bescheidenen Haushalten wie dem des Ehepaars Leitão). Abgesehen von einem Sommerhaus in Viana do Castelo in der Nordprovinz Minho besitzt er ein halb ererbtes, weniger intelligenten Verwandten halb abgejagtes Herrenhaus in Alentejos Estremoz voll kostbarer Möbel, dazu eine Eigentumswohnung in der Stadt.

Seine Ablehnung Salazars ist persönlicher Art, eher Ressentiment: sein Lektorat beim King's College in London wurde, so erklärt Ruben heldisch gekränkt, vor Jahren vorzeitig abgebrochen, weil er als Surrealist zum Mißfallen des Diktators die portugiesische Sprache mit Neologismen wie »taxiar« – mit dem Taxi fahren – zu bereichern gedachte. Obschon seine Doktorarbeit über »Die politischen und kulturellen Beziehungen zwischen Portugal und England im neunzehnten Jahrhundert« nie angenommen wurde, hat er sie in Portugal und England drukken lassen und nennt sich dem Verdikt des Diktators zum Trotz *Dr.* Leitão.

»In diesem Land kann man nur mit äußerstem Egoismus leben«, hat er mir bei meiner Ankunft erklärt; langsam wie ich bin, habe ich versäumt, ihn zu fragen, ob er als Schriftsteller oder Staatsbürger spricht. Bald darauf: »Die Regierungsübernahme durch Willy Brandt wird Portugals Beziehungen zur Bundesrepublik belasten.« Dabei sieht er mit schadenfroher Strenge an mir hoch, als schaue er auf mich herunter. Genauso blicken der abgetretene und der neu angetretene Titular des Außenministeriums, Franco Nogueira und Rui Patrício. Zufall? Alle drei sind mittelgroß bis klein, sehnig und zugleich weichgliedrig, gleich ob fünfzig, sechzig oder knapp vierzig Jahre alt, mit schwarzen, forschenden Augen. Alle drei sind geborene Diplomaten, alle drei schreiben, alle drei sind echte Portugiesen und das heißt: Händler- und Unterhändlernaturen, pausenlos auf dem Anstand, schußbereit, um die erspähte Beute (Frau, Gelegenheitskauf, Verhandlungsvorteil, Hauptgewinn) zu erlegen. Sie geben sich gewandt, verbindlich, bewegen sich wie

auf Katzensohlen. »Was wir lösen«, – sagen ihre Gebärden – »lösen wir auf portugiesische Art.« Was ist die portugiesische Lösung? Das zu ergründen, bedarf es Zeit und Geduld.
Ist Ruben ein Ergebnis des Regimes oder ist sein Eigensinn ein Nationalmerkmal? Schwer zu sagen. Obwohl er urban ist und von gewandten Manieren, strahlt jedes Wort Rubens den huldreichen Terror des Selbstlobs aus. »Eine vorzügliche Suppe hat unsere Maria wieder gekocht«, verkündet er nach dem ersten hastigen Löffel bei der häuslichen Tischrunde und setzt damit den Gast ins Unrecht liebloser Unaufmerksamkeit. Will dieser nicht spießbürgerlich zustimmen, sondern die kosmopolitische Würde bewahren, die sein Gastgeber von ihm erwartet, bleibt ihm nichts übrig als geknickt zu schweigen oder gequält zu lächeln. Wo er kann, streicht Ruben vor Ausländern sein Land heraus, die Milde des Klimas (welches Ärzte warnend ein gefährliches Reizklima nennen), die Köstlichkeiten seiner Früchte und Gemüse, seiner Kunst, seiner klassischen Architektur. Einen Satz wie: »Sieh diesen Brunnen, frühes Siebzehntes, wo gibt es so etwas in Europa?« begleitet er mit strengem Blick und erhobener Nase, als könne der Fremde von Glück sagen, sich rechtzeitig ins letzte Refugium abendländischer Kultur gerettet zu haben. Er tut dies aus Instinkt, der mehrere Gründe kennt: erstens, um den fragwürdigen Ruf des portugiesischen Regimes im Ausland herunterzuspielen, wo nicht den Gast für die kränkende Kritik der Auslandspresse verantwortlich zu machen; zweitens, um den von Fremden offensichtlich unerkannten Zauber des schlichten, scheuen, reinen Portugal gegenüber Europas zynischem Verfall aufzuwerten und ins Licht des Kenners, in s e i n, Rubens, Licht zu rücken. Den erstaunten Blick des Besuchers über den geforderten Phantasiepreis für eine Kommode D. João V. beantwortet er denn auch mit dem schmallippigen Lächeln des Experten über die Unwissenheit des Banausen.
Rubinho kann nur Schönes ertragen – so vertraut er mir; Bettelkinder, Elendsviertel machen ihn krank. Außerdem will er bewundert werden und geliebt, am liebsten von reifen Damen der Gesellschaft mit frühmüden Lidern (möglicherweise auch von mir; ob die Allgeschlechtlichkeit vieler Portugiesen arabisches Erbe ist?). Die hohe Gesellschaft inspiriert ihn; für ihre Sterilität rächt er sich durch Erzählungen wie *Branca*, die weiße Dame der im Tagtraum dahindämmernden Provinz (Porto) bis zum endgültigen Schlaf nach dem Jüngsten Tag. Am liebsten legt er im Kreise von Gästen seine nervösen Hände um die

Rundungen seiner Fayence-Terrinen – portugiesisch-chinesisch, Achtzehntes – und lanciert triumphierend ein Bonmot. Wird Ruben auf der Einladeliste eines offiziellen Diners übergangen, bekommt er eine Kolik und beruft seinen Bruder, Chirurg, ans Leidensbett, um sich bei ihm über sein gescheitertes Leben auszuweinen. Rosemary wird ihn vermutlich bald verlassen. »Dieses Land« – stöhnend hebt er die Verzweiflungsfaust zur Stirn – »weiß nicht, was es besitzt. Es verachtet seine Genies. Recht geschieht ihm!«

Achselzucken

Ein junger Mann zuckt mit den Achseln. Er hebt die Schultern, bis er keinen Hals mehr hat und winkelt die Arme an, er zeigt die leeren Hände. Er zieht die Brauen hoch, verdreht die Augen.
Die Szene ist die Bühne des Cine-Teatro *Tivoli*; Probenpause des *Grupo 4*; der Regisseur und Schauspieler Fernando Gusmão und seine vier Schauspieler erzählen mir von ihren Schwierigkeiten: Sie wählen ein Stück aus, erwerben die Rechte, übersetzen das Stück, mieten ein Theater, beginnen mit der Probenarbeit, entwerfen das Bühnenbild – alles auf eigene Rechnung und vieles mit eigenen Händen, denn sie sind auch Beleuchter, Kulissenschieber, Dramaturgen, Übersetzer, Platzanweiser, und noch manches andere mehr – und hoffen, daß die Zensur das Stück genehmigt. Endgültig genehmigt ist es erst, wenn die Haupt- und zugleich Zensurprobe vorüber und bestanden ist. Schmuggelt ein Schauspieler von der Zensur gestrichene Stellen später in seinen Text wieder ein und wird er vom Zensor, der während der Spielzeit Stichproben macht, erwischt, muß er eine Buße zahlen, die er sich bei seinen geringen und gefährdeten Einnahmen nicht leisten kann.
Und wenn die Zensur das Stück verbietet?
Ist alle Arbeit umsonst.
Warum wird das Stück nicht vor Erwerbung der Rechte und der Probenarbeit der Zensur vorgelegt?
WEIL. Weil der finanzstarke, regimetreue Revue-König Vasco Morgado, dem so gut wie alle Theater der Stadt gehören, sonst die Rechte erwirbt, um die politisch gefährdeten unabhängigen Gruppen lahmzulegen. Weil das Stück nur übersetzt der Zensur

vorgelegt werden kann, die Monate zur Prüfung braucht. Weil eine unabhängige Gruppe selbstauferlegten Druck (Leistungsdruck, Zeitdruck, Seelendruck) braucht, um dem Verdummungsdruck, dem Verstummungsdruck, dem Ablenkungsdruck, dem Hinhaltedruck des Regimes entgegenarbeiten zu können. Weil man am Ende sein muß, Schulden haben, sein Überleben an das fix und fertig geprobte Stück hängen, mit der Zensur um jede Szene, um jeden Satz, um jedes Wort kämpfen muß. Würde man anders arbeiten, man würde den Mut verlieren, noch bevor man begonnen hat. Hinzu kommt die Gleichgültigkeit des bürgerlichen Publikums, sein Widerwillen gegen die geringste geistige Anstrengung, gegen Initiativen, Avantgarde, gegen alles, was seine Stockfisch- und Alkovenzeit beschränken könnte. Wir haben ja in der Wintersaison französisches Theater, *Le Théâtre de Paris.* Wozu einheimisches Theater, die jungen Leute können ja nichts!
Aber da muß man doch etwas unternehmen! Dem deutschen Besucher tritt der Schweiß auf die Stirn.
Rui Mendes, jung, peitschenschlank, brünett, der geborene Pantomime, siegreiches Weiß der Zähne, führt – unbeabsichtigt, wohlbemerkt – die eingangs beschriebene Szene vor: Achselzucken.
Es ist das Achselzucken Portugals, die beredteste Gebärde des Landes seit dem *Estado Novo* von 1926. Der erste Teil der Pantomime ist klar und einsichtig; die verdrehten Augen dagegen sind vieldeutig: Fragen sie mich nicht, Sie wissen doch selbst, ich weiß, was Sie meinen, Sie wissen, was ich meine, ich tue mein Bestes, garantieren kann ich nichts, ich bin für nichts verantwortlich, die verdammten Hunde, was soll ich tun, meinen Sie, es macht mir Spaß, ewig zu feilschen, zu antichambrieren, zu kajolieren, zu improvisieren, zu kujonieren . . .
Es m a c h t ihm Spaß, er ist Portugiese, und das heißt: Händler, Unterhändler, Zwischen-, Klein- und Großhändler.
Fernando Pessoa, der den portugiesischen Faschismus noch neun Jahre erlebte, erzählt in einem Gedicht seines unveröffentlichten Nachlasses, wie er Salazars *Neuen Staat* heraufkommen sah:

Der Neue Staat ist's, ja, und das Volk
Hörte, las und war einverstanden.
Ja, das ist ein neuer Stand
Der Dinge, und er macht gehörig Staat
Und war bisher nie vorhanden.

Allerorts herrscht Fröhlichkeit.
Doch sie ist so tief fundiert
Wie Gott der Gottesgelehrsamkeit,
Daß sie überall existiert,
Aber nicht zu sehen ist weit und breit.

Straßen gibt's, und die Große Straße,
Die Tradition mit Zukunft verbindet,
Führt, eine weitveranschlagte Masse,
Vom einen zum andren, wo niemand Grund
Zur Abfahrt oder zur Ankunft findet.

Und das Kolonialreich? Ein weiter Weg.
Auf diesem führen mit Liebespassion
Solche, welche die Macht auskehrt,
Unsere christliche Zivilisation,
Von der keiner weiß, was sie eigentlich wert.

Richtungweisend für die Künste
Knüpft man an die Tradition
Und vereint Apoll mit Mars
Im Theater der Nation,
Einstmals Sitz der Inquisition.

(. . .)

Glaube stets lebendig sei,
Hoffnung scheuche unsere Sorgen!
Körperschaftshunger ist Schwarzseherei.
Fröhlichkeit sei unser Panier!
Heute gibt's Mittagessen morgen.

Europa

ist für den Portugiesen das Andere, das man einerseits aus der Ferne begehrt, von dem man andererseits anerkannt, bewundert, umworben sein will. Europa ist vor allem Frankreich, und das heißt: Paris – das nachahmenswerte, ausschließliche Kriterium. Man will sich mit Europa, sprich: Paris schmücken, dabei aber Portugiese bleiben, und das heißt: eine Insel, geschützt gegen alle störende Berührung durch das Meer, durch die Pyrenäen, durch die Entfremdung zu Spanien.
Einsam, mit sich selbst beschäftigt, die uralte Schwermut genießend, die *saudade*, eine Zugvogelsehnsucht, aber ohne Ziel noch Zeit, ein Flug ins Ungefähr, aus dessen Höhe und Fernweh man sein eigenes Ich, das dort unten am Atlantikstrand dahinschmachtet, liebend umfängt in Erbarmen und Zärtlichkeit, sekundiert von Frauenarmen, die der Tochter, der Frau, der Mutter oder der Geliebten in einer Gestalt gehören mögen. Auf jeden Fall den Stillstand bewahrend, die große Vergangenheit wiederkäuend ohne Unterlaß, sie ins Feld führend gegen die geschmähte Kleinlichkeit der Gegenwart, empfindlich reagierend gegen Anrufe von außen. Man will sich vor allem nicht festlegen, keine Verpflichtungen eingehen, keine Bindungen, welche die Selbstbetrachtung, Selbstdarstellung, Selbstdramatisierung stören könnten. Kurzum: man begehrt sich als Altbesitz, als Dauer im Einstmals, das die Gegenwart ausschließt, überbietet, übertrumpft und so jedes Wagnis aus dem Weg räumt und jede Konfrontation mit gegnerischer Leistung; vor allem keine Vergleiche, wir sind wir, die Lusiaden, die wir waren, die wir sind und sein werden.
Etwas Narzißhaft-Verwelktes, Unreif-Gealtertes, Mürrisch-Eitles haftet an diesem erzgesunden Portugiesentum, das sich preisbietet in prächtigen Männergestalten, in warmen Frauenkörpern, die feucht blicken wie zur Römerzeit, verhüllt begehrlich und gefügig wie weidende Hirschkühe. Ein Portugiesentum, das sich unter keinen Umständen hingeben oder ausstreuen will, um sich desto inniger zu besitzen. Keine Wagnisse, bitte, keine Wandlungen, keine Erneuerungen, keinen Neubeginn!
Der jüngst aus der Regierung ausgeschiedene Außenminister Franco Nogueira fordert, man solle Europa, das Portugal Jahrhunderte im Stich gelassen habe, sich selbst, seinen Sorgen und seinem Untergang überlassen und den Blick ganz nach Afrika wenden.

Was tun?

Nicht fragen: Womit kann das Institut als Bundesrepublik Deutschland glänzen? Sondern: Was interessiert die Portugiesen?

Das wird wohl für längere Zeit Befriedigung von Nachholbedarf sein, Förderung schwachentwickelter Lokalstrukturen: Seminare über Komposition, Improvisation, Perkussion. Vorlesungs- und Vortragsreihen von Germanisten und Schriftstellern. Zyklen über Computer-Kunst, Futurologie, Konkrete Poesie, Theaterzyklen mit internationaler Beteiligung, die Folgen zeitigen, den Beteiligten Ausblicke und neue Wege eröffnen.

Anzustreben wäre nicht Repräsentation, sondern Präsenz des Instituts, Herausforderung, Zuspruch, Anregung, Austausch, gemeinsame Kritik – Kulturarbeit als Bewegung, als Fortschritt im Wortsinn, als Verständigungsmittel, als Erkenntnisförderung.

Wichtig ist ein informatives Programm, vielseitige redaktionelle Werbung. Wichtig ist Verbindung mit den Feuilletons der Tages-, Abendzeitungen und Zeitschriften; dort arbeiten Intellektuelle, viele nur in Teilzeit (außer ihrer freiberuflichen journalistischen Tätigkeit üben alle mehrere Berufe aus: Rechtsanwalt und Schauspieler; Lehrer und Übersetzer; Werbefachmann und Regisseur; Doktor und Essayist; Meteorologe und Lyriker, Arzt und Lyriker, Werbefachmann und Lyriker; Zollbeamter und Schriftsteller; Verlagslektor und Dramaturg; Redakteur und Dramatiker; Gymnasiallehrer und Romancier; Pharmakologe und Erzähler). Wichtig ist gemeinsame Programmplanung, Beteiligung örtlicher Künstler an den Institutsveranstaltungen. Wichtig ist, diesen im Institut eine Stätte der Begegnung zu schaffen, des Austauschs, der Beratung, ein Forum demokratischer Diskussion, einen Freiraum der Selbstdarstellung, die ihnen die Institutionen ihres Landes verwehren. Wichtig ist, diesen Partnern Auftrieb zu geben, Selbstvertrauen, Mut zum Wagnis und zur Produktion. Wichtig ist, die Landesregierung auf das Prestige ihrer geistig Schaffenden in einem ausländischen Institut und somit im Ausland aufmerksam zu machen.

Rechnen und nicht rechnen. Bei jedem Pfennig des Veranstaltungsfonds, den ich ausgebe, mich fragen, ob ich den Aufwand dem deutschen Steuerzahler zumuten darf. Nicht rechnen –

»Guter Rechner rechnet nicht« –, wenn es sich um Initiativen und Veranstaltungen handelt, die Fernwirkung und weniger sofortiges Echo als nachhaltige Anregung anstreben.
Mit kalkuliertem Risiko so weit gehen als möglich. Die Opposition stützen, ohne staatliche Stellen offen zu provozieren. Die portugiesischen Regierungsstellen werden sich sagen: Eines Tages brauchen wir Willy Brandt. Wenn wir Krach schlagen, macht der Institutsleiter mit Hilfe seiner in- und ausländischen Freunde Wind in der Presse. Daher ist es für die Beteiligten von Vorteil, wenn alles beim unsichtbaren Gerangel und Geschiebe bleibt.
Ich muß von der Bauernschläue der Portugiesen lernen, von ihrem geduldigen Eigensinn, von ihrer Lyrik, die agressiv ist und in weicher, indirekter Sprache die Zensoren übertölpelt. Ich muß mir bei meinen Freunden absehen, wie man mit Zensoren verkehrt.

Nachtrag zu »Auf der Suche nach Orientierung«

Besuch beim Ordinarius für Germanistik an der Universität Lissabon. Sein Hauptfach ist Englisch; Deutsch spricht er offenbar nicht, ob er es versteht, gibt er nicht zu erkennen. Eine eigentliche Germanistik gibt es nicht. Die Studenten der sogenannten »Germanischen Philologie« (etwa 2000), die mit fünf Jahren Englisch und zwei (schlechten) Jahren Deutsch von der Schule kommen, müssen Englisch und Deutsch lernen. Der Lehrbetrieb des regimetreuen Lehrstuhlinhabers, der im Geruch steht, die Arbeitskraft seiner Assistenten für sein privates Institut auszubeuten, ist seit zehn Jahren durch Kontaktlosigkeit zur Außenwelt erstarrt; seine parallelen Lehrprogramme für Englisch und Deutsch liegen seitdem fest: Sprache (3 Jahre), Sprachwissenschaft (1 Jahr), »Kultur und Institutionen« (1 Jahr), Literatur (3 Jahre): 1. Jahr, E: Literatur des Mittelalters, Drama vor Shakespeare; D: Aufklärung, Sturm und Drang, Faust I, Goethes Lyrik. 2. Jahr, E: Shakespeare und sein Zeitalter; D: Klassik und Romantik. 3. Jahr, E: 17./18. Jahrhundert bis zur Romantik (Wordsworth bis Shelley), jüngst auch Romane des Jahrhundertbeginns, D. H. Lawrence, Virginia Woolf; D: 19. Jahrhundert (Drama, Lyrik, Novelle, eventuell Literatur bis zum ersten Weltkrieg).

Um sein ideologisches Korsett zu tarnen, gibt der Gelehrte sich leutselig und spielt gelegentlich den *bon ami*, sein faltenlos gedunsenes Gesicht scheint anzudeuten, daß er gegen die Befriedigung einer umfangreichen Bücherwunschliste für das »Deutsche Institut« der Fakultät – »Die Engländer haben längst das Entsprechende großzügig gestiftet; als Übergabetermin sollte man den bevorstehenden Antrittsbesuch Ihres Botschafters ins Auge fassen« – bereit wäre, über Gastvorlesungen deutscher Germanisten mit sich reden zu lassen – je nach Person und Thema, versteht sich.
Die Herausforderung ist vollkommen. Ich werde also versuchen, seine Assistenten und Dozenten als Mitarbeiter für das Goethe-Institut zu gewinnen, mit ihrer Beratung dem Ordinarius Vorlesungsreihen von Germanisten vorzuschlagen, mit ihrer Hilfe die Neugierde der Studenten für Institutsveranstaltungen und lebende Schriftsteller zu wecken.
Dem Professor gegenüber werde ich den Verbindlichen, Großzügigen, ja Nachgiebigen spielen, um mir den Zugang zu seiner Fakultät nicht zu versperren, ich werde mit ihm stets im Allgemeinen bleiben und ihm nie im Besonderen direkt widersprechen; meine Ziele werde ich indirekt vorantreiben. Dabei werde ich die Mimikry des portugiesischen Faschismus erlernen, konform erscheinen, es aber anders meinen. Diese Taktik, die Erwartungen auf Erfolgserlebnisse erzieherisch verbietet und zur Selbstaufgabe diszipliniert, löscht scheinbar die Distanz zur Umwelt und schweißt so Denken und Tun in eines. Für den Gescheiterten wäre sie so etwas wie Gestalt-Therapie.
Der Kulturattaché wird zu Christiane sagen: »Ihr Mann ist eine so schillernde Persönlichkeit!« Mag sein; trotzdem sind wir alle längst Personen; Persönlichkeiten, meine ich, werden nurmehr am Anzeigenmarkt der *Frankfurter Allgemeinen Zeitung* gehandelt.

Begegnung

Versuch, Münchner Sonntagsgewohnheiten eingedenk, die Stadt zu erkunden.

Schon auf dem leeren Vorplatz unseres Gebäudes empfängt mich kühler Sog, obgleich es nicht kalt ist. Auf dem glatten Marmorkleinpflaster die Amoreiras-Straße bergab, durch den Torbogen des Aquäduktes, tönt mein Schritt dumpf wie unter einer Glasglocke. Im geduckten Fenster einer alten, abgeblätterten Häuserfront hält eine alte Frau Ausschau, reglos, abwesend. Vom Rato-Platz, staubig wie die vergessene Dekoration eines historischen Films, biege ich in die São Bento hinunter, vorbei an winzigen Schaufenstern mit billigen Lampen und Kochern, Blech- und Aluminiumtöpfen; im Halblicht eines Trödelladens tanzt Staub, auf einem zerschlissenen Plüschsofa leckt eine Katze ihr Fell. Auf der Straße Schattengestalten, nicht gehend, nicht stehend. In einem halbleeren Café mit klammem Fliesenfußboden trinke ich stehend eine Tasse Tee, fremd klebt der Zinnlöffel zwischen den Fingern, es ist still, Männer murmeln an der Theke, Wörter tropfen. Durch die enge Gasse, auch am hellichten Tag beschattet, wankt leise knirschend eine Straßenbahn um die Ecke, ich drücke mich auf dem schmalen Gehsteig an eine Ladenfront, hinter mir muffiger Firnisgeruch. Auf der gegenüberliegenden Seite kommt mir eine Dame entgegen, dunkle Augen mit irrlichternden Pünktchen, halb verschleiert hinter langen Wimpern im stark gepuderten Gesicht. Die Frau eines Kritikers, beide ein mondänes Paar, das in Botschaften verkehrt. Ich erinnere mich an Rubens Beschreibungen, wie er sie in seinem geheimgehaltenen Zweizimmerappartement empfing, mit ihr nach Griechenland reiste, ihre Szenen nicht mehr aushielt. Sie ist eine Heldin seines Romans *Schweigen zu viert.* Halb verstohlen erwidert sie meinen Gruß. In Europa – jenem Teil des Kontinents, der Portugal und Spanien ausschließt – hätte ich sie vermutlich ein Stück Wegs begleiten können. Hier würde dies als aufdringlich, als Verstoß gegen den Kanon der Förmlichkeit, der obligaten Zurückhaltung angesehen. Da es für eine Dame der portugiesischen Gesellschaft ohnehin ungewöhnlich ist, sich sonntags allein auf ausgestorbenen Straßen zu zeigen, wäre es für sie peinlich, von Bekannten im Gespräch mit einem Ausländer überrascht zu werden. Tolstoi! Seine Welt auf die hiesige geklebt wie ein Abziehbild, und beide würden aufeinanderpassen.

Ich biege in die Unterstadt ein, an einem kleinen Platz suche ich mir die Muschelverzierungen eines Brunnens einzuprägen. Es mißlingt. Nicht sprechen zu dürfen, blockiert mein Wahrnehmungsvermögen. Der genius loci verursacht Atemnot; Beklemmung die Schützenreihen staubiger Flaschen in den Fenstern von Feinkostläden, Konditoreien, Cafés. Erschöpft komme ich zu Hause an, noch immer jenes Bild vor Augen: eine alte Frau, die aus dem Fenster blickt, Ausschau haltend ins Nirgendwo.

Eine Ausstellung, Februar

Die Galeria Mamede im Erdgeschoß eines Eckhauses aus dem achtzehnten Jahrhundert in der Rua Politécnica – zartgelb und taubengrau abgesetzt, sandsteingerahmte hohe Fenster, im ersten Stock von Ziergeländern gefaßt, im zweiten Ochsenaugen mit Tropfenfries, Mansardendach mit Mönch-und-Nonne-Ziegel – ist ein Treffpunkt der kunstberieselten Bourgoisie, untermischt mit götzendienerischen »Linken«, die hier ihr fruchtloses Aufbegehren straflos genießen. Pereira Coutinho, Ehemann einer reichen Bankierstochter, versendet für seine »Vernissagen mit *drinks*« kostspielige Glanzpapiereinladungen. Die Eröffnungen haben etwas von verzweifelter Intimität, von Treibhaustriebhaftigkeit, welche die fürchterliche Ferne vom Atem Europas zu überspielen suchen. Pereira Coutinho, schmal, agil, sensibler Kahlkopf, Akrobat des Kunsthandels, Charmeur und Schacherer, schlängelt sich durch seine summenden Räume im Parterre und Keller, wo die uralten Backsteingewölbe freigelegt sind, in denen man, in ein Louis XVI-Sesselchen gelehnt, die rauchenden Samthosendamen zwischen den angestrahlten Bildern der Sonia Delaunay oder des Sergej Poljakoff erotisch erregt flanieren sieht. Genau und gewissenhaft dosiert Pereira Coutinho seinen Handkuß, der sich vom französischen unterscheidet wie das Sommerschloß der Könige in Queluz von Versailles, weniger anmaßend und weniger kühl. Auf seinem mit allen nationalen, internationalen und kolonialen Wassern gewaschenen nackten Gesicht spielt zwischen Augenwinkeln, Nasenflügeln und Mundwinkeln ein autoerotischer Kreisel, drehend um Expertisen, Transaktionen, Hartdevisen, Manipulationen.

Bisweilen spielt ein Gitarrist zum Bilderbetrachten auf, oder Natália Correia hält eine Einführungsplauderei auf einen Maler. Halb zigeunerisch, halb jugendstilistisch gewandet, ihr pausenlos vibrierender Hals von mehreren Ketten umschnürt, die in ihrem Schoß züngeln, ruht ihre siedende Leibesfülle in einem zartgliedrigen Sofa, umrahmt von Jüngerinnen, die sie halb stolz, halb spöttisch bestaunen. Sie ist Dramatikerin, Polemikerin, Lyrikerin und Lesbos in einem, sie ist ein Tempel, der alle zur Andacht zwingt, sie ist selbsterfüllend und zentripetal – wo sie ist, da ist Mittelpunkt. Wenn sie diskutiert, sendet sie ihre lange, rauchfahnenumwehte Zigarettenspitze in Höhen, die ihr Gesprächspartner, den sie hohngeifernd »meu caro Senhor« betitelt, nie erklimmen wird.

Heute ist eine Retrospektive des Malers D'Assumpção zu sehen. Ein Bild hält mich fest: Unbegrenzter Raum, am rechten Rand unentschlossenes Blau, der Rest Bühnenausschnitt der Welt, versperrt durch Balken, einzeln, in Bündeln, senkrecht, schräg, bis in die Tiefe hin, den Horizont verdunkelnd. Vorne Gitterwerk, wie Drahtverhau. Schwarz überwiegt.

Im Katalog lese ich:

». . . Zusammenfassend: In Portugal zu leben war unmöglich. Im Ausland desgleichen. So verwundert es nicht, daß der Dichter-Maler im Lauf der Jahre sich nach und nach als unerwünscht vorkommt, als wohne er einem Fest bei, zu dem er nicht geladen war. Was tut er eines Tages? Da er guterzogen ist, da er niemanden belästigen will, beschließt er, sich diskret zurückzuziehen, ohne sich zu verabschieden und zu sagen, wohin er geht. Nachdem der Dichter verschwunden ist, kehrt alles, versteht sich, zur Normalität zurück . . .«

Natália hat einige Gedichte des Dahingegangenen vorgetragen, sie hat sich hineingewühlt in Verhangenes und Verwehrtes, pythiahaft hat sie mit ihrer Zigarettenspitze gedroht, ihre Stimme hat Haßdämpfe vor sich hergetrieben und Foltergift in sich eingesogen. Jetzt ist es genug, ihr Blick, als sie ihre Fülle aufrichtet, diktiert Verachtung, endgültige Verwerfung. Mit großer Geste führt sie ihren nackten Arm über den Mund.

Damit kehrt alles zur Normalität zurück. Aber die Besucher sind zum Leben erwacht, und Natália muß auf allgemeinen Wunsch Eigenes vortragen. Herrisch reißt sie an den Saiten ihrer Gitarre, die am Sofa lehnt, und singt

ULTRABIOGRAPHISCH

Ein Freitag wie dieser ist zum Erbarmen!
(In der Karwoche ist er das Jüngste Gericht)
Ich starb stets nur in meinen Armen,
denn Auferstehung gibt es nicht.

Ich gelangte zu dieser Mythologie
wie ein Zigeuner, unterwegs, allein.
In meiner menschlichen Eucharistie
gibt es kein Brot. Ich trink nur den Wein.

Laß doch dem Himmel das Konkordat,
mit einer Blume, wenn's ihm gefällt.
Zeigt mir keine Heiligen im Silberstaat,
so wie einer zeigt, was ihn vergällt.

Unmenschlich leide ich für Jahvé.
Der Teufel entlockt mir kein Gewimmer.
Tieraugen ich am liebsten seh
und mein Kleid im Venusschimmer.

Sie singt, sage ich, und ihre Augen werden Quecksilberbälle, die aus ihren Höhlen drängen, ihre Halsadern schwellen an wie peitschende Schlangen, ihr Kiefer zittert, ihre Stimmbänder klirren zum Zerreißen, sie treibt ihren Rhythmus an und verdreht die Augen, als werde sich ihr Pantherleib selbst begatten, hochrot und schrill steigt ihre Stimme und kippt um, und während sie den Beifall über ihren Leib wegrauschen läßt, lacht sie aus heiser zurückgeworfener Kehle und führt in weitem Bogen ihre Zigarettenspitze in ihren begehrlich geöffneten Mund. Die Dichterin wird umringt, umarmt, man lacht, sie gibt Kommentare. Es ist heiß hier drinnen. Draußen ist die Straße menschenleer, halb zwölf Uhr erst, blauschwarz tropft die klamme Nacht, dickflüssig wie Aasgeierblut.

Müßige Meditation

Denken in Portugal – Stagnation, Staccato, Stehen. Wörter gebrauchen, von Stand zu Stand, von Stehenbleiben zu Stehenbleiben. Dieses Pathos, dieses »pathein« hemmt mein Denken, mein Vorwärtsdenken, den Fluß der Gedanken. Das Gespräch zwischen portugiesischen Männern ist ein Aneinanderreihen von statischen Feststellungen, kein Vorwärtsfliehen. Flüssig ist nur die abstrakte Rhetorik, die an nichts Lebendigem haften bleibt, ist Traumdenken, von der Vergangenheit gespeist und über die Gegenwart hinausgeworfen ins Utopisch-Künftige, das zur versunkenen Größe zurückfindet und sich dort verankert. Minister verlegen ihre Versprechungen in das Fait accompli des ungefährlichen, unantastbaren Futurum II: »Im Jahre . . . werden wir . . . Kilometer Autobahn gebaut haben.« Und die Angesprochenen danken für die vollendeten Tatsachen: »Die Körperschaften danken dem Ministerpräsidenten für seine Ankündigungen.« – »Die Arbeitermassen bringen dem Ministerpräsidenten ihre Huldigung dar für seine Versicherungen.« – »Die Stadtverwaltung der Provinz . . . ehrt den Ministerpräsidenten für die von ihm genehmigte Reformplanung.«

Roger Vaillant schreibt irgendwo von der Krise eines Lebens, das sich nicht mehr interessiert, das sich ›portugalisiert‹. Damit meint er den Menschen, der sich wie in Portugal entpolitisiert und allgemeingültige Perspektiven aufgegeben hat, der am Undank der Geschichte verzweifelt und sich dafür an die Optik seines Stadtviertels klammert. Sein Lohn ist Ruhe. Also ein Leben in Kleinst-Raten, im Gegensatz zu einem Leben, das die Zukunft bewußt einbezieht, das die Toten und die *saudade* hinter sich läßt.

»Neue Tendenzen«

Unter dieser Überschrift sollen auch Vlado Kristls Filme gezeigt werden. Seit einiger Zeit versuche ich, mit den zahlreichen Filmklubs zusammenzuarbeiten, die als einzige in der Hauptstadt versuchen, über Botschaften und private Beziehungen wichtige Filme der Weltproduktion kennenzulernen. Da ich mir aber ein möglichst großes Publikum erhoffe und darauf vertraue, der anscheinend liberale Leiter der *Cinemateca* – untergebracht im Palácio Restauradores an der Avenida da Liberdade, welches das Propagandaministerium SNI (Serviço Nacional de Informação) mit Salazars Büste im Innenhof beherbergt – werde die Filme rascher bei der Zensur loseisen, habe ich den Zyklus dorthin verlegt, statt in den kleinen Institutssaal mit seiner ungenügenden Ausrüstung oder in einen Filmklub, der die Mitglieder der anderen Klubs ausschließt. »Im SNI« – dessen Chef, Staatssekretär Moreira Baptista, die Linke den ›portugiesischen Goebbels‹ nennt – »macht keiner den Mund auf«, sagen meine Studentenfreunde mit langen Gesichtern, vorwurfsvoll. »Dann gehen wir zur anschließenden Diskussion mit Kristl ins Institut«, schlage ich vor.
Der Abend beginnt mit bösem Omen: Kristls Langspielfilm *Der Brief*, Schwerpunkt des Programms, liegt noch bei der Zensur. Nach der Vorführung seiner Kurzfilme schlendert Vlado Kristl, eine Einführung verschmähend, salopp auf die Bühne und leitet seine Aufforderung zum Dialog mit einer Schmährede gegen die Anmaßung der portugiesischen Zensur ein: »Dergleichen ist mir in keinem Lande passiert!« Christiane und ich frohlokken – pochenden Herzens. Man hört hunderte von Kehlen die Luft einziehen. Vergleichbares ist seit der Zeit von Maurice Béjart, der vor seinem Ballettabend in der Staatsoper S. Carlos eine Minute Stillschweigen für die Opfer der politischen Repression forderte und von der Polizei um Mitternacht aus dem Hotel über die Grenze abgeschoben wurde, nicht mehr vorgekommen.
Offensichtlich hat der Filmemacher in dem Jahr, als er wie Schlachtvieh mit einem Strick um den Hals durch Belgrad gezerrt wurde, das Fürchten verlernt. Meine Freunde von den Filmklubs *ABC* und *Universitário* lehnen sich wie Schüler, die peinliche Prüfungsfragen wittern, noch tiefer in ihren Sesseln zurück; der eine oder andere verläßt unauffällig den Saal. »Temos que luchar!« donnert Vlado Kristl von der Bühne. »Wo-

für denn kämpfen?« entgegnet eine Hausfrau beherzt aus dem Publikum und fragt, ohne Angst vor dem Hohn der Jungen: »Wo bleibt denn das Positive?« – das sie in Kristls Filmen vergeblich zu suchen scheint. Beklommenes Gelächter, angestrengte Pokermienen. Oben, auf dem Rang, bleiben die patrouillierenden Uniformierten stehen und starren in den Saal hinunter. Die Stimmung der Jungen für eine Diskussion im Institut ist verraucht; schon der kurze Weg dorthin würde jeden Anreiz abwürgen. Während der Saal sich leert, drückt einer der Jungen Kristl gegen die Wand: »Wenn wir uns sowas leisteten, bekämen wir von der *Pide* als Belohnung einen Finger abgehackt oder sonst einen Denkzettel. Sie sind in Portugal ...«
Also Fehlschlag – oder doch nur halb? Meine Hoffnung bleibt das neue Institut mit großem Saal, erstklassiger Apparatur, offenes Haus zu ebener Erde. Bei Schwierigkeiten mit der Zensur: geschlossene Sitzungen mit namentlichen Einladungen ohne redaktionelle Pressewerbung.

»Da war doch was, was war da nur?« April

Das möchte der Botschafter am Telefon wissen. Er meint Walter Jens' Vortrag vom Vortag über die deutsche Nachkriegsliteratur, die mit Günther Eichs kargem Kriegsgedicht *Inventur* begann: »Dies ist meine Mütze, / dies ist mein Mantel, / hier mein Rasierzeug, / im Beutel aus Leinen.« Da müsse doch Kritik an Deutschland geübt worden sein – so jedenfalls sei ihm berichtet worden. »An welchem der beiden Deutschland?« frage ich. Das wisse er nicht, das heißt, natürlich an Westdeutschland, man habe sich bei ihm über den »neuen« Ton im Institut beschwert. Ich verspreche ihm, den Vortrag »nach der politisch fragwürdigen Stelle« wie überhaupt nach politisch Fragwürdigem durchzukämmen. Ich schicke ihm, was ich finde:
» ... Entscheidend bleibt: In der DDR ist Literatur per se ein Politikum, ihre Grenzen sind eng und die Autoren gehalten, in der Sklavensprache zu sprechen. (Wo man Trotzki und Ulbricht nicht nennen will, ist immer noch ein Philoktet oder Odysseus zur Stelle.) In der Bundesrepublik hingegen ist Literatur ein Phänomen der Ästhetik, ihre Grenzen sind weit ... *so* weit, daß

es kaum noch Provokationen in den Bezirken des Überbaus gibt.«
Ich füge hinzu, der Vortragstext stehe ihm oder seinem Gewährsmann in toto zur Verfügung. Da ich keine Antwort bekomme, erkundige ich mich beim Botschafter bei nächster Gelegenheit nach seinem Befund. »Mein Gewährsmann hat etwas von ›Provokationen‹ gesagt, ja ja, aber was das für Provokationen waren, weiß er nicht mehr. Ist ja auch nicht so wichtig, oder . . .?«

Martinho da Arcada

heißt das Café-Restaurant – *gegründet 1782* – unter den Arkaden, Ecke Rua da Prata, Straße des Silbers, und Praça do Comércio, Handelsplatz, einer der verkehrsreichsten Punkte der Landeshauptstadt, einst Terreiro do Paço genannt, der gewaltige Schloßplatz am Fluß, erbaut vom Marquis von Pombal, bald nach dem Erdbeben von 1755. Hier brandet der Lärm aber drinnen, hinter der rosafarbenen Fassade mit ihren hohen dunkelgrünen Kassettentüren und kleinfächrigen hohen Fenstern zwischen feinprofilierten Sandsteinpilastern unter den Arkaden ist es still. Hier saß der Dichter Fernando Pessoa Abend für Abend bis zu seinem Tode im Jahre 1935, rauchend, trinkend, stumm an einem der viereckigen grauschwarzgeäderten Marmortischchen und schrieb. Es ist ein Café, wie es hunderte in Lissabon, tausende in der Provinz gibt: graue, schwitzende Wände, dunkelbraune halbhohe Lamperie, graues Licht bei Tag, grauweißes Licht bei Nacht, Kellner in weißgewesenen Jacken, untersetzt, mittleren Alters, bereitstehend und zugleich abseitsstehend. Hier sitzen nur Männer, keine Frau würde wagen, ihren Mann hier ab- oder herauszuholen, das Café ist das Reich des Mannes, das Reich der Frau ist ihr Haus und sonst wenig. Die Männer kommen zu allen Tages- und Abendzeiten und sitzen, sitzen, wie viel Zeit ein jeder von ihnen hat, um hier vergangenen Vergänglichkeiten nachzuhängen, wird auch ein Einheimischer weder erraten noch verraten. Hier jedenfalls sitzen nur Männer, eigentlich aller Alter, und doch sehen alle aus wie mittleren Alters, ein Alter, das hierzulande ohnehin nur noch zurückblickt, ihr Vorwärtsblick wurde schon in der Jugend

umgebogen und bricht sich unablässig an der Brandung des Lids, das schützen muß gegen die Durchsichtigkeit des Lichts, das die sehnsüchtigen Sänger Lusitaniens besingen. Denn die Seefahrt ist zu Ende seit Zeiten und der Dichter, der hier abends saß und seine Leberzirrhose begoß, nachdem er den Tag mit der Abfassung englischer Handelskorrespondenz zugebracht hatte, konnte sich die Freiheit der See und Seefahrt nur noch im Geist erringen und in seiner *Meeresode,* für die er nur den 2. Staatspreis des Dr. Salazar entgegennahm, den er dafür in unveröffentlichten Gedichten verhöhnte. Jahr für Jahr saß er hier zwischen vier und sechs Uhr nachmittags am gleichen Tischchen, das stets für ihn freiblieb. Und der alte Kellner, der so hieß wie das Café, Martinho, trat herzu, und der Dichter sagte, wie an allen vorausgegangenen Tagen: »Meinen Fruchtsaft, bitte.« Und der Kellner Martinho brachte die Cognacflasche mit der blumigen Aufschrift *Macieira*, drei Sterne, und schenkte den gelben Saft in das Gläschen. Und der Dichter kramte seine Zettel aus der Rocktasche und begann zu schreiben. Zur Abwechslung als Alvaro de Campos, eines seiner Heteronyme: »Ein Insasse einer Irrenanstalt ist doch wenigstens jemand, ich bin Insasse einer Irrenanstalt ohne Irrenanstalt . . .«
Es ist kein lärmendes Café, wo Tagesneuigkeiten begrüßt und besprochen, wo Pläne geschmiedet, wo Wetten abgeschlossen werden – obwohl Losverkäufer, die ehedem Sergeanten oder Fischverkäuferinnen gewesen sein mögen, wie Gespenster hereinirren, ihre Lose wie welke Flügel über die Tischkante schleifen lassen, dicht am Ellbogen des Stammkunden vorbei, und ihre Zauberzahlen vor sich hinkrächzen wie Verheißungen aus dem Nirgendwo. Die Bewirtung geht lautlos vor sich, hier schäumt kein Bier, Mokkatassen werden lautlos auf die Tische geschoben und ebenso lautlos umgerührt, meist länger, als der Zucker braucht, um sich aufzulösen. Gespeist wird nebenan im eigentlichen Restaurant, die Mahlzeit ist ein verschwiegenes Ritual, und der Wein treibt das Gefühl nicht nach außen, zur Zwiesprache, sondern einwärts ins mahlende, monologisierende Schneckenhaus der Seele. Es ist eine Art Klostercafé, das den Besucher in die Zelle seiner vor sich aufgestellten Arme zwängt zum Wiederkäuen des tausendmal Gedachten. Hier sitzen heute die Männer wie vor vierzig, fünfzig Jahren zur Zeit Fernando Pessoas, allein, zu zweit, in Gruppen, dicht beieinander, doch durch Meilen voneinander getrennt, in der kalten Jahreszeit noch getrennter durch Mantel und Hut, stumm rau-

chend, manche über längst gelesene Zeitungen gebeugt. Eine Sitzung unbekannt verabredeter Eingeweihter, möchte man sagen, in verteilten Rollen, an verteilten Tischen, die sich wiederholt und verlängert ins Gleichbleibende, Unabänderliche. Das Thema: *a saudade* in abstracto, das Leben auf portugiesische Art. Ort der Namenlosigkeit, der Vereinzelung, der Melancholie, wenn auch da und dort geredet wird. Der richtige Ort für einen Dichter, der stundenlang an seinem Tischchen sitzen kann, blind auf eine Mücke an der Wand blickend, ohne beobachtet oder belästigt zu werden, nicht von dem kalkbleichen Zeitungsjungen, der den *Século* neben ihn hinlegt und nach beendetem Rundgang wieder mitnimmt, nicht von der Alten, die zwischen den Tischen schlafwandlerisch Zigarettenstummel und Unrat auf dem Fußboden zusammenfegt und bei nassem Wetter Sägemehl ausstreut. Dann und wann tritt auf einen gleichgültigen Wink der Kellner an seinen Tisch und füllt geräuschlos des Dichters Gläschen mit bernsteinfarbener Flüssigkeit.

Der Poet verstellt sich, täuscht
so vollkommen, so gewagt,
daß er selbst den Schmerz vortäuscht,
der ihn wirklich plagt.

Er, der Dichter Fernando Pessoa, im schwarzen weichen Hut, schwarzen Anzug, gelblichweiße Haut, mit dem feingetrimmten Schnurrbart über den feingezeichneten Lippen und der Nickelrandbrille auf dem feinen Grat der Nase sitzt mir gegenüber und sagt auf meine Frage, ob er schreibe: »Ja, eben so . . .« Denn alle im Land, die irgendeine Bildung haben, schreiben, die Portugiesen sind lyrischer Natur, aber ihre Lyrik ist ein unterdrückter Schrei, der im Bogen zurückkehrt zum Sprecher wie die Stimme des Fado-Sängers, die sich gellend am Gaumen bricht und nicht hinaus schwingt zum anderen, sie ist für sich selbst bestimmt, und die Klage des Dichters gehört ihm allein, der eher Zuschauer und Zuhörer sucht als Zwiesprache und Echo. Und viele ihrer Zunft veröffentlichen im Selbstverlag, richtiger: Selbstdruck, meist nur ein Hundert Exemplare, die sie an Freunde verschenken, an Kritiker, an Dichter, und so bleibt alles im engsten Kreis, im Teufelskreis gewissermaßen, und aus dem gibt es im schlimmsten Fall nur einen Ausweg, den ausweglosen, den endgültigen.

»Hier wird nur positiv berichtet!« Juni

Der Handelsattaché der Botschaft bittet mich in Abwesenheit des Kulturattachés, den er zu vertreten hat, um Hilfe bei der Abfassung eines Berichts für Bonn über eine Veranstaltung: H-Moll-Messe von Johann Sebastian Bach in der Lissabonner Staatsoper S. Carlos mit deutschen Vokalsolisten und dem Chor der Sankt-Hedwigs-Kathedrale, Berlin.
Ich schicke ihm ein Konzept, in dem ich die Positiva zusammenfasse und die Negativa erläutere, nämlich:
a) Die der Mailänder Scala nachempfundene, festlich erleuchtete Staatsoper widerspricht dem Charakter sakraler Musik.
b) Der hohe Eintrittspreis und der für den Besuch der Oper vorgeschriebene Anzug – Abendkleid und Smoking – verbieten weiten Kreisen der bachliebenden Stadtbevölkerung den Besuch der portugiesischen Erstaufführung.
c) Nur die Hälfte des an Puccini und Verdi gewöhnten großbürgerlichen Publikums, welches das Haus anfangs nur zur Hälfte füllte und sich die Zeit mit Fächergewedel und Gähnen vertrieb, hielt nach der Pause bis zum Schluß aus.
d) Dank der Teilfinanzierung durch das Auswärtige Amt hätte die Botschaft beim Veranstaltungspartner auf die Sicherstellung des Erfolges – Volkskonzert zum Einheitspreis in der Aula Magna der Universität (glänzende Akustik, 2000 Plätze) – hinwirken müssen.

Tage später teilt mir der Handelsattaché mit, der Botschafter habe ihm seinen Bericht mit der ungehaltenen Bemerkung zurückgegeben: »Ans A. A. wird nur positiv berichtet! Negatives muß verbrämt werden!«

Jesus

Tagaus, tagein steht Jesus von zehn bis zwanzig Uhr vor dem kleinen, düsteren Kneipeneingang der Rua Silva Carvalho, unserem Hausvorplatz gegenüber. Dort essen die Straßenbahner – das Straßenbahndepot liegt gleich um die Ecke – ihren Mittagsstockfisch und trinken abends beim Fernsehen ihren Roten vom Faß. Meist lehnt er am Türpfosten, weil er nur ein Bein und nur eine Krücke, kein Holzbein hat. Unserem Herrn Jesus von Nazareth gleicht er nicht, sein noppig gedunsenes Gesicht ist brandrot und seine Knuppelnase brombeerfarben, dafür hat er einen schöneren Namen: Jesus Abrantes da Silva Conceição e Dias steht auf der gelblichen Visitenkarte, die er nebst gefälligen Glück- und Segenswünschen zu Ostern, Weihnachten und Neujahr an den Herrschafts-, nicht an den Dienerschaftseingängen der neun Stockwerke persönlich überreicht. Er darf dies im Bewußtsein seiner menschenfreundlichen Funktion tun: des Autolotsen. Die Elektrischen und Kraftfahrzeuge der verkehrsdurchfluteten schmalen Straße sind von dem zurückliegenden kleinen Vorplatz unseres Gebäudes aus nämlich nicht zu sehen. Und so tritt Senhor Jesus vor, sobald einer der zahlreichen Herrschaftschauffeure oder wir aus dem Garagenhof auf den Vorplatz herausfahren. Sofort hebt er drüben beschwichtigend den Arm, lüftet die Mütze, blickt gebieterisch nach links, nach rechts, humpelt notfalls in die Straße hinein und stoppt den Verkehr. Dafür stöckert er abends bisweilen todesverachtend und wieselflink den einfahrenden Wagen nach, grüßt grinsend, stößt seinen feuergefährlichen Atem zum Wagenfenster hinein und fordert mit unerbittlicher Klingelbeutelhand einen Beitrag zu seinem Mietrückstand. »Sie verstehen, was soll ich machen, Schicksal . . .«

Recht hat er, es ist sein Schicksal, nicht zu arbeiten. Nicht arbeiten zu können? Diese Frage zu stellen wäre unschicklich. Im Lande der jahrhundertealten Schicksale gibt es mehr zwischen Himmel und Erde, als allberechnende Barbarengehirne der westlichen Welt begreifen.

Daher wäre es auch undelikat, den Empfang des Glückwunschkärtchens ohne eine freundliche Gegengabe zu quittieren. Die Delikatesse im Ur- und Wortsinn – nicht im entarteten Sinn westlicher Feinkost – regelt das portugiesische Leben. Man stellt keine Fragen, die nicht erwartet werden, und sind sie unausweichlich, muß die Erwartung auf sie behutsam vorbereitet

und nur im äußersten Notfall erzwungen werden.
Was ändert es am Status des Senhor Jesus, der so eins ist mit seiner Umwelt: der Kneipe, der Straßenbahnfahrer (von denen einer regelmäßig seinen Motorwagen vor der Kneipe bremst, abspringt, das ihm von der Theke entgegengebrachte Schnapsglas kippt, aufspringt und weiterfährt), der Chauffeure, die ihre reichliche Freizeit mit der Besprechung der unausweichlichen Lage aller Dinge in Portugal verbringen im Hof, beim Autowaschen, beim Kneipenwein, mit dem Hausmeister, aber immer im Beisein des Herrn Jesus – was ändert es an seinem Status, wenn man weiß, daß sein Bein nicht einer Mine der angolanischen Aufständischen, sondern einem Straßenbahnrad zum Opfer fiel, und daß er nach unserer Vorstellung von der Ethik der Arbeit eine Beschäftigung hätte finden können, irgendeine? Laß du mir meinen Zustand, dann lasse ich dir deinen Standpunkt, aber behalte ihn für dich – so würde Senhor Jesus jeden fragenden Blick erwidern. Wer ergründen möchte, was Selbstverständnis, was Selbstverständlichkeit ist, der gehe in die Rua Silva Carvalho und betrachte, prüfe, studiere Senhor Jesus, wie er an »seiner« Kneipe lehnt, gleichsam ein Stück von ihr, ihr Wächter, ihre moralische Stütze, wie er seine nie ausgehende Zigarette raucht (woher sie stammen? Keine Fragen, bitte!), der alle Ereignisse weiß, immer lächelt (verschlagen, verstohlen), je nach den Reaktionen seines abwesenden Beins und seiner Regenbogennase, und Aus- und Einfahrt der Kraftwagen des Hauses 230 regelt.
P. S. Daß Umgangsformen dem Senhor Jesus keine Schwierigkeiten bereiten, versteht sich auch. Dem Signore Conte Nigra, Botschafter des Malteserritterordens vom 1. Stock (Mercedes-Benz 280) begegnet er mit der gleichen spitzbübischen *grandezza*, wie er den Parvenu-Rechtsanwalt vom 6. Stock (Alfa Romeo) höflich bedient und kühl ausbeutet. Den Eigenwert bestimmt bei dieser Rasse das Selbstgefühl, nicht wie in entwickelten Ländern der Vergleich mit dem Nächsten, dem Tiefer- oder Höhergestellten, oder die Selbstprüfung durch die Brille des anderen. Doch das hat etwas mit der portugiesischen Individualität zu tun, ein für den Außenstehenden, für den Ausländer fast unergründliches, schwer verständliches Thema.

Lissabonner Graffiti
(am 4. Juli gelesen auf Mauern und Häuserwänden des *Rato*-Platzes und Umgebung)

Der portugiesische Soldat ist so gut wie die besten (blaue Farbe).
Das Heer ist der Spiegel der Nation (blaue Farbe).
Das Heer ist nicht nur eine Kriegsmaschine, sondern auch Bestandteil der Zivilisation und des Fortschritts (blaue Farbe).
Unsere militärische Intervention in Afrika ist die Antwort auf eine uns entgegengeschleuderte Herausforderung sowie auf Beleidigungen, die wir nicht vergessen können (grüne Farbe).
Wir fordern nicht den Krieg heraus, wir fürchten ihn aber auch nicht (rote Farbe).
Portugal wurde immer dann größer, wenn die anderen es zu verkleinern suchten (schwarze Farbe).
Acht Jahrhunderte Geschichte sind Grund zum Stolz, aber auch zur Verantwortung (schwarze Farbe).

Was die Tageszeitungen verschweigen – eine neue militärische Schlappe in Übersee: Guinea-Bissau, Angola, Moçambique; neuer Druck der Ultrarechten auf den lavierenden Caetano; eine neue Welle der Fahnenflucht über Spaniens Grenzen nach Frankreich oder Deutschland; neue nächtliche Einschiffungen von Truppenkontingenten in die afrikanischen »Überseeprovinzen«; neue Hexenjagd auf den politischen Untergrund – das verkünden die vom Propagandaministerium SNI, dem *Serviço Nacional de Informação,* nachts angeklebten Plakate umso deutlicher.

Zeit des Argwohns

Für die Festschrift zur Hundertjahrfeier des Deutschen Vereins in Lissabon 1870–1970 bittet der Vereinsvorstand mich um eine Chronik über »Die Deutschen Kulturinstitute in Lissabon«. Ich suche mir das Material zusammen und gebe auf viereinhalb Seiten einen Überblick von der Gründung der ersten »Lesehalle« im Jahre 1925 (»Man behielt sich vor, nur wertvolle Bücher aufzunehmen, weil auf die Möglichkeit hingewiesen wurde, daß extrem-radikale Schriften eintreffen könnten!«) über die Entwicklungsphasen der verschiedenen, jeweils größeren Häuser bis zur Schließung des letzten Instituts durch die Allierten bei Kriegsende und dem bescheidenen Neubeginn unter der Schirmherrschaft des Auswärtigen Amtes im Jahre 1955.

Ich skizziere die Programmlinien und sage an einer Stelle: »Endlich, im Jahre 1943, wurde die Deutsch-Portugiesische Gesellschaft in das Deutsche Kulturinstitut (Instituto de Cultura Alemã) umgewandelt«, erwähne Leiter wie die Professoren Harri Meier und Wolfgang Kayser sowie Gäste wie Karl Vossler, Karl Friedrich von Weizsäcker, Hans Flasche, Wilhelm Furtwängler.

Kurz nach Erscheinen der Schrift beschwert sich Professor Isaaksohn über die »tendenziöse Darstellung«; auch hätte ich jüdische Ärzte unerwähnt gelassen, die sich in deutschen Krankenhäusern große Verdienste erworben hätten. Das Schlimmste aber sei, daß ich geschrieben hätte: »Endlich, im Jahre 1943 . . .«

Professor Isaaksohns Vorwurf der »tendenziösen Darstellung« ist leicht zu entkräften; mein Auftrag betraf lediglich die Institute. Wegen des »endlich« statt des unverfänglichen »schließlich« oder des schlichten »dann« vermag ich den deutsch-portugiesischen Gelehrten erst von meiner Unschuld zu überzeugen, als ich ihm beweise, daß ich auf Grund meines langen Aufenthaltes in Brasilien und meines täglichen Umgangs mit dem Portugiesischen in zwei Sprachen lebe – genau wie er. In dem fraglichen Fall hätte ich aus dem Portugiesischen übersetzt: »Finalmente« (von finis, finire) im Sinne von »endlich, schließlich, zuletzt, letzten Endes«: Am Ende einer Entwicklung zieht das Institut in seinen neuen Sitz um – eine sachliche Feststellung. Professor Isaaksohn hörte in dem »Endlich« aber das Ausrufungszeichen erfüllter Hoffnung und für das Jahr

1943 möglicherweise das Stichwort »Endlösung«.
Der heilsame Vorfall mahnt mich an zweierlei: an die Hypothek, die Deutschland im In- und Ausland auf unabsehbare Zeit abzutragen hat, ohne Stundung, ohne Nachsicht. Und an die Goldwaage, auf welcher der »Mehrwert« eines jeden Worts gewogen werden muß.

Dinner at 8.30 h p. m. – Black tie

> *Sie ahnen nicht, wie prekär die Stellung der Mitglieder des diplomatischen Korps ist. Wegen der kleinsten moralischen Antastbarkeit kann das Agrément verweigert werden.*
>
> Bertolt Brecht, *Herr Puntila und sein Knecht Matti*

Und sie spazieren herein, die Botschafter und Botschafterinnen von Südafrika, von Peru, von Pakistan, Argentinien und Ecuador, von Australien oder sonstwoher, zusammengestellt nach dem Geheimcode der Gastgeber. Innerhalb dreier Minuten sind sie alle, alle in den großen Empfangssalon geschritten, gerauscht, gewallt, sie kennen ihr Spiel, Pünktlichkeit ist die Höflichkeit der Diplomatie, ihr Leben heißt Akkuratesse, Noblesse, Adresse, Pointillesse. Um 20.29 Uhr sind ihre Chauffeure, fast wie verabredet, zum ersten Mal an der Kanadischen Botschaft in der Lapa vorbeigeglitten, haben alle, alle eine Runde gedreht und nacheinander vor dem Eingang gehalten, sind vom Sitz gesprungen, haben die Tür geöffnet, sind geräuschlos weitergefahren. Sie, die gleichuniformierten Diplomatenchauffeure und die Bentleys, die Citroëns, die Mercedes mit ihren roten CD-Nummern und ihren smokartigen Spannvorhängchen im Rückfenster, die dem Fond etwas von einem intimen Thronsessel verleihen, die jeder Lissabonner Bürger von Stand und Selbstachtung auch haben muß. Sie und der einzige Rolls-Royce, dahingleitend als unsterbliche Königin Victoria aus Lack und Chrom, sind die Kokarden, die Glanzlichter, die beweglichen Medaillons des Stadtbilds, ein fahrender Orden, eine Loge.
Und die Botschafter und Botschafterinnen treten aufeinander

zu, lächelnd, verwundert und entzückt, sich nach so langer Pause (spätestens seit gestern oder vorgestern) nicht mehr gesehen zu haben, sie treten so natürlich auf, als hätten sie den Auftritt jahrelang geübt, Abend für Abend – sie haben ihn geübt, denn ihr Beruf heißt, ist Auftritt, Vorstellung, Darstellung, Schaustellung – Verstellung.
Sie duften, frisch rasiert, gepudert, toupiert, parfümiert, massiert, sie lächeln noch immer (vielleicht seit gestern abend, durch den Schlaf und den abgelaufenen Tag hindurch), denn sie haben doch soviel Gemeinsames – Antiquitäten, Sintra, Golf, Concours Hippique, Bridge, Gilels – (manch eine Dame schriftstellert oder malt, mit Maßen freilich, wie Estelle Dupré, die Gastgeberin, doch sie tut das gewissermaßen versteckt, das ist bereits Rebellion, Subversion, verschämte Aversion gegen die Konvention, die doch alle vereint in Einstimmigkeit, Liebenswürdigkeit, Überlegenheit – Eitelkeit). Unglaublich zu sehen, mit welcher Gelassenheit, Selbstverständlichkeit, gewissermaßen auf einem unsichtbaren Laufsteg die Herren Botschafter aus Lateinamerika und anderen Breitengraden (untere Ränge wie Botschaftsräte oder gar Attachés sind nicht zugelassen, man ist entre nous, höchstens ein Institutsleiter, der jüngst seine Dada-Ausstellung »so spirituell« bei Gulbenkian – in Diplomatenkreisen spricht man das Wort englisch aus: Garlbänkien – vorgestellt hat) – wie sie ihre Smokings, Dinnerjackets, Meßjackets tragen (darüber verliert natürlich nur ein Nichteingeweihter, ein Nichtdazugehöriger ein Wort), mit Nelke (blutrot, reisweiß, reseda), mit Rosenknospe (teefarben), Orchidee (von den Inseln, am liebsten Madeira), lila und leichengelb, gangränerot und schimmelgrün – einfach zu intoxikierend pervers, my dear Ambassador!
Cocktails, drinks, long, short, winzige Häppchen, Schnittchen, Nuß auf Artischockenböden, amulettgroß, man nippt, man pickt, es gehört zum Spiel, zum Ritual, Passen ist unfein, das tun nur Snobs oder kleine Leute, Auffallen ist schlechter Stil, unmöglich, lächerlich, Nichtauffallen le grand style, das Comme-il-faut, das Savoir-faire (Aufsteiger nennen das Know-how). Wer nicht unsere Sprache spricht, ist verloren, dem kann weder das Protokoll helfen noch der tote Salazar, Gott hab ihn . . . Die leichte Hand ist Trumpf, wer die nicht hat, soll beten lernen.
In Gruppen die Damen, die Herren, die Damen und Herren. Über Portugal, über den Dienst im Gastland kein Wort, man ist sich einig, man steht, schwebt, befindet darüber, man ist

längst »au fait«, beurteilt eigentlich alles komparatistisch, würde ein Wissenschaftler sagen. Die Situation jetzt, mon cher Irigoyen, Sie erinnern sich, damals in . . ., im Jahre . . ., genau dasselbe. Die Weltkugel dreht sich. Da ist es doch spannender, bei *Albertina* in der Rua Politécnica die handrollierten Battisttaschentücher des Landes zu entdecken mit handgesticktem Monogramm und Krönchen, sieben- oder neunzackig, nach Wunsch, und einfach geschenkt, aber nicht weitersagen. Verschwörerisches Lachen, Geschmunzel, eine Andeutung nur. Nun denn, Cheerio and . . . Chinchin!
Die Damen, man hat sich soviel Neues zu sagen seit gestern, seit vorgestern. Lady Dianas Robe beim Empfang von Prinz Philip –: Balmain! Ich hätte meinen Kopf gewettet, Ehrenwort, sah sofort, daß es nicht Saint Laurent war. Sagen Sie, Liebste, haben Sie neulich das Kleidchen von Marcello Caetanos Tochter gesehen? Einfach lamentable, poor dear, dabei ist sie doch passabel gewachsen, oder?
Nun zur Tafel, auf die Flügeltüren, drinnen Vierertische, eine Novität, alles in lila und eierschalenweiß, Veilchenduft über Kerzenschimmerwehen – simply divine! Seinen Platz suchen, das Spiel geht weiter, so ein klitzekleiner Kitzel, vielleicht ein ganz klein wenig eintönig auf die Dauer, aber auch wieder nicht, gib's zu! Oh hallooo! To see you again so soon, my fair Lady!
Die Gänge kommen, die Gänge gehen. Estelle hat ihre Zofen dressiert, das muß man ihr lassen, tipptopp, und die Spinatcrème mit dem Sahnetupfen oben drauf, köstlich, aber da ist noch ein Hauch von Gewürz, das kriege ich heraus, auch wenn sie's mir nicht verrät, das kesse Luder. Und dann ist das Diner mit seinen obligaten fünf Gängen zu Ende und der Toast des Hausherrn mit seinem ulkigen *Accent* auf – ja, auf wen eigentlich? Natürlich, die Clark-Giddings gehen nach Bogotá, oder war es Bolivien, jedenfalls unsäglich hoch beide Städte und nichts für mich, die brasilianische Botschaft in La Paz soll den einzigen anständigen Rasen in der Öde aus Staub und Steingrau haben, da ist mir dear old Portugal doch lieber, Wochenendkonzert in Granada, ein Sprung nur, oder Golf im *Alvor* im Algarve, dem Land der sterbenden Sonne, ach, süßes Vergehen. Und jetzt wird der hohen Dame behutsam der Stuhl von hinten weggezogen. Ein winziger Schock, wo war ich, wie ein Sturz aus dem Drüben, Droben ins Hinieden. Eigentlich viel zu viel, das alles, dieselben Menschen, dieselben Menus, das ewige Umkleiden, das ewige Reden, so liebenswert, gewiß, aber wo bleibt mein Leben, wo meine Worte, ich kenne sie nicht wieder, hätte

den Champagner nicht trinken sollen, aber das letzte, gleichzeitige, gleichstimmige Einanderzutrinken, zu reizend eigentlich, ja –: ein bißchen Wärme, kommt, seid zärtlich zueinander, aber echt, nicht nur so. Ah, mir schwindelt, wo bin ich, immer so weit fort, fort, fort. Thank you, Carlos-Henrique, too sweet of you. Nein, mir geht's gut, sehr gut. Ah, im Salon ist's kühl, schön das Lüftchen vom Garten. Und jetzt Kaffee, der ist wirklich exquisit in Portugal und nirgendwo besser. Ich bin gleich wieder da, Carlos-Henrique, will nur ein Wörtchen wechseln mit dem guten alten Jeff, weiß nicht mehr, ob es Bogotá war oder La Paz. Ein großer Verlust, we were such friends, und Caroline is such a darling, don't you agree? Ach, ist nicht so wichtig, kommen Sie, da drüben ist ein Plätzchen für uns zum tête-à-tête.
Übrigens, gleich nach beendetem Essen das intime Ritual, Satzung des guten Geschmacks: während die Herren vorgehen, tupfen die Damen der Gastgeberin ein Küßchen auf beide Wangen: »Thank you for this marvellous dinner«. Das Wörterbuch der Diplomatie heißt »Fünfhundert Worte – diplomatisch«, da bleibt für die nachfolgenden Damen keine große Auswahl, man variiert eben zwischen »une trouvaille, chère Estelle« oder »unglaublich raffiniert« oder einfach »perfekt, mehr sag ich nicht«.
Die meisten Herren zu zweit, zu dritt, andächtig bei der Zeremonie des Zigarrenabschneidens, des Betastens, Befeuchtens, Anzündens, Anrauchens und ersten Rauchausstossens mit Gurusonnenanbeterblick. Der Diener teilt die Cognacmarken mit wie ein Staatsgeheimnis, sekundenlang stellt sich eine erotische Beziehung her wie zwischen Herr und Hund, Herr und Pfeife, Herr und Harris Tweed. Bald gibt es nur noch die eine oder andere Anekdote oder Information auszutauschen, die man schon erzählt bekommen oder gar selber erzählt hat, langsam bleibt der Kreis stehen und droht rückwärts zu kreiseln, kommt man oder geht man, im Grunde hatte man sich spätestens beim Dessert das Allerneueste erzählt, der Rest war Zierrat, Beiwerk, Routine.
Irgendwo murmelt irgendjemand irgendetwas von »The man without qualities«. Sie meinen doch »L'homme sans qualités«, hallt es aus einer Ecke wider. Ja, aber wer war denn der ... Kommen Sie, chère Christine, flötet die Gastgeberin, Sie leben doch in literarischen Lüften, helfen Sie uns ... Christiane: Robert Musil, »Der Mann ohne Eigenschaften«, Wien, Berlin, Flucht in die Schweiz, Tod in Zürich. Ach, er lebt nicht mehr, poor dear ...

Und das ist unvermutet das Ende des Spiels, das Ende des Abends. Und Christiane, weil sie groß ist, macht ein Knicks-chen, um die leinenblonde frankokanadische Botschafterin auf beide Wangen zu küssen, und diese, wegen der Mitternachtsstunde ein wenig bleich um die Augen und ein wenig zu stark nachgepudert, sagt: »Sie waren fabelhaft. Sie haben den Abend gerettet. Kommen Sie recht bald wieder!«

Die »zweite Sprache Portugals«

I. Die Regierungspresse

»Übersee« statt »Kolonien«
»Polizeioperation« statt »Kolonialkrieg«
»Terrorist« statt »afrikanischer Krieger«
»Die beschränkten Pausen« statt »Der fehlende Fronturlaub« (auf den Vorposten des Angolabuschkriegs)
»Schwerwiegende Folgen« statt »katastrophale Folgen« (für die Probleme der Militärakademie)
»Unternehmer« statt »Kapitalist«
»weniger begünstigte Klassen« statt »arm und elend«
»Holzhäuser« statt »Baracken«
»Vorprüfung« statt »Zensur«

II. Die Oppositionspresse

»Neorealismus« statt »Sozialistischer Realismus«
»Ein deutscher Denker des 19. Jahrhunderts« statt »Karl Marx«
»Der Verfasser von *Was tun?*« statt »Lenin«
»Konflikt zwischen sozialen Schichten« statt »Klassenkampf«
»Morgenröte« statt »heraufkommender Sozialismus«
»Frühling« statt »Revolution«
»Mohn« statt »Rote Fahne«
»Gefährte« statt »Kampfgenosse«
»Blutsauger« statt »Denunziant«, »Informant«

»Scheiße«

sagt die neue Botschafterin beim ersten Abendessen im Haus des Institutsleiters »unvermittelt nackt« – wie der Dichter sagt.
Das ist natürlich keine Entgleisung der uradeligen Dame. Ist es dann ein im richtigen Augenblick lanciertes Signal:
Glaubt nicht, daß wir uns von eurem Hautgout der »Progressiven«, was immer darunter zu verstehen wäre (ihr seht: bei uns gebraucht man noch den Konjunktiv), einschüchtern lassen? Ist es einfach mondäne Unmittelbarkeit, ein Rive-Gauche-Pup (auch eine Botschafterin darf sich mal Luft machen), eine freche Knallerbse, die nichts bedeutet?
Ist es der unvermutete, aber nicht unbeabsichtigte Unmut einer Diplomatin über das festgewachsene Korsett der Berufsetikette? Oder ist die Fäkalreferenz eine unsichtbare Huldigung an die Gastgeberin: Bist gar nicht so übel, Kind. Wenn nächstens die Frau des Ehrengastes eine Stunde vor dem Botschaftsbankett wegen einer Migräne absagt, wird mein Mann dich vielleicht als Lückenbüßerin verwenden.
Oder heißt »Scheiße« in diesem Zusammenhang: Glaubt nicht, Kinder, daß wir anders leben und denken als ihr, wir haben nur die Last der Repräsentation auf den Schultern, wir würden viel lieber öfters mit euch albern und lästern und schweinigeln, das tun doch Intellektuelle, oder seid ihr nur nachgemachte, unzuverlässig seht ihr mir jedenfalls aus . . . Egal, wir werden schon miteinander zurechtkommen.
Oder, endlich, eine Warnung: Glaubt nicht, daß Ihr euch die gleiche Burschikosität bei uns herausnehmen könnt, das sind uralte Prärogative unseresgleichen, quod licet Jovi . . .

Halluzinationen

Nach dem Abendessen – Rosemary sitzt neben Christiane auf dem Sofa, Ruben und ich stehen, er nippt an einem halbgefüllten Cognacgläschen – pflanzt Ruben sich vor uns auf und verkündet visionär, triumphierend: »Ihr werdet hier bleiben, ich sehe es vor mir. Verlaßt Euch darauf!« Die gute Erziehung geböte es, zu lächeln, sich ein wenig zu zieren, zu murmeln: »Wer weiß, wer weiß . . .«, aber doch nie »Nie« zu sagen oder »Schwerlich«, geschweige denn »Nie im Leben . . .«. Doch heute trifft Rubens Sucht, uns zu indoktrinieren, uns mit seiner Umzinglungssprache einzukreisen, meinen Freiheitskern. »Auch ich habe eine Vision gehabt, gestern«, sage ich langsam und setze mich. »Ach ja?« sagt Ruben und setzt sich abwesend. »Ich sah ein Heer von Männern . . .« Ruben wendet den Kopf, blickt mit seiner forschenden Art an mir hoch, als schaue er prüfend an mir herunter. »Es waren Portugiesen aller Alter. Sie kamen aus vielen Himmelsrichtungen, aus Frankreich, Belgien, Schweden, aus Deutschland, aus Österreich.« – »Na und?« – »Sie marschierten auf einen trigonometrischen Punkt zu, auf einen spanischen Sammelplatz kurz vor der nordöstlichen Grenze Deines Landes.« – »Und dann?« – »Und dann brachen sie in Portugal ein, eine geschlossene Heeressäule . . .« – »Und dann . . .?« – »Und dann . . . hielten sie Gericht, ein Schnellgericht, und liquidierten die Oberschicht, die Ausbeuter, die Schänder, die Schinder.«
Ruben erbleicht, Rosemary lächelt ungläubig, Christiane blickt mich verdutzt an, und ich fühle mein Herz im Halse schlagen.
Ruben erholt sich rasch: »Nein, nein, die Auslandsarbeiter wollen nichts als ihr Häuschen im Minho, im Alentejo, im Algarve. Dafür sparen sie und schicken ihr Geld nach Hause.« – »Meinst Du?« Fernando Namoras vor einigen Jahren gemachte Bemerkung fällt mir ein: Er denke über einen Roman nach, in dem er das Problem der Rückwanderer behandeln wolle, Leute, die, in europäischen Ländern Facharbeiter geworden, in Portugal eine Reform der sozialen Strukturen erzwingen wollen. »Du kennst das Land nicht, der Portugiese ist friedlich, er lebt auf sein Vorbild hin, das bürgerliche Ideal des neunzehnten Jahrhunderts.« Erleichtert darüber, daß alles wieder im Lot ist und im Lot bleiben wird, so Gott will und Marcello Caetano, trinkt Ruben seinen Cognac aus. »Aber wenigstens genießt Ihr die Sonne, unser gutes Klima, oder? Gute Nacht, und auf bald!«

Ein befremdender Zug an mir, stelle ich beim Schlafengehen fest, meine Gäste im eigenen Haus zu beleidigen. Und noch eines: Portugal, ein Schwamm, an dem ich mir die Zähne ausbeiße. Ich werde das dem Direktor des Goethe-Instituts bei meinem nächsten Besuch erzählen, und er wird erwidern: »An einem Schwamm kann man sich nicht die Zähne ausbeißen.« Er hat recht, denn er ist Germanist und war Schuldirektor.

»Eine ganz neue Welt für mich!«

So was läßt einen fragen, ob unsere ganze Tätigkeit nicht einfach für die Katz ist!

Ich verstehe Sie. Kultur hineintragen in diese Kaffs ist kein Honigschlecken.

Bertolt Brecht: *Herr Puntila und sein Knecht Matti*

»Kann ich mal kurz stören, ja? Ich bin der neue Kulturattaché, richtiger: der neue Kulturreferent, sehr angenehm, mein Name ist Rudi Brecht . . . nein, kein Verwandter, das könnte Ihnen so passen. Jurist meines Zeichens, Volljurist, aber kein Doktor, Pech gehabt, aber dafür Diplomat – wie bitte, NEIN: kein Volldiplomat. Diplomat ist Diplomat, und damit hat sich's. Aber aus Verlegenheit, gewissermaßen. Leider. Große Rosinen im Kopf gehabt, damals in Tübingen, seligen Angedenkens. Ja, habe auch Jens gehört, wenn Ihnen daran liegt, bin immer an Kultur interessiert gewesen, nicht daß Sie etwa denken . . . Mache also seit neuestem in Lissabon Kult . . . Abkürzung von Kultur, hahaha, wußten Sie wohl noch nicht, wie? Von Rechts wegen steht mir als Kulturreferent ein Schreibtisch im Institut zu. Gewissermaßen zur Überwachung. Machen sie bloß keine Augen. Klar: Wegen eventueller subversiver Umtriebe Ihrerseits. Hahahaha, jetzt kriegen Sie's mit der Angst zu tun. Nichts für ungut, werden schon miteinander klar kommen. Keine Angst, einer genügt mir nebenan, bei Störenfried. Wie bitte? Ist der Spitznamen des Botschafters! Weil er seine Mannen strampeln läßt, mich übrigens auch. Ich irritiere ihn scheint's, er läßt mich laufen wie einen Lehrling, verstehe nicht warum. Werde keine ruhige Minute bei ihm haben. Habe mir erzählen lassen,

in Südamerika irgendwann hat die gesamte Botschaftsbelegschaft, knappe hundert Mann hoch, einen Kollektivbeschwerdebrief über Störenfried ans AA spediert, hier wird sowas nicht vorkommen, liegt vielleicht an der Atmosphäre des Landes, immer einen Fuß zurück, jedes Wort auf der Goldwaage geschaukelt, nur keine Reibereien, Härten, Zusammenstöße, was weiß ich . . . Paciência . . . Jawohl, spreche Portugiesisch, aus meiner brasilianischen Zeit. Glauben Sie nicht, daß Sie mich übergehen können. Wir wissen Bescheid über Sie. Übrigens: Botschaftsrat I. Klasse . . . Das Leben eines Diplomaten: Heute Politik – das ist top. Morgen Wirtschaft – das bringt das Geld. Übermorgen Kult – brotlose Künste, jawoll. Beim AA ist Kult »Ferner liefen«, gewissermaßen Strafversetzung . . .
Bei mir nicht, bitte mir mehr Respekt aus! Also denn: So long! Werde mich manchmal sehen lassen, aber nur bei wichtigen Sachen, am liebsten bei Konzerten. Wie bitte? *Stimmung* von Stockhausen. Ein Chorstück? Nie gehört. Aleatorisch? Was soll denn das nun wieder heißen? Ach so, weiß schon: alea jacta est undsoweiter, hahahaha. Wie bitte? Die Sänger sitzen im Schneidersitz auf dem Boden und reichen einander das Mikrophon wie eine Nargileh . . .? Wollen mich wohl hochnehmen, bitte mir mehr Respekt aus! Na schön, wenn es stimmt. Eine ganz neue Welt für mich, das muß ich sagen. Na wenn schon, Kult ist Kult. Solange Sie uns keine Schwierigkeiten machen. Wir lassen Ihnen ohnehin viel zuviel Freiheit. Schauen Sie nicht so arrogant. Meinen wohl, ich sei überflüssig. Können froh sein, daß der Botschafter zwei Augen zudrückt. Ihr progressives Zeug kann er nämlich nicht ausstehen. Nie etwas für's Gemüt, hält Sie nämlich für einen Gemütsmenschen, daß ich nicht lache, nie etwas Völkerverbindendes, immer nur Ätze, Kritik, immer nur Wühlarbeit. Mein Gott, was so ein Linker ist oder sich für einen Linken hält. Den arroganten Blick können Sie sich sparen, zumal bei mir. Halten mich wohl auch für einen Reaktionär. ESPEDE, etwas mehr Respekt, wenn ich bitten darf. Bin wahrscheinlich der einzige ESPEDELER nebenan. Aber Spaß beiseite, wenn die Faschisten Sie feuern, bei uns weint Ihnen keiner eine Träne nach. Nehmen Sie das zur Kenntnis, ich habe Sie gewarnt, dem Botschafter reicht's langsam. Sie lachen, ich weiß, Sie halten Kulturattachés für Handlanger, für Meschores, hahaha, für eine »quantité négligeable«, wie sich ein echter Inter-Leck-Tueller – hahahaha, kannten Sie wohl noch nicht – ausdrücken würde. Leute vom Fach verlangen Sie – wie Sie wohl einer sind, wie? Werden Sie mir bloß

nicht ... Wozu Fachleute? Wir sind Diplomaten, genügt Ihnen das nicht? Wir wissen, wie man das Wort setzt, und basta. Diplomat, Heimatheimat ... wenn mir das einer in Tübingen vorausgesagt hätte, als ich noch frank und frei ... Lachen Sie nicht. Keine zehn Pferde, ich schwöre es Ihnen, hätten mich ... Dann im nächsten Leben, wenn einer wüßte, wie das ausfällt, sofern es eines gibt. Was starren Sie mich so an? Mein Flanellanzug? Keine Spur von Maß. Von der Stange, PE und KA, Diplomat, da staunen Sie, nicht tot zu kriegen und dabei english touch, kosmopolitisch. Halten Sie mich gefälligst nicht für einen Spießer, die Bonner Silberkrawatte war nie mein Stil. Übrigens: der Botschafter fragt mich, warum die Intellektuellen des Landes einen so großen Bogen um die Botschaft machen. Was soll ich tun? Sie zucken die Achseln. Warum gleich so höhnisch. Ist auch nicht so wichtig. Denn man tau. Kult ist Kult, eine ganz neue Welt für mich ...«

»Reich mir die Hand ...«

Der Veranstalter der Universitätskonzerte Luis Pereira Leal, junger Komponist, wünscht sich vom Deutschen Institut für die Aula Magna zu Beethovens Geburtstag ein Studentensymphonieorchester. Wir schreiben den 9. November. Bis zum 17. Dezember bleiben fünf Wochen. Die Beziehungen der Portugiesen zur Zeit und zum Geld (der anderen) sind geheimnisvoll. Mit einem halben Jahr Planungszeit und der Hilfe des Deutschen Musikrats, des Auswärtigen Amts, der Gulbenkianstiftung wäre das Projekt vielleicht durchzuführen gewesen.
Der Flötist Paul Meisen, der gerade mit dem Münchner Streichquartett gastiert, schlägt mir als Notlösung ein Konzert mit seinem Berliner Holzbläser-Ensemble – Flöte, Englisch Horn, Oboe, Fagott – vor. Ich schlage ein.
Am Donnerstag, dem 17. Dezember erreicht mich um 20 Uhr zu Hause ein Anruf des Botschaftsrats, der Rektor habe ihm soeben mitgeteilt, das Konzert müsse »aus zwingenden, naheliegenden Gründen« ausfallen. Seit dem späten Nachmittag hält Polizei das Universitätsgelände besetzt. Professor Rosenthal bestätigt mir telefonisch, er habe am Hauptbau einen Anschlag gelesen, das Konzert müsse »wegen Erkrankung der Künstler ausfallen«. Ich rufe Rubinho an: Was rätst du? Nichts

unternehmen, lautet die prompte Antwort. Auf keinen Fall hinfahren, es kann geschossen werden. Ganz rasch denken, denke ich. Ich rufe Fräulein Lopes an: Das Konzert wird ins Institut verlegt, Joaquim und Gisa sollen sofort die Stühle im Saal zurechtstellen, die Gasöfen heizen. (Das Institut befindet sich wegen der Umzugsvorbereitungen in den Neubau im Umbruch.) Entgegnung Fräulein Lopes: Wir haben keine Genehmigung fürs Institut eingeholt. Meine Entgegnung: Verantwortung übernehme ich. Mitunter schadet zuviel Nachdenken. Ich rufe im Hotel an, wo die befrackten Künstler bereits in der Halle darauf warten, von mir in die Universität abgeholt zu werden: Bitte Fräcke ausziehen und um 21.45 Uhr im Sport- oder Straßenanzug zum Beethoven-Happening über die Straße ins Institut kommen, möglicherweise für »ein Konzert unter uns«. Ich rufe mehrere portugiesische Freunde an mit der Bitte, Publikum zu spielen. Alle sind verhindert: beim einen hat die Katze Durchfall, beim anderen ist ein Wasserrohr geplatzt, beim dritten liegt die Großmama im Krankenhaus. Spontaneität ist keine portugiesische Stärke; dafür muß man nach Brasilien fahren. Christiane bezichtigt mich »der Rücksichtslosigkeit gegen meine junge Familie« (ich muß ein Lachen verkneifen), sie wirft mir Leichtsinn, Eigensinn vor. Sie hat recht: beides treibt mich und ein drittes: der Versuch einer »portugiesischen Lösung«. Mit »Tschüs bis um zehn im Institut« stürze ich in den Aufzug, ins Auto und rase dem Abenteuer entgegen. Erst vor der verdunkelten Universitätsstadt fahre ich langsam und so geräuschlos, wie der Diesel es will, um den Mittelbau herum und parke am Weg. Hunderte von Menschen warten im Finsteren vor dem hinteren Eingang zur Aula Magna auf der Straße, auf der Freitreppe, dazwischen und im Umkreis Polizisten. Ich pirsche mich an die Studentengruppen heran. »Was ist denn hier los?« »Ein Studentenkonzert soll stattfinden.« »Es findet aber nicht statt.« »Woher wissen Sie das?« – »Fragt Euren Rektor!« – »Na so was. Und nun?« – »Findet es im Deutschen Institut statt, in einer halben Stunde, um zehn.« Verschwörermienen: »Sollen wir das mal kurz durchsagen?« – »Wenn ihr wollt. Und wer mitfahren will, dort steht mein Wagen.« Um zehn Uhr belagern dreihundert Studenten Aufzug und Treppe der Avenida da Liberdade 222. Hundert müssen mangels Platz umkehren. Die Musiker in offenen Hemden, fliegenden Jakken, eine Novität für das zugeknöpfte Ambiente der Stadt, geraten in Hochstimmung. Die Hörer sitzen zu zweit auf den Stühlen, umrahmen kniend das Podium, kauern auf dem Boden, stauen sich in Türen, Gängen, in der Bibliothek. Irgendwo erspähe ich Pereira Leals Gesicht, ob angstvoll, ob vorwurfsvoll? Die Programme waren in der Universität beschlagnahmt worden, daher muß ich die Konzertfolge ansagen. Dabei preise ich die »höhere Gewalt« – Heiterkeit ob des Doppelsinns – die uns zu einem »Happening« zu Ehren Beethovens verhelfe, ich entschuldige mich wegen der fehlenden »doutorais«, der vornehmen dreihundert Professorensessel, die das große Rednerpodium des Auditorium Maximum von der Studententribüne trennen –, »die euch nur Seine Magnifizenz bieten kann« – höhnisches Beifallspfeifen. Das Konzert beginnt. Unhörbares Knistern durchzieht den sich rasch erhitzenden Raum, der Klangkörper der Holzbläser füllt die Adern. Beim letzten Stück, Trio für zwei Oboen und Englisch Horn C-Dur (1796/7), Variationen über »Reich mir die Hand mein Leben!«, fassen sich die Studentenpärchen an den Händen. Der neue Kulturattaché, fraglos in letzter Minute entsandt, um über »unverständliche Eigenmächtigkeiten« zu berichten, lächelt ungläubig. Die Musiker schwitzen und schwanken auf dem Podium wie auf einem Floß im durchräucherten Meer der jungen Gesichter vor Glück über den Beifall. Paul Meisen sagt: »Solch ein Ambiente hab ich noch nie erlebt!«

Endlich ein zaghafter Brückenschlag.

Am nächsten Morgen um elf Uhr ruft der Rektor, Professor der Chemie an. Ich kenne das Rektorenehepaar; wohlgenährt, rundherum Körperlichkeit, Augen wie Murmeln, Stimmen wie Sprechautomaten. Seine Magnifizenz beschwert sich darüber, daß das Konzert stattgefunden hat, *er* habe es doch abgesagt, um seine unbotmäßigen Studenten zu maßregeln. Er hätte sich eine andere Lösung vorgestellt, die Musiker hätten an einem späteren Termin konzertieren können. Ich erwidere, jeder Tag ihrer Tournee sei vorgeplant und koste Geld, meine Zentrale mache mich regreßpflichtig, falls nicht »höhere Gewalt«, eine echte – Kunstpause! – etwa Krankheit vorliege. Dann hätte ich ihn konsultieren können. Vernehmliche Irritation in der Stimme. Das hätte ich gerne getan, wenn die Universitätsleitung – ich neutralisiere absichtlich – mich rechtzeitig benachrichtigt hätte. Wir scheiden ohne die obligaten Bezeugungen der Hochachtung.

Hier ein Schulbeispiel für faschistischen Habitus: innere Bedrängnis stilisiert sich zu Einschüchterung nach außen, Unsicherheit tarnt sich durch Überlegenheit, Ausweglosigkeit verkehrt sich in Agressivität.

Duplizitäten fallen mir ein: vor Jahren schrieb mir der Leiter der Auslandsabteilung der Gulbenkian-Stiftung, als ich mich um ein Herausgeberstipendium für einen Auswahlband portugiesischer Erzähler bewarb: Es bestehe Anlaß zu der befremdlichen Feststellung, ich hätte offenbar Portugals große Literatur des ausgehenden neunzehnten Jahrhunderts zugunsten zeitgenössischer Autoren verschmäht.

Obwohl die Gulbenkian-Stiftung eine internationale Gründung ist, deren Präsident weder vor der Regierung zu kuschen noch den Staatschef in die Ehrenloge des Auditorium I einzuladen braucht und ungehindert begabte Regimegegner durch Stipendien fördern kann, wenn er will, bezichtigen Stiftungsreferenten aus Angst vor Verdacht, lebende Autoren, deren Schriften die repressiven Strukturen ihres Landes bloßlegen, im Ausland zu propagieren, den Ausländer indirekt der Unwissenheit, der Undankbarkeit, des schlechten Geschmacks. Und nach meinem Vortrag über die Probleme der Nachdichtung aus dem Brasilianischen und Portugiesischen bemerkte derselbe Gulbenkianfunktionär zu Ruben A. schmollend: »Zum Glück hat er zum Schluß noch Portugiesen behandelt . . .«

Am nächsten Tag – das Beethoven-Happening hat vielleicht manchem die Idee vermittelt, daß es Stegreiflösungen gibt, Autorität zu unterwandern, autoritäres Gebaren an den Spottpranger zu stellen, erscheint in der Regierungszeitung *Diário de Notícias,* deren Leitartikel vom Ministerpräsidenten paraphiert werden müssen, eine langatmige Abhandlung über »Unruhen an der Universität Lissabon«. Der Tonfall wie üblich forsch und dennoch furchtsam, Tatsachen werden eher umschrieben als beschrieben. Da ist die Rede von einem Studenten im ersten Semester, der die französische Universität Nanterre besucht hat – hauptsächlich bekannt geworden durch die ›Revolution von 68‹, von Störaktionen gewisser universitätsfremder Elemente, von linksgerichteten Studentenvereinigungen, von langanhaltender Agitation, die seit Wochenbeginn heftige Kontestationsformen eines bisher unbekannten Besetzungszeremoniells annahm, wobei die Feuerwehr Türen aufbrechen mußte, während die Polizeitruppe die Operation sicherte. Man sucht zu unterrichten, ohne den Ernst der Lage, die Unversöhnlichkeit der Standpunkte zu bekennen; die manische Angst vor der Wahrheit treibt die Behörden zu Behelfslösungen.

Das offizielle Portugal gleicht einem Mann in einem geschlossenen Raum, aus dessen Wänden, aus dessen Boden alle Augenblicke Nagetiere, Ratten, Hausmarder dringen. Der Mann hat alle Hände voll zu tun, die Eindringlinge mal hier zurückzustoßen, mal dort niederzutrampeln, die hinterlassenen Löcher notdürftig zu verstopfen. Er lebt in unaufhörlichem Argwohn, in Angst, in der Lüge gegen Besucher, die sich automatisch gegen ihn selbst richtet; er möchte losschreien, muß aber seine Stimme mäßigen, um nicht aufzufallen. Daher spielt er sich auf, schon weil er, der entspannen, ruhen, träumen, seinen Nabel betrachten möchte, sich zu dauernder Tätigkeit gezwungen sieht, die seinen Gesichtszügen Verrenkungen aufdrückt, das Mienenspiel eines atemlosen Possenreißers, der sich im Grunde zum Menschenfreund, zum Lebenskünstler berufen fühlt.

P. S. Die Rückseite des Dezemberprogramms, für »Neuzugänge unserer Bibliothek« reserviert, ist Philosophie und Soziologie gewidmet: Abendroth, Adorno, Benjamin, Bloch, Habermas, Horn, Marcuse, Pross, Riedel, Wittgenstein.

1971

Summe der Lieblingsdinge: sich aussetzen,
bis zum Äußersten gehen, wo das Wagnis beginnt.

João Cabral de Melo Neto, Erziehung durch den Stein

Das sind Unterschiede, auf denen die Welt aufgebaut ist.
Bertolt Brecht, *Die Ausnahme und die Regel*

Das Institut zieht aus dem alten Stockwerk um ins neue bundesdeutsche Gebäude. Die deutschen Möbelwagen stehen vor den Glasportalen. Der Bauleiter der Bundesbaudirektion Berlin dirigiert nach seinen Plänen die Verteilung der im Foyer ausgepackten nagelneuen Bundesmöbel und -geräte in die einzelnen Räume. Sprachleiter und Institutsleiter beraten, wie der erste Stock aufgeteilt werden soll. Laut zählend, mit wichtiger Miene, messe ich die Dimensionen der beiden äußersten Frontzimmer aus; das eine umfaßt 22, das andere 21 Quadratmeter. Ich biete Harro Krautze, der vor einem halben Jahr Karlheinz Werth abgelöst hat, das zu 22 an; er ist einverstanden. »Doch halt!« Ich runzle die Stirn. Krautze lacht, er wittert etwas. »Laut Rundschreiben der Zentralverwaltung Z 450/74 vom 22. Oktober (ich starre angestrengt auf ein Papier) stehen dem Institutsleiter 25 qm zu, seinem Vertreter 15 und dem Leiter der Sprachabteilung 16 qm. Was tun? Zum Umbau ist es zu spät, oder?« Mein Kollege spult schlagfertig sein Stichwort ab: »Für diese Entscheidung ist der Institutsleiter verantwortlich.« – »Schon wieder schlaflose Nächte . . .« seufze ich.
Zwischen Krautzes und meinem Zimmer liegen zwei Räume zu je 16 qm. Wir beschließen, die Verwaltung, das heißt Fräulein Lopes, neben ihn und Frau Nebelthau, die neue Chefsekretärin, neben mich zu quartieren. »Doch halt!« Wieder runzle ich die Stirn. »Laut genanntem Rundschreiben Münchens haben ›zwei Schreibkräfte‹ Anrecht auf zusammen 15 qm; nur der ›Bürovorsteher‹, der bei uns entfällt, hat Anrecht auf einen eigenen Raum mit 15 qm. Was tun?« Krautze schmunzelt mitverschworen: »Die Entscheidung hat der Institutsleiter.« Ich entscheide, daß die Hierarchie der Botschaft unbesorgt zwei Schreibkräfte für Kanzleiprosa in einem luftarmen 15 qm-Käfig verschleißen darf; daß hingegen für die selbständige, schöpferische Arbeit eines Instituts 16 qm das Raumminimum für einen Mitarbeiter sind.
»Und nun zu den Möbeln. Sie sind sich im klaren, daß nur der Institutsleiter Anrecht auf einen Teppich hat . . .« Jetzt platzt Harro Krautze heraus. »Und daß mein Schreibsessel mit Roller, Metallteile an den Armlehnen verchromt, 5-Fußgestell, bezogen mit Storck-Stoff, Artikel Diego 630, Farbe 45 grün,

DM 350,85 kostet, Ihrer, in Sprachleiterausführung dagegen nur DM 265,10. Und daß mein Schreibtisch Modell St. 21 CC, Platte 180 × 90, Gestell anthr. lack., Nußbaum mit Polyester DM 779,60 kostet, während Sie nur Anspruch haben auf Kunststoff Nußbaum, Seiten/Blende Kunststoff weiß, zu DM 511,--.« Krautze, ganz in seiner Rolle, verneigt sich, wie es einem bundesdeutschen Untergebenen, BAT IIa (oder b, ich habe es vergessen) gebührt. »Übrigens, können Sie mir sagen, woran der Qualitätsunterschied dieser Garnituren mit bloßem Auge zu erkennen ist?« – »Das kann nur der Fachmann«, erwidert der Leiter der Sprachabteilung mit rollenecht vorwurfsvollem Blick, der besagt, der Institutsleiter als Vorgesetzter habe dergleichen zu wissen.

Jetzt entsinne ich mich der Bemerkung eines Diplomaten, der den Krieg in den Vereinigten Staaten verbracht hat: 1945 habe das Auswärtige Amt die einmalige Chance verspielt, seinen Apparat aus Bismarcks Zeiten, wo nicht durch eine fortschrittliche, so durch eine zumindest zeitgemäße Organisation zu ersetzen. Daher erzeuge die strengste Auswahl unter den Anwärtern letzten Endes Kriecher oder Kastraten.

Nun, die Nachbarschaft der Botschaft wird auf das Institut kaum abfärben: Pedanterie, Schwerfälligkeit, hilflose Förmlichkeit, Titelsucht, mangelnde Gefälligkeit, seelische Stuhlverstopfung, umständliche An- und Abmeldeverfahren sowie sonstige Troglodytensegnungen meiner Heimat sind an einem Freiberuflichen und Amateur qua Liebhaber ohnehin verloren. Auch wird es bei uns keine Briefbogen mit »Der Direktor« geben, wie ihn viele nach dem Diplomatengettostatus schielende Kollegen verwenden.

Schade, daß ich mich nur mit dem identifizieren kann, was es in Deutschland geben sollte, und nicht mit dem, was es in Deutschland gibt. Doch das ist normal, oder?

Jedenfalls soll hier jeder mit jedem auf gleicher Ebene verkehren, jeder mit jedem zusammenarbeiten, ein jeder soll sich nach Neigung und Begabung entwickeln können, soll eigene Initiative und Verantwortung anstreben. Er soll nicht nur von, sondern auch in der Arbeit leben.

Feld der Märtyrer des Vaterlandes, 36–37

Der Herr Direktor hat eine Revolution gemacht!

Beatriz, Putzfrau

Dies, meine Damen und Herren, ist das neue Deutsche Institut am Campo dos Mártires da Pátria, ein neuklassizistischer zweistöckiger Bau in Mattgelb und Taubengrau mit hohen Sprossenfenstern, kunstvollen Zierbalkongittern und einem zurückgesetzten dritten Stock, den die mit Fruchtschalen und Aktfiguren geschmückte Dachbalustrade verdeckt. Das Schild in Antiqua – Deutsches Institut – Instituto Alemão – ist diskret wie das einer Genfer Privatbank. Warum es nicht Goethe-Institut heißt? Nicht, weil der Geist des Weltkindes die weltweite Organisation kaum befruchtet, obgleich die Teilnehmer an der diesjährigen Regionaltagung in Madrid andächtigen Ohres aus dem erfahrenen Munde des feuilletonbelesenen Regionalbeauftragten vernahmen, »der Verfasser der *Farbenlehre* sei seiner Auffassung nach im Grunde letzten Endes eigentlich dann doch noch ein verhältnismäßig lesbarer Autor«. Dafür lehnt sich manch ein Kollege bei wichtigen Besprechungen in seinem biegsamen Direktorensessel gerne unter dem Portrait des Patriarchen zurück, und die, welche ihm zu ähneln glauben, im Halbprofil. Die Wahl des Namens gehorchte technischen Gründen, und so steht es schlicht neben dem »Institut Français«, dem »Istituto Italiano« und dem »British Council« der lusitanischen Hauptstadt. Auf »seine repräsentative Fassade mit ihren spiegelnden Glasportalen« ist der Präsident der Bundesbaudirektion Berlin besonders stolz; bei wichtigen Veranstaltungen wollte er sie von den Lampenmasten des Platzes anstrahlen lassen. »Das macht sich pikfein, wenn die Wagen anrollen . . .« Glücklicherweise ist nichts daraus geworden; mir ist es wichtiger, daß ein offenes Haus für jedermann daraus wird, und man von außen sehen kann, was drinnen vorgeht – im Gegensatz zu dem massiven Kassettenportal der benachbarten Botschaft, die sich dem Besucher nur nach Anmeldung durch die Sphinx der Sprechanlage öffnet. Man sieht also Empfang und Zentrale, das Vestibül mit den sitzenden und umhergehenden Studenten, rechterhand die Tür zum Filmdepot und eine Fotowand, wechselnde Bilder aus der Bundesrepublik; rechts den Aufgang zu den Klassenzimmern und die schwarze Tafel

mit Wegweiser und Stundenplan, in der Mitte den offenen Mittelstock mit oberem Foyer, dahinter den Eingang zum Vortragssaal, darunter die breite Freitreppe zum unteren Foyer, und im Hintergrund die sich über die ganze Breite des Baus erstrekkende Glaswand der Bibliothek, durch deren rückwärtige Fenster die Gartenanlagen hereinleuchten. In der Zentrale gibt Frau Platschek Auskunft, eine beleibte Bürgerin mit Kindergesicht und Kugelaugen, seit vierzig Jahren im Land; ihr Deutsch ist nicht viel vollkommener als ihr Portugiesisch. Wenn sie am Telefon Verständigungsschwierigkeiten befürchtet, verbindet sie sofort und überläßt es dem Teilnehmer des Instituts, sich bis zu seinem fernen Gesprächspartner durchzufragen. Praktisches Denken ersetzt sie durch Windmühlenflügelschlagen ihrer Arme; vielleicht sucht sie damit auch nur ihre Leibesfülle im Gleichgewicht vorwärtszusteuern. Je nach Wetter und Befinden fischt sie aus ihrer vom Telefontisch getarnten Tragtasche ein Fläschchen und gießt unauffällig eine farblose Flüssigkeit in ihre Teetasse. Nur in Sprechnähe läßt sich ermitteln, ob es Korn, Wodka oder Gin ist. »Wer Sorgen hat . . .«; zu Hause sitzt ihr leidender Mann. Abgelöst wird sie von Gisa, der tieräugigen, dunkelhäutigen Frau des Hausmeisters und Postexpedienten Joaquim Morais. Ihr Vater war ein von Salazar verfolgter Fabrikarbeiter; sie selbst trug Joghurtmuster einer Molkerei von Haus zu Haus, bevor sie heiratete. Im alten Institut unterstand sie der Reinigungsanweisungen fuchtelnden Dame Platschek mit ihrem gesellschaftlich höheren Status als langjähriges, einst völkisch gesinntes Mitglied der deutschen Kolonie, als Marketenderin von Klatsch und Geheiminformationen der Botschaft über politische Tendenzen und persönliche Spannungen innerhalb des Instituts. Nun steht Gisa auf gleicher Stufe mit ihr und erfüllt ihre Obliegenheiten mit Verve und Präzision; ihr Gedächtnis arbeitet unfehlbar und rasch; sie lernt auf eigene Initiative Deutsch und verbindet mich gerne mit »Ihrre Fraaú am Täläfoón« (was eine verschwiegene Intimität zwischen uns erzeugt).
Nun, meine Damen und Herren, ein paar Stufen ins untere Foyer. Rechts die Kleiderablage hinter der schönen Marmorwand, Großplastik eines Berliner Bildhauers; die Ablage hat sich als überflüssig erwiesen, weil kaum ein Besucher im Mantel kommt; der Versuch, eine Kaffee- und Getränkebar für die Sprachschüler einzurichten, ist gescheitert, weil angesichts der häufigen Ferien kein Pächter auf seine Kosten kommen würde. Das Foyer dient Ausstellungen aller Art (häufig als Hinter-

grund und Anreger für internationale Vortragszyklen und Seminare). Die Bibliothek leitet Richard Immel – Sie sehen ihn durch die offene Tür links am Schreibtisch –, Doktor der Forstwirtschaft im Ruhestand, Enzyklopädist des Wissens, Liebhaber der Bibliothekswissenschaft, klassischer Epistologe, Dichter. Seine Ausstrahlung spürt nur, wer ihm in Ehrerbietung naht, denn zunächst wirkt er nüchtern und zurückhaltend, um nicht zu sagen, scheu wie ein Jüngling aus Zeiten, deren Tabus keiner Verteidigung bedurften. Dr. Immel ist der einzig wahrhaft gebildete Mensch des Hauses, das merke ich an mir bei jedem Wort, das ich mit ihm wechsle. Daher ist er der einzige Ratgeber, dem ich mich blind anvertraue. Die leicht flatterhaften Damen im Dienst werfen ihm insgeheim Pedanterie vor, beweisen damit aber nur, daß sie Pedanterie nicht von Genauigkeit zu unterscheiden wissen. Am Verwaltungs- und Ausgabetisch sehen Sie Alda Ramalho, genannt Dona Alda, verwitwete Mutter, die ihrerseits mit ihrer greisen Mutter zusammenlebt. Sie hat Musik studiert, spricht mehrere Sprachen so, wie Damen der Mittelschicht hierzulande eben mehrere Sprachen zu sprechen glauben. Sie sehen, wie gepflegt sie ist – das gefällt mir. Mit Argusaugen wacht sie über Bücher, Zeitungen und Zeitschriften und verschont auch den Institutsleiter nicht mit der barschen Forderung nach eiliger Rückgabe der »ohne Quittung ausgeliehenen *Akzente*«; ihre unerbittliche Obhut des Bibliotheksbestandes, über die Ausleiher häufig Klage führen, gefällt mir nicht minder.
Übrigens: Gleich nach dem Umzug versuchte Frau Dr. Käthe Kern, feste Ortslehrkraft, sich auf Dona Aldas Platz einzunisten, offensichtlich für Unterrichtsvorbereitungen oder private Arbeiten; sie wurde jedoch von Dr. Immel auf seine taktvolle, aber unmißverständliche Weise zum Weichen bewogen, weil, wie er sich schonend ausdrückte, »sie sich unliebsam aufgeführt« und den entsandten Leiter der Sprachabteilung, der keinen Doktorgrad besitzt wie sie, »fehlender Lehrbefugnis bezichtigt hatte«. Als ich die neu eingeräumte Bibliothek besichtigte und Frau Dr. Kern aufforderte, mir doch kurz beim Wegräumen des versehentlich unter den Ausgabetisch geratenen häßlichen Teppichs zu helfen, schnippte sie mit zurückgeworfenem Kopf: »Das ist für eine Vollakademikerin unzumutbar!« Da ich als alter Bastler gerne vor Theateraufführungen Soffiten rücke und hinterher Kostümkisten packe und verlade, hätte ich mich bei Frau Dr. Kern für mein unverzeihliches Ansinnen damit entschuldigen können, daß ich kein Akademiker,

geschweige denn Vollakademiker und, obwohl Humanist, nicht einmal Abiturient bin, im letzten Augenblick indes verzichtete ich darauf, aus Rücksicht auf Frau Dr. Kerns Abneigung gegen Ironie, und – aus Eitelkeit. Doch diese kleine Schwäche, meine Damen und Herren, werden Sie mir hoffentlich ebenso bereitwillig nachsehen wie Frau Dr. Kern ihr berechtigtes Beharren auf ihrem durch Fachwissen erworbenen Vollakademikertum. Sie hat es schwer. Romanistin, Promotion über »Das Meer bei Fernando Pessoa«, hat sie mit einem Spanier eine Trotzehe geschlossen, weil ein hübscher, mittlerweile verheirateter Sprachlehrer sie verschmäht hat; ihre Ehe ist kinderlos geblieben, sie haßt ihre wohlhabenden Eltern und beabsichtigt daher, in Kürze Portugal mit dem Geburtsland ihres ungeliebten Mannes zu vertauschen. Ihr Problem ist, glaube ich, mangelnde Projektion. Ich habe sie daher in mühseligen Beratungen zu überreden versucht, sich mit meiner Fürsprache bei dem Freunde, Professor Jacinto do Prado Coelho, um eine Dozentur im Romanischen Seminar der Universität Lissabon zu bewerben. Das hat sie zurückgewiesen, weil sie als Deutschlehrerin des Instituts mehr verdient als ein portugiesischer Ordinarius. Die neue Bibliothek mit einem zu entwickelnden Informationsdienst zu übernehmen, eine selbständige, phantasievolle Aufgabe hat sie gleichfalls abgelehnt: »Die Stelle einer Bibliothekarin ist für eine Vollakademikerin unzumutbar.« Sie will für die Erweiterung ihres Geistes keine Opfer bringen; trotzdem beansprucht sie, Wirkung und Einfluß auszuüben, ohne Risiken auf sich zu nehmen. Sie ist das einzig unfruchtbare Pflänzchen unter den Pflanzen des Instituts. Sie hadert mit sich und den anderen, ihre Unzufriedenheit sucht sie auf die Kollegen zu übertragen. Für den ausgeschiedenen Sprachleiter Karlheinz Werth war sie ein »Fall von verjährter Pubertät«; Harro Krautze seufzt: »Sie liefert ihren Unterricht ab wie Ware, sie will sich nur ›von niemandem etwas vorwerfen lassen‹«. Seit neuestem hält sie auch den Institutsleiter für ›völlig unmöglich‹. Vorschläge sind von ihr nicht zu erwarten, nur Hemmnisse. Aber Hemmnisse spornen mich an.
Doch nun, meine Damen und Herren, ein paar Treppenschritte nach oben. Hier, im Hauptfoyer, finden Empfänge statt, nach einem Vortrag im Saal wird den zurückbleibenden Hörern, die den Redner kennenlernen und konsultieren wollen, ein Drink gereicht – Frau Platschek, gefolgt von der schwarzgewandeten Beatriz, segelt mit den Tabletts herein, was stets gefährlich aussieht, doch sie schippert sicher zwischen den Gästeinseln

hindurch. Rechterhand die Künstlerzimmer mit Schränken, Schminkspiegeln, einem Krankenbett für den Fall einer Ohnmacht, Herzschwäche, Unpäßlichkeit. Dahinter ein Waschraum; Duschen, im armen Portugal eine Selbstverständlichkeit, fehlen. Sind das die geheimnisvollen Widersprüche der reichen Bundesrepublik? Gereiste Portugiesen behaupten, deutsche Männer wechseln nur einmal die Woche ihre . . . Doch keine Taktlosigkeiten, bitte. Dafür ist die Fassade vornehm, und die Bundesrepublik will repräsentieren, sie muß repräsentieren, um jeden Preis, vielleicht mangels Selbstverständlichkeiten und verwurzelter Kultur. Doch lassen wir sie gewähren – würde das Weltkind sagen. Sie muß lernen.
Was außerdem fehlt, sind Deckenschienen für Ausstellungs-Spots in den Foyers, außerdem im pièce de résistance, dem Saal, eine Beleuchtungsanlage für Bühnen- und Arenatheater. Ein nachträglicher Antrag wurde von der Berliner Baubehörde wegen Überlastung des Stromnetzes abgelehnt. Nun richte ich diese ohne Erlaubnis ein. Ich liebe Jean Cocteaus Devise »Mir paßt das Gesetzwidrige«. Aber woher nehmen Sie das Geld? werden Sie fragen. Aus der Schwarzen Kasse. Ist die nicht streng verboten? Ich weiß, von der Zentralverwaltung, vom Auswärtigen Amt, vom Finanzministerium, vom Bundesrechnungshof. Und wie füllen Sie diese? Mit Veranstaltungsbeiträgen portugiesischer Partner, die ich nicht in den offiziellen Büchern gutschreiben lasse. Fräulein Lopes, die ich als Mitwisserin zur Mitschuldigen und damit zur Mitverschworenen mache, verwahrt sie in einer Sonderkasse. Sonst würde der Finanzzerberus, eine graue Dame der Zentralverwaltung mit steintrokkener, sanfter Stimme, meinen Veranstaltungsfonds um diese Sondereinnahmen kürzen, und ich würde mich fortwährend strafbar machen, wenn ich hier zu hohe Honorare zahle, da unerlaubte Anschaffungen mache, dort zu viele wichtige Leute zu einem Theater-Buffet einlade. Das sind natürlich Inside-Informationen für Sie, meine Damen und Herren. Aber Unabhängigkeit ist für die Leitung eines funktionsfähigen Instituts unerläßlich. Keine Fragen stellen und keine Auskunft geben ist Trumpf. Überraschen heißt unser Wahlspruch. Selbsthilfe steht auf der unsichtbaren Institutsflagge (statt Nationalflagge und Nationalhymnenmusik – doch: Eine verkratzte Chorplatte befindet sich im Plattenarchiv –, statt Ehrenkompagnie und Ehrensalven).
Fahren wir in den ersten Stock. Den Aufzug im landesüblichen Andante benutzt mit Vorliebe der heuer achtzehnjährige, von

Geburt erschöpfte António Ribeiro, iberischer Jugendmeister im Kurzstreckenlauf; ich, der es immer eilig zu haben glaube, benütze die Treppe, quatre à quatre.
Diesen Stock nehmen zur Hälfte die Verwaltung, zur anderen die Unterrichtsräume ein, während der zweite Stock ausschließlich der Sprachabteilung gehört mit Klassenzimmern, Materialkammer und Lehrerzimmer. Im vorderen Gang, gleich neben der mannsdicken Trennmauer zwischen Institut und Botschaft, arbeitet der Leiter der Sprachabteilung Harro Krautze. Er stammt aus Greifswald, war als Musterstudent mit zwei Freunden in einen politischen Prozeß verwickelt; einer der drei Zimmergenossen hatte Reisen nach Westdeutschland gepriesen und war vom zweiten im Bunde angezeigt worden. Doch der Zeuge Harro Krautze vermochte den Richter zu einer milderen Verurteilung des Vergehens seines Stubengefährten zu bestimmen, indem er kühn und geschickt die Hochschullehrer für den Irrweg des politisch unaufgeklärten Kameraden verantwortlich machte. Sein Mut rettete den Freund und ihn selbst; doch der Schrecken saß tief und wuchs sogar zu einem Trauma, als er nach der Flucht sein Studium in der Bundesrepublik beendete und nach Jahren der Tätigkeit an einer inländischen Unterrichtsstätte des Goethe-Instituts die Leitung der Sprachabteilung in Lissabon übernahm. Einer seiner Kernsätze lautet: »Ich will mir von niemand einen Vorwurf machen lassen.« Darauf ich: »Und ich behalte mir das Recht vor, Fehler zu machen.« Harro Krautze zuckt ungläubig mit den Wimpern. »Doch«, sage ich. »Und ich räume Ihnen das gleiche Recht ein – zumindest, solange ich hier bin. Machen Sie Fehler – und seien Sie glücklich! Sie können tun, was Sie wollen – es wird in meinen Augen immer in der besten Absicht getan sein. Nehmen Sie mich beim Wort!« Krautzes Ungläubigkeit weicht vorsichtiger Rührung. Aber überzeugen kann ich ihn nicht. »Es fehlt dem Deutschen so recht am unerschrockenen Herzen!« Dieses Wort – ich habe es irgendwo bei Egon Friedell gelesen – möchte ich Krautze zum Mittagessen mitgeben, aber ich entsinne mich nicht des Verfassers, ich glaube, eines deutschen Humanisten der Renaissance.
Somit bleibt alles in der Schwebe, Aufklärung findet nicht statt, der Schritt vorwärts wird nicht gewagt. Geduld!
Krautzes Grundsatz ist ein rechtschaffener Satz, keine Frage. Und doch hindert er ihn, Denkergebnisse, die sein gesunder Menschenverstand nach jahrelanger dialektischer Schulung – um die ich ihn beneide – für richtig befunden hat, in die Praxis

umzusetzen. Das Ergebnis ist ängstliches Zurückweichen beim geringsten Zusammenprall zwischen seinem Denken, dem Denken des Untergebenen oder Arbeitnehmers, und dem des Vorgesetzten oder Arbeitgebers, das heißt Zentralverwaltung und Botschaft.
Ist also Angst in Deutschland nicht etwa Nervensache, wie ich oft glaubte, sondern ein seit Jahrhunderten in der Körperseele verwurzeltes Unkraut, das auszureißen kein Krieg vermochte, kein Schrecken, kein Hunger, geschweige denn der sattmachende Wohlfahrtsstaat?
Neben ihm, meine Damen und Herren, hat sich Fräulein Lopes eingerichtet. Obgleich ihr Gesicht unvermittelt von grundlosem Lachen zu grundlosem Ernst übergehen kann – vielleicht ist ihr willenloses Kinn daran schuld –, verrät sie mit keiner Miene, daß ihre zu Zeiten meines Vorgängers geübte Vormachtstellung, die dann langsam abbröckelte, im neuen Institut vollends zusammengebrochen ist. Die Leitung des Hauses habe ich, meinem Kontrakt gemäß, so taktvoll wie möglich aus ihren Händen, weich wie Krebsfühler, gelöst. Die Bibliothek ist selbständig geworden; Alda Ramalho, die sie, gewandt im »Verhüllten« waltend, noch im alten Institut an Stelle einer ausscheidenden trägen Halbtagskraft einstellte, gewissermaßen unter meiner nichts witternden Nase, ist ihrem Einfluß entzogen; sie ist übrigens eine Patin von Fräulein Lopes' Nichte. Sekretärin des Institutsleiters ist die ohne Fräulein Lopes' Intervention neueingestellte Frau Nebelthau. Verbleibt ihrer indirekten Befehlsgewalt nur noch Herr Santos, den sie nach Belieben herbeizitiert: »Senhor Santos, kommen Sie mal her.« Desgleichen Joaquim Morais, frühere Ordonnanz ihres Schwagers, eines Marineoffiziers, und António Ribeiro, Sohn des Portiers eines von ihres Onkels Stadthäusern; beide ruft sie mit Vornamen: »Joaquim, komm er mal her.« »António, komm her.« Bei der differenziert eingehaltenen Distanz überwiegt das Gesellschaftliche vor dem Beruflichen.
Wie dem auch sei: Jeder ihrer Untergebenen war bisher mit ihr davon überzeugt, daß das hierarchische System des Landes, als dessen Siegelbewahrerin sie sich empfindet, unverbrüchlich, weil bewährt, und dauerhaft, weil beständig ist. Denn die vertikale Hierarchie hat auch ihr Gutes: Ein jeder hat einen Untergebenen, bis auf den Untersten, und der zählt nicht, er ist Helote wie im antiken Stadtstaat, also eine Sache. Nun stehen ihre einstigen Untergebenen, die sie mit dem ältesten Teil ihres vegetativen Wesens als eine Art von Leibeigenen ansah, plötzlich

neben ihr in Beziehung zum Leiter, der sie als selbständige Mitarbeiter behandelt. Daher sucht sie ihre Stellung einer entthronten Fürstin durch erhöhte Gelassenheit – *désinvolture* würde sie sagen – wettzumachen und eine Art mondäner Schlampigkeit, mit der sie mir ihre Verachtung meiner Anschauungen, in denen sie blanke Subversion wittert, zu verstehen gibt. Alle portugiesischen Angestellten des Instituts haben eine mehr oder minder ausgeprägte Eigenschaft und Fähigkeit: ängstlich auf Bewahrung des status quo zu achten, der geringsten Neuerung zu mißtrauen und jeden Versuch, das Organisationsgefüge an der Wurzel, am Grundstock zu verändern, mit der ganzen Kraft ihres an jahrhundertelanger Unterdrückung geübten Beharrungsvermögens zu vereiteln, zu sabotieren, im Kern zu ersticken. Wandel und Änderung können nur Störung und Unruhe stiften, Staub aufwirbeln. Ja, Staub, denn in diesem Land schlummert alles unter einer feinen, schillernden, fast duftenden Staubschicht. Es gibt kein Land, in dem Staub so harmlos, anheimelnd und beruhigend ist, sofern man ihn nicht ungestüm aufstört. Doch genau darum geht es: Man atmet und geht langsam, um den Staub nicht aufzurühren, dann nimmt man keinen Schaden.

Über die neue Sekretärin ist wenig zu sagen, sie hat ihr Wesen noch nicht offenbart. Sie heißt Maria Rita Cervantes Azevedo Nebelthau, ist Portugiesin spanischen Geblüts, als Witwe eines Bremer Importkaufmanns 1968 in ihre Vaterstadt zurückgekehrt und hat sich nach zweijähriger Tätigkeit an der Botschaft (halb Telefondienst, halb Kulturabteilung) für die neue Planstelle des Instituts beworben. Ich hatte ihr von dem Schritt abgeraten, weil sie die Bequemlichkeiten weisungsbedingter Beamtentätigkeit für die Anstrengungen selbständiger Mitarbeit aufgeben würde; der römisch-katholische Botschaftsrat hatte sie vor der Nähe eines »Künstlers« gewarnt. Sie hat aber »ihren vom Vater ererbten Rebellenkopf« durchgesetzt; dabei lacht sie schallend, zeigt ihre schönen, ein wenig rebellischen Zähne und wiegt sich in den Hüften. Ihre Bereitwilligkeit ist entwaffnend, ihre Auffassungsgabe blitzschnell, ihr altportugiesisches Denken trotz zwanzig Jahren Deutschlandaufenthalt überwältigend. Obwohl sie von der gesamten Belegschaft unverzüglich indoktriniert wurde –: Frau Platschek: »Je mehr Sie tun, desto mehr bürdet der Chef Ihnen auf!«; Fräulein Lopes: »CMC macht viel zu viel Werbung. Wozu der Wirbel im Haus!«; und, da sie die Leitung der Bibliothek verloren hat: »Und die vielen neuen Bücher, die liest doch niemand!«; Beatriz, die Putzfrau:

»Der Herr Direktor hat eine Revolution gemacht!«; Alda Ramalho: »Lassen Sie sich von dem bloß nicht einwickeln, ich meine – politisch!« Doppeldeutiges Lachen. Trotzdem will sie sich auf ihren Instinkt verlassen, und das gefällt mir. »Ich werde alles genauso machen, wie Sie es wünschen.« Im ersten Jahr habe ich Fräulein Lopes neunhundert Briefe in Portugiesisch, Englisch und Deutsch zum Abschreiben vortippen und viel zu viel Zeit im Büro verbringen müssen, um den Betrieb in Schwung zu bringen. Ich bin gespannt, wie Frau Nebelthaus Privatkurzschrift als einstige Sekretärin ihres Ölsardinen importierenden Mannes funktioniert.
»Der Herr Direktor hat eine Revolution gemacht!« ist, wie gesagt, die Meinung von Beatriz, die mit umgezogen ist ins neue Haus. Ihretwegen hätte alles zwanzig, dreißig Jahre weitergehen können wie im zweiten Stock der Avenida da Liberdade, seligen Angedenkens. Sie wäre mit ihrem sparsamen, fast schlafwandlerischen Schritt täglich um fünfzehn Uhr gekommen und hätte ihre Arbeit verrichtet: saubermachen, so gut sich eine Institution saubermachen läßt, die wohl schon im Gründungsjahr so antiquiert und patiniert aussah wie das Portugal der sechziger Jahre dieses und des vergangenen Jahrhunderts und nach weiteren sechzig Jahren nicht anders aussehen wird. Daher auch Beatriz' Art zu gehen, zu sprechen, zu blicken, ihren Körper bei der Arbeit zu bewegen: auf eine Dauer bemessen, die keine Veränderung, geschweige denn eine Beschleunigung erlaubt, weil das portugiesische Leben – konstitutionell und existentiell – auf Dauer im Stillstand angelegt ist: ohne Veränderung, und das heißt: ohne Verbesserung, und das heißt: ohne Gehaltserhöhung. Der von Ministerpräsident Marcello Caetano angekündigte Regierungsstil »Evolution in der Kontinuität« besagt das gleiche. Es gilt daher für neunzig von hundert Landesbewohnern, Ökonomie zu lernen, Werkeln, Wursteln, im Kleinen Raffen, das Leben wider alle Vernunft, aber mit allen Instinkten so lange wie möglich zu fristen. Doch dieses Fristen ist nur möglich mit der größtmöglichen Schonung der Kräfte. Da von oben weder Anreiz noch Ermunterung ausgeht, kann die psychische und physische Bewegung dessen, der unten lebt, nur Zurückhaltung sein, Selbstbeherrschung, keinesfalls Vorwärtsdrängen. Sonst wäre kaum zu verstehen, daß die Arbeitsleistung des Portugiesen im Vergleich zu der des Ausländers im eigenen Land eins zu drei beträgt, während der ausgewanderte Portugiese genauso viel leistet wie der jeweilige Landesbewohner. Die herrschende Schicht pflegt sich allein

und überantwortet die Abhängigen der Verwahrlosung.
Worin besteht also die ominöse »Revolution«? Im Versuch, den Knäuel alter Abhängigkeiten zu entwirren, Arbeitsvorgänge zu entflechten, Verantwortungen zu verteilen und zu verdeutlichen. Ich möchte nicht mehr hören müssen: »Das war Herr Santos, nicht ich . . .« – »Das ist nicht meine Aufgabe . . .«
So kommt denn Senhor Santos gelaufen und klagt: »Früher hatte ich viel mehr zu sagen, aber jetzt, wo der andere so rasch aufgestiegen ist . . .« Der andere ist Joaquim, einst nur Hausmeister, nun Hausmeister und Expedient. Überdies wohnt Joaquim Morais jetzt mit Frau Gisa und Sohn Paulo in der Institutswohnung des dritten Stocks, die ursprünglich als Quartier für besuchende Künstler und Vortragende gedacht war; die Idee war jedoch wegen der Schwierigkeit der Bewirtschaftung und Abrechnung der Tagegelder nicht zu verwirklichen. Kaum war Familie Morais eingezogen, wandelte Gisa mit hocherhobener Nase durchs Institut. Es gab ein soziopolitisches Beben, wenn auch gelinder Ausmaße. Der Sprung aus dem Arbeitervorort in das elegante Appartement eines der schönsten Stadtteile war ihr zu Kopf gestiegen. Um ihnen den Aufstieg zu erleichtern und sie gleichzeitig vor Feindseligkeiten seitens der bürgerlichen Kollegen zu schützen, habe ich – portugiesische Lösung – eine Kammer der Vierzimmerwohnung für Institutsbelange belegt; schon ist ihr Selbstbewußtsein ins Lot gerückt, ohne daß die drei sich mit drei Zimmern (plus Bad, Küche, Balkon) benachteiligt fühlen. Joaquim Morais: Er will lernen, er will heraus aus den Fesseln der Unwissenheit, er erstrebt Verantwortung, Eigeninitiative, im neuen Institut fühlt er seine Chance. Sein großer Schreibtisch steht an der Fenstertür, ihm gegenüber die Adressenkartei: Schriftsteller, Kritiker, Wissenschaftler, bildende Künstler, Filmmacher, Theaterleute – viele Namen werden in mehreren Sparten und Disziplinen geführt; Studentenvereinigungen, manche davon illegal, Universitäten, Korporationen, Architekten, Museen, Schulen, Berufsschulen, Schriftsteller-, Musik- und Museumsgesellschaften, Kulturabteilungen der Sportvereine – eine Heidenarbeit; Monatsprogramme erhalten nach und nach sechs-, sieben-, achttausend Personen; Programmplakate hängen in achtzig Institutionen, dazu bei besonderen Gelegenheiten in Buchläden, auf öffentlichen Plätzen. Das ist unser gemeinsamer Entwurf, sein Reich; unablässig verbessert er, sondert belanglose Anschriften aus, nimmt neue auf, legt Ausfüllkärtchen in allen Abteilungen des

Instituts aus, erarbeitet mit mir ein Informationssystem für die Medien, konsultiert mich, häufig zu oft. »Bevor Sie kamen, war der Direktor für niemanden zu sprechen. Fräulein Lopes ließ niemand vor, fertigte alle ab. Wir durften nicht einmal persönlich um Gehaltserhöhung bitten.« Wie bei den Großgrundbesitzern, die nie zu sprechen sind, nie auf ihren Gütern erscheinen und die Hungerlöhne durch den Verwalter an die Taglöhner auszahlen lassen, um nicht belästigt zu werden. Das gute alte Feudalsystem, freundlich, aber hart ...
Ja, früher war für Senhor Santos alles anders, interessanter. »Ich werde den Fall bearbeiten«, versicherte er mit gewichtiger Miene, wenn ich um Briefumschläge bat, und blickte befremdet, wenn ich nach fünf Minuten nachfragte. Der Vorrat ist doch ausgegangen, warum die Ungeduld, sagte sein Blick. Betrat ich die Expedition, warteten meist mehrere junge Mädchen. Ich fragte mich immer, worauf? Auf eine Bestätigung für ihren Arbeits- oder Studienplatz, daß sie im Institut Deutsch lernen. Oft sah ich Herrn Santos am Schaltertisch mit hochgeschobener Brille sagen: »Komme die *menina* nächste Woche wieder, ich will sehen, was ich für sie tun kann.« Kehrte sie nach einer Woche zurück, ließ er sie mit bedeutsamer Miene warten, trennte umständlich einen Briefbogen DIN A 4 in zwei Teile, versah beides mit dem Stempel des Instituts, kramte aus der Schublade zwischen beschriebenen Blättern und Fetzen seine Textvorlage heraus und tippte die Bestätigung. Dann wischte er sich über die Schultern seines Rocks, putzte die Brille und betrat nach kurzem Anklopfen mein Büro. Blieb an der Tür stehen, schob die Brille hoch, hob mit schwerem Kopf halb den Bogen und murmelte: »Kann ich den Herrn Direktor um eine Unterschrift ... Aber ich kann auch ...« Mit größter Überwindung meine Ungeduld bezähmend, winkte ich ihn heran, unterschrieb, natürlich zu hastig, reichte ihm den Bogen, wurde behutsam am Arm berührt: »Auch die Kopie, wenn ich bitten darf ...«
Ich leide, aber ich kann nicht anders, ich bin gelähmt. Nach Tagen des Folterschweißes kommt mir die Erleuchtung. Freudig eile ich in die Expedition, verlangsame den Schritt und lehne mich wie ein Spaziergänger auf Herrn Santos' Schreibtisch: »Wie wäre es denn, Herr Santos – nur eine Idee, ein Vorschlag, Sie entscheiden, versteht sich –, wenn wir einen Vordruck mit Faksimile-Unterschrift drucken ließen, in dem nur Namen und Datum auszufüllen sind – dann braucht niemand mehr zu warten.« Eine Miene der Enttäuschung, fast der Trauer, dann bit-

teres Kopfschütteln. »Es muß original sein . . .« Ich beuge mich. Wieder der Schwamm, an dem ich mir noch die Zähne ausbeißen werde.
Langsam, sehr langsam ahne ich, womit Senhor Santos seinen stark fluktuierenden Arbeitstag ausfüllt; sein Tisch ist immer übersät mit Bankauszügen, Blocks, Listen, Blättern, Diagrammen, Rechnungsbogen. Seine Stirn zeigt stets Grübelfalten, seine Lippen bewegen sich stumm besorgt um Heil und Unheil des Instituts, stundenlang ist er außer Haus, auf Mission. Doch jetzt löst Erleuchtung meine Glieder: »Das Verhüllte!« Würde ich »meine Revolution«, was Herrn Santos betrifft, auf die Spitze treiben, sein Arbeitsplatz würde sich womöglich in Luft auflösen. Was tun?
Aus diesem Dilemma befreit mich Herrn Oberamtmann Sauters telefonische Bitte um meinen Besuch in der Botschaft; er hat soeben im Institut die halbjährliche (übrigens unangemeldete) Kassenprüfung durchgeführt. »Bei uns würde Herr Santos fristlos entlassen!« lautet Oberamtmann Sauters Eröffnung. Ich mache große Augen. »Seine Quittungen tragen nicht einmal ein Datum! Wissen Sie, was er mir darauf geantwortet hat? ›Für solche Lappalien habe ich keine Zeit!‹« Ich bin beeindruckt: Der portugiesische Stolz! –, hüte mich aber, mich vor einem deutschen Beamten bloßzustellen. »Ich rate Ihnen gut: Tun Sie das gleiche, entlassen Sie ihn!« – »Aber er ist ehrlich, Herr Sauter, durch seine Hände gehen alle Kursgelder, Rechnungsgelder, etwa DM 250000,– im Jahr. Wenn etwas fehlt – ich muß es zahlen.« Herr Sauter lacht, etwas hämisch, wie mir scheint. Ich sage: »Ich bin Ihnen sehr dankbar für Ihre Nachsicht.« – »Sehen Sie zu, daß Sie Herrn Santos auf Vordermann bringen. Jetzt, in Ihrem schönen Hause. Wie gesagt, in der Botschaft wäre er längst . . .« Ein Pfiff begleitet Herrn Sauters fegende Handbewegung. Ich verzichte darauf, meinem Gesprächspartner die Psyche, die Philosophie, das Wesen des Landes und seiner Kinder näherzubringen. Er ist Beamter, schwerkriegsverletzt, cholerisch, er hat alle Prüfungen mit Auszeichnung bestanden. Meine Erklärungen würden mich in seinen Augen vernichten: »Ich hasse dieses Affenland, ich hasse diese Sprache«, verkündet Herr Sauter. Er tut seinen Dienst, trinkt sein Bier, fährt mit seinem schweren Citroën – »ich werde Ihnen gerne einmal das Getriebe ausführlich erklären« – im Lande spazieren und wartet auf seine Versetzung, möglicherweise nach Genua. »Als Norddeutscher liebe ich romanische Länder, so eigentlich auch Portugal, wenn bloß die Portugiesen nicht

wären ...« So zartfühlend, wie ich es vermag, übermittle ich Herrn Santos Herrn Oberamtmann Sauters Beanstandungen, was sage ich: Empfehlungen. »Das ist eine Beleidigung, ich werde mich beim Herrn Botschafter beschweren.« (Wieder beneide ich insgeheim Herrn Santos um seinen lusitanischen Stolz. Oder ist es einfach Selbsterhaltungstrieb?) Herr Santos hat mich, seinen sonst so geschätzten Herrn Direktor, brüsk unterbrochen. Herr Santos ist gekränkt. »Ich habe schon viel gearbeitet in meinem Leben!« Er hat die Brille von der Stirn gezogen und entschlossen auf meinen Schreibtisch gelegt. Er ist gewachsen, das heißt, er braucht beim Aufstützen der Arme nicht mehr in den Zehenstand zu gehen. »Machen Sie sich nichts daraus, Senhor Santos. Herr Sauter ist Beamter!« Zu spät! »Auch ich bin Beamter gewesen, war jahrelang im Konsulat in Berlin tätig unter Botschafter Dr. Homem de Melo, habe den Zusammenbruch erlebt, den Einmarsch der Russen, die Botschaft am Tiergarten ein Trümmerfeld. Ich habe etwas erlebt, Herr Meyer-Clason.« (Endlich mein Name, jetzt kommen wir uns näher.) Herrn Santos' Stimme erwärmt sich, sein Auge blickt verschmitzt, als er von des Botschafters Antiquitätenkäufen in den alten Geschäften rund um den Kurfürstendamm erzählt. »Nicht gegen bar, verstehen Sie, gegen Kaffee, Tee, Zigaretten, das war Goldwährung bei der Knappheit der letzten Kriegsjahre. Der Herr Botschafter ließ die Möbel in die Residenz transportieren, zahlen tat er nur, wenn es ihm beliebte, die Händler konnten sich nicht wehren, ihr Geschäftsgebaren war ja illegal ... Und dann bin ich nach Portugal zurückgekommen, wurde nicht wieder angestellt, nicht wieder übernommen, als die Botschaft in Bonn eröffnet wurde, mein Sohn ist im Kriegsberlin geboren, meine Frau ist Deutsche, ich kann also mehr Respekt verlangen, habe viel für Deutschland getan ...« – »Schön, Herr Santos, die Sache ist erledigt, sehen Sie zu, wie Sie Herrn Sauter zufriedenstellen!«
Ja, die Revolution! Ich muß also subversiv vorgehen, versuchen, all die Verrichtungen, Bücher, Fächer, Arbeitstische, Arbeitszeiten, Arbeitsweisen, Pflichten, Abwesenheiten auf indirekte Weise auszuleuchten.
Daß ein Arbeitsplatz im Krankheitsfall von einem Kollegen auszufüllen, daß ein Vorgang von einem Nichteingeweihten zu überschauen sein muß, widerspricht dem Anspruch des Portugiesen auf Unantastbarkeit seines Bereichs, auf seinen Individualismus. Den es noch zu ergründen gilt.
Zunächst habe ich das nagelneue Druckmaterial mit den schö-

nen Briefköpfen und Signets eigenhändig in die Schränke der Expedition geschichtet, damit rechtzeitig zu überblicken ist, was nachbestellt werden muß. »So, Herrschaften, muß das etwa aussehen!« Beifälliges, aber befangenes Nicken, weil der Herr Direktor beim Einfüllen der untersten Fächer niederkniet, eine für einen krawattetragenden Portugiesen unwürdige Geste. Zur Vorführung der fabrikneuen Installationen von Siemens-Halske, von Schindler, von Bosch haben die portugiesischen Ingenieure, die nie einen Schraubenzieher anfassen, Stäbe von Technikern mitgebracht; sie selber haben nur wie Filmdivas mit dem Bleistift auf Generatoren getippt, auf Kühlanlagen, auf Aufzugsmotoren, und wie Dandies unsichtbare Staubfädchen von den Aufschlägen ihrer maßgeschneiderten Anzüge geschnippt.

Senhor Santos ist offensichtlich ein Sonderfall, ein Härtefall in der Amtssprache, und muß als solcher geschont werden bis an sein seliges Ende. Für mich verkörpert er das alte Portugal: förmlich, höflich, Abstand haltend (um die eigene Stellung zu halten, um sich nicht in die Karten sehen zu lassen). Leben als hinhaltendes Gefecht, bloß kein Vorwärtsstürmen, das könnte Gefahren bringen wie neuer Wein, Nachteile. Wer spricht von Siegen. Überleben ist alles. Wo habe ich das schon gelesen?

Sprachen

Die Leute, die nicht schreiben, haben einen Vorzug: Sie kompromittieren sich nicht.

Goethe

Graf Calice, der österreichische Botschafter, am Telefon: »Ich sehe aus Ihrem Programm, Sie haben unseren lieben Freund Mario Wandruszka eingeladen. Ob Sie ihn überreden können, bei uns zu frühstücken? Wir sind mit seinem Bruder, dem großartigen Kunsthistoriker, befreundet. Mario, wie Sie natürlich wissen, ist Edelmann, hat seinen Adelstitel und -namen nur unter den Tisch fallen lassen. Tja . . .«
Also: Nach Wandruszkas gut besuchtem Seminar in der Universität Mittagessen in der Residenz, Villa aus dem Neunzehnten mit Innenhof und Garten, klein und intim, Lapa, Stadtteil der Diplomatie. Die anderen Gäste sind die Marquesa de Cadaval, Prinz zu Löwenstein und Frau, ein ungarisches Grafenehepaar. Gesprächsthema: Venedig. Die Musikmäzenin Olga von Cadaval hat in ihrem Erbsitz Palazzo Moncenigo gerade »zwei liebe Buben zu Gast gehabt, den Pianisten Roberto Szidon und den Geiger Ulf Hoelscher«. Die Löwensteins, versippt mit Venedig, haben Herziges und Spannendes zum Thema beizutragen. Unter seinesgleichen ist man sich einig, gottlob! Mario Wandruszka wird dank seines Namens, Aussehens, Auftretens einbezogen, als Zuhörer. Er hat auch manches zu hören: Alle Arten von Sprachen, von Diktion und Tonfall des K.u.K.-Deutsch mit dem Hintergrund des Italienischen, des Österreichischen, Deutsch aus Böhmen, Deutsch aus Ungarn. Das ist Mario Wandruszkas Domäne; er kommt auf seine Rechnung, zuhörend. Aber seine Erfahrungen am Germanischen und Romanischen Seminar der Universität Lissabon interessieren niemanden; Wissenschaft ist etwas so Trockenes, oder? Fragen-Stellen nichts für Menschen, die au fait sind, in allem. Außerdem wissen wir doch alle zu sprechen, mein Gott, unsere Sprache freilich, man muß sie zu sprechen, zu verstehen wissen, sie besteht aus Feinheiten, Anspielungen, Durchsichtigkeiten, Auslassungen, Andeutungen. Wer da nicht mitkommt, hat Pech gehabt. Aber der Mario, obwohl er seinen Adelstitel hat unter den Tisch fallen lassen, kommt da schon mit, er kommt ja aus einer anständigen Kiste . . .

18. April. Zurück von der Regionaltagung in Barcelona, steige ich auf dem Lissabonner Flughafen aus der Maschine. Barcelona–Lissabon, die beiden Enden der Iberischen Halbinsel. Barcelona, die Mittelmeerstadt, die Menschen bleicher, schmaler, beherrschter, gesammelter. Dort wird gedacht, dort ist der Mensch wach, bewußt, ernst nach außen gewandt, beim ersten getauschten Wort auf den anderen ausgerichtet. Eine Stadt, die sich kennt, die sich deutlich manifestiert. Das Licht sanft, unbetont. Lissabon, Hauptstadt am Atlantik, beim Verlassen des Flugzeugs Lichtfülle, ich verenge die Pupillen gegen die anprallende Helligkeit. Aber sie bewirkt keine Wachheit, sie durchleuchtet nichts, auch nicht die Seele. Diese lauert, sie lungert im Halbdunkel eines Teichs, Tümpels, Sumpfs. Der Blick des Portugiesen schlummert, schleicht, träumt im Halbwachen, an der Grenze zum Unbewußten, wo die Gedanken nicht zum Wort drängen.

Dürer-Feier, 29. Oktober

Blumen stellt man stets in die Mitte des Tischs.
Peter Handke, *Kaspar*

Heute abend wird Professor Ludwig Grote im Museum der Alten Kunst, das sein Prunkstück, Dürers »Hieronymus«, dem Germanischen Museum in Nürnberg für eine Vierjahrhundert-Gedenkausstellung ausgeliehen hat, wenn auch nur nach langem Sträuben, unter Einschaltung höchster Stellen und gegen eine Versicherungssumme von eineinhalb Millionen Deutsche Mark, einen Festvortrag über »Dürers Heiliger Hieronymus und Portugal« halten. Ein halbes Jahr hat Ludwig Grote an diesem Vortrag gearbeitet; noch zwei Stunden vor der Veranstaltung sitzt er mit seiner Frau in der Institutsbibliothek, streicht, liest vor, revidiert und verbessert eine Arbeit, die der Gelehrte in letzter Minute nur als Annäherung gelten läßt.
Nach dem Vortrag soll in der Residenz des Botschafters ein Essen für den Festredner und die Museumsdirektorin in Gesellschaft des Erziehungsministers und von zwanzig Gästen stattfinden. Im Foyer des Museums hängt eine kleine Graphik-Ausstellung (Reproduktionen); im Vortragssaal funktioniert die Simultananlage; Ludwig Grote wird eine Reihe sorgfältig ausgewählter Diapositive in riesenhafter Vergrößerung auf die Rückwand des Podiums werfen; es sind über zweihundert Menschen gekommen. Dr. Maria José Mendonça, die Herrin des Hauses, stellt den Gastredner nach hiesigem Brauch umschweifig – wo der Spanier sich auf ein Epitheton ornans beschränkt, ist des Portugiesen Ohr für zwei oder mehr empfänglich – mit rhetorischer Grazie vor. Ludwig Grote beginnt, redet sich in Feuer, deutet auf die Leinwand, erwähnt, Dürer habe sein Talent in Antwerpens portugiesischer Faktorei gegen Straußeneier eingetauscht; er beflügelt die Zuhörer, welche die zerrinnende Zeit, die der jugendliche alte Herr ihnen abverlangt, nicht merken: 90 Minuten.
Nur der Botschafter hat sie mißbilligend wahrgenommen, um sich blickend, auf die Uhr sehend, auf die Lippen beißend. Strafend zum Institutsleiter: »Ein Vortrag dauert laut Protokoll stets fünfundvierzig Minuten. Es sind doch Diplomaten gekommen, die noch Cocktailverpflichtungen haben!«

Gespräch mit Maria Rita

»Ich mache alles genauso, wie Sie es möchten.«
»Ich möchte aber, daß Sie alles genauso machen, wie Sie es für richtig halten. Ihre Arbeit muß Ihren Stempel tragen.«
»Es ist mir lieber, Sie sagen mir, wie Sie es wünschen. Es ist mir egal, wie ich meinen Tag herumbringe.«
»Das kann Ihnen doch nicht egal sein. Wenn Sie sich mit der Sache, die Sie betreiben, nicht gemeinmachen, verlieren Sie Ihre eigene Zeit und sich dazu.«
»Das tue ich. Meinen Sie, ich arbeite hier zu meinem Vergnügen. Ich würde viel lieber . . .«
»Ein großes Haus führen, window-shopping, Essen geben . . .?«
»Das hat mir mal Spaß gemacht, in Bremen. Wir sind viel ausgegangen, mein Mann hat mich verwöhnt.«
»Und nun machen Sie ›Kult‹ –«
»Ja, seit ich hier arbeite, habe ich das Gefühl, daß ich Jahrzehnte meines Lebens verloren habe.«
»Wieso?«
»Ich habe viel in Bremen gesehen, erlebt, Theater, Konzerte, so ein Abend war eigentlich nie verloren.«
»Und Sie sprachen, Sie lasen über das Gesehene, Gehörte?«
»Dazu kam es nicht, man ging essen, hatte ein paar Stunden angenehm verbracht, den Alltag vergessen.«
»Hatten Sie einen anderen?«
»Natürlich, den Feiertag, den Sonntag.«
»Und?«
»Man langweilte sich, meistens.«
»Und hier?«
»Ich habe meine schöne Wohnung, keine große Zimmerflucht wie dort, aber eine kleine.«
»Und was tun Sie in dieser Flucht?«
»Was eine alleinstehende Frau tut: aufräumen, auf dem Sofa liegen, kochen, fernsehen.«
»Ist das interessanter als die Arbeit im Institut?«
»Mehr oder minder, wie bei Ihnen, denke ich.«
»Bei mir geht eines ins andere über, ich trenne nicht zwischen Privat- und Berufsleben.«
»Wieso nicht?«
»Für mich ist Arbeit und Muße wie Ein- und Ausatmen, die Bilder eines Tages reichen für die Beschäftigung eines Jahres.«

»Sie übertreiben – wie immer. All das verfliegt doch. Wo bleibt das Wichtige?«
»Ich habe verlernt, zwischen Wichtigem und Unwichtigem zu unterscheiden.«
»Und das verursacht kein Chaos in Ihrem Gehirn?«
»Das Chaos des Tages ordnen ist die Aufgabe des Abends.«
»Aber Sie wollen doch mal abschalten, leben.«
»Das ist mein Leben. Und auch Sie leben hier mehr als zu Hause, glauben Sie es mir.«
»Wollen Sie mich ausbeuten?«
»Im Gegenteil. Ich möchte, daß Sie Ihren Tag ausbeuten wie ich.«
»Wie denn?«
»Indem Sie sich mit Ihrer Arbeit befreunden, alles interessant finden, angefangen beim Stil der einzelnen Briefeschreiber, den Morgengesichtern der Kollegen im Vergleich zu ihren Vorabendgesichtern, dem Botschaftsklatsch, den Spannungen im Hause, über die Stimmungen auf der Straße hinweg bis zur Suche nach dem richtigen Wort bei einer Übersetzung, bis zu den Beobachtungen von Menschen, dem klagend-zärtlichen Tonfall von Heinrich Böll zum Beispiel, der nervösen Gestik von Martin Walser, der mürrischen Monomanie von Straub, all das ist doch so spannend und aufregend, die Luft im Saal bei Veranstaltungen, mal knisternd wie Kaminfeuer, mal fade wie Milchhaut.«
»Soll ich einen Müllschlucker von Eindrücken aus mir machen?«
»Gewiß. Und Gold klauben aus dem Müll des Alltags. Erinnerung ist alles.«
»Und damit soll ich meine häusliche ›Flucht‹ füllen, wie Sie spotten?«
»Ja. Denn ob wir wollen oder nicht, wir leben in der Arbeit noch mehr als von der Arbeit.«
»Aber Ihnen geht es bei der Arbeit doch um Erfolg.«
»Nein, um Folgen.«
»Sie sind ein Wortklauber.«
»Nein, Realist.«
»Sie meinen, die anderen seien besser, für die müßten Sie arbeiten.«
»Ja.«
»Das meinen Sie. Die einen sind so gut oder schlecht wie die anderen. Heute sind die am Ruder, morgen die. Die Welt dreht sich; es kommt immer wieder das gleiche.«

»Wenn Sie Welt sagen, meinen Sie Weltkugel. Die dreht sich, die Zeit aber nicht.«
»Das meinen Sie ...«

Eine Anthologie

Ich, der Herr Schriftsteller der Gemarkung Portugal und folglich nur ein geduldetes Tier am Rande ...
José Cardoso Pires

Endlich, mit Hilfe einiger Literaturkritiker, habe ich die Auswahl der Autoren für meine Anthologie zeitgenössischer portugiesischer Erzähler getroffen. Mit Oscar Lopes aus Porto habe ich geklärt, welche Schriftsteller, apolitisch oder nicht in Opposition zum Regime, als notwendige Facette der Literatur des Landes aufgenommen werden müssen, João Gaspar Simões und Jacinto Prado Coelho habe ich um Bestätigung oder Gegenvorschläge gebeten. Da die portugiesische Literatur in der Bundesrepublik so gut wie unbekannt ist, muß ich mich zu einem Panorama entschließen, das durch viele Einblicke einen Überblick bietet. Meine Einführung, Montage aus Autorenaussprüchen, Pressezitaten, Lesefrüchten, Analysen und Informationen literarischer, historischer und politischer Art, ist unter dem täglichen örtlichen Druck schärfer geraten, als wenn ich sie in Deutschland verfaßt hätte, in unbeteiligter Entfernung vom Schauplatz nervenaufreibender Antinomien. Oscar Lopes, der deutsch liest, fragt denn auch am Telefon, ob ich noch lange hier zu bleiben gedenke. »Warum?« frage ich zurück. »Weil Sie Salazar ironisieren, das Regime kritisieren und Luandino Vieira aufgenommen haben.«
Luandino Vieira, jüngster Autor des Bandes, 1936 geboren, von den Eltern als Kind nach Luanda mitgenommen, schildert als weißer Bruder und Parteigänger der aufständischen schwarzen Angolaner das Leben in den Elendsquartieren rund um Angolas Hauptstadt. Seit 1964 verbüßt er in Tarrafal – heute Chão Bom oder Gute Erde – auf den Kapverdischen Inseln eine Zuchthausstrafe von vierzehn Jahren wegen Subversion. Der 1956 gegründete, aus vierhundert Mitgliedern aller politischer Couleurs bestehende Schriftstellerverband wurde im Jahre 1964 seinetwegen gewaltsam aufgelöst, weil dessen fünfköpfige

Jury ihm für seine Novellensammlung *Luuanda* ihren Preis zuerkannt hatte. Verbandsvermögen und Buch wurden beschlagnahmt, die fünfköpfige Jury wurde verhaftet und verhört, der Name des Verfassers fortan totgeschwiegen. Selbst Oscar Lopes vermerkt in der 6. Auflage seiner *História da Literatura Portuguesa* (1967) pythisch-lakonisch: ». . . der Erzähler Luandino Vieira, Gegenstand kürzlichen Aufsehens.«

Ein Jahr Arbeit im Lande hat ausgereicht, mir zu einer persönlichen Einstellung auf vielen Gebieten zu verhelfen. Wie also kann ich Luandino Vieira, dem ein Echo aus dem Ausland, sofern es ihn in seiner Gefangenenzelle erreicht, vielleicht das Aushalten erleichtert, aus Gründen persönlicher Sicherheit, aus Rücksicht auf deutsche oder portugiesische Behörden auslassen oder mich dem Scheinargument beugen, als Überseeautor gehöre er nicht zur portugiesischen Literatur, wenn ich an dem Auswahlband spanischer Erzähler bemängle, daß die Ursache von Garcia Lorcas Tod unterschlagen wurde? Fremde Vorwürfe sind leichter zu ertragen als eigene. Übrigens ruft Ilse Losa nach wenigen Tagen in Oscar Lopes' Namen an: Beide hätten sich die Sache nochmals überlegt. Ich solle alles so stehen lassen, wie es steht. Vielleicht würde alles gutgehen. Freilich, wäre Salazar am Leben, ich würde bei Erscheinen des Buchs unweigerlich ausgewiesen. Unfriede seiner Asche, denke ich, und schicke das Manuskript an den Verlag nach Tübingen.

Der Rat der Freunde ist unersetzlich. Nur sie, gebrannte Kinder, haben feinere Antennen für das Klima schwankender Repression und können daher besser als jeder »neutrale Beobachter« beurteilen, wie weit der engagierte Ausländer die politische Wagnisgrenze überschreiten darf, ohne seine und damit auch die Sache des wahren Portugal zu gefährden.

Interessant und aufschlußreich ist die unterschiedliche Verhaltensweise hiesiger Intellektueller. Als ich David Mourão-Ferreira am Telefon (er arbeitet in der Dramatikergesellschaft) frage, ob ich seine Schlüsselerzählung *Die Liebenden* über einen imaginierten Aufstand in Angola, welche die Zensur als scheinbar spannende Liebesgeschichte unbeanstandet hatte durchgehen lassen, richtig interpretiere, fragt er unbekümmert, ob ich den deutschen Leser aufzuklären gedächte. Als ich bejahe, ruft er: »Das freut mich riesig!« Alberto Pereira Gomes hat mir persönlich leihweise eine Kurzgeschichte (Dünndruck) seines Bruders Soeiro Pereira Gomes, betitelt »Verlorene Zuflucht« (1943), aus dessen *Roten Erzählungen* gebracht, die damals als Privatdruck kursierten: die Geschichte eines jungen

Arbeiters, der illegale Flugblätter druckt und verteilt. Der Arbeiterschriftsteller, der in der Lissabonner Vorstadt Alhandra als erster Fortbildungskurse und Privatbibliotheken für die Arbeiterschaft organisierte, Sportunterricht gab, Vorträge hielt, mußte wegen Anzettelung eines Fabrikstreiks 1944 in den Untergrund gehen, wo er kaum vierzigjährig wegen ungenügender Behandlung an Lungenkrebs starb. Ingenieur Gomes und ich sitzen uns in stummer Sympathie gegenüber; ich sage, ich würde über das Leben seines toten Bruders gerne ein »Feature« machen, ob es Briefwechsel und Menschen gäbe, die Auskunft geben könnten. Briefe kaum, Leute schon, sagt der Bruder, die Sache indes sei heikel, er wolle darüber nachdenken. Vielleicht sei der Zeitpunkt noch verfrüht . . . Der Ingenieur, Staatsbeamter, ist nicht zurückgekehrt: Barometer des politischen Klimas. Paulo Quintela, Germanist der Universität Coimbra und beherzter Republikaner hingegen, der mich bald darauf besucht, zuckt beim Anblick des letzten Autors des mittlerweile eingetroffenen Umbruchs zusammen. »Können Sie Luandino nicht zwischen den anderen Verfassern verstecken, damit er weniger auffällt? Sie leben gefährlich . . .«

Ist Angst eine Frage des Nervensystems? Manche Schriftsteller – und die Schreibenden scheinen in der portugiesischen Diktatur die gefährdetsten zu sein – geben sich am Telefon meist kurz, leise, ausweichend, sie benützen den Fernsprecher nur für Verabredungen; Gespräche führen sie zwischen verläßlichen Wänden. Oscar Lopes, altes Mitglied der Untergrund-KP, mehrfach am Veröffentlichen und Reisen gehindert, mehrfach verhaftet, ist furchtlos; jedenfalls wirkt er unabhängig und souverän. David Mourão sprach am Telefon, als dächte er nicht ans Abhören des Telefons durch die *Pide* oder als kümmere es ihn nicht. José Cardoso Pires, der schlaue Bauer, und Fernando Namora sagen am Telefon nur das Nötigste.

Und doch, Angst ist wohl auch eine objektive Größe und steht in unmittelbarer Beziehung zur Gefahr, und diese wiederum setzt sich aus Einschränkung, Einschüchterung zusammen, aus Zensur, Bespitzelung, Bedrohung, Rede- und Gedankenverbot. Um wirklich beurteilen zu können, was ich einem jeden zutrauen darf, muß ich mich immer wieder in deren individuelle Lage versetzen.

»Das wenig originelle Gedicht von der Angst« von Alexandre O'Neill fällt mir ein; ich habe es vor Jahren in Deutschland übersetzt, ein Gedicht aus *Zeit der Gespenster*, 1951, Zeit der Nachkriegsrepression. Erst hier, in Portugal, erkenne ich beim

Wiederlesen den leichtfertigen Ton als das, was er sein will: Tarnung begründeter politischer Angst als existentielle Angst oder primitive Weltangst:

. . .

Die Angst wird alles haben
Gespenster in der Oper
spiritistische Dauersitzungen
Wunder
Festumzüge
mutige Worte
tugendsame Töchter
sichere Leihhäuser
unsichere Absteigequartiere
Konferenzen – verschiedene
Kongresse – zahllose
hervorragende Ämter
originelle Gedichte
und Gedichte wie dieses
. . .
Die Angst wird alles haben
fast alles
und wir alle
fast alle
werden
jeder auf seinem Weg
uns in Ratten verwandeln
Ja
in Ratten

Der Essay *Der Eisberg* (1966) des Lyrikers Carlos de Oliveira skizziert den Hintergrund zu diesem latenten Lebensgefühl in diesem Land. Da heißt es:
»Jeder an den Rand gedrängte portugiesische Schriftsteller leidet an dem, was ich ›Eisbergkomplex‹ nennen möchte: ein Drittel sichtbar, zwei Drittel unter Wasser. Dieser Teil, überschwemmt von den Umständen, die uns daran hinderten, unsere Gedanken auszudrücken und am öffentlichen Leben teilzunehmen, ist ein (fast totes) Gewicht, das uns Tag für Tag in die Tiefe zieht. Damit steigt die Flutlinie, und der sichtbare Teil schwindet entsprechend. Jemanden biographieren heißt, sein Leben beschreiben: die Fakten, die Geschehnisse, die Daten, die es gliedern und abstecken. Der größte Teil davon wurde uns

verwehrt, trat folglich nicht in Erscheinung. Nehmen wir einen Schriftstellerkongreß. Wir würden hingehen, wir würden sprechen und vielleicht etwas Wichtiges sagen, wer weiß. Aber der Kongreß durfte nicht stattfinden, versteht sich. Darum wurde aus unserer Biographie ein Faktum, ein Datum verbannt. Wieder sank der Eisberg um ein paar gute Zentimeter. Diese Anhäufung negativer Daten hat unsere Existenz in das verwandelt, was die Franzosen so gerne den (hier gemeinsamen und doch einsamen, versteht man?) Wüstenmarsch nennen. Der seinerseits seine Versuchungen hat, denen einige weniger sensible Seelen erlegen sind, im Tausch gegen ein Leben von nebenbei keineswegs verlockenden Luftspiegelungen. Die Biographie dieser Leute läßt sich natürlich schreiben, doch ist die Aufgabe nicht lohnend. Die Fakten sprechen wenig zu ihren Gunsten, und die Daten vergißt man lieber.«

Caparica I

Eine Möve zieht vorbei, und meine Zärtlichkeit wird größer.
Fernando Pessoa

Ich müßte endlich von Caparica sprechen. Seit bald zwei Jahren gehe ich fast jeden Samstag und Sonntag, bisweilen auch während der Woche, zwischen Arbeit und Abendessen hier spazieren. Von der Salazar-Brücke führt eine Autobahn, die in diesem Land ländlich und privat wirkt und nicht gewalttätig und lebensgefährlich wie in Deutschland, zwischen bebauten Feldern, halbverfallenen Höfen und *Quintas*, neueren Landhäusern und in die Hügel hineingepflanzten Reihenhäusern in zehn Minuten zutal nach Caparica, das einmal ein freundliches Fischerdorf gewesen sein muß. Heute hat wütende Erwerbsgier ein verwahrlostes Gemisch aus Hochhäusern, Kleinbürger- und Arbeiterhäuschen, Laden-, Gasthaus- und Kneipenstraßen daraus gemacht und damit ein anmutiges Stück Küstenlandschaft zerstört. Wer aber durch die Ortschaft zum Strand vordringt, gewinnt Portugal wieder. Das ländliche Portugal am Atlantik: bald ein rauher, ansteigender Dünenstrand zwischen hitziger Brandung und rostroten Klippen, fünfzig oder mehr Meter hoch, kiefernbestanden; bald eine von der Flut glattgebügelte riesige Tanzfläche, über die man tausend Windspiele jagen möchte, auf der man mühelos geht oder läuft, wenn der Wind den Rücken treibt. Vierzig Kilometer kann man ungestört wandern, da das Gehen um des Gehens willen hier nie in Mode war. Mag man todmüde in Caparica ankommen, nach fünfhundert Metern Marsch und kräftigem Durchatmen ist man wieder frisch, die Atlantikluft dringt in Poren, Augen, Mund, Ohren und pumpt die Ölpest aus den Lungen. Caparica ist Natur, nicht Landschaft – Natur, wie die Ilias sie besingt; hier fahren die Fischer noch aus wie vor zweitausend Jahren, und das Hereinholen des Schleppnetzes, das einen reichen Fang bergen mag oder eine Handvoll Weißfische, erfordert mehrere Stunden, zwei Dutzend Fäuste und ein Ochsenjoch. Aber das Schönste am Strand ist das Wandern zwischen Klippen und Meer, begleitet von den Wolken, vom Wind, von den Leuchtzeichen der Luft, von den Strandläufern, die durch die schillernden Wasserlaken tippeln, von den Möven, die in Keilformation gegen den Wind stehen und auffliegen, sobald man die Hände hebt, erst einzeln, schwerfällig, dann im rauschenden

Verband und oben im Licht blitzen und spiegeln, danach als Riesensegel über die Dünung kreisen und langsam, mit vorgestreckten Füßen, landen, außer Störweite. Das Meer ist im August das dichte, hohe Blau, eher ein See aus geschäftigen Rauten, Schlingen, Schnüren, irrisierend zwischen Sepia und Reseda, im Februar bleigraues Wüten, wenn die Sturzflut in Löwenrachenreihen heranfaucht und sich berstend überschlägt und den Strand hinaufflutet, um den Sand hochzupflügen, bis das siedende Wasser knisternd versickert. Die Wolken – ein Bildband würde kaum ausreichen, um ihre Arbeit zu schildern das Jahr hindurch; und das Licht – das portugiesische Licht über dem Atlantikstrand ist ein Epos, das ein jeder für sich erleben muß in hundert Besuchen.

Der Strand von Caparica führt den Menschen zurück zum Nullpunkt seiner Existenz; er duldet kein Wiederkäuen von Tagesärger und kleinlichem Ehrgeiz; er reißt Masken ab, Makel und Schlacken; sein heidnisches Urtum fordert ein Bekenntnis zu Klarheit, Lauterkeit, Tätigkeit.

Ich glaube, der Atlantikstrand ist es, der den Portugiesen zum Dichter macht, zum Pathetiker, zum Expressionisten. Er regt an zum Selbstgespräch, er fördert die Bereitschaft zur Zwiesprache und füllt die Seele, die er entleert. Zwei Stunden Marsch am Strand, eine Stunde hinauf, die andere hinunter, zurück meist gegen den Wind mit festaufgesetzten nackten Sohlen und durchgedrückten Knien wie beim Bergsteigen, strafft den Körper. Caparica weckt Lust nach Essen und Trinken mit Freunden, nach Musik, nach Lektüre, nach allem, was nährt und mehrt.

Bisweilen, wenn wir zu viert sind, kehren wir ein in die *Praia do Rei* – den Strand des Königs –, eine urbescheidene Gastwirtschaft, wo es holzkohlengeröstete Sardinen gibt, Landwein, Brot, Oliven und kleine runde Ziegenkäse, die man gepfeffert und gesalzen ißt als Appetitanreger und Zwischengericht. Hinterher sitzt man noch eine Weile im Schutze der Mauer auf der meist windgefegten Terrasse und blickt über die mit blaugrünen Stranddisteln bewachsenen Dünen hinaus auf den wogenden Liebesrachen des Meeres mit seinem zärtlichen Ungestüm, aus dem einen keiner rettet, wenn man bei Ebbe hinausgetrieben wird, zu den magisch beleuchteten Klippen und hinüber zur goldflimmernden Bucht von Cascais. Der Wein wirkt, und die Augen sinken aus dem Kopf ins Sonnengeflecht und saugen die portugiesische Meereslandschaft ein, bis sie sich trunken schließen, unfähig, mehr aufzunehmen.

Wie weht doch der Wind, der nicht weht,
der plötzlich den Mund verlor.
David Mourão-Ferreira

Ja, niemand sagt ein Wort über Portugal, über seine verschüttete Gegenwart, über seine verkaufte Zukunft. Aber wer ist dieser Niemand? Niemand natürlich. Einer und jeder, der mit den Leuten des Landes nichts im Sinn, nichts zu tun hat, sondern nur so tut, als ob. Als ob. Die Kulturmanager der westlichen Nationen schauen aus ihrer Loge behaglich, gelangweilt auf die Bühne portugiesischen Geschehens herab, meist lächeln sie, ohne es zu wissen, oder gähnen, ohne es zu wissen. Sie sprechen mit den Portugiesen, meist in mäßigem Französisch, sofern es nicht Franzosen sind, und erkennen daher nicht deren Eigenart, Eigenwert, weil sie deren Sprache nicht erforschen. Sie sind bei allem dabei, wie bei einem Pferderennen, ohne teilzunehmen. Sie und alle anderen ausländischen Nutznießer behalten offensichtlich bei sich, was sie denken. Und die Inländer senken den Blick, wenn ein unbedachtes Wort portugiesische Aktualität streift, oder sie blicken durch ihren Gesprächspartner hindurch und überlassen es ihm, sich als übersehen, durchschaut oder aufgespießt zu betrachten. Alle miteinander scheinen übereingekommen zu sein, Schweigen, insbesondere Verschweigen, sei Gold, überdies schone es die Nerven und sei das kleinere Übel, das kleinste Opfer. Wozu sich böses Blut machen und den anderen obendrein? Das Leben ist so kurz und kann so angenehm sein – besonders in Portugal. Denn sie alle »lieben« das Land, sagen sie, das heißt: seine weiten, einsamen Strände, seine billigen freundlichen Weine, besonders den »Verde«, seine billigen Stickereien, ganz von Hand, die willigen Dienstmädchen (Soziallasten gibt es so gut wie keine), die vielen Fischsorten, mein Lieber, ist das etwa nichts, das herrliche Gemüse, riesige Paprikas, wie von Braque gemalt, auf einer Zinnschale schwebend in einem Fenster, dahinter Portugals leuchtendes Licht, reinste Durchsichtigkeit, unbeschreiblich, wissen Sie, wenn ich das malen könnte, ein Himmel, flimmernd aus Duft, zum Rasendwerden, ein Abgrund aus Zauber, darin man ertrinken möchte, allein, ganz allein bis zum mählichen Verlöschen ... Aber sowas sehen Sie ja nicht, Sie trockener Mensch! Lassen Sie uns doch *unser* Portugal; wir leben hier schon Jahre, haben alles aufgegeben, kamen her, haben uns hier unsere Existenz geschaffen, den bösen Staub von den Schuhen geschüttelt und all den Hader Europas, die Zerrissenheit

Deutschlands. Hier ist doch noch Menschlichkeit, Humanitas sagt mein Mann immer, hier herrscht Ruhe und Ordnung, und die Armen sind so bescheiden und dankbar, das müssen Sie zugeben; übrigens wird wenig gebettelt, wie Sie wissen, schon gar nicht in den Hauptstraßen, und die paar Armenbaracken, wo gibt's das nicht. Aber Erlebnisse gibt es, Sie haben keine Ahnung, wenn Ihnen beim Spaziergang am Strand von Caparica oder sonstwo ein Fischer einen Fisch reicht, »para Vossa Excelência«, mein Lieber, durchschauern müßte es Sie beim bloßen Anhören, da steigt Welt auf, da ist Da-Sein, Sie lachen, ja: »Wenn Ihr's nicht fühlt . . .«

Ich merke schon: Das Papier ist geduldig, ein jeder könnte ein Buch mit solcher Prosa füllen, Prosa des »gelebten Lebens« in Portugal. Aber wessen Lebens?

Derer, die dort, wo sie herkamen, alles aufgaben, Globetrotter und rastlose Wanderer aus allen Winkeln der Welt, immer auf der Suche nach einem Zipfel Land, wo es noch ruhig zugeht und gesittet, wo vor allem Streiks verboten sind und Demonstrationen und böse Stimmen, welche die bestehende, verbürgte, bewährte Ordnung der Dinge, der Klassen, der Rechte und Pflichten und besonders der Vorrechte zu stürzen trachten. »Dorthin will ich mit Dir, Geliebter, ziehen!«

Und nun sitzen sie, die »happy few« in Cascais, in Estoril, auf Hügeln über Caparica, im Tal von Colares, an der Algarve-Küste in Herrenhäusern, Landhäusern, Gutshäusern und hätscheln ihre Neurosen und Neuröschen und finden es sehr richtig, wenn die *Pide* hart zupackt, sobald die portugiesischen Studenten, die, von Kommunisten aufgewiegelt, alle Unarten, die ihre Kommilitonen in Paris und Berlin ausgeheckt haben, nachäffen, und sie pflichten dem Ministerpräsidenten Marcello Caetano bei, wenn er im Fernsehen beim »Familiengespräch mit der Nation« betont, daß Übersee ein Teil Lusitaniens ist, der nie und nimmer aufgegeben werden darf, und sie atmen auf mit den Mächtigen des Mutterlandes und der »Überseeprovinzen«, die über den Großgrundbesitz herrschen, die Banken, die Industrien und die Bodenschätze, wenn am Morgen druckfrische Plakate an Häusermauern verkünden: »Das Heer ist der Spiegel der Nation.«

Ein Brief (handgeschrieben)

Jeder Stoff führt an jedem Punkt ins Unendliche.
Hugo von Hofmannsthal

Lissabon, 22. Juni 1971
Vortrefflichster, würdigster Herr
Möge dieser mein bescheidener Brief Euer Gnaden im Genuß der besten Gesundheit antreffen, das sind meine aufrichtigen Wünsche. Ich möchte mittels dieses Briefes mein Problem vorstellen, für das ich mir einen möglichst freundlichen Empfang erhoffe. Ich bin gleichfalls ein bescheidenes Menschenwesen, gebürtig aus Übersee, aus S. Tomé. Ich bin seit einigen Jahren in der Metropole (im Mutterland, A. d. Ü.), nachdem es mir gelungen ist, den Seefahrerausweis als Kombüsengehilfe zu bekommen und zur See zu fahren. Aus Krankheitsgründen bin ich vom letzten Schiff, auf dem ich fuhr, an Land gegangen. Ich war in Behandlung. Ich bin geheilt und fähig, mich wieder einzuschiffen. Doch da ich lange Monate vom Meer entfernt lebte, ist eines der Dokumente, welche den Ausweis begleiten, ungültig geworden. Dieses und meine körperliche Fähigkeit dienen zum Beweis, ob die Besatzungsmitglieder in der Lage sind, den Posten, den sie an Bord bekleiden, auszufüllen. Um ihn zu erneuern, muß ich 1 Mikroröntgenaufnahme im HAUS DER FISCHER machen lassen, weil es dort rascher geht, da wenige Kollegen vor mir sind.
Außer zwei Steuerstempelmarken und einem Antrag, gerichtet an den Herrn Hafenkapitän von Lissabon. Alles zusammen beträgt Es. 45 $ 00. Da ich, seit ich gesund geschrieben bin, nichts mehr verdient habe, warte ich jetzt nur auf meine Einschiffung. Ich habe keine Mittel, um das erwähnte Dokument beglaubigen zu lassen, damit ich, wenn es soweit ist, wieder auf Seereise gehen kann. Ich muß mein tägliches Brot verdienen. Möge Gott es Ihnen vergelten und viel Glück.
Ich bin Ihr Diener und Euer Gnaden sehr dankbar.
Manuel Rodrigues de Aguiar

Die Zweigstellen des Goethe-Instituts verfügen nicht über einen Wohltätigkeitsfonds; einen Kassenzettel zu fälschen widerstrebt mir. Hier kann außer der Privatkasse nur die (verbotene) Schwarze Kasse des Instituts nützen. Fühlte ich mich als das, wofür BAT mich bezahlt, als bevorrechteter Vertreter der Deutschen Kultur, ich würde jeden nicht ins Blickfeld der Goethe-Interessen fallende Besucher oder Bittsteller durch die Empfangsdame abweisen oder an die Botschaft verweisen lassen. Doch mein bei der Einweihung propagiertes »Offenes Haus« will offen sein – für alle. Zumal, da mich dieser Manuel – einer von vielen – über sich, sein Land und sein Leiden mehr lehrt als die meisten, auch fortschrittlich gesinnten Angehörigen der geistigen Elite, welche die Probleme des »einfachen Volkes« aus der Perspektive der Klassengesellschaft sehen. Wieder der Stachel im Fleisch: Kommt nicht erst das Fressen und dann die Moral? Wem nütze ich? Darüber müßte ich viel genauer nachdenken. Aber schon verdrängt der Tagestrubel, die Freude am Machen, die Lust am Spiel, die Hoffnung darauf, etwas, irgend etwas in Bewegung zu setzen, alle Bedenken und die Frage: Wovon wird Manuel bis zur Einschiffung, sofern sie zustande kommt, leben, nachdem er seine Papiere mit meinem Obolus bezahlt hat und ein paar Mahlzeiten dazu?

Das Verhüllte

Eines der Merkmale des portugiesischen Volkes ist seine scharfsinnige nationalpolitische Erfahrung. Es hat immer im geeigneten Augenblick, aber nie vorher, zu handeln gewußt.

Jorge Borges de Macedo, Historiker und Essayist

»Encoberto, Adjektiv und Partizip Perfekt von ›encobrir‹, verdecken, verhüllen, ist das, was sich verhüllt hat, als Substantiv derjenige oder dasjenige, was sich verhüllt, besonders durch Eigengesetzlichkeit, Dom Sebastião.« (António de Morais Silva: Neues kompaktes Wörterbuch der Portugiesischen Sprache).

Das ›Verhüllte‹ gehört zum Alltag des Landes wie Essen und Trinken. Die Lethargie des Portugiesen gehört dazu, seine Passivität, seine Geduld, nicht die des Engels, sondern die der Eidechse, die sich auf der Mauer sonnt, bis die erwartete Beute in Sicht kommt – ein Sinn-Bild aus José Cardoso Pires' Roman *Der Dauphin* für den Portugiesen, dessen Tempo, Tempo wie in der Musik, er *Andante* nennt – zur geheimen und öffentlichen Verzweiflung aller fortschrittlichen Geister des Landes, zumal der Förderer von Reformbestrebungen in der Verwaltung, in der Landwirtschaft, im Sozial-, im Schul-, im Universitätswesen. Das ›Verhüllte‹ wird sichtbar in der Zurückhaltung des Lusitaners, in seiner Verschwiegenheit, in seiner Redseligkeit um des Verschweigens willen; seine abwartende Haltung gegenüber dem sich zu Enthüllenden offenbart die Mystik der Geschichtsverheißung, die zugleich die der Geschichte ist mit großen und kleinen Buchstaben, der Politik und des Lebens von Tag zu Tag. Aus der Landesperspektive gesehen könnte man das ›Encoberto‹ auch Taktgefühl nennen, die vegetative, animalische Sinnlichkeit der Landeskinder verlangt geradezu nach dem ›Verhüllten‹ im privaten Bereich, obgleich diese die öffentliche, fast zotenreiche Sinnlichkeit der hierzulande beliebten Variétés schätzen. Vielleicht ist das ›Verhüllte‹ dafür verantwortlich, daß selbst Intellektuelle kaum Kraftausdrücke verwenden, bis jetzt habe ich keinen von ihnen »merda« sagen hören, was in Paris und Rio längst salonfähig, ja chic ist. Die

Scheu, den anderen zu verletzen, jedenfalls im Umgang, gehört hierher – und wenn einer zustößt in der Politik, in der Presse, im Rundfunk, geschieht es verhüllt, umschrieben als Metapher, Allegorie, Verallgemeinerung, Anspielung. Dies fällt dem Portugiesen leicht, denn seine Sprache ist die der Rhetorik, sie ist Rhetorik. Denn Leben ist für ihn Form, Ort der Selbstdarstellung, ist Formel, Förmlichkeit, und seine *persona* ist aufgesetzt, Verstellung, Vorstellung eines idealen Ego –: Persönlichkeit als Erfindung der Erscheinung, die der Umwelt als Individuum präsentiert wird. Cardoso Pires behauptet sogar, der portugiesische Mann, richtiger, das portugiesische Männchen – Gegensatz zum Weibchen – müsse sich sein nicht vorhandenes Ich erst erfinden, zurechtlegen, aufbauen. Daher das stets etwas Gestelzte der Anrede, der Kothurn, der die Alltagssprache anhebt, die belangloseste Mitteilung mit einer Aura umgibt, ausstattet mit Bedeutung und luftleerer Fülle. All das gehört – so sehe ich es – zur Doktrin des ›Verhüllten‹, denn man lebt auf Vorschuß, gewissermaßen von Vorschußlorbeeren, sprich: von der verheißenen, eines künftigen Tages fälligen Fülle: Seht mich, seht uns an und die unsichtbare Ausstrahlung des Verhüllten, das seine Gnade verströmen, sein geschichtliches Pfingsten ausgießen wird zur gegebenen Stunde. Und das alles wird geschehen durch Vorsehung, ohne die geringste Anstrengung und Einmischung des Portugiesen, der, zu einer besonderen Schicksalsbestimmung ausersehen, eines Tages die ganze Welt, zumal die dekadente westliche, in Erstaunen setzen und mit einem Schlage übertrumpfen wird wie zur Zeit der großen Seefahrt.
Das ›Encoberto‹ gibt sich aber auch konkret: Neben keinem Klingelknopf irgendeines Hauses oder Gebäudes im Land steht der Name des Bewohners, eine Kalamität, sobald ich in einem Hochhaus nicht Stock- und Wohnungsnummer nebst der Bezeichnung »links«, »rechts« oder »Mitte« des Inhabers weiß, denn der Hausmeister könnte soeben einen Kaffee trinken gegangen sein. Auch der Telefonverkehr wird vom ›Encoberto‹ regiert. »Estou!« meldet sich der Teilnehmer (»Ich bin da« – denn es gibt auch »Sou« – »Ich bin«, doch das und der Unterschied zwischen beidem gehört in die Philosophie, die Seinslehre), aber bei der mangelhaften Akustik des portugiesischen Telefonsystems kann ich ohnehin nicht unmißverständlich verstehen, ob es mein Teilnehmer ist. Ich kann auch hören: »Está?« oder »Está lá?« »Ist er es?«, »Ist er da?«, und das heißt: »Sind Sie es?, Sind Sie da?« Sofern die Telefonierenden nicht Angehörige oder Bekannte sind, die, ihre Stimmen erkennend,

nach den gebührenden Präambeln zur Sache kommen, beginnt nach diesem abwesenden Genäsel, diesem abwartenden Klanggeplänkel das Erkennungsritual: Der Anrufer nennt die gewählte Nummer oder fragt vorsichtshalber nach der Nummer des Antwortenden, sofern dieser den Rufer nicht durch die Gegenfrage »Welche Nummer haben Sie gewählt?« zur gewünschten Auskunft zwingt. Auf die Gegenfrage »Mit wem spreche ich?« wird der Angerufene keinesfalls durch die Nennung seines Namens aus dem ›Verhüllten‹ hervortreten, und wenn der Anrufer eine falsche Nummer nennt, wird der nutzlos bemühte Teilnehmer weder seine eigene nennen noch den anderen auf dessen falsche Wahl hinweisen, sondern nur sagen: »Das ist nicht hier.« Ergebnis: Beide Namen verbleiben im ›Verhüllten‹, und das ist gut und unter einem Regime wie diesem wichtig: je weniger Öffentlichkeit, desto besser. So gut wie kein Name eines Intellektuellen ist im Telefonbuch zu finden, sofern man nicht den »Schlüssel« kennt; meist steht sein Name unter dem seiner Frau, die außer dem des Ehemannes mehrere eigene trägt. Wie soll ich die Nummer der Schriftstellerin Fernanda Botelho finden, wenn das Telefonbuch sie als Faria e Castro (fettgedruckt), Maria Fernanda Botelho führt? Oder Tomaz de Figueiredo, der Azevedo Cardoso de Figueiredo, Tomas Xavier heißt? Straßen, Plätze, Stock- und Lagebezeichnungen sind meist abgekürzt: Pr (für Praça, Platz); Tr (für Travessa, Gasse); R/C (für Rés-do-Chão, Erdgeschoß); D (für Direito, Rechts) Esq (für Esquerdo, Links). Da hat der (oft halbalphabetische) Provinzler in der Hauptstadt genauso viele Nüsse zu knacken wie der Ausländer, und der Sprachunkundige ist ohnehin verloren, zumal der Umgangssprache etwas Unwägbares eigen ist: Sie ist eine Sprache für Eingeweihte. Eingeweihtsein ist Vorbedingung für das Leben in diesem Lande, mehr als in jedem anderen. Portugals Ordnung: das Unwägbare, das Unabsehbare? Der Geist des ›Verhüllten‹ setzt manches voraus, und das durchdringt die alltäglichsten Bereiche. Will ich mit der Eisenbahn nach Portimão im Algarve fahren, erhalte ich selbst von einer deutschsprechenden Dame des Verkehrsbüros Markus und Härtling einen Zettel: Sulvento ab 14.45 h., an 19.35 h. Was sie mir nicht sagt: daß ich am Fährenbahnhof des Terreiro do Paço die Fähre nach Barreiro zum gegenüberliegenden Flußufer nehmen und dort in den Anschlußzug nach Portimão umsteigen muß. Für ihr Fühlgehirn, für ihr Einfühlungsdenken ist der Name des Zuges ›Sulvento‹ (Südwind) Fähre und Eisenbahn, die Reise, der Zug, alles. Ihr Traumdenken setzt beim Fremden das Eingeweihtsein voraus. Das führt zu einem nächsten, verschwisterten Gedanken: Der Ausländer muß Portugal als die wahrgewordene Erfüllung all seiner Traumwünsche erkennen. »Sie bleiben doch hier, oder?« – wird der Neuankömmling bald nach seiner Ankunft gefragt. Und wenn er zögernd lächelt: »Doch doch, Sie werden sehen. Portugal verläßt niemand, der seinen Wind gerochen, der seine Sonne geschmeckt hat . . .« Und ein sieghaftes Lächeln besiegelt das Gespräch, so sicher wie die Gewißheit, Dom Sebastião werde wiederkommen, und mit ihm Portugals Zukunft, so oder so . . .

Erkundungen zu »Das Verhüllte«

»Das ›Encoberto‹ spiegelt die imaginative Neigung eines Volkes, das sich für die Mißlichkeiten der Wirklichkeit im Traum schadlos hält, wider. Dieser Traum ermutigt es, die Schläge widriger Augenblicke zu ertragen (die Zeit Philipps II, Napoleons Überfälle usw.). Es gibt daher in der portugiesischen Kultur eine sebastianische Tradition.«

Tomás Ribas

»Nach der Niederlage von Alcácer-Quibir, wo der junge König D. Sebastião 1580 fiel und verschwand, entstand aus heiliger Vaterlandsliebe der Glaube der ›Sebastianisten‹, die, unwillig, sich unter Kastiliens Joch zu beugen, auf die Rettung des Vaterlandes durch Sebastião, den ›Desejado‹, den ›Ersehnten‹, auf die Wiederkehr des ›Encoberto‹, des Verhüllten als geheimnisvollen Erlöser des Vaterlandes hofften.«

Damião Peres
(aus: *Geschichte Portugals)*

»Niemand glaubt mehr daran, daß Dom Sebastião wiedererstehen wird. Aber ist deshalb der Sebastianismus vollständig verschwunden? Aus Schmerzen geboren, von Hoffnungen genährt, ist er in der Geschichte das, was in der Dichtung die Sehnsucht ist, ein untrennbarer Zug der portugiesischen Seele.«

J. Lúcio de Azevedo
(aus: *Entwicklung des Sebastianismus)*

»Wie die alten Juden in Palästina hatten die Portugiesen mit ihren Tränen die Schimäre vom Messianismus vermischt. Die Makkabäer von 1580 hatten nicht die Klinge zu führen verstanden; und das Volk, welches das Gefühl für seine Wirklichkeit eingebüßt hatte, wartete nun auf die Rückkehr des Messias – Dom Sebastião, der bezaubernde Prinz, das göttliche Kind, das sicherlich die Nation erlösen würde! Die Propheten, Bandarra und Simão Gomes, der *heilige Schuster*, besangen die Epopöe des Helden und die Umstände, unter denen er erscheinen würde, um sein Volk zu erlösen: Wie in Juda war Christus auch ein Retter der Nation gewesen, bevor er der Erlöser ihrer Seelen wurde. Auch der portugiesische Christus würde sein Reich über weite Länder ausdehnen, und seine Zeit würde die der Erlösung sein.

Oliveira Martins
(aus: *Geschichte Portugals)*

»Wollte D. Sebastião mit seiner mystischen Golgatha-Legende Portugal von der gemeinen Schande erretten, von seiner jämmerlichen Skepsis, von seinem rasenden Ehrgeiz nach Reichtum sowie aus der Feigheit und der Zerrüttung, die den Adel im schmutzigen Gewürzhandel Asiens zerfraßen? Gott allein weiß es.«

Camillo Castelo Branco
(aus: *Nächte der Schlaflosigkeit)*

»Noch im 19. Jahrhundert, dreihundert Jahre nach dem tragischen Kampf in Afrika, gab es tausende von Sebastianisten in Portugal und Brasilien.
Den führenden Irrenärzten zufolge wäre dies der seltsame Fall eines kollektiven Teildeliriums. Moderne Psychiater hingegen verwerfen diese Diagnostik und sehen Monomanien nicht als autonome Formen und verschiedene Krankheitsarten an, sondern als klinische Phasen eines von einem Anfall allgemeiner Hypochondrie in Bewegung gesetzten chronischen Deliriums. Das Volk liebt, das Volk jauchzt, das Volk preist. Seit dreihundert Jahren in Erwartung irgendeines D. Sebastião, eines echten oder falschen, eines alten oder modernen, ist es doch immer noch überzeugt, daß die Prophezeiungen endlich wahr werden, und daß der ›Ersehnte‹ gekommen ist.«

Ramalho Ortigão, 1911

»Philipps II. Despotismus duldete nicht den geringsten Protest gegen die Vereinigung Portugals mit Kastilien. Ein unvorsichtiges Wort konnte Kerker oder den Galgen einbringen, und die Regierung von Madrid fand immer Ehrgeizlinge, die bereit waren, ihre Landsleute anzuzeigen. Verstellung wurde Lebensnotwendigkeit. Die einzige Form, die Gegenwart gefahrlos zu beklagen, war, sich der Vergangenheit zu erinnern und die Zukunft einer Schimäre anzuvertrauen. So, als natürliche Folge vaterländischer Erhebung, entstand der Sebastianismus, der messianische Glaube an einen Erlöser, der nicht nur die unterjochte Nation retten, sondern sie zur Weltherrschaft führen würde.«

J. M. de Queirós Veloso
(aus: *Geschichte von Portugal-Portucalense)*

»Zur Linken im Hintergrund erscheint fantastisch der Bug einer Galeere im Nebel. Als Sträfling verkleidet steht Bonami-König an den Bugmast gefesselt.
3. Frau: Schrecken! Schrecken!
3. Mann: Dieser trostlose Abschaum der Galeeren kann nicht Dom Sebastião sein!
Alle: Welches Unglück! Welches Unglück!
1. Frau: Schlangeneier waren die Träume, die wir ausgebrütet haben.
Alle: Verwünschung! Verwünschung!
1. Mann: Ruhe! Denken wir daran, daß wir Hunger haben. Was wir sehen, ist vielleicht die düstere Vision von Unterernährten.

Natália Correia
(Szene aus *Der Verhüllte*, 1967,
von der Zensur verboten)

»Der Sebastianismus, ein historisch-soziales Phänomen, muß als Ersatzideologie betrachtet werden, die bis in unsere Tage hinein die Literatur, die politische Aktion und die tägliche Praxis verdorben hat.«

Prof. Dr. Manuel Breda Simões

Wider das Verhüllte

Wie es hier mit den Gefangenen geht, weiß Gott; es ist alles still.

Mutter L. Büchner an ihren Sohn Georg, 30. Oktober 1836.

Wer im Gefängnis sitzt, darüber erfahre ich nichts. Keiner der Linken läßt einen Ton verlauten. Da muß man Pablo Neruda aufschlagen, Band II, Seite 96, überschrieben

Die Zuchthäuser

Aber,
ganz unter uns,
niemand hört uns zu,
Portugiese der Straße,
weißt du,
wo
Alvaro Cunhal ist?
Spürst du die Abwesenheit
des tapferen Militanten?
Portugiesisches Mädchen,
du durchschreitest wie tanzend
die rosenroten
Straßen von Lissabon,
aber
weißt du, wo Bento Gonçalves fiel,
der lauterste der Portugiesen,
Ruhm des Meeres, deines Gestades?
Weißt du,
daß es eine Insel gibt,
die I n s e l d e s S a l z e s,
und auf ihr Tarrafal
Todesschatten wirft?
Ja, du weißt es, Mädchen,
Knabe, ja, du weißt es.
In Schweigen gehüllt,
zieht langsam
das Wort umher, aber es durchläuft
nicht Portugal nur, es durchläuft die Welt.

Ja, wir
in fernen Ländern wissen,
daß seit dreißig Jahren
ein Grabstein,
schwer wie ein Grabgewölb, oder der Tunika
einer klerikalen Fledermaus gleich,
Portugal, deinen wehmütigen Vogeltriller erstickt
deine Süße bespritzt
mit Blutstropfen des Martyriums
und sein Schattengewölbe stützt.

Diner in der Stadt

Der Portugiese empört sich mehr über das Lob, das man einem anderen erteilt, als über das Stillschweigen, mit dem man seine eigenen Taten übergeht.
João de Barros

Vor dem großbürgerlichen Etagenhaus der Rua António Augusto de Aguiar aus der Belle Époque mit seiner Zwölffensterfassade öffnen die Chauffeure die Wagenschläge. Gemeinsam mit einem brasilianischen Diplomatenehepaar steigen wir aus dem Mahagoniaufzug ins helle Vestibül der Gastgeber, Joaquim Paço d'Arcos und Frau, sie Doktorin der Germanistik, er Nachfahre von Aristokraten, Romancier der *Lissaboner Chronik,* in gebührendem Abstand zum französischen Erschaffer der *Comédie Humaine,* Direktor der angolaner Staatseisenbahnen in Benguela.
Wenige Tage zuvor hatte Joaquim Paço d'Arcos seine Belegexemplare meiner Erzähleranthologie *Der Gott der Seefahrer* (die Titelgeschichte gehört Ferreira de Castro) im Institut abgeholt (im Gegensatz zu allen anderen, welche die üblichen zwei Exemplare erhielten, hatte er zehn gefordert) und mir dabei mit lärmender Leutseligkeit die schriftliche Einladung überreicht. Ich kenne seit langem den bleichen, schlanken Herrn mit dem schütteren Scheitel, dem Aussehen eines Karrierediplomaten und dem aristokratisch gutturalen »R« statt des bäuerlichen Bruddel-»R«; er ist jener Renommier-Schriftsteller von Welt, der bei Galadiners ausländischer Botschaften nicht fehlen darf. In den fünfziger Jahren habe ich eine Übersetzung seines *Dreigeteilten Spiegels* angefertigt, die vom deutschen Verlag nie veröffentlicht wurde. Seit Jahren bombardiert er mich pikiert mit Briefen, Büchern, Ermunterungen, Angeboten zur Teilfinanzierung der Übersetzungen seiner zahllosen Werke. Als die Portugiesische Schriftstellergesellschaft 1965 wegen der Prämierung Luandino Vieiras geschlossen wurde, bekannte Paço d'Arcos in *Schmerzliche Rechenschaft einer Haltung* vor Salazar öffentlich »culpa, nostra culpa, nostra maxima culpa« und bat ihn um Verständnis und Milde und Frieden für die Schöne Literatur. Seither ist er aus der in nationaler Diaspora lebenden Gemeinschaft der Schriftsteller verstoßen und kann seine Isolierung nurmehr durch lautstarke

Anmaßung in der Wüste der offiziellen und offiziösen Gesellschaft der Chauvinisten, Opportunisten und Mitläufer des Regimes wettmachen.
Fünfzig oder mehr Gäste – Schriftsteller, darunter die mit dem Staatspreis ausgezeichnete Lyrikerin Natércia Freire, Leiterin der Literaturbeilage der Regierungszeitung Diário de Notícias, Redakteure, Akademiker, Diplomaten, hohe Beamte –, alles Menschen mit dem Anspruch auf Anerkennung gesellschaftlich, wirtschaftlich und politisch führender Kreise, werden in der Flucht der Salons von einer lautlosen Schar schwarzgekleideter Dienstmädchen in weißen Spitzenschürzchen und -häubchen mit Getränken bedient. Kühl und förmlich stellt der Gastgeber uns vor, kühl und reserviert werden wir, die Ausländer, »Der Direktor des Deutschen Instituts und Frau Meyer-Clason« in diesem geschlossenen Kreis begrüßt, als verschlucke ein jeder in unserer Gegenwart seinen soeben noch freimütig ausgesandten Atem. Unter den Gästen ist auch Domingos Monteiro, Direktor der Wanderbibliothek der Gulbenkian-Stiftung, gleichfalls frostig wie der Gastgeber, seit er den Erzählungsband erhalten hat.
Als ich Material für meine Panorama-Ausgabe sammelte, hatte mich der Romancier Luis Cajão mit Domingos Monteiro und Tomás de Figueiredo zum Abendessen in Alfamas »Varanda do Chanceler« hoch über dem Tejo eingeladen; das Gespräch hatte Tomás de Figueiredo, der aristokratische Traditionalist, der Reinhold Schneiders Sonette übertragen hatte, mit keuchenden Schmähreden auf die »neorealistischen Hurensöhne, die linken Scheißschmierer, die marxistischen Verräter lusitanischer Traditionen« bestritten; besonders schlecht waren bei diesen als Aufklärungen getarnten Rügen für meine verdächtigen Freundschaften José Cardoso Pires weggekommen, und natürlich Urbano Tavares Rodrigues, beide in mehrere Sprachen übersetzt, zumal der portugiesische Neorealismus, der Portugals gegenwärtige soziale und politische Spannungen darzustellen sucht, fast die einzige Literatur ist, die das Ausland, insbesondere den Ostblock, interessiert. Den ersten von beiden hätte er am liebsten erwürgt, und nicht nur »in effigie«. Ein brasilianischer Lyriker, der zur Zeit Lissabon besucht, kommentiert diesen Egozentrismus mit einem Bonmot: »Jeder portugiesische Literat eine Nationalliteratur – in seinen eigenen Augen, wohlgemerkt.« Die vielgerühmte portugiesische Individualität – hier offenbarte sie sich als hemmungsloser Eigensinn, als krankhafte Ichbezogenheit, als männchenhafter Narzißmus, als

manische Selbstüberschätzung, Erbe und Folge morbider Rückversenkung in die seit Jahrhunderten vergangene Weltgeltung des Vaterlandes, überhebliche Übertreibung eigener Empfindungen als Ersatzhandlung für die ängstlich vermiedene Gegenüberstellung mit den Errungenschaften des Auslands.
Ja, die Atmosphäre ist gläsern; Christiane und ich bewegen uns in Isolierhüllen gezwängt; jede Gestalt wirkt wie hinter Glas; offensichtlich sind wir hier nicht personae gratae; man unterzieht uns einer sanften Folter; wir werden eingeladen, aber unsichtbar geknebelt, bestraft für Aufbegehren gegen das Regime, und zwar im Wortsinn, weil nicht im menschlichen Sinn der Mitteilsamkeit gesprochen, sondern nur geredet wird in jener trennscharf gestanzten Diktion, deren Wortschatz genau vorgeschrieben und bemessen ist. Wie gut paßt diese Sprache diktatorieller Repression zu diplomatischer Sprachregelung! Daher die Vorliebe portugiesischer Großbürger für den Verkehr mit der Diplomatie; bei Botschaftsdiners genießen sie die Fiktion, nicht ausgeschlossen zu sein vom Zwiegespräch mit der Welt jenseits ihrer politischen Enklave, denn die Welt, die sogenannte große Welt redet genau wie sie, wenngleich der Ausgangspunkt nicht übereinzustimmen braucht. Und westliche Diplomaten lieben es, ihr »métier mondain« in Lissabon auszuüben: Sie brauchen nicht über ihren vorgestellten Schatten zu springen.
Nun wird Kraftbrühe mit Mark in Tassen gereicht und stehend geschlürft. Dann öffnen sich die Flügeltüren zum Speisesaal und laden zum Buffet auf dem langen, mit Madeiraspitzentüchern und brennenden Kandelabern geschmückten Tisch, ein langer, schmaler Lustkreuzer mit fruchtig-blumigen Aufbauten: Platten mit Heilbutt, Aal in Salbei, Krabbensülze, Hummer, ein Stockfischsoufflé mit Äpfeln und Zwiebeln – das bäuerliche Volksgericht, für kosmopolitische Gaumen verfeinert! –, Rindsfilet, Fasan, Ente, Gemüse, Salate, Torten, Sahnebaisers, Obstsalat mit Rum, Gebäck. Die lautlose Schar kindlicher Dienstmädchen wechselt Teller und Bestecke, schenkt ein und nach. Es ist alles wie vor dem ersten Weltkrieg, eigentlich vor der Jahrhundertwende, zur Spätzeit des Cancan; so ist die Einrichtung der Räume mit Portieren, Etageren, Bergeren, Otomanen, Fauteuils, Sèvrevasen, Lüstern.
Die Gäste sprechen gelassen, fast gelangweilt, als beschäftigte sie nichts als ihr augenblickliches Wohlbefinden; Besorgnisse außerhalb dieses ausschließlichen Interesses gibt es nicht; Tagesereignisse, sofern bekannt, werden gestreift, als sei man

längst im Bilde, als habe man alles bedacht und schlüssig erwogen. An der Selbstverständlichkeit, mit der sich die Gastgeber bewegen – der Gastgeberin genügt gelegentlich ein unsichtbarer Wink, um den seit Jahrzehnten geübten Apparat der komplizierten Bewirtung spielend in Gang zu halten –, an der Lautlosigkeit, mit der die Zofen bedienen, ist die Sorglosigkeit zu erkennen, die in dem von Unruhen verschonten Portugal seit Jahrhunderten herrscht.

Wieder in einem der Salons, nutzen wir bald nach Mokka und Armagnac eine Gelegenheit, uns von der Gastgeberin zu verabschieden; der Hausherr besteht darauf, uns zum Aufzug zu geleiten; behende öffnet er die Mahagonitür, komplimentiert andere Gäste zurück und uns hinein, und bevor wir sagen können »Auf Wiedersehen und nochmals vielen Dank«, hebt Joaquim Paço d'Arcos, die Aufzugstür versperrend, an zu einer Strafrede: »Wie kommen Sie dazu, in Ihrer Einführung nicht auf mein Werk einzugehen, Sie taten es bei anderen, unbedeutenden Autoren . . .« Ich versuche, meine Verblüffung mit der Entgegnung zu verbergen, ich hätte ihm im Autorenverzeichnis sehr viele Zeilen gewidmet, sein Werk eingeordnet, umrissen, wie er wohl gesehen habe. Im übrigen . . . (Ich will sagen: Im übrigen hat ein Herausgeber eine Konzeption, nach der er seine Betrachtungen ausrichtet.) »Im übrigen was! Ihre Attitüde ist äußerst befremdend, Sie wissen wohl nicht, was Sie einem Joaquim Paço d'Arcos schuldig sind . . .« Ich bedaure, ein wenig ratlos, aber innerlich triumphierend, und mein Gastgeber, bleich, aber äußerlich triumphierend, schließt die Aufzugstür. Ich drücke auf den Knopf. Christiane lacht, halb aufgebracht, halb höhnisch. Der Fall ist klar: Daß ich gewagt habe, Luandino Vieira in die Sammlung aufzunehmen, sein Schicksal zu erzählen, daß ich die Schriftsteller der Opposition behandelt habe und nicht ihn, hat den Romancier erzürnt und seine Freunde außerdem. Die Fronten sind geklärt.

1972

Jenseits von Sein und Nichtsein hohler
Probleme hat nur dies einen Sinn:
Ich denke an die anderen.
Und schon kann ich sagen: ich bin.
José Gomes Ferreira, Poesia II

Menschliche Beziehungen

Senhor Brito steigt vor der Straßenbahnerkneipe aus seinem schwarzen Mercedes-Benz 280 (mit den am Rückfenster beidseitig gerafften Vorhängen), heißt seinen Chauffeur zu Besorgungen weiterfahren und schickt sich auf dem Gehsteig an, die Straße zu überqueren.

Senhor Brito wohnt unter uns im vierten Stock, allein, betreut von drei Dienstmädchen. Wir begegnen ihm häufig, wenn er von seinem kleinen grauen Chauffeur mit dem traurigen Lächeln in sein Geschäft, die mächtige Privatbank Pinto Sotto Mayor gefahren oder von dort nach Hause gebracht wird. Senhor Brito ist sehr klein und sehr zierlich, hoch in den Achtzig, er hat listige kalte Äuglein, eine geschonte Kinderhaut und fühlt sich als Verführer. Er trägt eine goldene Uhrkette über seiner schmalen Weste (meist taubengrau mit Perlmuttknöpfen), dazu Hut, Handschuhe und Spazierstock mit Silbergriff. In seinem Begrüßungszeremoniell lebt sein Jahrhundert, das der Leser westlicher Länder in Eça de Queirós' Büchern über Portugals fin de siècle findet. Noch immer redet er Christiane an mit »Madame, comment allez-vous, et les enfants, et le printemps (oder l'été, l'automne) portugais, ça vous plaît?« Man komplimentiert sich gegenseitig und schlängelt sich gemeinsam durch Türen, in den Aufzug, nein bitte nach Ihnen, non, après vous, je suis chez moi . . . In seiner Wohnung geht es dem Vernehmen nach weniger förmlich zu, besonders, wenn Senhor Brito aus Laune oder Langeweile auf schlecht gebügelten Hemden herumtrampelt wie ein zorniges Kind und die Knöpfe abreißt. Auch sein kleiner grauer Chauffeur, der oft stundenlang im Hof warten muß, hat zu leiden, zumal da sein Wagen öfters zerschrammt und zerbeult in den Hof einfährt. Darf das einem altgedienten Fahrer passieren? Natürlich nicht, aber was soll man machen, wenn man auf dem rechten Auge blind ist, wogegen nichts zu machen ist und was niemand genau wissen darf.

Drüben auf dem Gehsteig also hebt Senhor Brito den Stock mit Silbergriff und setzt den zierlichen Gamaschenschuh in die Luft. Hinter ihm, an die Kneipe gelehnt, zieht Jesus-Einbein tief die Mütze. Doch Senhor Brito steht bereits auf dem Fahrdamm, mit halberhobenem Stock den Verkehr stoppend. Jetzt erinnert er sich des Jesus, fischt mit zwei Fingern eine Münze, wahrscheinlich die kleinste, aus seiner Westentasche und wirft

sie, geradeaus blickend, über die Schulter zurück ins Leere, während er die dem Herrn der Hochfinanz freigemachte Verkehrsfurt hochgemut durchschreitet, indessen Jesus, mit fliegender Krücke vorwärtsstürzend, zwischen den anfahrenden Autos den herrschaftlichen Obolus aus der Straßenbahnschienenritze klaubt.
Alle sind befriedigt: die Fußgänger über ein Schauspiel von Anmut und Würde, der Herrschende über seine unangetastete Vormachtstellung, der Arme über die Gabe aus der Hand des Reichen, die ihn eine Sekunde ins Licht der Öffentlichkeit rückt, ohne ihn zu demütigen. Die Welt ist heil wie zur Zeit der erobernden Seefahrer.

Auf der Suche nach der *saudade*

»Das portugiesischste aller Gefühle: aus dem lateinischen solitates – Einsamkeiten. Vom ererbten so-e-dade gelangt es über soidade, suí dade (ssuydade) zu saúdade, sódade und soudade, heute ausgesprochen sàudade. In der archaischen Poesie hat es vier Silben: soedade, soídade, suídade wie das lateinische solitates.«
João Roiz de Castelo-Branco, *Poesia de Amor*

»Saudade und saudoso gingen aus dem Mund der Halbgebildeten über zu den höheren Gesellschaftsschichten . . . Das Wort saudade ist wohl die süßeste, ausdrucksvollste und zarteste Bezeichnung unserer Sprache . . . Das Helldunkel der Liebe auf portugiesische Art. In der Liebe ein zartes Element, ein scheues, tiefes Gefühl, leidenschaftlich ohne Heftigkeit, sinnlich ohne Brutalität.«
Carolina Michaelis de Vasconcelos

»Absinth im goldenen Kelch . . . bitterer Geschmack des Unglücklichen, köstlicher Stich des herben Stachels . . . Lustspendender Schmerz . . .«
Almeida Garrett

»Ein Übel, das man liebt, ein Gut, das man erduldet . . . Sanfter Rauch des Liebesfeuers . . . Offenbar trifft dieses Gefühl den Portugiesen tiefer als jede andere Nation der Welt.«
D. Francisco Manuel de Mello

»Saudade ist die zärtliche und so feingeistige Leidenschaft der Seele, daß ihr Schmerz dem Glücksgefühl zum Verwechseln ähnelt . . . Liebe und Ferne sind die Eltern der saudade, und da unser Naturell als liebesfähig bekannt ist und unsere ausgedehnten Reisen lange Abwesenheiten mit sich bringen, tritt die saudade da, wo viel Liebe und lange Abwesenheit geschehen, am deutlichsten zutage.«
Camilo Castelo Branco, *Leichte und schwere Dinge*

»Die saudade ist das geistige Blut des Volkes: sein göttliches Stigma, sein ewiges Profil. Die Saudade ist in ihrem Sinngehalt, in ihrer Gefühlsidee die reflektierte Ergriffenheit, in der alles, was existiert, Leib und Seele, Schmerz und Freude, Liebe und Verlangen, Erde und Himmel, seine göttliche Einheit gewinnt. Portugal ist das natürliche Zentrum der saudade. Sie ist Dom Sebastião, der wiederkehrt. Der portugiesische Saudoso-Charakter verwirklicht die vollkommene Harmonie zwischen Heidentum und Christentum, zwischen Gegenwart und Ferne, Freude und Trauer, aber eine unbeständig-dynamische, stets im Werden begriffene Harmonie, Prinzip stetiger Erneuerung –: Konzeption des Menschen und der Welt aus portugiesischer Wurzel, doch von universeller Reichweite: ›unsere Botschaft‹.«
Teixeira de Pascoaes

Nach Auffassung des jungen Fernando Pessoa verkünden die »Saudosisten«-Poeten den Gedanken an einen pantheistischen Transzendentalismus, die künftige europäische Zivilisation als lusitanische Zivilisation: »Unser Volk wird ausziehen auf der Suche nach einem neuen Indien, das nicht im Raum existiert, sondern in Schiffen aus dem Stoff, aus dem unsere Träume sind.«

Der Philosoph António Sérgio bezichtigt Teixeira de Pascoaes eines utopisch-vergangenheitstrunkenen Denkens, verriegelt in einem fremdenfeindlichen Lusitanismus, provinziell und unvereinbar mit dem modernen europäischen Geist. Er habe den technischen Fortschritt verachtet, die wirtschaftlichen Wirklichkeiten unterschätzt und einem deprimierten, passiven Seelenzustand aufbauende Möglichkeiten zugeschrieben. Der ethische Fortschritt eines Volkes hänge von seinem wirtschaftlichen Fortschritt ab. Der Saudosismo sei nichts als der neue Ausdruck eines fantastischen, impulsiven, inkonsistenten, von den einen als idealistisch, von anderen als rhetorisch eingeschätzten Temperaments, Erbe der Eroberer und Abenteurer, Nachzügler des Rittertums.

Portugiesischer Montag

Sie kommt aus der Tiefe Lusitaniens. Sie kommt verspätet (ihr Wagen hat gestreikt). Maria Rita. Schwarze Pumps, hellgraue Strümpfe über den schmalen Fesseln, sanft gerundeten Waden, schwarzweißgemusterter Wollrock, senffarbene Bluse, keckes Fichu am Hals, das schwarze Haar hochtoupiert, schillernd wie Stahl. Ihr Gesicht, unter der Woche bereit, mit kecken Zähnen loszulachen, ist versunken hinter der verführerisch duftenden Maske, ein leidender Zug umflort ihre schmalen Lippen. Wir besprechen die Tagesaufgaben.
Maria Rita erinnert sich nicht, ihr fotografisches Gedächtnis versagt, ihre Augen blinzeln blind, ungläubig. Langsam, langsam taucht ihr leidendes Gesicht aus lusitanischem Nirwana und sagt, ohne ihr Zutun, lautlos: Sie mit Ihrer Kultur, mit Europa und seiner Hast, seinem Tagestrieb, lassen Sie mich schlummern, was wollen Sie hier aufrühren, überhaupt ihr Deutschen, was habe ich getan in Deutschland all die Jahre, und jetzt bin ich zurück in meinem Land, was tue ich hier, ich kenne niemanden trotz Verwandtschaft, trotz Bekannten, sonntags irre ich umher, verliere mich, vergrabe mich. Und dann verlangen Sie am Montag früh Lust zur Arbeit, auf dergleichen Unsinn kann nur ein Deutscher verfallen, alle eure Philosophie, das bringt keinen weiter. Lassen Sie uns doch, wie wir sind, lassen Sie uns unsere Eigenart. Wir sind stolz, wußten Sie das nicht? Sehen Sie mich an! Ich bin eine Portugiesin durch und durch, achthundert Jahre Geschichte, dazu mein spanisches Blut, lachen Sie ruhig, ich lache nicht, das ist unsere Wirklichkeit, wir wissen mehr als Ihr. Ihr seid s o o tüchtig, aber wir s i n d.
Pause. Dann: Lächeln. Sie lächelt. Ich lächle. Ihre Leidensfältchen um den Mund werden Grübchen, sanfte Schwermut verklärt ihren Blick:
»Also. An die Arbeit!«
Kurzes Lachen, etwas schrill. Spöttische Lippen. Maria Rita

sammelt ihre Papiere ein, schreitet ins Nebenzimmer, auf Zehenspitzen, sie geht wie ein Pantherweibchen, als Dame verkleidet. Wundervoll!

Die portugiesische Zeit

Zerrinnen laß' ich die gequälte Zeit
und streue meine Sehnsucht ohne Ende
am Meeresufer hin in Einsamkeit . . .

Ein Philosoph, ein portugiesischer, wenn es einen gibt, möge mir sagen, was die Zeit für den Portugiesen ist, warum Camões, Luís Vaz de Camões, der lusitanische Barde, die Zeit »gequält« nennt statt »quälend«, denn offensichtlich quält sie den Portugiesen. Blickt er deshalb mit Vorliebe aufs Meer, jenes Meer, das seit so langer Zeit keine Verheißungen mehr für ihn bereithält? Das Meer vor Portugals Küste als Abbild seiner Zeit, ein Tuch, ein Laken, hingebreitet in Schlingen, Fäden, Rauten, Bändern, bewegt, geschichtet, von Schaumspiralen der Brandung überschauert, in Bewegung, aber zugleich auf der Stelle tretend, schwebend, schillernd. Es gibt keine hastigen Bewegungen auf dem Meer, sein Metronom ist die Ewigkeit, ich habe nie einen Fischer eine hastige Gebärde machen sehen. Selbst wenn ein Boot über die Brecher klettert, hüpft, schlingert, rudern die Fischer stetig, wie in Zeitlupe, hier wird die Zeit mit der Lupe, die sie vergrößert, verdeutlicht gesehen. Daher wiederholt der Portugiese vielleicht auch beim Sprechen Gebärden und mit ihnen die Wörter, die Sätze, die jene begleiten. Sprechen als Sich-Ausbreiten im meergleichen Raum, in der Landschaft des unbegrenzten Lebens, nicht in der dialektisch fortschreitenden, forteilenden Zeit. *Falar é estar*, Sprechen ist Da-Sein, Sich-Befinden, und nicht Sein, *ser*, Sprechen ist körperliche Landnahme, Besitznahme einer Ebene. Die Wörter des Sprechers sind wie Wellenrauten, die sich zusammensetzen zu einem Muster, das dieser mit den Händen dem Hörer vor die Augen hält, zum Greifen nahe, zum Betasten, Abschmecken, Abwägen. Die portugiesische Zeit ist Stoff, den man festhält, indem man ihn gequält zerrinnen läßt. Uhren sind daher unbeliebt und ein unwirsch erduldetes Gerät und Übel. Kein Kirchturm Lissabons verkündet die Stunde, keine öffentliche Uhr geht wie die andere. Nach der Zeit fragen ist im Grunde störend, wo nicht unhöflich. Niemand will sie hierzulande genau wissen, europäisches Zeitgefühl gibt es nicht, man lebt nicht in Europa. Wann geht der Zug? Gegen sieben. Oder: Um drei, mehr oder weniger. Kommen Sie *pela tardinla*, um das Abendchen herum. *Tarde*, als Eigenschaftswort »spät«, als Hauptwort »Nachmittag«, aber auch »Abend«, ist daher eine unbestimmte Zeitbestimmung, es kann sechs, aber auch sieben Uhr dreißig gemeint sein. *Ao fim da tarde*, »gegen Ende des Nachmittags«, schwankt zwischen sechs und acht Uhr, viele Veranstaltungen beginnen um diese Zeit, die Abendveranstaltungen im Grunde nachts, *à noite*, frühestens um neun Uhr dreißig, häufig erst gegen zehn Uhr. *Ao fim da tarde*, das klingt poetisch, das weckt Gefühle sanften Verzichts, zärtlicher Verheißung, wollüstiger Schwermut. *Ao fim da tarde* beginnt man zu leben, jetzt ist Kommen und Gehen der Menschen ein Schweben, ein Traumwandeln fast, kein Blick auf die Uhr, hier feiert die Anarchie der Zeitlosigkeit Feste der Unabhängigkeit, des Sich-Gehen-, Sich-Gleiten-Lassens. Bei Geselligkeiten werden die Portugiesen um Mitternacht seßhaft; wenn die tiefe Nacht einkehrt und sich nichts mehr regt, das ist die hohe Zeit, in der sie beredt werden, mit Vorliebe zwischen 0.30 Uhr und 3.30 Uhr, jetzt ist die »gequälte Zeit« zur Ruhe gebracht, und der von der quälenden Zeit erlöste Körper schwebt im Zustand der sich selber geschenkten *saudade*. Etwas stört das Zeitgefühl des Portugiesen zur Unzeit des Tages: das Zeitsystem der Verkehrsregelung, die Ampeln, die man nachts ohnehin übersieht. Ihr zeitmessender Zwang ist eine Herausforderung an das Körpergefühl des Lusitaners und eine Störung seiner innersten Rhythmen. Denn mit dem Kraftwagen geht er als eigengesetzliches Geschöpf um wie mit einem Spielzeug – spielerisch. Denn das Geschwindigkeitspedal kann seinem augenblicklichen Empfinden schmeicheln, seine Tourenzahl nach Wunsch beflügeln, sein womöglich verstimmtes Andante zu einem einstimmigen Presto anstacheln, nach Lust, nach Lage, nach Laune. Bin ich nicht Besitzer, frei wie Faust, meine Pferdekräfte zu nutzen, gleich, ob die Zeit mich bei »Grün« sofort losfahren, bei »Gelb« sofort bremsen und bei »Rot« sofort halten heißt? Wozu das lästige Vorausschauen, Vorausdenken, Vorausrechnen? Vielleicht genau in dem Augenblick, da eine Welle bittersüßer Melancholie mich durchflutet, die ich mit halbgeschlossenen Lidern und Vollgas auskosten will? Oder wenn ein warmer Hüftenschwung auf dem Gehsteig mir jäh innezuhalten gebietet? Oder wenn auf nasser, verschwiegener Steilgasse der Hügelstadt mich plötzlich ein altes Wiegenlied über der Bangigkeit meines Innern, die ich sofort belauschen muß, am Schalten hindert, wenn meine Reifen rutschen und das herzlose Hupen eines Ausländers, natürlich ein Deutscher, verflucht sei der Ordnungssinn seiner versteinten Seele!, mich in die Wirklichkeit der Vielen – »schon eure Zahl ist Frevel!« – zurückruft! »Bei nasser Fahrbahn schaltet man vor der Steigung und nicht, wenn's zu spät ist!« Zu spät? Was zu spät ist und was nicht, das bestimmen wir. Was wißt Ihr von uns, Ihr Alltagsbanausen, Ihr Allerweltsberechner!

»Der Herr Graf hat Empfang, bitte beeilen!«

Zerstreut, versteckt cholerisch, mit zappelnden ringbedeckten Fingern, drängt der korpulente Portier unseres Hauses uns in den Aufzug des Vestibüls; im Hintergrund steht reglos seine Frau, ein verschüttetes Prügelweib in verfärbtem Schwarz. Der Ex-Sergeant der Republikanischen Garde in anthrazitfarbener Berufskluft mit schwarzer Krawatte und meliertem Nackengekräusel unter der Mütze ist in seinem Element, er hat hohen Dienst heute: Im Vorhof rangieren adrette Chauffeure, die samt und sonders an Filmhelden verschiedener Alter und Zeiten erinnern, ihre CD-Automobile. Empfang im ersten Stock, der Stadtresidenz des Botschafters des Malteserritter-Ordens. Conte Nigra und seine Frau gehören seit vierzig Jahren zum Diplomatischen Corps der Landeshauptstadt. Der Conte, ein polierter, erbleichter Nußknacker, steif und kantig, hat den »guten Kopf« der italienischen Aristokratie, er schreitet markig, martialisch, grüßt leutselig und würde auch heute, wenn die Contessa nicht dabei wäre, den Kavalier plus Verführer spielen. Die Contessa ist feingliedrig, Portugiesin, sie lächelt welk, wenn sie Christiane sieht, erkundigt sich ausführlich nach den Kindern und deren Wohlbefinden in »Portugals lieblicher Sonne, nicht wahr?« Und wenn man sich vor dem Aufzug begegnet, tänzelt sie, selbstironisch »age before beauty« flötend, gravitätisch in den Lift, wie in einem Lustspiel von Georges Feydeau. Dem Portier-Sergeanten ist unser Familienauftritt peinlich, nicht, weil wir aus dem Parkhof für Hausbewohner durch den Hintereingang ins Vestibül kommen, weil wir Pakete tragen, was kein Mensch tut, der in einem anständigen Hause wohnt und auf seinen Anstand hält, sondern weil es ihm vor den Gästen des Grafen Nigra aus Hochfinanz, Großgrundbesitz und Adel, die jede Sekunde aus dem Vorhof hereinrauschen können, unangenehm wäre, wenn der Aufzug nicht den primär Privilegierten zur Verfügung stünde, wenn er zugeben müßte, daß in diesem Gebäude auch Leute niedererer Stände wohnen und er überdies so tun muß, als kenne er uns nicht. Denn es kommt vor allem überall darauf an, auf der richtigen Seite zu stehen, das ist man seiner Selbstachtung schuldig.

Was das Pakettragen betrifft: Wer wie wir von Gemüse und Blumen überquellende Tragtaschen, buntbedruckte Flaschenkartons, Badezeug, Sonnenschirme, Hundematte- und -leine aus Kofferraum und Hintersitzen des Wagens im Balanceakt, vierköpfig unter Gelächter und Hundegebell zum Herrschaftsaufzug befördert, wer also Lasten trägt auf Verdienst und Verderb, der hat von Rechts wegen den Dienstboten- und Lastenaufzug zu benutzen. Wir aber sind Zwitter, aus dem verbürgten Rahmen herausfallende Zeitgenossen, Ausländer, auch wenn wir die Landessprache sprechen. Zu unserem Stock fahren zwar achtbar gekleidete Personen, aber auch vermischte Menschheit, Typen, die Gesindel oder Subversiven zum Verwechseln ähnlich sehen, dann wieder gehen wir gelegentlich im Abendanzug aus. Da ist einem, zumal einem Portier und Ex-Sergeanten der Republikanischen Garde, der seine bescheuerte Frau gelegentlich prügeln muß, bis sie winselt wie ein gewrungener Putzlumpen, der Rechtsanwalt vom sechsten schon lieber, wenn dieser auch alles, was er in der Hand hält, vor dem Aufzug geringschätzig auf dem Boden abstellt, Portefeuille, kleinste Pakete, Schirm, und ungeduldig mit dem Knie wippt, sobald der Aufzug nicht zur Stelle ist, und er den Portier keines Blickes würdigt, der wütend auf den Knopf drückt und schnapsfauchend himmelwärts schielt und dann die Aufzugstür mit abgezogener Mütze aufreißt und anschließend Dr. Fernando Galvão Cunhas Effekten im Dienstbotenaufzug nach oben befördert und an der Dienstbotentür des sechsten abliefert. Wir kennen den geschniegelten, parfümierten, aalglatten kleinen Anwalt, der mit seinen gerissenen Augen immer so verbindlich grüßt. Hin und wieder werden die Kinder zu Schokolade in die mit Stilmöbelchen aus allen Epochen vollgestopfte Zimmerflucht eingeladen, und hin und wieder ergibt es sich, daß man gleichzeitig im Aufzug fährt und vor dem Aussteigen das obligate Abschiedszeremoniell hautnah mit angestrengt lächelnden Masken zu absolvieren hat. Das alles hat seine Ordnung, nur oben scheint nicht immer alles so glattgesichtig zuzugehen, denn nachts, ich weiß nicht, ob nur in erregenden Vollmondnächten oder auch sonstwann, bricht plötzlich ein Beben los wie im Schallraum schwankende Stimmen, trunkene Rachenlaute zweier Männer, natürlich übertreiben wir unsere Eindrücke unter dem halluzinatorischen Einfluß der lusitanischen Nacht, wo alles geschehen kann, wo man oft stundenlang wach liegt, wo man vom Balkon aus drüben über dem glitzernden Strom hinter der Salazarbrücke den Alcântara-Kai sehen kann, von dem die Truppentransporter ablegen nach Luanda. Und tatsächlich scheint der Wortstreit über unseren Köpfen um Übersee zu gehen, die jugendliche Stimme – dem Tonfall nach die des kriegsdienstpflichtigen Studentensohnes – stößt Wörter hervor wie »Kolonial . . .«, »Massaker der Jugend«, »über die Grenze gehen«, die ältere bellt etwas von »Pflichten«, »Souveränität«, »Überleben«, dann lallt sie, es folgen Hohngelächter der jungen, heisere Befehlstöne der älteren, schließlich klirrt und splittert Glas, ein Stuhl fällt um, Stampfen, die Zimmerdecke dröhnt, eine Frauenstimme zetert, endlich Stille. Am nächsten Tag, kurz vor zehn, steigt Dr. Cunha gleichzeitig mit mir in sein Auto, aalglatt, rasiert, parfümiert, bleich und ölig lächelnd, und ich sage mir, wir träumen, sehen Gespenster, alles ist friedlich und feierlich in dieser schönen Stadt.

»Ich möchte wissen, wo Ihr Mann immer seinen Gesprächsstoff herholt.«

Es plagt ihn der deutsche Teufel, er muß den Leuten noch weismachen, er sei auch gelehrt!

Richard Wagner

Mittagessen in der Residenz des Botschafters zu Ehren von Maria Madalena Biscaia de Azeredo Perdigão, Frau des Präsidenten der Gulbenkian-Stiftung, anläßlich der Verleihung des Bundesverdienstkreuzes mit Halsband für ihre Verdienste um die deutsche Musik.

Der Botschafter, der als ehemaliger Protokollchef derartige Hausveranstaltungen wie ein Liebhaber Offenbachscher Musik mit schlanker Verve und leicht geröteten Wangen dirigiert, der die Protagonisten wie Statisten mit zärtlichen Stubsen vor dem Kamin gruppiert, mit mondänen Winken den Einsatz zu den Ansprachen gibt, sein Sektglas hebt, als feiere er zum hundertsten Mal seine eigene Hochzeit, übersieht gelassen die Zusammensetzung der Gäste zwischen Ultrarechts und Liberal und deren frostige Höflichkeit in fremdländischer Umwelt (Fernando Lopes Graça, vom Regime totgeschwiegener Komponist, ist nicht geladen). Eine von Madalena Perdigãos Wunschgästen, die unverheiratete Tochter des greisen Staatschefs Admiral Américo Tomás, fröstelt wie ein ausgenommenes Suppenhuhn bei der Berührung ihrer Hand durch meine Lippen. Übrigens gebe ich den Handkuß, Teil meiner Tarnung in der Welt der anderen, normal und nicht nach dem Kanon der internationalen Aristokratie, der von Portugals Großbürgertum andächtig nachgeahmt wird: Der Kavalier zieht die Hand der Dame auf die Höhe seiner linken Wange unter gleichzeitigem Linksruck der Lippen, die ins Leere quappen, als habe er auf die rechte eine Backpfeife erhalten – eine Clownsgrimasse, die der Eingeweihte als Gipfel weltmännischer Anmut wertet. Die Frau des Präsidenten, Leiterin der Musikabteilung der milliardenschweren Stiftung, gibt subtil zu verstehen, daß sie die Ordensverleihung für überflüssig hält, da sie ja nur ihrer Neigung und ihrem Beruf gefrönt hat: deutsche Musik – welche, wenn nicht diese? – und deutsche Musiker zu importieren, und daß, wenn schon jemand belohnt werden soll, eher ein Instrumentalist oder Vokalist die Ehrung verdient hätte. Vermutlich

– nach ihrem burschikosen Lächeln zu schließen – kennt Madalena Perdigão Mechanismen und Machenschaften des diplomatischen Betriebs, dem es auf Genauigkeit nicht ankommen kann, eben weil diese Welt aus Andeutungen besteht, und im Alltäglich-Flüchtigen, im Unverbindlich-Unbeständigen ihr Genügen findet. Manches ist daher dem Botschafter nachzusehen: er lebt von seiner und für seine Karriere, er lebt vom Umfang und Gewicht seiner Berichterstattung an seine Bonner Dienststelle, er lebt davon, sein Jahreskontingent an Orden so prestige – und so nutzbringend wie möglich unter das Volk – was sage ich? –, unter die »Spitzenpersönlichkeiten der Gesellschaft« zu bringen. Das Spiel der Diplomatie besteht offensichtlich darin, sich in der Aufwertung von Mücken zu Elefanten zu üben. Dabei gehen die Kriterien, die Maßstäbe, die Proportionen verloren, und das mit gutem Grund: jede Anwandlung von Kritik muß der Pflicht zur Affirmation weichen.
Inzwischen ist die Ehrung vorüber, alle sind entzückt, Küsse, Umarmungen, Lob, Liebenswürdigkeiten und Liebreiz wurden freigebig verteilt, man sitzt bei Tisch. Die Sitzordnung – ein Meisterwerk des Protokolls. Ich sehe mich gerahmt von Maria Fernanda Cidrais Rodrigues, Madalenas Freundin, welche die eigentliche Arbeit der Musikabteilung tut, und Madame Madeleine Essenian, der französischen Frau des Administrators, eines Verwandten des verstorbenen Ölmagnaten. Christiane schräg gegenüber, in der Nähe der Botschafterin. Meine Nachbarinnen kommen à propos de rien auf das Fliegen zu sprechen und die Angst vor und während des Fliegens. Das Thema reizt mich – oder bin ich nur gereizt, weil zum Vorgericht Weißwein gereicht wird, den ich nicht vertrage, und mein Freund Armando, des Botschafters Chauffeur, den ich um ein Glas Rotwein bitten könnte, auf der gegenüberliegenden Tischseite bedient?
Und ich sage kühl zu Madame Essenian in ihrem mädchenhaft hochgeschlossenen, etwas zu jungen Kleid, das ihre Augenfältchen betont, die sei leicht zu beheben. Madame Essenian beginnt zu blinzeln und läßt über ihre leicht gefransten Lippen ein furchtsames Lächeln huschen, das so gut in diese Umgebung paßt. Noch bevor das Flugzeug startet, sage ich jetzt, teilnahmsvoll, müsse man sich in seinem Sitz ausbreiten, als bestehe man darauf, im Augenblick des Abhebens durch das Polster zu sinken, um durch das Traggestell abzustürzen, sobald das Flugzeug so viel Höhe gewonnen hat, daß keine Zweifel am künftigen Sein oder Nichtsein übrigbleiben. Ob ich scherze,

wirft Maria Fernanda halb vorwurfsvoll zum Trost ihrer Geschlechtsgenossin ein, und ihre Augen sagen, eine feine Dame dürfe man bei einem festlichen Anlaß mit dergleichen unangenehmen Betrachtungen doch nicht so herzlos ängstigen. Im Gegenteil, erwidere ich: »Sei allem Abschied voraus.« Maria Fernanda, die in ihrer Jugend gedichtet hat – welcher Portugiese oder welche Portugiesin dichtet nicht in der Jugend? –, fühlt sich durch mein Zitat ihres Lieblingspoeten geschmeichelt. Unablässig den Abgrund anpeilen, meditativ, das sei die sicherste Therapie. Wieder blinzelt Madame Essenian heftig und ihre Fältchen drängen sich verschüchtert zusammen – wie eine Herde Lämmer. »Wie schrecklich, das Nichts«, seufzt sie und sieht mich streng an. Recht hat sie, denke ich, welch ein Unrecht, ihr die Tafelfreuden zu verderben, nur weil Armando meine Rotweinnot nicht lindern kann. »Das Nichts gibt es doch garnicht«, behaupte ich jetzt unwiderleglich, mit einem Anflug von Ironie, und will zu einem längeren Diskurs ansetzen, während Madame von einem Anruf der gegenüberliegenden Tischseite abgelenkt wird. Aber ich lasse mich nicht ablenken: »Das Nichts existiert nicht, chère Madame, oder nicht mehr.« Madame hört zu, mit einem Ohr nach drüben, mit dem anderen zu mir. »Ein deutscher Poet namens Benn hat noch mit dem Nichts und seinem ungezeichneten Ich gehadert. Vielleicht hat er dieses sogenannte Nichts nie richtig getestet. Es ist nämlich nicht mehr als ein morscher Klappstuhl mit durchgescheuerter Leinwand, die beim leisesten Druck nachgibt.« Versteht Madame Essenian die törichte Anspielung? Und schon geht es lotrecht abwärts, rückwärts, im Juchhei, klaftertief, atemlos, im rasenden Stillstand. Im Nu bist du enthäutet, entsehnt, entfleischt, zurückgestoßen in den eigenen Kern, ein Nichts nämlich, eine Nichtigkeit, ein winziger Hohlraum, nach außen und innen durchsichtig wie ein Nadelkopf aus dünnster Luft. (Hören Sie, Madame?) Abwärts geht's, sage ich, und plötzlich hältst du inne, von allein, und stehst in der Schwebe, leichtestes Kind der Himmelswinde, und gleitest wieder aufwärts, erleichtert von allen Lasten, und die Luft, die du bist, ist ein Lachen, weit wie ein Schiff, hell aus Heiterkeit, und du kehrst zurück zur Erde, nach vollendeter Ellipsenbahn, ausgesöhnt und dir völlig durchsichtig. Wo ist da das Nichts, möchte ich wissen? Vous comprenez, Madame? Und ich leere mein Glas, von Armando gefüllt während meines Fluges in Trance.« A votre santé, Madame.« Jedem das Seine, denke ich, Ihnen Gulbenkians Millionen, mir meine Fallflüge. »Ich möchte wissen, wo Ihr Mann immer seinen Gesprächsstoff herholt«, habe ich vor wenigen Sekunden, hellhörig, wie ich plötzlich geworden bin, die Botschafterin Christiane fragen hören. Von Ihrem Eßtisch, gnädige Frau, zwischen kauenden Mündern, könnte ich antworten.

»Wissen Sie nicht, daß wir im Krieg sind?«

Mitbürger, die Zensur verschont die Raben und geißelt die Tauben!
Juvenal (58–140 n. Chr.)

3 Oktober. Senhor Caetano de Carvalho bittet mich, »wegen meines Antrags für einen Brecht-Abend einmal vorbeizuschauen«. Obwohl wir uns nie begegnet sind, spricht er am Telefon so, als seien wir alte Cocktailbekannte. Als ich zur vereinbarten Stunde sein Arbeitszimmer im ›Palácio Foz‹ am ›Restauradores‹ betrete, begrüßt er mich mit der Leutseligkeit eines Weltmannes, der für alle Probleme eine fortschrittliche Lösung bereithält. »Ich habe Nachrichten für Sie, eine gute, und eine zweite . . . Also: Opernfilme müssen nicht mehr vorgelegt werden.«
Caetano de Carvalho gebraucht nicht das Wort ›Zensur‹, sondern den umständlichen Titel ›Serviço de Cultura Popular e Espectáculos‹ – ›Volkskultur- und Schauspieldienst‹. »Und das andere: Ihr Brecht-Abend. Die Schwierigkeit ist, daß Brecht in Portugal nie aufgeführt wurde . . .« Ich erwidere, meines Wissens hätten die Brasilianer vor Jahren . . . »Ich werde Ihnen den Vorgang erzählen . . .« Caetano de Carvalho spricht freimütig wie unter Eingeweihten, für die es keine Geheimnisse gibt. »Vor etwa zehn Jahren wurde eine brasilianische Theatergruppe, die wir im Rahmen des Kulturabkommens spielen ließen, mit *Der gute Mensch von Sezuan* regelrecht ausgepfiffen. Sie sehen also, Brecht ist bei uns keineswegs beliebt.«
Ich bin nicht unvorbereitet gekommen. Am Vortag haben meine Theaterfreunde Sttau Monteiro, Artur Ramos, Bernardo Santareno mich in weiser Voraussicht über den notorischen Fall aufgeklärt: Es gelang der Zensur damals, das dreimal erfolgreich gespielte Stück nach einer geplanten Störaktion der Ultrarechten, welche die drei ersten Reihen belegt hatten, abzu-

setzen, die Truppe zu entschädigen und nach Hause zu schikken. Die Freunde haben mir geraten, »bei dem bäurischen Emporkömmling eine nonchalante, hochnäsige Haltung anzunehmen«.

»Seither ist Brecht nie wieder genehmigt worden, nicht dem ›Teatro Vasco Santana‹, nicht Vasco Morgado.« Mein Gesprächspartner nennt beide Theater absichtlich in einem Atemzug: das erste leitet Maria Luiza Martins in Pacht, in ständigem Kampf um Dramatiker wie Rafael Alberti, Arrabal und andere; Vasco Morgado ist der regimefromme Groß-Impresario des Unterhaltungs- und Ablenkungstheaters. »Es wäre somit ungerecht, für das Instituto Alemão eine Ausnahme zu machen.« »Seither ist aber Zeit vergangen, Autoren ähnlicher Gattung dürfen gespielt werden, Arrabal ...« – »Ja, aber keiner hat die Tendenzen, mit denen Brecht unsere Öffentlichkeit vor den Kopf stößt.« Auf meinen Einwand, daß ich einen Rezitationsabend mit Gedichten plane, entgegnet der Direktor des »Serviço de Cultura Popular e Espectáculos«, mein Antrag enthalte auch Monologe aus Stücken. Es sei daher vorzuziehen, nicht vom Prinzip abzuweichen, weil sich sonst städtische Bühnen über unsere unziemliche Behandlung beschweren könnten. »Mich wundert Ihre Einstellung«, sage ich müde befremdet. »Brecht ist Weltliteratur, er wird in allen Ländern gespielt, in Deutschland wetteifern Shakespeare und Brecht alljährlich um die höchsten Inszenierungsziffern, sie liegen meist bei neunhundert. Übrigens hat Ihr Staatssender unlängst Lieder gebracht, Gulbenkian ein Brechtprogramm mit Eartha Kitt.« In welcher Sprache, will der Chef der Zensur wissen. »Auf Englisch ...« – »Das ist etwas anderes.« – »Und die fünf Bände Brechtstücke in portugiesischer Sprache bei der Editora Portugália?« – »Gedruckt ist nicht gespielt.« Im Goethe-Institut München, werfe ich gelangweilt ein, gehöre Brecht zu den Standardprogrammen, er sei ein Autor wie die Brüder Mann, wie Musil, Böll, Grass ... Caetano de Carvalho errötet, vielleicht verärgert, vielleicht verschämt, und blättert abwesend in dem vom Institut eingereichten Manuskript, in dem ich da und dort rote Striche und Fragezeichen blinken sehe. »Auf jeden Fall würde ein großer Teil gestrichen werden. Sie haben pazifistische Gedichte hineingemischt ...«

Sttau Monteiro hatte vorgeschlagen: »Spielen Sie den Schwierigen, sagen Sie mitunter: ›Verzeihung, ich habe nicht verstanden, akustisch meine ich, würden Sie nochmal ...‹« Bei dem neuralgischen Punkt angelangt, weigert Caetano de Carvalho

sich, auf diese Technik einzugehen und fragt barsch: »Wissen Sie nicht, daß wir im Krieg sind?« Statt zu erwidern, pazifistische Gedichte könnten womöglich dazu beitragen, den Krieg zu beenden, ziehe ich vor zu schweigen, weil mein Einwand als Einmischung angesehen werden könnte und ich naiv genug bin, eine Chance zu wittern. »Wären Sie so freundlich, den Fall noch einmal zu prüfen?« – »Ich werde den Fall mit meinen Mitarbeitern besprechen, ihnen berichten, daß Sie hier waren, und gebe Ihnen dann Bescheid.« – »Da ich meiner Zentrale über die Abwicklung der angebotenen Programme Rechenschaft schuldig bin«, log ich, »wäre ich Ihnen im Fall einer Ablehnung für eine schriftliche Begründung dankbar.« – »Sie bekommen Bescheid. Übrigens, in welcher Sprache plant das Institut die Veranstaltung?« – »Laut Manuskript auf Portugiesisch, rezitiert von portugiesischen Sprechern und Schauspielern. Es wird eine unter vielen Darbietungen sein.« – »Gut, ich werde den Fall diskutieren, sage Ihnen aber schon jetzt: ein guter Teil wird gestrichen werden.«
Ich erzähle Artur Ramos den Verlauf der Unterredung und Caetano de Carvalhos Versprechen. Wir wetten darauf eine Flasche Whisky. Artur Ramos lacht: er weiß, daß er bereits gewonnen hat.

Caparica II

In der *Praia do Rei* bedient uns seit Jahren derselbe Kellner, ein altersloses Männchen zwischen Knabe und Greis mit butterweichem Handschlag. Er lächelt uns stets auf verschwörerische Weise zu, man würde ihm manches anvertrauen. Jüngst blieb er an unserem Tisch stehen und breitete vor Christiane seine Papiere aus, Kennkarte, Arbeitsausweis aus Luanda, wo er fünfzehn Jahre gelebt und mehrere Berufe ausgeübt hat. Er war stolz, alle seine Dokumente in Ordnung zu haben, kein alltäglicher Vorgang in diesem Lande, es hebt sichtlich das Bewußtsein des Staatsbürgers. Nun zeigte Christiane ihm ihren grünrotumsäumten Ausländerausweis: seine Augen leuchteten, beide waren am selben, und zwar an diesem Tage geboren. Mit einemmal waren wir verbündet. Als ich die Rechnung beglich, legte Christiane einen Hundert-Escudo-Schein als Geburtstagsgeschenk dazu. Unser Freund errötete, und seine Augen wurden feucht. Damit war unsere Freundschaft endgültig besiegelt. Seither lehnt er es mit begütigender Geste ab, unsere Zechen nach beendeter Mahlzeit zu kassieren. »Später!« ruft er von weitem, »nächstes Mal . . .« und winkt nachsichtig ab, als hätten wir uns im Zahlungstermin geirrt. Wir fügen uns.
Das Wesen dieses Menschen eröffnet mir eine neue Perspektive seines Landes. Portugal, ein im Ozean der verirrten Welt treibendes Schiffchen, das Freunde braucht von weither, von überall her, von auswärts: ein Kleinod, das – im portugiesischen Gemüt (wenn dieses urdeutsche Hauptwort noch einen Nennwert hat, dann hier) verankert – erkannt, geliebt und gepflegt sein will. Der Welt fehlt etwas, merkt es doch, Leute, es ist unsere Daseinsart, unsere Fühlweise, die einmal wieder die Welt erobern wird, diesmal auf neue Weise, wenn Eure Ismen, die Kapitalismen, Sozialismen, Kataklismen, überwunden sein werden, die portugiesische *saudade* als Heimkehr in den Augenblick, die vollkommene Gegenwart, verrauschend und wiederkehrend wie ein duftender, blinkender Brecher am Strand von Caparica, ohne Wunsch noch Gewinn, restlose Hingabe an das Nirwana des Hier-und-Jetzt. Wir werben um Eure Gunst, um euretwillen! Das sagen die Gebärden, die Worte, die Blicke dieses schlauen, zärtlichen, demütigen und stolzen, traurigen und fröhlichen Menschen. Dixi.

Bilder aus der deutschen Gegenwart

In den Münchner Residenz-Stuben hallt der Stimmenlärm wie vor einem Jahr, die Luft schwimmt in Weindunst und Rauch, an den noch immer weißgescheuerten Tischen trinken die Stammgäste Schulter an Schulter ihren Pfälzer Roten und Weißen zum Ripperl mit Kraut und Weinkäs. Eine Stunde Residenz-Stuben löscht die Erinnerungen an ein Jahr Portugal. »Kenn ich auch, bin einen Sommer in Lissabon gewesen, Estoril, Cascais, eine saubere Sache«, meint ein mitteljunger Bayer in Sonntagstracht, der uns nach unserem Woher und Wohin fragt; offenbar wirken wir nicht hiesig. Der Bayer ist wohlgenährt und sieht wohlhabend aus, nach Bauunternehmer in Rottach oder Umgebung. Das Tischgespräch springt zum Thema Kriegsende über, und der Bayer, wein- und erinnerungsselig, erzählt, wie er 1945 in München nach Sperrstunde von einem Uniformierten vom Gehsteig gestoßen und vierundzwanzig Stunden eingesperrt worden sei. »Das hat Ihnen vielleicht ganz gut getan«, sagt Christiane freundlich. »Sie waren jung, und wenn Sie bedenken, daß andere Arme oder Beine verloren haben . . .« – »Gut getan, meinen Sie? Sich von einem dreckigen Nigger ohrfeigen lassen müssen . . .« Nicken älterer Eheleute, vermutlich Rentner; ein Studentenpärchen spitzt die Ohren. »Ich finde, Sie sind noch billig weggekommen«, werfe ich ein. »1918 hat einer meinen Vater nach russischer Gefangenschaft vom Bürgersteig stoßen und ihm die Achselstücke abreißen wollen, dazu ein Landsmann, aber mein Vater hat den Säbel gezogen. Sie sehen, die Sache hat eine gewiße Tradition . . .« – »Tradition nennen Sie das . . .« – »Ja, unsere deutsche Tradition, nicht an die Folgen und nicht an die Zukunft zu denken.« – »Schlau sind's!« – »Komm, komm . . .« Eine volle Blondine, ländlich mondän im bestickten Lederkostüm, legt die Hand auf den Arm des Gekränkten, dessen Schlagadern fliegen. Auf seinem Pappuntersatz sind fünf Striche vermerkt. »Nicht besonders«, erwidere ich. »Aber wenn Sie bedenken, wie wir Rassen, die wir für minderwertig halten, auslöschen, werden Sie sich über den Farbigen, oder Nigger, wie Sie ihn nennen, kaum beschweren können.« – »Was hat das eine mit dem anderen zu tun?« Der Bayer fingert nervös an seinem leeren Glas. »Äußerlich vielleicht wenig, aber innerlich viel.« – »Viel wissen's, viel . . .« – »Keineswegs«, sage ich ruhig. »Aber ich glaube, all das hat einen Zusammenhang.« – »Einen Zusammenhang hat's

mit Ihren Rassen und damit, daß die schwarzen Schweine einen Unschuldigen zusammmengehauen haben?« – »Vielleicht sollte Ihre Nacht bei den Amerikanern nur ein Denkzettel sein.« – »Ein Denkzettel wofür?« – »Daß wir den Falschen nachgelaufen sind und die Falschen umgebracht haben.« – »Belehren können's mich net. Da müssen schon andere kommen.« – »Das wünsche ich Ihnen.« – »Und was die Falschen betrifft, die Fremden. Die haben wir hier satt. Erst die Franzosen, s'ist freilich 'ne Weile her. Dann 1940/41 die Evakuierten aus Preußen und anderswo. Bei Kriegsende die Flüchtlinge und gleichzeitig die Amis, Schwarz, Weiß und Fehlfarben. Und schließlich die fünfte Invasion, die Fremdarbeiter. Heuchler nennen sie zwar Gastarbeiter, aber für mich sind's und bleiben's Fremde. Prost.« – »Schluß jetzt, Bursch.« Wieder legt die Silberblonde ihre Hand mit dem schweren Armreif auf seinen Ärmel. »Mit Ihnen sprech ich kei Wort mehr. Resl, noch einen Vierer.« – »Du trinkst mr fei net mehr. Resl, die Rechnung.« – »Befehlen tust mr noch lang net. Resl, mein Wein.« – »Sei friedlich, Bursch«, lenkt die Silberdrahtblonde ein und lächelt Christiane zu. »Die schöne Stimmung lassen wir uns doch net verderben, oder?« Ich nutze die Pause und gehe zur Telefonzelle. Als ich mich durch die Menge zu unserem Tisch zurückschlängle, höre ich die Stimme der Blonden. »Hab mirs glei denkt, daß der Ihrige einer ist.« Ich sehe Christianes schalkhaftes Lächeln. In meiner Abwesenheit – das erzählt sie mir später –, ist sie nach unseren Lebensumständen gefragt worden. Nein, verheiratet seien wir nicht, hat sie geantwortet, aber wir leben zusammen. Ja, ich sei während des Krieges in Südamerika gewesen und nachher vom Auswärtigen Amt übernommen worden, arbeite heute als Kulturattaché an der Botschaft in Lissabon. Aha, Wiedergutmachung, habe der Bayer gesagt und den Mund verzogen. Und sie, mit ihrer Nase, ob sie auch eine sei? Halb und halb, hat Christiane geantwortet.
Der Bayer hebt sein Glas: »Also zum Wohl und nichts für ungut. Zahlen bitte. So jung kommen mr nimmer zsamm.« Auch wir zahlen und stehen auf. Die Blondine und Christiane klingeln mit ihren Schlüsselringen, an beiden hängt der gleiche, schwarzgefaßte Autoschlüssel, sie tauschen einen Verschwörerblick: Vereint unter demselben Stern. Der Bayer, zu mir gewandt: »Und Sie, schauen Sie sich ruhig ein bissl um bei uns. Wir haben heute ganz andere Sorgen. Gutnacht miteinand.«

Lissabon 1972

Was ist Lissabon?
Es ist der strahlenförmige Baldachinbaum über der Praça Principe Real, der den Fremden ins blaue portugiesische Nirwana entführt.
Es sind die morgendlichen Menschenmassen, die aus den Cacilhas-Fähren stumm und gefügig den Terreiro do Paço überfluten.
Es ist der verschleierte Schoß der steinernen Nackten auf Eças Denkmal am Chiado und der Betonchristus am Tejo-Ufer, der die Einflugschneise bewacht.
Es ist die Antwort der Dichterin Sophia auf Sir Osbert Sitwells Frage nach Portugals Sehenswürdigkeiten: »Die Durchsichtigkeit des Lichts, die Sehnsucht der Dichter und die Resignation der Armen«.
Es sind Lissabons berühmte Brunnen auf Plätzen, vor Palästen, das einzig Fließende in dieser erstarrten Stadt.
Es ist die von Staub und Bettlern reingefegte Avenida da Liberdade, auf der die Touristen ihre Ferienmüdigkeit spazierentragen, und die beunruhigende Totenruhe der Stadt, welche die Touristen so beruhigend finden.
Es sind die Elendsquartiere zwischen den Ausfahrtsstraßen, welche die Touristen übersehen.
Es sind die Diamantencolliers auf olivbleichen Dekolletés im Foyer der Staatsoper und die bleichen Pikkolos der Restaurants, die dem späten Gast in den Mantel helfen.
Es sind die Helmbüsche der Republikanischen Garde, die vor der Wagenkolonne jedes neuakkreditierten Botschafters zum Palácio das Necessidades galoppiert.
Es ist Umberto, Exkönig von Italien, in seinem rosafarbenen Exilschlößchen am Guincho residierend und bei Staatsempfängen privaten Cercle haltend, inmitten hofknicksender Damen.
Es ist der Name Borges auf vielen Bankfassaden, zugleich der Name eines argentinischen Dichters, Nachfahre eines portugiesischen Matrosen.

Was ist Lissabon im Lusiaden-Jahr?

»Die Lusiaden die wir waren / die Lusiaden die wir sind.«
Es sind Kurzwellensendungen von Camões-Gedichten nach Übersee, die dem Buschkrieger Mut machen sollen bis zum Endsieg.

Es sind die über Nacht von den Mauern rufenden Plakate: »Der portugiesische Soldat ist so gut und besser wie jeder andere.« »Achthundert Jahre Geschichte sind Anlaß zu Stolz, aber auch zu Verpflichtung.«
Es ist Ministerpräsident Marcello Caetanos kahles Fernsehlächeln beim ›Familiengespräch‹ mit der Nation.
Es sind die Truppentransporter, die nachtstill vom Alcântara-Kai ablegen nach Luanda.

Was ist Lissabon für mich im Jahre 1972?

Es ist der Aquädukt von Amoreiras, der unseren Stadtteil beherrscht.
Es sind die wartenden Chauffeure in unserem Garagenhof, die alltäglich die alltäglichen Neuigkeiten besprechen.
Es ist meine tägliche Morgenfahrt ins Institut hügelab, hügelan durch Häuserschneisen aus vier Jahrhunderten, und der gemüse-entladende Eselskarren, der mich stets an der gleichen Stelle aufhält, ohne mich ungeduldig zu machen.
Es ist der Blick aus meinem Fenster auf die weiße arabische Stadt im milchigen Abend mit dem Verlangen nach Feldafings sommerhohen Baumkronen vor dem Starnberger See.
Es ist das Röhren der Schiffssirenen hoch oben im Nebelmorgen und der Okarinatriller des Scherenschleifers unten im Straßenschacht.
Es ist der Begrüßungsruf von Christianes Fischfrau auf dem Rato-Markt: »Pescada fresca para a Madame ....«
Es ist Fernandos Händedruck im Restaurant ›Paris‹, der mir sagt, ich sei lange nicht dagewesen.
Es ist Carlos Portos Buchwidmung »für Christiane und Curt, denen ich meine Versöhnung mit Deutschland verdanke«.
Es ist die Melancholie der Portugiesen in ihrer Enklave zwischen dem ungeliebten Spanien und dem verheißungslosen Meer, die bisweilen auch mich befällt.
Es sind meine Wanderungen auf Caparicas distelbestandenem Strand, am liebsten bei Sturmflut im Januar und barfuß, mit dem Gefühl traumlosen Totseins zu Lebzeiten.
Ich will nicht fortfahren, sondern der Freunde gedenken, die verstummt sind aus Angst oder Verzagen oder Müdigkeit.
Es sind die Gespräche mit ihnen, die nur ein Thema haben: »Der kleine Diktator, dessen Namen mir entfällt« (Georges Bernanos), dessen Todesschatten noch immer über dem Lande lastet.

Es sind die unter dem Ladentisch von Sá da Costa verkauften Freiheitsgedichte des Angolaners Agostinho Neto, denen die *Pide* nachspürt in Studentenzimmern.
Es ist die Bombe, die während einer Nato-Sitzung in der Hauptpost platzt oder in einem Polizeirevier, was die Zeitungen verschweigen und die meisten Mienen.
Es ist das ferngerückte Antlitz des totgeschwiegenen Erzählers Luandino Vieira im »Lager des langsamen Todes« Tarrafal, das heute *Chão Bom* heißt oder *Gute Erde.*
Es ist meine verschwiegene Angst vor Zeitbomben.
Es ist meine Angst, Lissabon nicht lebend zu verlassen.
Es sind die alterslosen Gesichter wartender Männer vor Cafés und Straßenecken, die Abendzeitung unter dem Arm.
Es sind die Gesichter von Frauen in vielen Fenstern, ausschauhaltend mit inwärtsgewandtem Blick.

Protokoll eines Experiments, November

Kultur läßt nicht vergessen . . .
Tageszeitung *Época*

Der Mann ist unser Feind.
Der Leiter der politischen Abteilung des Außenministeriums

Es war ganz der Gedanke, der Wunsch unseres Gesandten, daß diese verdrüßliche Geschichte endigen möge.
Goethe, *Clavigo*

»In Portugal gibt es kein Dokumentartheater.« Fernando Gusmãos Bemerkung hat den Anstoß zu dem Projekt gegeben. Nach wochenlanger Vorarbeit ist das Programm ausgearbeitet: »Zyklus des Deutschen Dokumentartheaters« mit Vorträgen deutscher Theatermänner, der Dramatiker Heinar Kipphardt, der Kritiker Helmuth Karasek; die Regisseure Peter Palitzsch und Manfred Weckwerth waren unabkömmlich; die Spanier Alfonso Sastre und Ricardo Doménech, die Portugiesen Francisco Rebello, Dramatiker, Theaterwissenschaftler, Carlos Porto, Theaterkritiker, Fernando Gusmão und Artur Ramos, Regisseure; mit einer Theaterausstellung; mit Dokumentarfilmen von Sellner, Piscator, Stein; mit Spielfilmen von Kipphardt. Das Hauptstück soll eine Bühnenanthologie sein mit Szenen aus Dorsts *Toller*, Hochhuts *Stellvertreter*, mit Brechts Verhör vor dem McCarthy-Ausschuß, mit Peter Weiß' *Ermittlung* und Kipphardts *In der Sache Robert J. Oppenheimer*, ein geschichtspolitischer Bilderbogen von der Revolution 1918 über den Nationalsozialismus mit seinen Vorläufern und Folgen bis zum Kalten Krieg. Eine tönende Diapanoramaschau mit Fotos aus fünfzig Jahren, Kommentar und Musikbegleitung, soll auf einer oberhalb des Bühnenrahmens gespannten Leinwand die Pausen füllen. Als ich in München telefonisch die benötigten Schallplatten bestelle, verschluckt sich der Referent bei meiner Erwähnung des Horst-Wessel-Liedes und lacht hektisch; das Trauma wirkt also unverdaut fort. Die Auswahl der Stücke war schwierig; wir hatten zuerst Grass' *Plebejer* und Enzensbergers *Verhör in Havanna* erwogen, fanden aber dann *Oppenheimer* wichtiger; gegen Hochhuts *Soldaten* wurde eingewendet, der Autor rechne Coventry gegen Dresden auf. Den Regisseur und mich beschäftigen drei Fragen: die Inszenierung, die Tarnung der Veranstaltung gegen die Zensur, die Finanzierung. Artur Ramos, der Regisseur, wegwerfend: »Die Demark ist fest.« Er verwechselt die von ihm verachteten zigarrenrauchenden Specknacken und Sahnekonsummatronen der BRD mit ihrer Weltanschauung aus Komfort, Kontokorrent und Karstadt mit dem schmalen Etat eines Goethe-Instituts. Ich kratze zusammen, was ich kriegen kann; dank ihres vitalen Interesses am Projekt geben sich alle Beteiligten mit einem mäßigen Honorar zufrieden; der Maler und Karikaturist João Abel Manta wählt die Diaschau und entwirft das Bühnenbild umsonst: schwarzer Raum, verschieden hohe und lange Estraden, schwarz, schwarz überzogene Stühle, als Tische schwarze rechteckige Blöcke; der Rest Beleuchtung. Alle Schauspieler, fünf, die in allen fünf Stücken auftreten, tragen anthrazitfarbene Mäntel, dunkle Hosen, schwarze Schuhe; die Lichtkegel rücken die ungeschminkten Gesichter in den Brennpunkt wie Rubens oder Carvaggio. Nüchterne Sprache, geometrische Bewegungen, die Andeutung des Kreuzschlagens suggeriert die Unfehlbarkeit des Papstes, eine durchtriebene Kopfbewegung evoziert Brechts Katz- und Mausspiel vor McCarthys Gewissensschnüfflern. Die Zwischenkommentare, Fotos, Großportraits, Musik und Hintergrundgeräusche (Straßenkämpfe, Aufmärsche, Chöre, Volksansprachen), die den Zuschauer in den Spielpausen aufklären sollen, bewirken die optische Täuschung: er vergißt, wer die bekannten Gesichter vor Minuten waren und sieht nur, was sie jetzt darstellen. Die Proben sind im Gang; Artur Ramos, neben sich seine Frau Helena als Regieassistentin, lenkt die Schauspieler, die hauptberuflich an verschiedenen Theatern spielen, mit portugiesischer Geduld, es fällt kein heftiges Wort. Er gehört zu den von der Zensur geschundenen Regisseuren. Diese Inszenierung ist für ihn beruflich wie politisch wichtig. Das Institut bietet ihm und allen Mitbeteiligten die Chance, im Schutz einer ausländischen Institution, von den portugiesischen Behörden als (vage) exterritorial angesehen, neue, ihnen auf heimischen Bühnen verwehrte Erfahrungen zu sammeln, politische Aufklärung zu treiben, die ihnen das Regime untersagt, und sich vor ihren Landsleuten zu profilieren. Die Chance für das Institut ist nicht geringer: zeitgenössisches deutsches Theater in der Landessprache zu lancieren, in Gemeinschaftsaktion zu experimentieren, konventionellen Kulturballast und konventionelle Be-

sucher auszubooten, Grenzen zu überwinden und wenigstens während Tagen oder Stunden für internationale Verständigung zu werben. Das lohnt alle Mühe.
Artur Ramos will denn auch seine Chance gebrauchen – oder mißbrauchen? –: er denkt an eine Nebenbühne für Schockszenen und sucht in den ersten Proben die Rollen zu chargieren, die Figur des Papstes im »Stellvertreter« zu karikieren, die »Ermittlung« zu dramatisieren. (Bei einer der ersten Abende wird ein »Zeuge« der Schlußszene, die nach dem Willen ihres Autors unerträglich sein soll, aus Nervenüberreizung in Tränen ausbrechen.) Ich muß dem Regisseur dergleichen ausreden. Eine bewußte Provokation könnte wie ein Bumerang auf alle zurückschlagen, möglicherweise zu meiner Ausweisung führen, und damit wäre meinen Freunden im Lande am wenigsten gedient; unter Salazar wäre solch ein Wagnis ohnehin Wahnsinn gewesen. Hans Magnus Enzensberger, der zur Zeit in Japan ist, schreibt: »Ich finde die ganze Veranstaltung für Portugal sehr nützlich und beinahe sensationell. Hoffentlich gelingt sie Ihnen!« Das hoffen wir alle und beraten, wie sie angekündigt werden soll. Das Monatsprogramm, das an tausende von Personen, an Universitäten, Studentenvereinigungen, Klubs, Gremien, an Presse, Rundfunk und Fernsehen versandt wird, trägt dem Moloch Zensur Rechnung: es ist umschweifig und lakonisch, verhüllt und zugleich durchlässig abgefaßt, um die Neugierde sensibilisierter Empfänger anzulocken. Den Titeln der Veranstaltung kann nur der Eingeweihte entnehmen, was ihn erwartet. Die Vorträge lauten: »Historisches Panorama des Dokumentar-Theaters«; »Piscator und das politische Theater«; »Das Dokumentartheater nach dem Zweiten Weltkrieg«; »Das Dokumentartheater und die Verantwortung des Einzelnen«; »Vom degenerierten Theater und seinen Möglichkeiten«; »Bilanz des politischen Dokumentartheaters«; »Vom Fehlen des Dokumentartheaters in Portugal«. Das Bühnenspiel lautet »Anthologie des Dokumentartheaters, szenische Illustration«. Erst am ersten Abend sollen im Foyer zwei Faltblätter über die Vorträge, Stücke, Autoren, Filme, Bücher, im Mittelpunkt Peter Weiß' »Drei Definitionen«, die Katze aus dem Sack lassen. Der schmerzhafteste Stein des Anstoßes ist natürlich der Verfasser des *Lusitanischen Popanz*, ein Titel, der in dessen Bibliographie wohlweislich fehlen muß; wer hierzulande über Peter Weiß veröffentlicht, umschreibt seinen Namen oder nennt ihn Pedro Branco.
Mit dem Hintergedanken, die Kulturbehörden dem Vorhaben

geneigt zu machen oder sie notfalls milder zu stimmen, schlägt Artur Ramos ein Herrenessen in der Residenz des Botschafters vor, das die kulturpolitische Bedeutung dieser deutsch-portugiesischen Zusammenarbeit unterstreichen soll. Der Botschafter ist einverstanden. Die Gäste reisen an. Ich hole mir beim Filmfestival in Santarém eine Grippe und liege am Tag des Essens und der Eröffnung des Zyklus mit hohem Fieber im Bett. Das Herrenessen endet, wie es beginnt, als Mißverständnis. Die Sprache der Intellektuellen und die Sprache der Diplomaten sind ungleiche Klingen, die einander verfehlen. Francisco Rebello und Artur Ramos navigieren zwischen dem deutschen Botschafter und seinem Kollegen vom portugiesischen Außenministerium wie zwischen Scylla und Charybdis, der portugiesische Spitzenbeamte findet die Angelegenheit »höchst delikat«; der Deutsche Botschafter findet, man spräche aneinander vorbei, überdies sind ihm die Deutschen, Karasek und Kipphardt, zu fremd, zu wenig urban, zu salopp, umsomehr als dieser, der ein Stück über die Tupamaros plant, ihn zu seinem Befremden beim Mokka über seine Erfahrungen während seiner Entführung in Lateinamerika auszuhorchen versucht. Mangels eines versierten Institutsvertreters bitte ich Artur Ramos, den Zyklus zu leiten. Der erkrankte Alfonso Sastre kündigt als Vertreterin die Regisseurin Maria Paz Ballesteros an. Artur Ramos bezieht sich in seiner Pressebenachrichtigung versehentlich nicht auf den Titel des versandten Monatsprogramms »Bilanz des politischen Dokumentartheaters«, sondern auf das des Hausprogramms »Unterhaltungen mit Peter Weiß über das Dokumentartheater«. Alles läuft programmgemäß weiter, bis am Donnerstag Fräulein Lopes anruft, Zensurbeamte hätten Saal und Projektionskabine durchsucht, aber nichts gefunden (Dias, Tonbänder, Platten waren fortgeräumt); überdies habe der Chef der Zensur, Dr. José Maria Alves, die Fortsetzung des Zyklus wegen Mißachtung der Zensurbestimmungen untersagt. Die Freunde sind gleichfalls alarmiert worden und sitzen um mein Bett herum. Was tun? Inzwischen habe ich einen Rechtfertigungsbrief an die Zensur aufgesetzt. José Sasportes, Dramaturg, lacht heraus: »Sie haben sich zu einem waschechten Portugiesen gemausert. Sie rechtfertigen sich ...!« Ich sehe ihn groß an. »Was geht Sie die portugiesische Zensur an, Sie sind Ausländer, oder?« Jetzt lache ich auch. Habe ich mich derartig mit den Problemen der Portugiesen identifiziert, daß ich im Fieber Kotau vor der fremden Macht mache – oder, noch schlimmer: vor der Macht schlechthin? Oder lähmt schlaue

Einschüchterung mein Denken? Fortan werde ich immer an José Sasportes' Lehre denken, wenn Geist und Macht in meinen Augen einander begegnen. Nun beginnt der Kampf; dabei muß ich mich der Mittel des Gegners bedienen: der Heuchelei, der Lüge, der Verstellung, der Verschleierung. Ich schaue Christiane an: »Bereite Dich aufs Packen vor.« Sie zuckt mit den Achseln: »Na und?« Ich hole tief Luft und beschwere mich am Telefon bei Dr. Alves mit portugiesischem Pathos über die Verletzung der Exterritorialität des Instituts durch seine Beamten. Er: »Sie spielen unzensierte Filme. (Stimmt: ein Teil der Filme kam zu spät an, um noch einen Monat bei der Zensur herumliegen zu können.) Sie spielen unzensierte Theaterstücke. Die Veranstaltung ist verboten!« Ich: »Es handelt sich um einen Studienzyklus für geladene Teilnehmer.« Er: »Dann hätten Sie keine Programme in die Öffentlichkeit versenden dürfen, und selbst so wäre der Zyklus genehmigungspflichtig.« Ich: »Bei dem Bühnenspiel handelt es sich nicht um die Aufführung vollständiger Stücke, sondern um die Veranschaulichung von Vorträgen über das deutsche Nachkriegstheater durch szenische Skizzen und Fragmente.« Er: »Jeder vorgetragene Text, gleich ob im Hörsaal oder auf der Bühne, bedarf der Genehmigung des ›Schauspiel-Dienstes‹ (euphemistische Bezeichnung für ›Zensur‹).« Ich, empört: »Was, Ihre großen Poeten müssen die Zensur um Erlaubnis bitten, um ihre vaterländischen Werke im Mutterland vorzutragen?!« Er: »Sehr richtig.« Ich: »Dann muß ich noch viel lernen in diesem Land!« Er, halb mißtrauisch, halb erleichtert über die Auflockerung des peinlichen Gesprächs: »Ich wünsche Ihnen gute Besserung, hoffe, Sie gelegentlich kennenzulernen. Aber der Zyklus ist und bleibt verboten.« Not macht erfinderisch: Ich rufe einen jungen Diplomaten an, der bei uns zu Abend gegessen und der Einweihung des Instituts beigewohnt hat. Der Gesandte Dr. Vaz Pereira verspricht mir, die Angelegenheit mit der »szenischen Illustration« zu regeln. Nach einer Stunde erhalte ich durch ihn die Genehmigung des Außenministeriums und bitte Dr. Alves um Gegenbestätigung. »Mag sein, daß das Außenministerium einverstanden ist, von mir aus bleibt der Zyklus verboten.« Wir atmen auf. Gelächter, und Whisky für die Krankenbesucher. Der Zyklus läuft weiter, doch nicht lange. Augenscheinlich geht es der Regierung jetzt nicht mehr um einen leichten oder schweren Verstoß des Deutschen Instituts, den man mit dem diktatorischen Rezept der Einschüchterung rügt, aber mit Rücksicht auf Willy Brandt, den man, wer weiß, eines schönen

Tages doch noch brauchen wird, durchgehen läßt; es geht ihr um die politische Sicherheit des eigenen Landes.
»Peter Weiß ist unser Feind!« Mit diesen Worten empfängt der politische Generaldirektor des Außenmisteriums den kurzfristig von Vorzimmer zu Vorzimmer zitierten deutschen Botschafter. Ob er dabei an den Schluß vom *Gesang vom Lusitanischen Popanz,* 1967, denkt: »Schon viele sind in den Städten / und in den Wäldern und Bergen / lagernd ihre Waffen und sorgfältig planend / die Befreiung / die nahe ist«? Jedenfalls wird dem deutschen Botschafter mit kühlem Nachdruck bedeutet, der Name des Schriftstellers Peter Weiß, der ein Stück verfaßt habe, das Portugal in übelster Weise herabsetze, werde seitdem nicht mehr genannt und es sei auch undenkbar, Werke von ihm in Portugal aufzuführen. Man wisse, daß das dem Herrn Botschafter nicht bekannt sein könne, weil sich alles vor seiner Zeit abgespielt habe, man bitte ihn aber nun, darauf hinzuwirken, daß die verletzten Gefühle des Gastlandes im Deutschen Institut respektiert würden und bei der Wiederholung der Anthologie wie auch bei allen noch folgenden Beiträgen im Rahmen des Vortragszyklus der Name und das Werk von Peter Weiß ausgelassen werde. Vermutlich kennt der Botschafter Caldeira Coelho – zu deutsch: Grube Kaninchen –, der furchtsam wie das Häschen in der Grube Peter Weiß »unseren Feind« nennt statt souverän »persona non grata«, nicht das für ihn gedruckte fünfhundert Seiten starke Kompendium des Bonner Presse- und Informationsamts *Factos sobre a Alemanha* – Tatsachen über Deutschland –, auf dessen Seiten 142/3 die Regierung der Bundesrepublik Deutschland sich mit den Konterfeis ihrer zwölf repräsentativsten Schriftsteller schmückt: der Marxist Peter Weiß steht gleich unter dem Pinscher Günter Grass; die übrigen sind der Papstfresser Rolf Hochhuth, der Deserteur und Deutschlandschmäher Alfred Andersch, der Kommunistling Martin Walser, der Meckerer Uwe Johnson, der Sand ins Getriebe des Staates treibende Günter Eich, der französische Achtundsechziger-Verhältnisse für Deutschland herbeiwünschende Hans Magnus Enzensberger, der im Augenblick wenig Sorgen machende Wolfgang Hildesheimer, die das Kleinbürgertum, Rückgrat der Nation, verhöhnende Gabriele Wohmann, der für Ulrike Meinhof freies Geleit fordernde Heinrich Böll und Siegfried Lenz, den man gottlob ohne Nervenbeben vorzeigen kann. Ob der Botschafter der Bundesrepublik Deutschland das Buch kennt, da er, zumindest auf dem Papier, für die Gesamtrepräsentanz seines Landes im Land sei-

ner Tätigkeit verantwortlich ist, somit für die diplomatische Vertretung samt Politik, Kultur, Kulturpolitik und Politkultur, Diplomatenpolitik, Kulturdiplomatie und die verbleibenden Kombinationen? Könnte ein Diplomat wegen Pflichtverletzung abberufen werden, wenn er versucht, die Namen derer, welche die junge deutsche Demokratie in der Welt glaubwürdig machen, unter den Tisch fallen zu lassen oder die Verbreitung ihrer Schriften durch ein Kulturinstitut zu sabotieren? Ob die beiden konferierenden Vertreter ihrer Länder wissen, daß in den Worten des greisen Romanciers Ferreira de Castro zumindest achtzig Prozent der portugiesischen Bevölkerung Republikaner sind, die seit langem Kolonialkrieg und Kolonialherrschaft beendet sehen sowie Polizeirepression und Zensur abgeschafft wissen wollen? Müßige Überlegungen. Jedenfalls haben sich der Außenminister und der Staatssekretär für Kultur, Moreira Baptista, Salazars Dr. Goebbels, mit dem Fall befaßt. Um unsere Veranstaltung, die Aufsehen unter den Besuchern erregt, zu retten, muß ich dem Botschafter, dem es gelungen ist, die Beschwerde des ultrarechten Botschafters Caldeira Coelho wegen Hochhuts *Stellvertreter* (»der wegen seiner Angriffe gegen den Papst in Portugal verboten ist«) abzubiegen, versprechen, die Schlußszene der *Ermittlung* – absurdes Paradox: ihre Kritik gilt allein Deutschland! – und den Namen Peter Weiß zu streichen. Wir finden eine Notlösung: die Szene wird durch die Lesung eines inhaltsgleichen Prosatextes ersetzt; der Vorschlag Ricardo Doménechs, als Spanier gebranntes Kind, in kommenden Vorträgen und Gesprächen den Namen Peter Weiß durch »Jenen bekannten Dramatiker« zu ersetzen, findet Zustimmung. Nur Kipphardt, als Freund von Peter Weiß, lehnt diese »echt portugiesische Lösung«, im Grund ein Sieg der Opposition in der Niederlage, ab und weigert sich, seinen Vortrag zu halten. Fernando Gusmão, über das politische Gewitter unterrichtet, zieht aus Vorsicht seinen Vortrag zurück. Stattdessen findet ein Kolloquium im Theaterklub »Primeiro Acto« statt, das in der Presse gewürdigt wird. Zu allem Überfluß führt der deutsche Kulturattaché, vom Botschafter als Geheimzensor zur Bühnenvorstellung abkommandiert, darüber Beschwerde, daß »unser Verbündeter Richard Nixon als Handlanger bei McCarthys Hexenjagden verunglimpft wird«. Da diese Tatsache bereits tausend Besucher im Programmfaltblatt gelesen haben, kann der Kommentar aus der Diaschau gestrichen werden.
Die Grabesstille der Hauptstadt macht die Bewohner hellhörig für das leiseste politische Geflüster; das Programm des Instituts

ist in vieler Munde. Der Zyklus, am 20. begonnen, läuft seit sieben Tagen; die szenische Anthologie soll insgesamt sechsmal gespielt werden. Die (politisch zuverlässigen) Kritiker der Morgen- und Abendzeitungen wurden gebeten, erst nach Abschluß des Zyklus zu berichten. Am 28. erscheint in der regierungs- und kirchentreuen *Época* (Auflage 6000), unterzeichnet J.M.P. (José Manuel Pintassilgo, Priester & Chefredakteur) ein Artikel mit der Überschrift

KULTUR LÄSST NICHT VERGESSEN ...

»Im Februar 1961, gegen Abend, wurden in Luanda Polizeistationen überfallen. In Verteidigung der Ordnung wurden mehrere Beamte der Körperschaft getötet. Am 15. März, im Morgengrauen, richteten Banden, die aus dem Kongo über die Grenzen eingefallen waren und sich mit Einheimischen zusammengerottet hatten, ein Blutbad an. In wenigen Stunden fielen über 1500 weiße Portugiesen den gewalttätig-sadistischen Händen der Verbrecher zum Opfer. Seite an Seite mit ihnen erlitten Tausende von farbigen Portugiesen den Tod, nur weil sie weiterhin Bürger eines freien Landes bleiben wollten.
Salazar mobilisierte die Nation. Das Land mobilisierte sich selbst um sein Oberhaupt. Fortan rückten die Soldaten des Mutterlandes an Portugals afrikanische Kampffronten. Das Land hielt den Angriff auf, hielt ihn aus und schlug zurück. Opfer an Leben und Gut wurden gefordert und gegeben. Nun gewann in Portugal alles eine gemeinsame Priorität: der Verteidigungskampf des ernstlich bedrohten Hoheitsgebiets.
Gegen die sogenannten ›Winde der Geschichte‹, die der internationale Kommunismus aufgerührt hatte, um den Westen zu schwächen, festigte Portugal seine Überseepolitik. Und blieb. Und hält aus.
Gegen diese Politik, die alle ideologischen Schattierungen mit Ausnahme der im Dienst des Auslands stehenden Extremisten um sich zu scharen weiß, schrieb ein zeitgenössischer Schriftsteller ein Stück, das Salazar, Portugal und die Afrikapolitik lächerlich macht. Artikel geißelten die Haltung dieses Peter Weiss, der bei uns bald darauf in Vergessenheit geriet.
Die Jahre vergingen. Der Krieg in Afrika geht weiter, und unsere Überseepolitik hat dieselben Grundlagen und dasselbe Ziel – die Fortdauer der mehrrassigen portugiesischen Gesellschaft. Unser Erinnerungsvermögen herausfordernd, schloß jetzt das Lissaboner Deutsche Institut in einem ›Zyklus über

das Deutsche Dokumentartheater‹ einen ›Unterhaltungen mit Peter Weiß‹ betitelten Vortrag des Spaniers Alfonso Sastre ein sowie eine Szene aus einem seiner Stücke. Es ist traurig, daß in Lissabon über Peter Weiß gesprochen wird, und überdies im Rahmen einer kulturellen Aktualisierung, die auf andere Namen hätte verfallen können. Es ist traurig, daß irgendjemand es wagt, uns diesen infamen Namen ins Gedächtnis zurückzurufen. Peter Weiß – wir werden ihn nicht vergessen, wir werden ihn aber auch nie wieder erwähnen . . .«

Die letzten Vorstellungen sind überfüllt. Am 30. ist alles zu Ende. Artur Ramos spielt als Vertreter des Deutschen Instituts und der portugiesischen Theaterleute im *Grémio Literário* der Rua Ivens (Oberstadt) den Gastgeber bei einem Abendessen für alle Veranstaltungsteilnehmer; der Direktor des Stadtklubs stiftet die Vorgetränke.

Die acht Tages- und Abendzeitungen der Hauptstadt (Gesamtauflage 300 000) besprechen den Zyklus ausführlich, die Autoren, Szenen, Regie und Spielkunst, die Vorträge, Diskussionen. In gemeinsamer Opposition werden die Namen Brecht, Piscator, Peter Weiß, Hochhut wiederholt genannt; das Foto des geächteten Brecht prangt in fast jedem Feuilleton. Carlos Porto schreibt in seinem zweiseitigen Aufsatz im *Diário de Lisboa,* betitelt »Vom Wort zur Tat«: Es handelt sich meines Erachtens um eine Erfahrung, die wichtig werden kann, (wenn . . .) da sie die Möglichkeit zu didaktischen Schauspielen gibt, die ein großes Publikum erreichen.« Manuela de Azevedo in der Regierungszeitung *Diário de Notícias*: »Damit das Theater Aktualität hat, muß es polemisch sein.« Eingehend werden die Diskussionen im Theaterklub, die Interviews mit Karasek und Kipphardt im Institut wiedergegeben. Stichworte: Das Theater ist noch immer eine bürgerliche Institution, welche die Bourgoisie in ihrem Verfall begleitet. Ein Arbeiter fühlt sich im Theater ebenso unwohl wie in einem guten Hotel. – Wir sind durch die kapitalistische Struktur der Theaterproduktionsmaschine bestimmt, die uns nur eine privilegierte Minderheit der Deutschen erreichen läßt. Die Bürgerschicht, die unsere Theater besucht, ist nicht einheitlich. Einige ihrer Schichten besitzen ein kritisches Bewußtsein, das sie zu Benutzern eines Theaters macht, welches das herrschende System zu verändern sucht. Wir wohnen der Proletarisierung gewisser Bürgerschichten bei. In den Intellektuellen und Studenten wurzelt eine revolutionärere Haltung als in den Arbeiterklassen, die unser Theater trotz aller Anstrengungen nicht erreicht.

Das deutsche Theater neigt dazu, ein »Produktionstheater« zu sein, statt sich in ein Theater der Produzenten, der Schauspieler zu verwandeln. – In der befreiten Gesellschaft wird es wichtiger sein, Theater zu machen, als Theater zu sehen. Das Theater ist die einzige echte Stätte der Begegnung, die uns verbleibt. – Ich bin an einfachen Methoden interessiert, die den Zuschauer auf die Bühne bringen, die ihn mit den Schauspielern, den Regisseuren, den Autoren zusammenbringen. (Kipphardt). Das Dokumentartheater ist vor allem eine Diskussionsart. Das ist in einer Welt der entfremdenden Arbeit wichtig, in der echte Kommunikation zwischen den Menschen vermindert ist. Das Dokumentartheater kann im Gegensatz zu den anderen Massenmedien die großen Achsen, die großen Knoten der historischen, politischen und sozialen Problematik auf die Bühne stellen. – Warum ist das Thema des Faschismus im Dokumentartheater permanent? Weil der Faschismus eine latente Bedrohung im Kapitalismus ist. Hitler ist seit 25 Jahren tot, doch immer noch gibt es autoritäre Systeme in der Welt. Unsere Anklage ist nach wie vor aktuell. Sollte die SA des Dritten Reiches nicht durch die Massenmedien, durch Rundfunk und Fernsehen ersetzt worden sein? – Ich bin heute mehr als alles andere an zwei Arten von Menschen interessiert: an denen, die am revolutionären Impuls teilnehmen, der in so vielen Teilen der Welt auftaucht, an Menschen, die den Widerspruch zwischen Aktion und Reflexion zu überwinden vermochten, der die Intellektuellen kennzeichnet. Ich studiere die Leute, die den Sinn der Wirklichkeit verloren haben, die sich derart von der Wirklichkeit absondern, daß sie geisteskrank werden. Der von der Aktion getrennte Intellektuelle kann ein Kranker werden. Wie wird ein Mensch Revolutionär? Was kann einem Menschen passieren, der nicht handelt? Was ist revolutionäre Gewalt? Das sind Fragen, die mich heute beschäftigen. (Kipphardt).

Das Echo: Zustimmende, dankende Briefe, Aufmunterungen »Gut so, nicht locker lassen, ruhig Blut«; verschwiegene Händedrucke. Raul Rêgo von der »Républica«: »Machen Sie sich nichts aus den Einschüchterungsversuchen der Faschisten, das ist nichts als Diplomatenschreck«.

Miguel Torga: Portugiesisches Selbstbildnis

Dies ist ja nun das übliche Geschehn,
daß unsere Augen, wenn sie trübe blicken,
auch in der Freude nur die Trauer sehn.
Camões (1524–1580)

Vom großen Menschenatlas nur ein Menschenstrich,
Hier, in der Sonne und im Westen, schlummre ich;
Der Mantel der Unendlichkeit
Bekleidet meine Nichtigkeit;
Das himmelblaue Meer zu meiner Seite
Leiht meinem blauen portugiesischen Nirwana
Weite.

König, der müde abgedankt
Dem Zepter seiner Pein,
Ich sage nein,
Ich sage ja
Im gleich verlorenen Ton . . .
Genau so fern von mir
Wie von dem Thron . . .

Ich lebte vor der Stunde mein Erleben.
Und vegetiere nun,
Glückselig nichts zu sein,
Nichts zu erstreben,
Und nichts zu fühlen.
Dankbar dem Meer mich niemals mehr zu wecken,
Dankbar dem Himmel auch mich immer zu bedecken.

Nachsatz: Das Gedicht erscheint in *Colóquio Letras,* Herausgeber der Romanist Jacinto do Prado Coelho, 1964 Mitglied der wegen Prämierung von Luandino Vieiras *Luuanda* verhafteten Jury. Gibt der Dichter auf oder wettert er nur durch Hohn, Trauer und Bitterkeit, wie eh und je, gegen den petrifizierten Stillstand, gegen die Resignation, die bockig den Nakken beugt? Ein Gesang wie das Fazit aus vierhundert Jahren Geschichte.

Mehr oder minder

»Mais ou menos« müsse man beim Einkaufen auf dem Markt sagen, erzählt Christiane beim Essen; um »ein Kilo Äpfel« zu bitten sei unmöglich, undelikat. Überhaupt alles Bestimmte, allzu Bestimmte sei vom Übel. Ich kenne das aus Brasilien, die Sucht, zu genau, zu exakt zu sein, hat mir dort als jungem Mann oft geschadet; deutsch, mithin preußisch erzogen zu sein, heißt pedantisch sein, pingelig, prüde, immer zu wenig Zeit, immer zu wenig Muße haben, der Zeit ein Maximum – an Erfolg, an Ertrag? – abringen wollen; es ist vielleicht eine Nationalkrankheit. Trotzdem haben die besten Deutschen ein Leben lang über die Zeit nachgedacht, denn philosophieren heißt auch wissen wollen, was die Zeit ist. »Es hängt natürlich auch mit den Waagen zusammen«, sagt Christiane, »die wiegen doch alle verschieden und nur etwa. In all den Jahren, die wir hier sind, habe ich nie ein exaktes Gewicht bekommen, oft wiege ich in der Küche nach: es stimmt nie!« Manchmal, wie bei besagtem »Kilo Äpfel«, habe Manuel, ihr Händler und Freund gesagt: »Hier, ein Kilo Äpfel, gut gewogen«, und es seien zwanzig Gramm mehr gewesen. Aber in dem Delikatessengeschäft »A Brasileira« am Rato werde das Pappkästchen und das Papier darin mitgewogen, und Christiane hörte manche Dame dann wie einen Papagei krächzen: »Papier kaufe ich keines!« – und der Käse muß ohne Tara auf die Waage gelegt werden. »Geben Sie mir ein Säckchen« hört sie auch sagen, und die Käuferin sucht sich dann die Peperoni oder Früchte einzeln aus und legt sie in dem hauchdünnen Sack selbst auf die Waage. Wo es auch nur scheinbar feste Preise gibt – die portugiesischen Lebensmittelhändler in Rio de Janeiro sagen: »Ich mache meine Preise nach dem Gesicht des Kunden« –, kann es auch keine festen Gewichte geben, fast könnte man folgern, Gewicht sei Ansichts- oder Stimmungssache. In den Lagerräumen der Großhändler von Rio, und die haben es gewiß von ihren Lehrmeistern in Portugal, stehen Waagen für den Einkauf und Waagen für den Verkauf, und beim Verkauf von Nettoware wird vom Bruttogewicht meist nur 500 Gramm pro Sack abgezogen, selbst wenn dieser 750 Gramm wiegt, und denkt man an die zehntausende von Säcken, die ein Händler im Verlauf eines Jahres fakturiert . . .

»Natürlich«, sagte Christiane, »hat man seine Freundschaften auf dem Markt, und meine Fischfrauen berechnen mir eben im-

mer wieder ›Preise für Madame‹ vor den Nasen portugiesischer, auch minderbemittelter Kundinnen, die mehr zahlen müssen, ob du's glaubst oder nicht, und die keinen Einspruch erheben.«
»Mehr oder minder« – somit eine Philosophie des Unwägbaren –, wer »mehr oder minder« sagt, wiegt nicht, er wägt, das ist etwas anderes, gewissermaßen Höheres, genau wiegen ist kleinlich, das läßt sich nicht mit der leichten Gebärde tun, die so wichtig ist für den Lusitaner. Denn Arbeit ist fast eine Schande, fast, zumindest Schicksal, Erniedrigung, Fluch, und zeigen, daß arbeiten Arbeit macht, ist noch schändlicher. Das Unwägbare ist aber auch das Weiche, Verschwommene, nicht genau Wahrnehmbare, es ist der milchige Dunst am Spätnachmittag, der diese europäische Stadt zu einer arabischen macht, es ist die berühmte »portugiesische Lösung«, immer doppeldeutig, zwiespältig, zwielichtig, aber unangreifbar und voller Auswege, die einem Mitteleuropäer, zumal einem »allberechnenden Barbaren« nie einfallen wird, es sei denn, er käme nach Portugal und studiere das Wesen des Portugiesen »em profundidade«, »in der Tiefe«, das heißt von innen her, er vertiefe sich in dessen Eingeweide und lerne dessen prophetische Linien erkennen wie ein römischer *haruspex* . . .

Dinosaurier und Freiheit

Un peu d'histoire
Textüberschrift des Michelin-Reiseführers

Aus dem Protokoll der Parlamentssitzung vom 29. 11. 1972

Casal Ribeiro: »Euer Exzellenz sprach vom falschen Begriff der Freiheit. Und ich frage: Wünscht Euer Exzellenz mehr Freiheit als die, welche wir augenblicklich haben, wo ein so niederträchtiges Buch wie *Excelentíssimo Dinossauro* veröffentlicht werden darf?« Miller Guerra: »Ich wollte, es gäbe viele *Dinossauros* und es zirkulierten viele Bücher frei, der portugiesische Geist wäre nicht geknebelt, wie es seit so langer Zeit geschieht, weil es eben eine Zensur gibt, die sogar Bücher von Abgeordneten beschlagnahmt!«
Casal Ribeiro: »Auch wenn einer das Andenken eines Mannes beleidigt, welcher der Nation gedient hat? Finden Euer Exzellenz das richtig?« Miller Guerra: »Ja, Senhor. Zweitens: Euer Exzellenz sagt, wir hätten viel Freiheit.«
Gemeint ist *Hochwohllöblicher Dinosaurier*, eine als illustriertes Märchenbuch getarnte Biographie Salazars. In einem Interview mit *Expresso* (der portugiesischen *Die Zeit*) verbreitet sich der bauernschlaue Verfasser, José Cardoso Pires, um abzulenken, über die Entstehung »des in London aus Sehnsucht nach meiner Tochter Rita geschriebenen Kinderbuchs für Erwachsene«. Der Fotograf des »L'Express«, Jerzy Bauer, habe ihn im Park des *Crystal Palace* vor einem monströsen Fischreptil, das unsere Erde vor fünfzig Millionen Jahren bevölkert hat, aufgenommen. Das kostspielige Buch wird im Ablauf eines Jahres fraglos 25 000 Exemplare verkauft haben, ein Rekord für portugiesische Verhältnisse. Spät hat der »Herr Schriftsteller, das am Rande geduldete Tier« Rache nehmen können für erduldete Demütigungen.
Cardoso Pires hat die Verkaufsstrategie des gefährlichen und gefährdeten Buches mit dem Verlag sorgfältig geplant. Kaum ist die erste Auflage ausgeliefert, ist sie vergriffen. Die Werbung hat funktioniert: von Mund zu Mund, als Kettenreaktion. Will man dem Autor telefonisch gratulieren, ist er »verreist, anscheinend im Ausland«. Für alle Fälle, denkt man. Bei der zweiten und dritten Auflage das gleiche Bild, »Cardoso Pires

ist auf Vortragsreise, vielleicht auch nur im Algarve, bei Freunden«. Er kennt die berechnete Unberechenbarkeit von Polizei und Zensur. Mittlerweile hat er auf meinen Vorschlag für *Die Zeit* einen signierten bitterbösen Aufsatz über die portugiesische Zensur geschrieben und bittet, mit der Veröffentlichung bis zu einem bestimmten Tag zu warten, damit das Informationsministerium nicht aus Rache an dem »Vaterlandsverräter, der sein Nest im Ausland beschmutzt« – das heißt: reinigt –, die Neuauflage des *Dinosauriers* von den Büchertischen fegen läßt und womöglich ihn selber kassiert. Doch alles geht gut, plötzlich erscheint er wie ein Starter im Institut und hebt die Hand: »Die Luft ist rein, die Bücher sind so gut wie verkauft.« Ich rufe Dieter Zimmer an: »Shoot off!« Freuden der Kulturarbeit.
Ein spannendes Abenteuer, der historischen Vorlage des Märchenbuchs nachzuspüren. Zum Beispiel:
Seite 11: »Er wurde irgendwo in einer Hütte geboren, als Sohn von Bauersleuten.« Seite 13: »Seine Eltern, einfältige Bauern.«
Laut *Grande Enciclopédia Portuguesa e Brasileira* war Salazar Sohn minderbemittelter Kleinbauern.
Seite 12 bis 16 behandeln das künftige Schicksal des Dinosauriers. Wie im Buch erhielt Salazar die Volksschulbildung von einem Provinzpater. Danach trat er ins Seminar von Viseu ein und besuchte anschließend die Universität Coimbra.
Seite 20/22: »Die Stadt der Doktoren – Coimbra der Doktoren« – heißt es in der portugiesischen Fassung des Schlagers »Avril au Portugal«. Seite 31: »Gott hat uns die Gnade gewährt, arm zu bleiben . . .«
Salazar hat seinen Ausspruch »Wir sind ein armes Land« häufig als Argument für den Fatalismus christlicher Resignation und als Rechtfertigung für politischen Immobilismus gebraucht. Bei anderen Gelegenheiten hat er dagegen betont, Portugal sei eine große Nation. In Schulen und öffentlichen Ämtern ließ er eine berühmte Landkarte mit der Überschrift *Portugal ist kein kleines Land* aufhängen; darauf reichen die Überseeprovinzen von der portugiesischen Grenze über ganz Europa bis zum Ural. Augenblicklich verbindet dieses Plakat den äußersten Pilaster des Deutschen Instituts mit der Mauer des linken Nachbarhauses.
Seite 41/4: »Der Schiffbruch der Insel«.
Anspielung auf den Verlust von Goa, Damão und Diu. Nachdem das Indische Heer diese Gebiete besetzt hatte, erklärte Salazar vor dem Internationalen Haager Gerichtshof, Portugal be-

trachte die genannten Enklaven nach wie vor als Hoheitsgebiet, obwohl die portugiesisch-indischen Flüchtlinge und der Gouverneur von Indien längst in Lissabon wohnten und zwei aus jeder Provinz stammende Abgeordnete, die nie mehr zurückkehren können, in der Nationalversammlung sitzen.
Seite 334: »Die Lösung durch das Wort«.
Allegorien, die der von Salazar häufig gebrauchten Ausflucht in Wortschwulst entsprechen. Sobald die Antikolonialbewegung einsetzte, vertauschte Salazar die Bezeichnung »Kolonie« mit »Überseeprovinz«. Das Lissaboner »Stadtviertel der Kolonien« wurde über Nacht in »Übersee-Viertel« umgetauft. Das berühmte Diplom des *Estado Novo*, der »Acto Colonial«, verschwand aus Schulbüchern und Lehrplänen.
Seite 74: »Der Kaiser wird vom eigenen Standbild erschlagen«.
Im wirklichen Leben war der Unfall, der Salazars Tod herbeiführte, der Sturz aus seinem durchgescheuerten Klappstuhl, den der sparsame Diktator nicht hatte reparieren lassen. Der Volksmund nennt ihn »Arbeitsunfall«, weil Salazar, ein Bürokratenherrscher, sich als »Mann des Arbeitszimmers« bezeichnete.
Seite 77: »Hundert Tage und hundert Nächte wurde an ihm gearbeitet . . .« Die Anspielung folgt der Wirklichkeit auf den Fersen. Zwischen Salazars Unfall und Tod liegt ein langer Zeitabschnitt der Wiederherstellung, während welcher öffentliche Huldigungen und religiöse Zeremonien stattfanden.
Über vierzig Jahre lang hat Salazar sein Land von seinem Arbeitszimmer aus wider besseres Wissen von jedem Fortschritt ferngehalten. Jetzt schlägt die ganze Nation in ihren Fesseln ohnmächtig um sich.

»Nachrichten von der Blockade«

... damit unser Schicksal durch die Unordnung der Poesie nicht in Unordnung gerate.

Gabriel García Márquez, *Der Herbst des Patriarchen*

»Wir sind eine Kastengesellschaft seit Jahrzehnten, seit eh und je.« Egito Gonçalves ist kurz vor Beginn des Rezitationsabends unseres »Zyklus der portugiesischen Poesie« mit dem Zug aus Porto gekommen; es ist 20.30 Uhr. An zwei Abenden haben bereits vier Kritiker über die portugiesische Lyrik der Gegenwart und deren Fragestellungen während der abgelaufenen fünfundzwanzig Jahre referiert und mit dem Publikum diskutiert; heute sollen sieben Lyriker lesen, zwei Frauen und fünf Männer. Egito Gonçalves und ich kennen einander nicht persönlich, aber da Dichtung Brücke ist, Brücke sein will (der Botschafter wußte das nicht, denn er fragte befremdet: Portugiesische Poesie im Deutschen Institut?), kommt die Unterhaltung in Fluß, sobald wir uns gegenübersitzen.
»Selbst in der Eisenbahn, Sie werden das beobachtet haben, sprechen meine Landsleute kaum miteinander, jeder Portugiese eine Insel, so wie das Land eine Insel ist, seit Jahrhunderten. Sie grüßen förmlich, murmeln »Mit Verlaub«, schnüren sich ein in ihr inneres Korsett. Das geht fast durch alle Gesellschaftsklassen, in den höheren ist es am schlimmsten. Anders in Spanien, da gibt es Verbrüderung trotz Faschismus, im Zug wird Mundvorrat ausgetauscht, Wein, trotz verschiedener Kleidung sprechen zwei Personen miteinander – von Italien nicht zu reden. Bei uns ist alles festgefroren, verhärtet. Kein Mensch ahnt, wann das anders werden soll.«
Ernesto M. de Melo e Castro, der Konkretist, Mitorganisator der Veranstaltungsreihe, und ich haben die Vortragszeit festgesetzt, damit keiner ins Uferlose hinein liest – eine Leidenschaft der portugiesischen Monologisten. In Anbetracht des umstrittenen »Zyklus des Deutschen Dokumentartheaters« habe ich das gesamte Material der Zensur eingereicht – bis zur Stunde keine (negative) Antwort.
Egito Gonçalves gehört zu den Lyrikern des Landes, die das Regime nach Kräften bekämpfen, verschlüsselt, in bissigen

Epigrammen, in frei rhythmisierten Gedichten. Sein langes »Nachrichten von der Blockade« beginnt und endet:

Ich nutze deine Neutralität,
dein ovales Gesicht, deine helle Schönheit,
um denen, die auf dem Festland warten,
Nachrichten von der Blockade zu senden.
...
Sag ihnen, daß wir widerstehen in der Stadt,
entstellt von den Wunden der Granaten,
und daß während Wasser und Proviant schrumpfen,
die Wut wächst und die Hoffnung weiterkeimt.

Viele seiner Kollegen, die ihre Untergangsräusche feiern, in schwarzgalliger Hoffnungslosigkeit schwelgen oder am Gift der Selbstzerfleischung ihren Haßdurst löschen, halten nichts von dem mageren Versicherungsbeamten aus der Hafenstadt Porto, obwohl gerade er seine Sinne nach außen wendet und eine gesamte Gesellschaft mit seiner Sonde als moribunden Embryo aufspießt.

Ich frage Melo e Castro, ob er glaube, daß Zensur- oder Polizeispitzel kommen werden. »Hoffentlich, vielleicht bekehren sie sich dann zur Poesie.«

Der Saal, die ersten zwei Abende voll besetzt, ist heute überfüllt, lauter ernste nachdenkliche Gesichter aller Alter und Gesellschaftsschichten, Dichtung, selbst die apokryphste, kommt der Seelenlage des Landesbewohners am nächsten, zu allen Tageszeiten. Im Zuschauerraum ist ein Viereck für den Diskussionstisch und die Vortragenden ausgespart, die Bühne mit Zuschauern gefüllt, auf dem Fußboden ringsum kauern Jugendliche. Sprecher und Zuhörer, die in ganz Lissabon keinen öffentlichen Raum finden, in dem die wichtigste Ausdrucksform ihrer Kultur unbehelligt zu Wort kommen darf, fühlen sich geborgen wie in einer neutralen Muschel, in einem ihnen für Stunden gewährten Schutzraum. Dabei denken sie weder an das Außen noch an das Land, welches das Institut vertritt. Selbst die zwei oder drei Gedichte eines jeden Autors, die ich in meiner Fassung nach dessen Vortrag spreche, symbolisches Echo aus Deutschland auf den Notschrei aus der Enklave Portugal, sind kaum mehr als ein künstliches Element der Zwiesprache. Dennoch scheint es die Versammelten zu erleichtern, für Minuten vielleicht nur, für Stunden höchstens, aber es gibt ihnen die Zusicherung, daß Einzelne ihnen ein Ohr leihen, wenn auch Europa fern ist und die Geschehnisse in ihrem Land kaum zur Kenntnis nimmt. »Sie sieden im eigenen Saft«, würde Christiane sagen. Ich verdränge dergleichen Feststellungen, sie würden mich nur mutlos machen. Kein Außenstehender kann hier das Geringste verrichten, verändern; ich kann nicht mehr tun als meinen Freunden jeden Wunsch an den Lippen ablesen. Wenn meine Arbeit Folgen haben wird – was geht es mich an? Ich tue, was ich im Augenblick für notwendig halte, ohne an Erfolg zu denken.

Alles geht mezza voce vor sich, nirgends eine Klischee-Geste, kein Alltagsgesicht, eine Versammlung von Individualisten, die in ihrer privaten Sphäre Träume von Rebellion träumen, von sanfter Anarchie, von utopischer Freiheit, von neuer Landnahme, sie sitzen beisammen als eine durch die Weihe der Dichtung vereinte Familie, sehr lusitanisch, eine für Stunden klassenlose Gesellschaft, ein sehr portugiesisch-surreales Ereignis, das fühlt jeder und nimmt es hin als Teilverheißung – wovon?

Egito Gonçalves liest ein unveröffentlichtes Gedicht *Meditation über Catarina* – eine Landarbeiterin der Provinz Alentejo, die 1954 auf dem Acker, den sie für ihren harten Herrn bestellte, von der Maschinenpistole eines Polizeileutnants durchlöchert wurde, eine Schar Bauern und eine Rotte Polizei standen einander in einer Feldschlacht zwischen Wörtern und Gewalt gegenüber, achtzehn Jahre hat das Ereignis gebraucht, um im Kopf eines Dichters aufzuerstehen.

> . . . In dieser Wüste ist Dein Name ein Schrei.
> Im Boden, in der brennenden Sonne
> eines enterbten Landes
> beginnst Du Litanei zu sein.
> In der welken Materie
> gewinnt Dein Name
> Durchsichtigkeit. Aber
> wer bist du? . . .

Die Anwesenden sind im Bilde. Egito Gonçalves rezitiert wie er spricht, das macht seinen Vortrag überzeugend. Überdies verschluckt er nicht die Vokale wie die meisten seiner Landsleute es tun; der Sprachwissenschaftler Ernani Cidade nennt sie daher »Vokalfresser, die unsere Sprache morden, das schöne Portugiesisch voller offener Vokale, das zu Camões Zeiten gesprochen wurde«. In der Tat sind die Portugiesen die einzigen Mitglieder der Latinität, deren Sprache nicht die Sonorität der

Bruderspachen besitzt, sondern in den Ohren des Unkundigen einer slawischen Sprache ähnelt. Der Theaterregisseur Artur Ramos, der etwas Deutsch versteht und in Frankreich gelebt hat, behauptet hinterher, die deutschen Fassungen hätten ihm besser gefallen; das liegt vermutlich an der deutschen Aussprache, die den Klang vorwärts trägt, während die portugiesischen Laute sich am Gaumenboden brechen. Vielleicht hängt die undeutliche Aussprache auch mit dem Inwärtsleben zusammen, mit der Rückführung aller Lebensäußerungen auf den privatesten Bereich.

Zum Sinnbild machten wir Dich,
Sinnbild weil wir Deiner Existenz bedürfen,
um Standarten zu haben – Sinnbild
des Wenigen was wir wert sind. Wir sehen
Deinen Namen an,
kauen ihn, spucken ihn aus gegen –:
All das hilft uns am Leben zu sein, nährt,
dient als Stecken
mit dem man sich ein Stück Weges bahnt.

Luiza Neto Jorge spricht ein bitterböses Gedicht gegen das portugiesische Familienleben, eine Demontage verschmalzter Hierarchie und rhetorischer Halbbildung. Zwei der angesehendsten Lyriker Lissabons lesen nicht selbst, Herberto Helder und Carlos de Oliveira. Als ich diesem den Vorschlag machte, trat ihm bei dem Gedanken, sich der Öffentlichkeit stellen zu müssen, prompt der Angstschweiß auf die Stirn, obwohl seine Dichtung – mit der René Chars verwandt – in ihrer gepanzerten Herbheit Widerstand verkörpert. Beide sitzen im Publikum und machen sich klein, um unerkannt zu bleiben.

Eugénio de Andrade hingegen, aus Porto zugereist, fühlt sich als Barde, er tritt einen Schritt weiter vor als die anderen und formt die Wörter im Mund wie ein Bildhauer, er ist der Künder des Körpers, Sänger männlicher Jugend. Für ihn ist Poesie Stiftung der Stunde, Ruhm des Augen-Blicks, vornehmlich des Vogels, des Sandes, des Meers. Er windet das Echo seiner Stimme rund um den Raum, man glaubt, ihn auf dem Strand sprechen zu hören, zum Meer gewandt, und die Sekunde gründen, den Vers einpflanzen als Grat, als lotrechten Sonnenpfeil, als Phallus. Es ist, als wolle er damit das alte Portugal wiedereinsetzen als Land des Seefahrers, des Entdeckers, des Eroberers, wie ein Standbild in der Durchsichtigkeit des portugiesischen Atlantiklichts, in unmöglich archaischer Reinheit:

BEWOHNTER KÖRPER

Körper aus einem Horizont aus Wasser,
Körper geöffnet
der langsamen Trunkenheit der Finger,
Körper verteidigt
vom Glanz der Äpfel,
hingegeben von Hügel zu Hügel,
Körper liebevoll benetzt
von der gelehrigen Sonne der Zunge.

Körper mit dem Geschmack vom niedrigen Gras
eines geheimen Gartens,
Körper der mein Zuhause ist,
Körper zu dem ich mich lege,
um die Stille einzusaugen,
die Musik der Ähren
zu träumen,
die dunkelste Süsse der Brombeersträucher
zu atmen.

Körper aus tausend Mündern,
sie alle goldblond vor Freude,
alle zum Schlürfen,
alle zum Beißen, bis ein Schrei
aus den Eingeweiden bricht
und aufsteigt zu den Türmen
und einen Dolch erfleht.
Körper um ihn den Tränen auszuliefern.
Körper zum Sterben.

Körper zum Trinken bis ans Ende,
mein kurzer weißer
Ozean,
mein geheimes Schiff,
mein günstiger Wind,
meine launische und stets ungewisse
Schiffahrt.

Bis um ein Uhr nachts – die Stunde der Portugiesen – zieht sich die Lesung hin. Auf dem Fußboden vor der ersten Reihe sitzt eine Sechzehnjährige, die Hände um die Knie gefaltet, den Kopf zurückgelegt, mit allen Sinnen gegenwärtig.

Weihnachten

Denn wer ertrüg ... des Rechtes Aufschub,
Den Übermut der Ämter und die Schmach,
Die Unwert schweigendem Verdienst erweist ...
Shakespeare, *Hamlet, III,1*

Ruhetage in der Pousada de São Gonçalo der Serra do Marão, 885 Meter hoch, Touristenherberge an der Bergstraße knapp unterhalb des Kamms; wer nach vorne heraus wohnt, hört Tag und Nacht die Lastwagen vor der Haarnadelkurve in den singenden ersten Gang schalten. Kalt und nebelig; der kleine Aufenthaltsraum ist nur überschlagen. Müdigkeit und Fremdheit treiben mich auf lange Spaziergänge, meist auf Verkehrsstraßen. Heute gelange ich querfeldein zu einer kahlen Bergnase, am Waldrand ein Aussichtsturm; während ich darauf zugehe, kommt mir ein ländlich gekleideter Mann mittleren Alters entgegen, ein Kind an der Hand. Er begrüßt mich höflich, fast hoheitsvoll wie der Herr dieses seines Reichs. Der Turm, Forstwachturm, ist sein Bereich; er ist Revierförster. Ich stelle mich vor und frage nach seiner Tätigkeit. Bereitwillig oder froh, in der totenstillen Einöde ein Gespräch führen zu können, führt er mich zu der Forstwarte und seiner angebauten Behausung, einem geduckten Bruchsteinhäuschen, wenige Meter lang und breit. Drinnen klamme Steinwände und -böden, karg eingerichtet; Küche, Kammer, Verschlag. Hier wohnt der siebenunddreißigjährige Manuel António Guedes Silva, Forstwart der Serra do Marão, Unsere Liebe Frau von Moreira, Ansiães, Amarante, mit Frau, seinem alten Vater und drei Kindern; am sandigen Wegrand hatte ich ein Pärchen im Heidekraut hocken sehen, regungslos auf ein unerkennbares Holzgebilde, ein Spielzeug, starrend. In dem einzigen Bett schläft die Frau mit zwei Kindern, der Mann mit dem dritten auf einem Sofa; der Vater im Rumpelverschlag. Strom in Form von Batterien gibt es nur für das dienstliche Radiogerät, Wasser muß durchs Dickicht von einer dreihundert Meter unterhalb gelegenen Quelle heraufgeschleppt werden; sanitäre Einrichtungen fehlen, man erleichtert sich wie die Tiere des Waldes. Der Mann erzählt ruhig, ohne Umschweife und Scham; seine Resignation ist wie ein

Körperteil, ein Muskel. Den Wachturm erklimmt man auf senkrechten Feuerwehrleitern an der Außenmauer. »Wir müssen mehrmals in der Nacht hinauf, meine Frau natürlich in langen Röcken, zwei der Kinder sind bereits heruntergestürzt, sie haben keine Gespielen, nur den Großvater und uns.« Sie in die ferne Dorfschule zu schicken, hieße Trennung, außerdem fehlt dazu das Geld. »Darum sind sie auch zurückgeblieben«, erklärt der Vater; ich hatte es ihrem Heinzelmännchenwesen nicht angesehen. »Was ist das für ein Geräusch?« frage ich. »Dieser aufreizende Ton kommt von dem Rundfunkgerät, es muß Tag und Nacht in Betrieb sein. Wir haben 24 Stunden Dienst, die Frau und ich lösen einander ab, 52 Arbeitswochen, sieben Wochentage, gleich ob in der Trockenzeit, ob im Winter.« António Guedes hat nur einmal das Meer gesehen, vor drei Jahren, als er wegen Krankheit nach Porto mußte; sonst ist das Ehepaar nicht über Amarante hinausgekommen. Die Bergnase liegt 960 Meter hoch; acht bis neun Monate Kälte, drei Monate schattenlose Sonnenglut, fast unablässig pfeifender Wind, der an den Nerven reißt. Ein ahnungsloser Autotourist würde den Ort eine herbe Idylle nennen. Ich frage nach seinem Verdienst; mittlerweile ist die Frau mit einem Reisigbündel zu uns getreten, sie setzt es ab und bleibt stumm stehen; der Mann stellt sie vor. »2000 Escudos ich, die Frau 1800, abzüglich Abgaben.« (Insgesamt vierhundert Deutsche Mark). Der Mann ist seit seinem vierzehnten Jahr, mithin vierundzwanzig Jahre im Forstdienst. »Ich würde gerne auswandern, aber es geht nicht wegen meines alten Vaters, es wäre sein Tod. Die harte Arbeit und die Vereinsamung greifen die Nerven der ganzen Familie an.« Seltsam für den unwissenden Städter, auf dem Land von Nervenkrankheiten zu hören. Zögernd biete ich ihm eine Büchersendung an. Er lehnt ab, Überarbeitung und Müdigkeit ließen ihm keine Zeit zur Lektüre. »Ärztliche Behandlung ist unerschwinglich, Diät desgleichen, wir bekommen hier weder Kuhmilch noch Weizenbrot.« Einkäufe müssen aus dem Dorf Ansiães in der Talsohle, 800 Meter tief, heraufgetragen werden, die Post gleichfalls. »Und wenn Sie Versetzung beantragten, in den städtischen Dienst?« – »Das habe ich getan, schon dreimal.« Er kramt aus einer Mappe im Spind vier säuberlich getippte Durchdrucke. »Hier, am 6. Juni 1970, am 20. Oktober 1970, im Mai 1972. Am 11. November habe ich ein Gesuch an den Vorsitzenden des Ministerrates, Professor Marcello Caetano, gerichtet. Ich hoffe noch immer.«

Abends, beim Wein, liest mir Christiane die vom *Baedeker*

empfohlene »großartige Aussicht auf der Paßhöhe« vor; sie ist mir entgangen.

Am 26. Januar 1973 ein handgeschriebener Brief:
»Durch Göttliche Gnade werden fast alle Personen, die uns hier besuchen, unsere Freunde, so sind Eure Exzellenzen solch gute Seelen, Freunde der Armen, mithin Freunde Gottes.
Daher bestätigen wir den guten Empfang der beiden wertvollen Postsendungen, welche Eure Exzellenzen die dankbarste gütigste Nächstenliebe und Mildtätigkeit hatten uns zu schicken, wofür ich Ihnen sehr dankbarst verbleibe. Das erste Paket mit Kleidern, die alle sehr gut paßten, das zweite mit Milchkonserven, Lebensmitteln etc. In unseren täglichen Gebeten bitten wir immer Gott und die Jungfrau, unsere Herrin, damit sie ein so heiliges Ehepaar mit Segnungen bedecke, damit sie Ihnen helfe und Sie entschädige so wie sie es versprochen hat, und damit sie Sie von jeder Gefahr befreie und Sie behüte vor allem Übel.
Ich schulde Euer Exzellenz noch ein Wort der Entschuldigung, daß ich erst heute für Ihr so großes Almosen danken kann, aber der Grund ist, daß ich etwa zwei Wochen krank war. Ich schließe und entbiete Ihnen meine bescheidenen Entschuldigungen für solches Säumen, noch ein Mal bekräftigen wir unseren tiefempfundenen Dank für alles – und Gott möge Ihnen vergelten und noch einmal unser aller Dank.
Ich bringe die besten Gesundheitswünsche für Euer Exzellenz und die exzellente Gattin zum Ausdruck, und unsere achtungsvollsten Grüße.
Inzwischen unterschreibe ich mit größter Hochachtung
sehr aufmerksam
Manuel António Guedes
Meine Frau dankt gleichfalls und bittet, daß ich sie empfehle.

Nachbemerkung: Wir korrespondieren weiter. Die Lage der Familie hat sich kaum verbessert; jetzt schreibt ein Freund seine Briefe für ihn auf der Maschine. Das Leben ist hart wie bisher, besonders wegen der zahlreichen Waldbrände. Nun denkt der Forstwart ernstlich ans Auswandern.
7. August 1973: »Ich weiß, daß die Anpassung in Frankreich leichter fällt, angefangen bei der Sprache. Aber man hat mir gesagt, in Deutschland werden die Emigranten mit mehr Menschlichkeit behandelt.« Nun kommt Manuel Guedes auf unser Buchangebot zurück. »Jetzt interessiert sich unser Ältester, der schon in die Schule geht, fürs Lesen von Geschichten.« Wir vermitteln das Notwendige, Mögliche.

1973

Die Verwirrung ist in uns, wir haben vergessen,
was es an Wasser gibt, an Atem und Unschuld
auf dem Grund eines jeden von uns, den Irdischen.

Carlos Drummond de Andrade, Gesang auf den Mann aus dem Volke Charlie Chaplin

Ein Besucher

Moskitos gehören zur Strafe.
Ein Gefängnisdirektor

Gisa meldet durchs Telefon: »Ein Besucher kommt zu Ihnen.« Schon steht er vor mir. Wie eine Erscheinung, nicht wie einer, der elf Jahre Zuchthaus im »Lager des langsamen Todes« hinter sich hat, gealtert ist, verhärtet und verbittert. Schlank steht Luandino Vieira da, jünger als seine sechsunddreißig Jahre, leicht wie ein Menschenvogel, und sein Auge, schwarz und leuchtend bis auf den Grund, hat den Blick eines, der Höllen durchschritten hat, ohne zu verbrennen. Ich umarme ihn sprachlos.

»Ich wollte mich bedanken, daß Sie mich in Ihre Anthologie aufgenommen haben.« Ich kann nur verwirrt abwinken.

Ich erzähle ihm, daß das Exemplar, aus dem ich übersetzt habe, mir vom Suhrkamp Verlag zugeschickt worden sei mit der Bitte um ein Gutachten über *Luuanda,* 1965 erschienen in Belo Horizonte, Brasilien. Luandino Vieira lacht. Das Buch sei der Raubdruck eines portugiesischen *Pide*, der an seiner Verhaftung beteiligt gewesen war, eine Druckerei besitzt und die Chance wahrnehmen wollte, an dem skandalumwitterten Büchlein einen kleinen Schnitt unter der Hand zu machen. Luandino Vieira, der als Wahlangolaner seinen Vornamen José Graça mit Luandino, »dem aus Luanda«, vertauscht hat, sitzt mir heiter gegenüber und verströmt die Ruhe, die alle Welt notwendig hat – um die Not zu wenden.

Ich frage ihn nach seinen Lebensumständen. Er muß sich seit seiner Freilassung vor zwei Monaten alle vierzehn Tage bei der Polizei melden und darf nicht reisen. Seine Frau arbeitet nach wie vor auf der Bank, er selbst hat einen bescheidenen Werkvertrag als Verlagslektor, er schreibt und versucht, alte Bücher und Unveröffentlichtes zu verlegen. Seine Lage ist heikel, auf allen Seiten Zurückhaltung, seine Sprache – er erfindet das Sprache-Sein der Leute aus den Armenvierteln der angolanischen Hauptstadt so, wie João Guimarães Rosa die Sprache der Viehtreiber aus dem brasilianischen Hochland des Staates Minas Gerais zur Kunstsprache »erweitert« hat – wird teils neidisch beargwöhnt, teils als nicht reinrassiges (castiço) Portugiesisch abgelehnt.

Endlich kann ich ihn ausfragen, und Luandino Vieira antwortet bereitwillig.
Welche Beziehung bestand zwischen Ihrer politischen und schriftstellerischen Tätigkeit in Luanda?
Ich habe nie viel über die Doppelrolle von Militanz und Schreiben nachgedacht. Was man in Angola unternahm, tat man aus Intuition, aus Enthusiasmus, zumal einer wie ich, bei dem die gefühlsmäßige Bindung den Ausschlag gab. Das heißt: wir wurden zu etwas, bevor wir wußten, was dieses »etwas« war. Neunzig Prozent der angolanischen Bevölkerung sind Analphabeten. Die Beziehung zwischen Literatur und Politik bahnte sich an, als ich versuchte, in einem zwangsläufig lusitanischen, vom portugiesischen Mutterland bestimmten Kulturkreis Themen aus der Kultur Luandas zu behandeln in einer Sprache, die diesem Kulturrahmen entsprach, einem Idiom, das portugiesischen Ohren ebenso fremd klang wie brasilianischen. Insofern war meine literarische Arbeit eingebettet in die politische Umwelt. Natürlich kenne ich die Lage in Luanda seit meiner Kindheit, sie ist ausgesprochen politisch. Man kann nicht die belangloseste Geschichte, die kleinste Anekdote über Luanda erzählen, die nicht politische Merkmale aufwiese.
Was geschah eigentlich im Jahre 1961?
Die Ereignisse sind mir unvergeßlich. Die schwarze Bevölkerung der *musseques*, der Armenviertel, litt Furcht und Schrekken; ich habe dort mehrere Blutbäder erlebt. Als die MPLA am 4. Februar Gefängnisse und öffentliche Ämter – beides Sinnbilder der Repression – überfiel, konnte jeder, der nicht von der faschistisch-kolonialistischen Ideologie vergiftet war und Verstand besaß, erkennen, daß der Angriff politischer Art war und nicht terroristischer Natur, mit dem Ziel, die politischen Gefangenen der MPLA zu befreien. Im August flog ich nach Lissabon, weil wir einsahen, daß unsere Lage in Luanda unhaltbar war.
Was war Ihre Tätigkeit gewesen?
Politische Aufklärung, je nach Umständen und Lage aktiv, hauptsächlich in Kreisen der Intellektuellen, wo wir die Ziele der MPLA auf nahe und lange Sicht verteidigten und ihre Literatur vertrieben. Die Freiheitsbewegung der MPLA ist zugleich eine kulturelle Bewegung, ihr Führer Agostinho Neto ist ein Dichter, desgleichen Viriato da Cruz, Costa Andrade, Manuel Lima. Sobald die Polizei einen Zipfel des kleinen Netzes zu fassen bekam, waren wir geliefert, das heißt, die Lyriker António Jacinto und António Cardoso, und ich.

Sind Sie Mitglied der MPLA?
Nein, ich war und bin Sympathisant, ich kann kein Mitglied sein, weil ich in Portugal geboren wurde.
Wie lautete die Anklage?
Der Versuch, Angola vom Mutterland gewaltsam zu trennen. Der Versuch, Bomben einzuführen, um die weiße Bevölkerung zu terrorisieren. Die Anklage wurde verfälscht, meine beiden Genossen gefoltert. Drei Richter zogen sich mit Ausreden aus der Klemme, ein vierter, von den Kapverdischen Inseln gebürtig, Vater von dreizehn Kindern, gab sich für die Farce her. Als mein Vater ihm nach meiner Verurteilung zu vierzehn Jahren vorwarf: »Jetzt bin ich meine beiden Söhne los, der eine im Heer, der andere im Kittchen!« erwiderte er: »Sie haben zwei Kinder, ich dreizehn.«
Traf die Anklage mit den Bomben zu?
In gewisser Weise. Seit einiger Zeit artete das Morden zu Völkermord aus, so daß Gewalt nurmehr durch Gewalt zu bekämpfen war.
Wie war die Haft?
Überall gleich. In Luanda saßen wir im Wochenendknast, wo das Gesindel, Huren, Stromer, Säufer zusammengetrieben wurden. Das Gefängnis lag neben einer Autolackierwerkstatt, der giftige Farbgeruch hat mir ein chronisches Räuspern eingetragen. Nachts wachten wir umschichtig, um der kaninchengroßen Ratten Herr zu werden; gegen Heere von Kakerlaken, Läusen, Flöhen und Riesenschwärmen von Riesenmoskitos, wie ich keine in meinem Leben gesehen habe, war kein Kraut gewachsen. Der Gefängnisdirektor verfügte: »Moskitos gehören zur Strafe« und hieß uns die Fliegenfenster wegnehmen, die wir von unseren Angehörigen erbeten hatten. Dann kam der *Cacimbo*, der afrikanische Nebel mit seiner Luftfeuchtigkeit, die jede Gesundheit zerrüttet.
Und in Tarrafal?
War es kein Haar besser. Acht Jahre in allem, fünf ohne eine Zeitung, nur die Sportzeitung »Bola« war erlaubt. Völlige Isolierung. Jeder Brief wurde zensiert, der Hauptwärter, ein Sadist, strich das Wort »Kuß«, weil er es für eine Chiffre hielt. Er ließ uns kommen, frohlockend sahen wir unsere Post auf seinem Schreibtisch liegen. »Ist Senhora Soundso Ihre Frau?« Wir bejahten. »Danke, es ist nur wegen der Kartei. Sie können gehen.« Psychische Folter als langsames Vernichtungssystem. Kein Baderaum, keine sanitären Anlagen, als Essen Reis, ein paar Fleischbrocken in Ölbrühe, weder Obst noch Gemüse. Er-

gebnis: allgemeine Anämie. Mehrere starben. Später gab es täglich eine Handvoll Erdnüsse. Damit und mit frischer Luft erholte man sich langsam. Die meisten politischen Gefangenen waren übrigens Neuguineer des PAIGC, die viel politisierter waren als die Angolaner und daher besser durchhielten.
Wie verbrachten Sie ihren Tag?
Im Pidegefängnis von Luanda versuchten wir uns an Erlebnisse zu erinnern und einander Geschichten zu erzählen: »Weißt Du noch, die Frau mit dem Ei und die andere mit dem Huhn und ihr Streit, wem das Huhn gehöre?« Diese Geschichten, Anekdoten, Skizzen verarbeitete ich zu Erzählungen und Novellen, das war 62, 63, zehn im ganzen. Als dann ein öffentlicher Wettbewerb ausgeschrieben wurde, schickte ich drei davon ein, die ich bis dahin hatte hinausschmuggeln können. Sie wurden abgetippt, und ich gewann den ersten Preis. Das Buch war bald vergriffen, ein paar Exemplare gelangten nach Lissabon, dort prämierte mich die Schriftstellergesellschaft, und Salazar nahm das empörende Ereignis zum Anlaß, allen autonomen Kulturbestrebungen Angolas den Todesstoß zu versetzen. Alle Gremien, Klubs, Vereinigungen wurden aufgelöst, genau wie die Schriftstellergesellschaft in Lissabon. Meine Frau wurde öffentlich beschimpft, und das Fernsehen brachte Kampfszenen aus dem Jahre 1961 und behauptete, ich sei im Norden Angolas als Kopfjäger gesichtet worden. Außerdem lernten wir in Luanda Sprachen, Quimbundo (die Sprache der Bantuneger), Italienisch, unterrichteten Strafgefangene, erteilten ihnen politische Aufklärung. Doch das Experiment mißglückte, einer verriet uns. Das Ergebnis: Abtransport auf die Kapverdischen Inseln.
Nach Tarrafal, das heute Chão Bom, Gute Erde, heißt?
Ja. Dort blieben António Jacinto und ich acht, António Cardoso zehn Jahre. Wir beide sind kürzlich auf Bewährung freigelassen worden. Wir drei waren immer zusammen, wir studierten, diskutierten, lasen, schrieben, aber streng getrennt von den anderen, die Bibliothek war unser Mikrokosmos.
Und wie war die Moral?
Keiner zweifelte daran, eines Tages freizukommen. Selbstdisziplin war selbstverständlich. Ein Gefühl des Scheiterns kam nie auf.
Und wenn Sie zurück- oder vorausblickten?
Es gab und es gibt für uns vier Grundwerte: Freundschaft, Solidarität, die Liebe zum Land, zur Natur, zum Menschen. Und das vierte: den Tod annehmen als Gegebenheit unserer Wirk-

lichkeit, ohne Metaphysik. Der Tod im revolutionären Leben hat einen historischen Sinn, er kommt unvermeidlich, heute oder morgen. Er ist das Unterpfand für unseren Kampf um den Aufbau des Landes.
Werden Sie siegen?
Luandino Vieira lächelt. Zum Abschied reicht er mir eine Fotokopie.

Staatssekretariat der Information und des Tourismus, Generaldirektion der Information
Betrifft: No 457–DGI/GE
Bezug: Buch »Luuanda« des José Luandino Vieira
An den Herrn Generaldirektor der Information:
1) Dieses Buch besteht aus drei Novellen, die in den musseques von Luanda spielen. Obwohl die Geschichten verschiedener Art sind, zeigen sie alle das körperliche und seelische Elend, in denen die Bewohner dieser Viertel leben, den Hunger, den sie ertragen und die Anmaßung der im Dienst der Polizei stehenden Weißen und Schwarzen, deren Opfer sie sind.
2) Ferner versuchen die drei Geschichten aufzuzeigen, daß die Weißen in der Angst vor Terror und Terroristen leben.
3) Mit seiner Schilderung des Lebens in den musseques, und den Beziehungen zwischen Weiß und Schwarz scheint dieses Buch die soziale Wirklichkeit Angolas negativ zu deformieren und stellt damit eine Aufforderung zur Rebellion und Gewalt dar, welche die geschilderten Lebensbedingungen verändern sollen, weshalb der Umlauf des Buches nach Gesetz No 150/72, Artikel 63, Absatz 3 zu verbieten ist.
ABSCHLIESSEND: Ich bin der Auffassung, daß das betreffende Buch zu beschlagnahmen ist.
Lissabon, 11. Dezember 1972.

Nepal

Der Trip riß mich fort . . . Das Leben auf der Erde ist nur zufällig . . . Davor Milliarden von Jahren, Milliarden danach. 28. 9. 69.

Bernward Vesper, *Die Reise*

Sie kamen aus Nellingen, oder kamen sie aus dem Nirgendwo? André und Virginia. »Der Süden ist in mir aufgestiegen«, hatte André schriftlich angekündigt. »Zwischen den Wörtern liegt auch Portugal. Virginia Byrne, Hexe und Freundin, beschützt mich. Wir haben viel Zeit, sicherlich noch zwei Wochen oder zweihundert Monate. Dürfen wir vorbeischauen?«
Bevor ich den Brief beantworten konnte – da hieß es: »Jetzt sind wir in Zaragoza, wir wollen uns einige Städte und Dörfer ansehen, Januarsteine essen und Sägemehlböden treten. Und wissen nicht, wie lange. Im Februar?« –, stehen sie vor der Tür, Sack und Pack geschultert. André hat von der Stadt aus angerufen: »Ich sitze hier auf meinen Koffern.«
Schlag sieben treten sie ins Wohnzimmer und sehen sich um. Wie in einer Hotelhalle, einem Museum. Christianes geweitete Augen spießen mich auf: Du und Deine Einladungen! (»Vorbeischauen hat Angst vor sich selbst, lieber also möchten wir hereinkommen, um dann Wörter einzutauschen und Ausblicke, damit wir umsichtig uns bewegen können, in Lissabon und anderswo.«) Jetzt erinnere ich mich.
Nein, man wünsche keinen Drink, lieber einen Saft oder so. »Wir haben den ganzen Tag Kaffee getrunken und sind überdreht, irgendwie.« André, dünn wie ein Seidenfaden, schüttelt das schulterlange Haar und zeigt die blanke Zahnreihe. Alte Haut im jungen Gesicht? Virginia, die Hexe, vertieft sich abseits in den Berg Briefe, die seit Tagen »care of« für sie eingetroffen sind. Kettenrauchend und namenlos sitzt sie da, wie in einer Schalterhalle. »All spaces times lights have run through my eyes, never have I been so naked before the world, never been so conscious of the Moment mirroring itself in the Moment, the next one, the same one, mirroring itself in itself . . .« liest Virginia laut, zu André gewandt. Der erkennt seinen eigenen Brief, faßt mit beiden Händen sein Haar im Nacken und seufzt auf, zur Zimmerdecke. »There is certainly no point, at this time of war, in going and doing something concrete. The

goal is there, but my ears are closed and my eyes . . .« André schließt die Augen und läßt erschöpft die Hände fallen. »Wo habt ihr den Wagen gelassen?« frage ich. André lächelt nachsichtig. »Wir reisen Autostop. Das ist bequemer, erholender. So haben wir immer neue Chauffeure.« Ob Trampen hierzulande schwierig sei? frage ich, um die Glaswand zu durchbrechen, hinter der beide verschanzt scheinen. Den unpassenden Ausdruck überhörend, belehrt André mich, Autostop sei neuerdings auch hier leichter, zumal zu zweit. »Virginia ist schön!« Er lächelt wie ein Rennstallbesitzer, ohne sich nach seiner lesenden Beschützerin umzudrehen. Wie lange sie in Portugal zu bleiben gedenken, fragt Christiane. »Wir haben Zeit, einen Monat, zwei, es ist mir jetzt zu kalt in Deutschland . . .« Fragen stellt ihr, sagt Andrés Stirnrunzeln. »Unsere einzigen Verpflichtungen sind unsere Wünsche . . .« Ich begreife: André ist in Nepal gewesen, die Zeit existiert nicht für ihn. Wir gehen zu Tisch. André und Virginia, noch eben fernöstlich unnahbar, fallen über ihre gehäuften Teller her. Sie verschmähen auch den Wein nicht, lassen sich mehrmals nachschenken. »Wo haben Sie sich getroffen?« frage ich meine Tischnachbarin, die junge Hexe. Die Konturen ihrer Augen, ihres Mundes erinnern an die Relief-Damen von Angkor Wat. Auch ihre mit einer dicken karamellfarbenen Schicht bedeckten Wangenbögen. »In Nepal.« Ob sie dort allein gewandert sei, wie André? »Nein, mit meinem Mann.« André, der meine erste Frage verstanden hat, erläutert: »Ich habe Virginia in Südfrankreich getroffen, von dort reisten wir nach Spanien.« – »Und Sie leben in London?« Ihre Aussprache hat einen Anflug von Cockney. »Ich habe in London gelebt. Wollte los vom Streß, los von der Verantwortung, vom Arbeiten, Rechnungen bezahlen . . .«
Wieder im Wohnzimmer, befreit vom Zwang des gemeinsamen Tisches, schreitet André auf und ab, ein meditierender Tänzer, das Schweben seiner gertenschlanken Hüften genießend, mit gespreizten Fingern die Schenkel betastend. »I can feel it on my skin and I will find the power of harmony and I laugh at my fear . . .« flüstert er zur Decke.
»Kaffee, Cognac?« – »Keinen Kaffee mehr . . .« André winkt selbstvergessen ab: »Einen Cognac . . .? Vielleicht.« Man setzt sich. »Wenn ihr hier übernachten wollt«, sage ich zögernd. »Leider bekommen wir am . . .« – »Halt!« Gebieterisch hebt André Brauen und Hände. »Wir haben noch gar keine Pläne. Ohnehin würden wir nur eine Nacht bleiben, vielleicht zwei . . . Wir wollen alte Städte sehen, im großen Bogen zurück nach

Spanien, dann gen Süden . . .« – »Marokko, Tunis?« – »Vielleicht, wir wissen noch nichts!«
Christiane lädt Virginia ein, das Gästezimmer zu besichtigen, und ich frage André nach Nepal. »Marschiert bis zur Bewußtlosigkeit, hoch und höher. Morgens sackten die Knie unter der Zwanzig-Kilo-Last. Von Wurzeln gelebt.« – »Roh?« – »Gekocht natürlich.« – »Übernachtet?« – »Bei Bauern, bei Mönchen. Man klopft an, die Leute teilen mit einem das Mahl, abends schieben sie die warme Asche an den Herd, man bettet sich unter sie, im Morgengrauen erwacht man, starr vor Kälte, zieht weiter.« Gleich zu Anfang sei sein Träger mit seinen Siebensachen auf und davon, er habe ihn zu weit vorausgehen lassen, alles weg, Kleider, Paß, Bücher, Medikamente. Das Wort »Medikamente« fällt oft. »Man weiß nie, woran man erkrankt in diesen Breitengraden . . .« Vierzehn Monate habe er so gelebt. Vieles habe er sich einverleibt, auch von der Sprache. Vieles sei dunkel geblieben, erklärt André, entzückt von soviel Bescheidenheit. Geblieben sei die Freude an chinesischer Philosophie. Er habe gute Lust, bei Bauer in München zu studieren, nur eben sehr mühsam, zeitraubend. »Ach ja . . . Ob es sich lohnt, letzten Endes?«
Mittlerweile sind die beiden Frauen wieder eingetreten. »Und was machen Sie in Ihrer freien Zeit?« will Virginia wissen. »Ich schreibe drei, vier Stunden, jeden Vormittag«, erwidert Christiane. André fährt auf, herum. »Ich schreibe auch«, sagt er, fast verstimmt. »Aber ich hadere mit der Sprache, zweifle an ihren Mitteln . . . Writing this on a piece of paper means no more than writing something on a piece of paper . . .« André lächelt komplizenhaft Virginia zu und verweist uns aus dem Kreis der Geweihten. Danach, nebensächlich: »Ich lasse mir Zeit, vierzig Jahre. Wie Fontane. Dann . . .« – »Warum dann erst?« frage ich. »Zu einem Büchner, einem Rimbaud ist es wohl zu spät.« Als er meinen Widerspruch vermißt: »Ich zweifle langsam, ob ich genial bin.« Ich erkundige mich nach seinen Eltern. »Die Sicherheit zu Hause war mir zu groß. Ich mußte wieder fort, brauche Ungebundenheit.« Wovon er lebe? Wieder das bürgerliche Denken, sagt sein geringschätziger Blick, der mit einemmal furchtsam wird, feindselig. »Büchertagebuch der FAZ. Kurzbesprechungen zu einhundertundzwanzig Mark das Stück. Eine Nachmittagsarbeit, auf einem Halt, unterwegs.« Das fände ich fabelhaft, seine Gabe, so rasch zu assimilieren, zu resümieren. »Ja . . . leider nur einmal im Monat.« Letzthin habe das Feuilleton ihn sitzen lassen. Er müsse mal in Frankfurt anrufen. Ein

Schatten huscht über sein sonst so kühles, inwärtsgewandtes Gesicht. Wir gehen zu Bett. In der Nacht läuft lange das Wasser im Kinderbad, in der Küche bellt Cessy angstvoll, Gläser- und Flaschengeklirr stört die Stille.

Am Sonntag gegen Mittag, ich will mit den Kindern zum Strand fahren, frühstücken die beiden im Eßzimmer, stumm wie Hotelgäste, einander fremd, entrückt wie Schemen. »Nein, bitte keinen Sport für uns, wir wollen Portugiesisches kosten, die Alfama erkunden.«

Als wir nachmittags zurückkehren, sitzen sie im Wohnzimmer, waren nicht ausgegangen, eine fernöstliche Sitzung, dichte Rauchschwaden, sie zeichnen. »Hat Christiane euch etwas zu essen gegeben?« André hebt ablehnend die Hand: sie äßen nur abends. Ich frage nach seiner Arbeit. »Ich male erst seit Weihnachten. Farben, Formen ... das interessiert mich, nicht mehr.« Und über Virginias Schulter gebeugt: »Yes, it's coming ... Übrigens«, zu mir gewandt: »Virginia ist Korrespondentin. Ihr Geld geht langsam aus. Ob sie hier was findet?« Ich rate, zur Britischen Botschaft zu gehen, zum British Council, ich kenne den Leiter. »Nicht eilig, nicht wichtig«, winkt André ab. »Wir fragen nur mal so. Aber Ihr Institut will ich sehen, Ihre Bibliothek, Ihre Programme, alles!«

Am Montag, ich bin längst im Institut, erscheinen sie gegen elf zum Frühstück, bestellen Eier – »Zweieinhalb Minuten für mich, Spiegeleier für Virginia« –, ziehen sich wortlos in ihr Zimmer zurück, trinken zur Essenszeit nur Wein. Bald darauf macht Virginia sich in der Küche Honigbrote; gegen Abend neuer Streifzug in die Küche, stumm, kein Wort zu der puppengroßen Maria das Dores, die sich angstvoll an Cessy klammert, erschrocken wie beim Anblick von Gespenstern. Erst spät gehen sie aus (wir haben Gäste), Heimkehr gegen zwei Uhr nachts, endloses Gesprudel im Badezimmer. Den ganzen Dienstag lang sitzt Virginia im Wohnzimmer, kettenqualmend, sie ist erkältet (Christiane findet, sie sähe schwanger aus); André, hartnäckig unsichtbar, tritt gegen Abend ein, er sei einkaufen gewesen, und verkündet im Tonfall eines Religionsstifters: »Morgen fahren wir nach Coimbra ... nicht zu früh, natürlich.« Christianes Loblied auf das liebliche Alentejo und Elvas, Évora, Estremoz verhallt ungehört. (In Allemans *»8mal Portugal* hat André kaum geblättert.) Christiane blickt, als sähe sie das Stück *Die Fremden.* Sind nicht wir die Fremden, die Marsmenschen für sie, die im eigenen Raum reisen durch fremde Räume, ohne sie zu berühren, wie Fledermäuse, und nichts sehen als sich selber? Am nächsten Morgen verabschiede ich mich von den beiden. André bringt mich als Hausherr zum Aufzug. Ich sage: »Adieu, Monsieur Rimbaud. Viel Glück beim Schreiben.« – »In vierzig Jahren!« André entläßt mich mit Gönnerlächeln. Seine Hand ist heiß und feucht. Dann beraten sie mit Christiane, wie sie zur Ausfahrtstraße nach Porto kommen. Maria das Dores rät, den Zug nach Vila Franca zu nehmen, dort auf der Landstraße zu warten. Und fort sind sie, im Nirgendwo, wie Gespenster, und mit ihnen die Fremde, die Kühle, der sanfte Terror. (Einmal sah ich André nachts in mein Zimmer tanzen, mir in Räucherschwaden die Kehle durchschneiden, wie man eine Torte tranchiert, zart, anmutig, und mit einem Kuß auf meine Stirn entschweben.) »Solche Leute«, seufzt Maria das Dores tief, lang, erlöst, während sie das Chaos des Gästezimmers ordnet. »Solche Leute, und noch so jung, die nichts sagen, nichts miteinander reden. Die sind mir unheimlich.«

Cessy springt an Maria das Dores hoch und bellt, und sie streichelt sie und lacht, und alles ist wieder heimlich.

Auch dieses Vorrecht geht uns verloren.
Baron Knigge

Heute, Dienstag den 4. November, empfängt die Staatsoper São Carlos mit ihren pompösen Portiers in beigefarbenen, goldbetreßten Duodezfürstentumuniformen, bestickten Mützen und weißen Handschuhen, mit ihren Polizisten in taubengrauen Galauniformen mit Fangschnüren, statt der üblichen Damen und Herren im orthodoxen Abendkleid und Smoking eine Invasion von Medusenfrisuren und Faunbärten über Pullovern, Jeans, Sportröcken und -jacken, über Mänteln und alentejaner Lodenumhängen – für die meisten Jugendlichen der erste Besuch des Opernhauses.

João de Freitas Branco, neu ernannter Intendant – sein Gehalt entspricht Fräulein Lopes' Entlohnung im Deutschen Institut –, hat beim Kultusminister die Erlaubnis für »ein Studentenkonzert des Deutschen Instituts« mit freiem Eintritt erwirkt: Helmut Winschermann und »Die deutschen Bachsolisten« spielen die »Kunst der Fuge« als portugiesische Erstaufführung. Der Komponist Fernando Lopes Graça erklärt: »Die Fuge besteht thematisch in der Darstellung eines Themas oder *Antezedenz* durch eine einzelne Stimme; dann setzt eine zweite Stimme mit einer *Risposta* oder einem *Conseguente* ein, worauf die erste einen *Kontrapunkt* oder ein *Kontrathema* entwickelt.« – »Der Rest ist Musik und Kommunikation zwischen Künstlern und Publikum bis zum Außer-sich-sein. Ein Konzert, bei dem die Menschen sie selbst sein, bei dem sie lieben und klatschen können«, schreibt die junge Regina Louro in *Radio e Televisão*.

Klage eines Botschafters

». . . Und Ihre Avantgardisten, wissen Sie, die mögen Ihr Institut füllen, aber tragen tun sie es nicht. Die Spitzenpersönlichkeiten des Ministeriums, die tragen es, und denen sind Sie verpflichtet, denen verdanken Sie Ihre Existenz. Denen passen Ihre linken Tendenzen natürlich nicht, das müssen Sie doch einsehen, schließlich bin ich bei der Regierung des Landes akkreditiert, und dem muß Rechnung getragen werden. Warum immer alles so kritisch sehen? Sie werden sehen, wenn ich einmal nicht mehr da bin, platzt eines schönen Tages die Bombe. Dann kann ich nicht mehr die Hand über Ihre Aktivitäten halten. Schließlich gibt es eine Reizschwelle, und die darf nicht überschritten werden. Und dann Ihre neudeutschen Filme . . . Offengestanden, mein Bester, die sind nicht mein Fall. Ich weiß, ich weiß, volle Häuser, schön, wenn es unbedingt sein muß. Aber solch befremdliche Sachen wie Ihre »Jagdszenen« – da wird man zu Hause angerufen, was sind das für Peinlichkeiten, wird einem da vorgeworfen, den braven sauberen niederbayrischen Bauern dergestalt zu schmähen . . . Und dann dieser Kafka-Alptraum »Das Schloß« – ich muß schon sagen . . . Haben mich doch meine Kinder letztes Jahr im Urlaub in diesen Schauderstreifen geschleppt. Aber gemerkt haben sie ihren Fauxpas doch: ›Na Päppschen, das war wohl nichts für Dich, nach Deiner Entführung.‹ Nein, für dergleichen Düsternisse bin ich nicht zu haben. Und dann die Koszian als trübe Dienstspritze, nicht *ein* hübsches Ding in so einem Flippstreifen! Wenn man *das* nichtmal mehr erwarten darf . . . Und warum denn nur immer die *eine* Richtung, warum so garnichts aus Klassik und Tradition, muß es denn immer dieses öde Progressive sein? Wenn ich an Ihren Handke denke und dann das Dokumentar-Theater, den Portugiesen mir nichts dir nichts aufgetischt, als Überrumpelung. Und für so etwas muß ich mich vom Ministerium von Vorzimmer zu Vorzimmer zitieren lassen wie ein Lakai – die letzte Warnung vor der persona non grata, das nehmen Sie mal gefälligst zur Kenntnis – und mir sagen lassen, daß die radikale Linke des Landes ausländische Institute mit Vorliebe als Hetzforum gegen die Regierung mißbraucht, und zwar mit Ihrem offensichtlichem Einverständnis. Weiss, Hochhut, Dorst, Kipphardt, Brecht, was sind das auch für Leute . . .? Warum so gar nichts Verbindendes, warum nichts für die deutsche Kolonie . . . Ich möchte, daß die deutsche Kultur hier alle vereint, Portugiesen und Deutsche und Deutschportugiesen. Ich meine, Sie sind doch ein Mensch mit Gemüt, Sie können doch auch mal etwas an Weihnachten machen, etwas Festliches, Fröhliches. Muß denn alles Alte über den Haufen geworfen werden? Wie bitte, die »Kunst der Fuge«? Einverstanden, sehr schön der Winschermann, hat ja auch das Bundesverdienstkreuz, aber warum dann gleich so etwas Schweres? Und viel zu lang! Sie haben doch gesehen, wie schwer sich das Publikum tat. Man will doch auch etwas für die Sensibilität, etwas Unbeschwertes. Nolde beispielsweise, die herrlichen See- und Blumenstücke, kennen Sie die denn nicht, ich schätze ihn sehr, habe mich immer für ihn eingesetzt. Kulturpolitik – das ist doch Takt, das ist doch ... Ihr Kollege in Rom zum Beispiel. Damals war dort Johnny Botschafter, wir zu dritt in der Loge, der französische Botschafter als Ehrengast: auf der Bühne *Marat/Sade* von diesem Weiß, Gastspiel des Deutschen Theaters, wahnsinnig aufwendig! Zum Schluß Napoleon als Zerrbild! Johnnys Ehrengast, der französische Botschafter, steht auf, düpiert, indigniert, brüskiert. Johnny, Sie können es sich vorstellen, natürlich außer sich! Ist das Kulturpolitik? Wo bleibt unser europäischer Beitrag? Nein, nein, ich glaube, Sie müssen das ganz anders sehen, müssen umdenken, in sich gehen ...«

Caparica III

Mit Inge und Walter Jens nach langer Strandwanderung eingekehrt in der *Praia do Rei.* Da es auf der Terrasse windet, setzen wir uns in die bescheidene Gaststätte, kaum mehr als das Provisorium einer wohnlichen Baracke. Bis auf die Wirtsleute, die mit ihrem Anhang zu Mittag essen, schon nach zwei Uhr, ist das Lokal leer. Unser Kellnerfreund wittert, daß ich besondere, womöglich berühmte Ausländer mitgebracht habe. Andächtig deckt er den Tisch mit dem Papiertischtuch, den Papierservietten, dem Blechbesteck und den billigen Gläsern, ohne Hast stellt er Schafskäse, kleine runde Käschen, Oliven, Butter und Brot auf den Tisch. Jede Gebärde, mit der er uns vorlegt, verleiht dem Akt des Speisens die Feierlichkeit einer Agape und den einfachen Gerichten einen unverhofften Geschmack. Den roten Landwein, um dessen Flasche er zeremoniös eine Papierserviette gewunden hat, schenkt er mit einer abschließenden Aufwärtsdrehung ein wie einen *Grand Cru*, dessen Depot nicht aufgerührt werden darf. Eine Mahlzeit von uranfänglicher Anmut, von archaischer Würde. Inge und Walter Jens sind verwundert, sie sind verzaubert von dieser Stunde, die sich weitet, vertieft zu – zu was nur? Wir fragen nicht.

»Nur der verdient sich Freiheit wie das Leben ...«

Daß fortschrittliche Auffassungen höheren Orts nicht beliebt sind, verbürge ich!

Carl Sternheim, *Die Hose,* 3. Aufzug

22. März. Obwohl die Feier erst um 18.30 Uhr beginnt, sitzt der Botschafter, der als Vertreter des Präsidenten des Goethe-Instituts in München die Goethe-Medaille in Gold überreichen wird, schon eine Stunde vorher im Foyer des Instituts im Gespräch mit meinen Mitarbeitern. Protokoll ist seine Leidenschaft, seine Meisterschaft. Durch die Presseankündigungen angelockt, strömen weit mehr Menschen in den Saal, als namentlich eingeladen sind, vorwiegend Verwandte, Kollegen, darunter Parteigänger und Gegner, Dozenten, Studenten, Schriftsteller, der greise Ferreira de Castro, Fernando Namora, und zahlreiche andere, bildende Künstler, Kritiker, Theaterleute, denn Professor Dr. Paulo Quintela hat jahrzehntelang das von der Zensur geschundene »Studententheater der Universität Coimbra« geleitet. Es kommen aber auch die Gäste der Botschaft, hohe Beamte des portugiesischen Außenministeriums, des Erziehungsministeriums und anderer Institutionen.
Obwohl »pièce de résistance« der portugiesischen Germanistik, Jahrgang 1905, ehemaliger Stipendiat der Humboldt-Stiftung, Übersetzer von Hölderlin und Goethe, von Kant und Keller, von Rilke und Trakl, von Brecht, Nelly Sachs und Hilde Domin, ist Paulo Quintela mit achtundsechzig Jahren noch immer außerordentlicher Professor der Faculdade de Letras in Coimbra. Als verschworener Gegner des Regimes hat er den ersehnten Ruf an die Universität Lissabon nie erhalten und ist ein stolzer Eigenbrötler geblieben. Im Augenblick läuft vor dem Amtsgericht Coimbra eine Klage gegen ihn wegen Beleidigung des Staatssicherheitsdienstes (DGS): Gemeinsam mit Professoren und Ärzten hatte er in einem offenen Telegramm an den Erziehungsminister Veiga Simão gegen die Mißhandlung von Studenten bei Demonstrationen protestiert, er hat »damit eine Polizeiorganisation beleidigt und deren Ansehen und Ruf schwer geschädigt«.
Zu Beginn der Veranstaltung ist die Stimmung im Saal diffus. In den ersten zwei Reihen die Honoratioren, darunter als ein-

zige Liberale Dr. Maria Lourdes de Belchior Pontes, Präsidentin des »Instituto de Alta Cultura«, die im überfüllten Museum der Alten Kunst Vorlesungen über die portugiesische Literatur des zwanzigsten Jahrhunderts mit Mut und Würde hält; Diskussionen nach diesem heiklen Thema hat die Obrigkeit, die Kultur für ein Geschenk der Oberen an die Unteren hält, verboten. Als die Saaltüren bereits geschlossen sind, tritt Manuela de Azevedo vom Feuilleton der Regierungszeitung ostentativ vor die erste Reihe, um den Gelehrten zu begrüßen.
Als Auftakt spielt Maria João Pires, die hochtalentierte, puppenhafte Pianistin, die mit ihrer kindhaften Koketterie noch zehn Minuten vor einem Konzert ihr Programm umzustoßen beliebt, für ihren Landsmann eine Chopin-Fantasie, entfesselt und nicht elegisch, wie sie dem Botschafter gefallen hätte; mürrisch blickt er zu Boden. Dann halte ich die Laudatio – etwas zu lang für den Botschafter, wieder blickt er mürrisch zu Boden. Goethe macht es mir leicht: »Unser Leben führt uns nicht zur Absonderung und Trennung von anderen Völkern, vielmehr zu dem größten Verkehr; unsere bürgerliche Existenz ist nicht die der Alten. Der ganze Gang unserer Kultur, der christlichen Religion selbst, führt zur Mitteilung, Gemeinmachung.« Also: Goethes Begriff der Weltliteratur zweihundert Jahre vor einer Zeit, in der die Faschisten eines Landes, das im vergangenen Camões-Jahr dreihundertundfünfundsechzig Tage lang »Die Lusiaden die wir waren / die Lusiaden die wir sind« gefeiert hat, nach verjährtem Vorbild Einflüsse ausländischer Literatur noch immer für überflüssig, ja schädlich halten; Goethes erste Kindheitserschütterung, die kein Todesfall der Familie, sondern das Erdbeben von Lissabon war; Goethe, der behauptete, erst in Rom, im Reich der Latinität, »in der Hauptstadt der Welt«, Mensch geworden zu sein – Goethe macht es mir leicht, ins Lob auf das Gastland den Vorwurf geistiger Rückständigkeit zu mischen und mit einem Bekenntnis Goethes rückwirkend Paulo Quintelas Rücken zu stärken: »Ich erinnere mich kaum eines Gebotes; nichts erscheint mir in Gestalt eines Gesetzes; es ist ein Trieb, der mich leitet und mich immer recht führet; ich folge mit Freiheit meinen Gesinnungen und weiß so wenig von Einschränkung als von Reue.« Diese Sätze aus den *Bekenntnissen einer schönen Seele* spreche ich dem Germanisten, Übersetzer und Poeten so vor, wie er sie, die sein Denken verkörpern, hätte selber aussprechen mögen – bewußt und herausfordernd: »Quase não me recordo dum mandamento; nada se me configura como lei; é um impulso que me guia e sempre

me conduz no caminho certo; sigo em liberdade os meus sentimentos, e não sei nem de limitações e de arrependimentos.« (Schön wäre es, wenn alle Prosa sich so leicht und so ebenbürtig übertragen ließe.) Paulo Quintela beißt sich auf die Lippen und versucht zu lächeln.

Dann übermittelt der Botschafter dem Gewürdigten die Grüße des Präsidenten aus München, heftet ihm die Medaille an den Rockaufschlag und überreicht ihm das Diplom. Schließlich tritt Paulo Quintela ans Rednerpult und dankt allen, denen er Dank schuldet, »in der Sprache seiner Wahlheimat«, um dann »an meine anwesenden Landsleute und Freunde ein paar Worte zu richten, wie mir der Schnabel gewachsen ist«. Sanft und sachlich beginnt Paulo Quintela in der Landessprache mit Erinnerungen an Studienjahre und Freunde, an Einflüsse und Meister, an Reisen und Stipendien, an sein einstiges Versprechen, seine Schüler inner- und außerhalb der Universität in der uneigennützigen Liebe zur Wahrheit und zur Kultur zu fördern, der freien Kultur zu dienen und mit dieser seinem Vaterland und seinem Volk. Dann setzt er mit kaum merklich zitternder Stimme an zu einem Exkurs über das Thema »freie Kultur«, »die Freiheit der Kultur« oder »einfach: die Freiheit«, und da er sicher ist, »ohne vorherige Genehmigung (eine sarkastische Anspielung auf Marcello Caetanos zynische Scheinverharmlosung von Salazars Vorzensur) in der Öffentlichkeit über einen Stoff meiner Spezialität sprechen zu dürfen«, zitiert er zum Schluß in beiden Sprachen, damit dieser niemand entgehe, »Der Weisheit letzten Schluß«:

> Nur der verdient sich Freiheit wie das Leben
> Der täglich sie erobern muß!

Nach drei Sekunden atemloser Stille erheben sich zweihundertundfünfzig Menschen wortlos von ihren Plätzen und bringen dem Redner eine Ovation dar, ein rhythmisches Klatschen, rauschend wie die Brandung von Caparica, das fünf Minuten anhält. Und setzen sich ebenso wortlos und warten, bis die Regierungsvertreter der ersten zwei Reihen mit säuerlichem Lächeln, um sich vor der deutschen Seite keine Blöße zu geben, ihre Glückwünsche abgeliefert haben. Erst dann treten die Zuhörer nach vorn und umringen den Ausgezeichneten, umarmen und küssen ihn, schütteln ihm beide Hände und umarmen ihn wieder. Längst hätte der Empfang im Foyer beginnen sollen mit Getränken und Bissen, aber diese Kundgebung der Sympathie, des Stolzes, der verzweifelten Hoffnung weitet sich zu einem

Moment des Aufatmens, zu Sekunden unvermuteter Befreiung. Erst als die Gemüter sich beruhigt haben, lassen sie ab von ihrem Landsmann, von ihrem Freund, von ihrem Vorbild und schlendern aus dem Saal, um eine Erfrischung anzunehmen, die ihre Erregung löst und ihre Mienen lockert. Plötzlich steht Paulo Quintela vor mir und gibt mir den landesüblichen abraço: »Das war zuviel für mich, zu viel ...« Ich danke dem Freund für die unwiderrufliche Hilfe, die er heute dem Institut bei der Erfüllung seiner Aufgabe geleistet hat: eine Stätte der Aussprache, des Austausches, des Brückenschlags zu sein, ohne Rücksicht auf die Politik oder das Protokoll, jene geschlossene Ordnung, welche die Kultur, eine offene Ordnung, begrenzt und einengt.

Die Presse feiert das Ereignis und den Preisträger landauf landab mit Dutzenden von ausführlichen Berichten, Bildbiographien, Aufsätzen: der im Ausland gepriesene Prophet gilt nun auch im eigenen Lande. Raúl Rego, Chefredakteur der »A República« tischt Quintelas Prozeß auf und zitiert seine Dankesrede in aller Breite. Am nächsten Tag wird mir berichtet, der Botschafter sei ungehalten über Professor Quintelas Dankesrede, in der er einen Vertrauensbruch, einen Mißbrauch sehe. (Es versteht sich, daß zwei Institutionen, die auf dem Instanzenweg in genormter Sprache miteinander verkehren, über reale Informationsmittel verfügen müssen: über Spitzel. Natürlich besitzt die Botschaft im Institut mehr Informanten als der Institutsleiter in der Botschaft: was im Institut vorgeht, ist objektiv interessanter als die Vorgänge in der Botschaft. Was Institutsangehörige, die samt und sonders sehnsüchtig nach der Botschaft schielen, hinaustragen, ist immer mehr oder minder die Wahrheit, und die ist für den Umlauf bestimmt. Was meine bereitwillige Agentin, Maria Rita, frühere Botschaftsangehörige, mir zuträgt, nährt meine Neugierde nach Klatsch, der, destilliert und interpretiert, Geschichte und Literatur werden kann.) Am 27. März erhalte ich den Durchdruck des Botschaftsberichts an das Auswärtige Amt: »Die Worte von Professor Quintela ... wurden zwar vom Auditorium mit begeistertem Applaus aufgenommen, hinterließen aber bei den Spitzenpersönlichkeiten einen leisen Mißklang. Man (Wer?) empfand sie bei diesem bilateralen Zusammensein als unnötig und verfehlt, weil ja die anwesenden Vertreter des offiziellen Portugals allein schon durch ihr Kommen bekundet hatten, daß sie nicht nur mit dem verdienten Germanisten, sondern auch mit dem Demokraten Quintela sympathisierten.«

Infolge ihrer »déformation professionelle« gelangt die Diplomatie meist nur zu Halbwahrheiten. Daher bringt der Botschafter es nicht über sich, befriedigt festzustellen, daß der republikanische Gegner des repressiven Regimes das Deutsche Institut laut bundesdeutschem Grundgesetz als Forum freier Meinungsäußerung benutzt hat, und daß die Spitzenbehörden nicht aus Sympathie für den überzeugten Demokraten Paulo Quintela Beifall gespendet haben, sondern als Tarnung in einer für sie ausweglosen Lage, nämlich um ihr Gesicht nicht zu verlieren.

P. S. Seltsames Gebilde, merkwürdiges Phänomen, die Goethe-Medaille! Schöpfung aus dem Nichts, auf keiner eigenen Leistung, auf keiner wissenschaftlichen oder künstlerischen Institution der Bundesrepublik Deutschland fußend, nichts als die kuriose Erfindung eines mechanischen, geistfernen Verwaltungsapparats mit anspruchsvollem Namen, lebt die Medaille allein von den Leistungen, die sie auszeichnet. Zunächst ein Köder, der mit falschen Vorzeichen prunkt, mit hohlen Versprechungen lockt, ist die Goethe-Medaille (in Gold, in Silber) ein raffinierter Schmarotzer, der seinen Fonds, sein Kapital aus gutwilligen Gläubigerzahlungen schlägt. Das Goethe-Institut e. V. in München, gewissermaßen ein Laienunternehmen, nährt und mehrt sein Ansehen als vermeintliche Fachinstitution mit einer Kulturaktie, deren Kurswert nach der Anzahl und der Autorität der Ausgezeichneten steigt oder fällt.

»Welches Recht wird in Lissabon gesprochen?«

Das ungerechte Gesetz ist kein Gesetz.

Felix Varela, Vorläufer der kubanischen Unabhängigkeit

Am 31. Mai schreibt Jutta von Mallinckrodt: »Ich bin Mitglied der Gruppe 225 von Amnesty International, die sich für die Freilassung des farbigen Rechtsanwalts Dr. Domingos Arouca aus Moçambique einsetzt, der zur Zeit in Portugal in einem Gefängnishospital seine Haft verbüßt.«
Dr. Arouca hatte ihr ein von seinem Anwalt geschriebenes Büchlein mit der Bitte zugesandt, es zu veröffentlichen und den etwaigen Erlös für seine spätere Unterstützung zu verwenden. Frau von Mallinckrodt bittet mich, die wichtigsten Teile der Schrift zu übersetzen und mit Aroucas Anwalt Verbindung aufzunehmen. Ich tue beides.
Vita: Domingos Arouca aus Moçambique arbeitete nach Abschluß der Volksschule zwei Jahre als Schreiberpraktikant in einem Anwaltsbüro, trat mit siebzehn Jahren in die Krankenpflegerschule von Lourenço Marques ein und war bis zum einundzwanzigsten Jahr Heilgehilfe, als er in der Lotterie Esc. 25.000 $ 00 gewann, mit denen er nach Lissabon fuhr, das Gymnasium nachholte, gleichzeitig seinen Lebensunterhalt verdiente und im Jahre 1960 an der Universität Lissabon in Rechtswissenschaft promovierte. Zurück in Lourenço Marques wurde er Rechtsberater des Banco Nacional Ultramarino und Beisitzer des Verwaltungsgerichts von Moçambique. Beide Stellungen mußte er aus politischen Gründen aufgeben. Er richtete eine Anwaltspraxis ein und wurde 1965, einen Monat, nachdem er einstimmig zum Präsidenten des »Zentralverbandes der Neger von Moçambique« gewählt wurde, unter der Anklage, führendes Mitglied der *Frelimo*, der »Befreiungsbewegung von Moçambique«, und verantwortlich für die psychologische Subversion im Süden von Moçambique zu sein, von der *Pide* verhaftet.
Dazu schreibt sein Anwalt Dr. Francisco Salgado Zenha: »Domingos Arouca, zu vier Jahren Zuchthaus verurteilt, befindet sich seit über sieben Jahren in Haft. In Moçambique verhaftet und verurteilt, verbüßt er seine Strafe tausende von Kilometern von den Seinen entfernt, im Mutterland Portugal. Verbannung

ist im portugiesischen Strafgesetz nicht vorgesehen; aber sie ist für Domingos Arouca vorgesehen. Für ihn und so viele andere – Neger wie er. Domingos Arouca ist Anwalt. Er hat seinen Doktorgrad in Rechtssprechung, die in Lissabon gelehrt wird, erworben. Welche Rechtssprechung wird in Lissabon gelehrt? Welches Recht wird in Lissabon gesprochen? Kurzum: Was ist das Recht von Lissabon? Was wird es sein, Domingos Arouca – Mozambikaner, Neger und Freund?«
Jutta von Mallinckrodt bittet, weder schriftlich noch telefonisch mit Dr. Zenha in Verbindung zu treten, um ihn nicht zu gefährden. Behütet von meinem Leichtsinn, rufe ich in seinem Büro und seiner Wohnung an, »in Sachen Institutsprogramme«. Die Antworten klingen im Land des »Encoberto« wie immer: vage, alles- und nichtssagend, ausweichend, unverbindlich, vertröstend. Dr. Zenha ist nicht da. Unschicklich zu fragen: Wo? Selbstredend bespreche ich den Fall nicht mit Mitarbeitern, schon gar nicht mit dem Botschafter. Überdies will ich behutsam vorgehen, eine Ausweisung wegen Unvorsicht oder Ungeschicklichkeit würde nicht nur mir, sondern allen Portugiesen schaden, denen ich nützen kann. Plötzlich fällt mir ein, wo ich den Namen schon gelesen habe: Cardoso Pires' *Der Dauphin* ist ihm gewidmet. Dieser sagt mir, Zenhas Haus werde bewacht. Durch seine Vermittlung erscheint eines Nachmittags der Anwalt im Institut, dunkles welliges Haar, humorvoll blinzelnde Augen hinter horngerahmten Gläsern, mittelgroß, gebogene Spürnase, eine Schutzschicht der Verbindlichkeit umgibt ihn.
Mittlerweile ist Zeit vergangen. Ich erfahre, daß Dr. Arouca wieder in seinem Geburtsort Inhambane, 400 km nördlich von Lourenço Marques lebt und seinen Anwaltsberuf ausübt, sich aber jede Woche bei der Polizei melden muß und die Hauptstadt nicht besuchen darf. Seine Post wird überwacht, fraglos gelesen, im Zweifelsfall zurückgeschickt. Seine finanzielle Lage ist schlecht.
Ich danke Dr. Zenha für seine Mitteilung und gebe sie weiter, allerdings als getarnte Privatkorrespondenz, von Haus zu Haus.
Gruppe 225 bittet, die Möglichkeiten der Geldüberweisungen zu studieren. Das einfachste, denke ich, wäre, Joaquim mit dem Gegenwert von DM 300,-- (die erste Überweisung von AI) zur Post zu schicken und diese per Postanweisung nach Inhambane zu schicken. Aber Gruppe 225 »ist nur an einer Empfangsbestätigung durch den Endempfänger interessiert«.
Neue Besprechung mit Dr. Zenha. Alles geht wie auf Zehen-

spitzen vor sich, in Glacéhandschuhen gleichsam, im Flüsterton (Maria Rita, die alles sieht, ahnt, versteht, kommt nicht herein und hält alle Anrufer und Besucher fern), in Umschreibungen, Andeutungen, Ausflüchten. Wenn wir so weitermachen, denke ich, von Ungeduld zerrissen, ist der Mann verhungert, bevor das Geld bei ihm eintrifft. Jetzt besinnt Dr. Zenha sich auf Dr. Aroucas Bruder João, der in Lissabon Jura studiert. Dr. Zenha verspricht, ihn anzurufen und ein neues Treffen zu dritt zu vereinbaren. Zur festgesetzten Stunde sehe ich die beiden gegenüber vom Institut am Rand des Parkteiches stehen; sie stehen betont zufällig da, daß sie auffällig wirken wie Verschwörer. Nach scheinbar langem Überlegen schlendern sie auffällig unauffällig über die Straße. Dann stehen sie in meinem Arbeitszimmer. Auf den Ballen zwischen Zehe und Absatz wippend, zwischen Kommen und Gehen zögernd. Ich schäme mich, dem jungen Mann, dessen Hautfarbe und Aussprache mich an einen Mulatten aus dem brasilianischen Nordosten erinnert, erklären zu müssen, daß die AI eine Quittung fordert. Dabei genüge es, schlage ich vor (die ferne Gruppe 225 ungehört zu einer Zwischenlösung zwingend), wenn João Arouca mir eine von der Lissaboner Post gestempelte Quittung bringt, auf welcher der Empfänger Domingos Arouca und er, der Einzahler João Arouca, vermerkt sind. Der Stempel bestätige, daß der Bruder das Geld einbezahlt habe. Ja, das könne gehen, meinen beide. (Dr. Zenha hatte das letzte Mal abgelehnt, die Geldüberweisung im eigenen Namen vorzunehmen.) Wir vereinbaren, daß João Arouca den Fall prüft, alles genau überlegt und wiederkommt oder anruft, damit ich ihm die Geldsumme aushändigen kann.
João Arouca ist nicht wiedergekommen, auch Dr. Zenha nicht. Vielleicht hungert Domingos Arouca weiter. Vielleicht hat João Arouca Angst, vielleicht schämt er sich, von Weißen, Feinden seines Vaterlandes und seines Bruders, Geld anzunehmen und dabei noch so wenig, wenigstens vorderhand. Alles ist schwierig, solange es weder Ja noch Nein gibt. So ist alles in diesem Land. Bürokratismus hemmt die Initiative, das Wort tötet das Tun, die formalistische Sprache vergangener Jahrhunderte drosselt jeden Impuls. Portugal bietet dem Denken nur zwei Alternativen: Konformismus oder Selbsthilfe, und das heißt: Subversion. Also: Koffer packen! Rasch verschlucke ich das Unmutswort.

Nachbemerkung: Dieser Fall veranschaulicht die Dichotomie zwischen den Aufgaben der diplomatischen Vertretung und denen des Deutschen Instituts in Portugal. Die äußere Schwierigkeit, daß das Deutsche Institut den portugiesischen Behörden gegenüber offiziell als »Dienststelle der Botschaft« auftritt, darf nach innen kein Gewicht haben. Die rechte Hand des Botschafters soll nicht wissen, was die linke des Institutsleiters tut. Zwischen beiden Leitern müßte Übereinstimmung darüber herrschen, daß die Aufgaben beider Dienststellen verschiedene Bereiche umfassen. Im Fall Portugals ist die Botschaft bei einer faschistischen Regierung akkreditiert; die Tätigkeit des Instituts wendet sich jedoch an die vorwiegend republikanische Bevölkerung und nicht an die herrschende Minderheit des Gastlandes, wenn es auch dieser nicht den Zutritt zu den Institutsräumen verwehrt. Es mag sich nach außen neutral geben müssen, von seinem Zentrum her richtet es sich an bestimmte Zielgruppen. Im vorliegenden Fall stehen Institut und Botschaft an entgegengesetzten Fronten. Deine Rede sei »ja, ja, nein, nein . . .« Auch hier. Es ist nicht merkwürdig, daß über diese Themen keine Klarheit zu erzielen ist. Laut Enquete-Kommission des A. A. ist der »Botschafter für die kulturelle Präsenz seines Landes im Gastland verantwortlich.« Um dieser Aufgabe zu entsprechen, müßte er in diesem Lande eine Doppelrolle spielen, das eine Gesicht der Regierung, das zweite der kulturellen Öffentlichkeit des Gastlandes zugewandt. Da ihm aber laut Kontrakt zwischen Auswärtigem Amt und Goethe-Institut das politische Vetorecht zusteht, wird er in den meisten heiklen Fällen dieses Recht ausüben, um ruhig schlafen zu können und Unannehmlichkeiten zu vermeiden. Als Beamter wird er sich verpflichtet fühlen, über alles nach Bonn zu berichten. Der Institutsleiter berichtet nur das, was er für richtig hält. Da er kein Beamter ist, schafft er sich den Freiraum der Initiative, der Spontaneität, der Kreativität, der Verantwortung, die seine Natur ihm bietet, nahelegt, aufdrängt. Der Botschafter arbeitet nach den Vorschriften seiner Dienststelle in Bonn, der Institutsleiter nach den Ergebnissen seiner Beobachtungen, den Einflüsterungen seiner Phantasie, den Bedürfnissen des Orts seiner Tätigkeit. »Was halten Sie von der Formel ›Kulturarbeit ist Geschäft plus Ästhetik‹?« Diese Frage eines Diplomaten könnte im Fall Portugal, überspitzt formuliert, heißen: der Botschafter bittet den Institutsleiter zur Feier eines bedeutenden Handelsabschlusses zwischen einer portugiesischen und einer deutschen Organisation in der Residenz um die Mitwirkung eines deutschen Streichquartetts. Wie, wenn die Musiker, die den Anlaß erfahren, sich an Ort und Stelle weigern, zu spielen? Wie, wenn die portugiesische Linke für den Fall, daß Mozarts »Jagdquartett« K. V. 458 Waffenlieferungen für ungenannte Zwecke preisen soll, eine Bombe ins Institut wirft? Der Botschafter wird sich möglicherweise weigern, diese Themen mit dem Institutsleiter zu besprechen. *Er*, so meint er, gibt den Ton an – freilich gemischt aus verschwommenen Metaphern, aus Gemeinplätzen, aus Unverbindlichkeiten, die den Institutsleiter in gebührender Distanz zu halten suchen. Es kommt zu keiner Klarheit, zu keiner Abgrenzung der Verantwortlichkeiten. Der Institutsleiter ist gehalten, »vertrauensvoll mit der Botschaft zusammenzuarbeiten«. Das heißt, er soll Vertrauen schenken, ohne Vertrauen zu fordern. Alles übrige entscheidet der Botschafter.

Wiedersehen im *Paris*

Der Kellner Fernando kommt uns entgegen, das Restaurant in der stillen »Schustergasse« der Unterstadt ist mäßig besetzt, die Sonntagabendgäste essen friedlich, schweigsam, wir sind vor einer Stunde angekommen und begierig, das Land wieder zu fühlen, die Luft zu beschnuppern, die Stadt wiederzuerkennen. Lächelnd kommt Fernando uns entgegen wie ein alter Freund, gemessenen Schritts. Wir schütteln einander die Hand.
»Sie waren lange nicht bei uns . . .«
»Wir waren in den Ferien, in Deutschland. Und jetzt sind wir wieder da.«
Ein kaum merkliches Seufzen der Erleichterung:
»Und jetzt sind Sie wieder da.«
»Und das ist gut.«
Zweites, kaum merkliches Seufzen der Erleichterung:
»Und das ist gut.«
»Und nun brauchen wir unseren Tisch und Ihren ›Tinto da Casa‹, und Oliven und Brot . . .«
»Und *Pedras Salgadas.*«
»Das beste Mineralwasser der Welt.«
»Und die Speisekarte.«
Lächelnd, gelösten Schritts, führt der Kellner Fernando uns zu »unserem Tisch«. *Andante*, im Tempo des Landes.
Die verlorenen Kinder sind heimgekehrt, die verlorene Zeit ist wiedergewonnen, wer je in Portugal gelebt hat, wird es nie wieder verlieren, er gehört zur Familie, die Portugal heißt. Wir nehmen Platz, wir essen, wir trinken.
Dann: Ah, da ist es wieder. Was? Das, was wir zuerst nicht wiederzufinden glaubten. Das Bestimmte. Nein, das Unbestimmte . . .
Dort drüben, zwischen den Tischen, eine junge Frau mit dem Gesicht zu uns; gelassen, gelangweilt hat sie die Ellbogen aufgestützt und streicht mit pflanzenhaft weichen Fingern Butter auf ein Stückchen Toastbrot. Alles, die Finger zweier Hände, das Messer, die ganze Operation ist weich wie eine schwingende Hängematte. Halt: meine Bezeichnung »gelangweilt« war ungenau. Ihre Haltung ist schmachtend, das ist etwas anderes. Die junge Frau spricht mit ihrem Gegenüber oder zu ihrem Gegenüber hin, sie blickt auf fixierte Punkte, nein, auf unfixierte Punkte. Sie träumt nicht, schläft nicht, spielt wohl nur, daß sie da ist. Sie ist anderswo – wo? In jenem Portugal, das dasein

möchte und nicht da ist, das Portugal in einer Schachtel in einer Schachtel in einer Schachtel undsoweiter und so ferner – sobald man die Schachtel Portugal öffnet. Daher ist die junge Frau da und nicht da. Das war es also, was wir vermißten. Bei unseren ersten Rückkehren aus dem Urlaub, aus Deutschland, fielen wir immer in diesen Abgrund von einer Schachtel in die andere, schossen hinab zwischen Wänden ohne Halt, atemlos mit einem Kloß im Hals, hinunter in die eigene Magengrube. Jetzt bleiben wir draußen, fern, als Zuschauer, wir sehen nur den Blick ohne Blick, die Hängematte der Hände, die nachdenklich, nein: selbstvergessen, ganz wenig Butter auf ganz wenig Brot streichen, streichen, und mit wenig Blick und mit wenig Mund sprechen, sprechen, schauen. Der Mund wie eine Tilde, jener dünne Aufabaufschwung auf dem »a« von Wörtern wie »coração«, »montão«, »precisão«, genau so unbestimmt und schmachtend wie der »ão«-Ton, ein nasalkehliger Frageton nach dem Woher, Wohin, Warum, Wozu? Da ist er wieder, jener Orientierungspunkt, der, ohne Punkt, ohne Anhaltspunkt zu sein, Orientierung zuläßt, ermöglicht, weil er desorientiert. Er ist das ganz Andere, das Haltlose, an das man sich halten kann. Das Unwägbare, das erwägbar wird – solange man es nicht wägen, greifen, begreifen will.

Caparica V

Ja, ja.
Peter Handke

Windstiller Tag, Ebbe, vier Uhr nachmittags. Christiane und ich begegnen dem österreichischen Botschafterehepaar. Ich gratuliere ihm zum Nobelpreis für Konrad Lorenz. Ja, ja, der sei ja überfällig gewesen, Karl von Frisch ohnehin mit seinen zweiundneunzig Jahren. Wir kommen auf Ingeborg Bachmann zu sprechen. Ja, ja, so traurig. Ich erzähle von meiner Sommerlektüre, Bernhards *Im Kalkwerk* – ich schneide gerne das Thema Literatur an, um allen Beteiligten Redensarten zu ersparen –, die Botschafterin müsse das lesen. Ja, ja, meint sie, wenn nur die Buchhandlung Buchholz nicht so unverschämte Preise nähme, umgerechnet zwanzig deutsche Mark, exorbitant, wer kann sich denn so etwas leisten. Ob sie die Instituts-Inszenierung von Handkes *Kaspar* mit dem fabelhaften Spanier José Luiz Gómez gesehen hätten? Nein, nein, der Handke ist doch so unappetitlich. So etwas kann man sich doch nicht zumuten.

Oktober: Nobelpreis für Heinrich Böll

Obwohl Heinrich Böll mir beim Kiepenheuer-und-Witsch-Fest in Köln versprochen hat, in Bälde nach Portugal zu kommen – er nennt Reinhold Schneiders Buch eine seiner stärksten Jugenderinnerungen –, erinnere ich ihn jetzt, da fraglos hundert Städte gleichzeitig seine Gegenwart wünschen, nicht an sein Versprechen, sondern bitte Hellmut Karasek, zu seinem bevorstehenden Besuch den Böll-Vortrag »Der gute Mensch von Köln« mitzubringen. Der Botschafter, der meine Mitteilung mißversteht und glaubt, Bölls Ankunft drohe, ruft entsetzt aus: »Ach, dann wird er hier gegen die CDU hetzen!« Der Militärattaché befindet: »Böll? Schmutzliterat! Haben Sie sein *Gruppenbildnis* gelesen? Fäkaliensprache. Kommunistenfreund. Ekelhaft!«
Bei einem Telefongespräch mit dem Kollegen in Madrid stellen wir fest: in beiden Botschaften der iberischen Halbinsel »wird Böll heruntergespielt«.

Herr Siegfried Santos, Sohn unseres Herrn Santos, besucht mich: Sein Vater werde die Woche wohl nicht überleben. Der Arzt habe ihm – zynisch lächelnd! – versichert, er werde eine regelrechte Operation nicht überleben. Man habe die Krebsgeschwulst durchstochen, damit er wenigstens abführen könne. Vorher sei alles durch den Mund herausgekommen. Über Nacht habe sein Gesicht sich bis zur Unkenntlichkeit entstellt. Santos Junior hat normale, wiewohl zarte Größe. Er ist bleich, mit seinen etwas ungenauen Zügen erinnert er mich an durch Inzucht verwaschene Deutschbrasilianer der dritten Generation. Seine Mutter ist Berlinerin, ebenso kinderklein wie sein Vater, das Wachstumshormon hat sich beim Sohn wieder eingestellt, die kleingebliebene Tochter lebt in Paris. Er spricht etwas körperloses Deutsch; zu Hause wird Deutsch gesprochen, sein Vater hat es in Jahrzehnten freilich weder fehler- noch akzentfrei sprechen gelernt. Siegfried ist dem Charakter nach ein Mischling, scheuer Blick wie der des Vaters, verbindlich wie der Portugiese, unterwürfig wie der Deutsche in abhängiger Stellung. Er erzählt vom Vater: sein Leben lang ein Gescheiterter, ein Gedemütigter (ich denke: ein Leben lang so klein zu sein, welch eine Anstrengung, körperlich und seelisch, um sich zu behaupten!). Vom Außenministerium vernachläßigt, als der Krieg um war und er mit seiner Familie repatriiert wurde, ohne Entschädigung, ohne neue Stellung. Trotzdem sei er immer der Familienchef gewesen, mit unverbrüchlicher Autorität. »Bück dich, Siegfried, damit ich dir eine langen kann!« habe er oft zu ihm gesagt.
»Ja, früher war alles anders . . .« Das habe ich immer wieder aus dem Mund unseres Herrn Santos hören müssen. »Früher«, das heißt im alten Institut an der Avenida da Liberdade; »anders« heißt »besser«, bevor die von draußen kamen, die Barbaren, die Neuerer. Denn Herr Santos ist der Bewahrer des Bewährten, des Überlieferten, Erprobten, Alten. Er *ist* Portugal, und Portugal heißt: das alte Portugal.
»Ich war von der Neueröffnung 1956 an mit dabei. Ich habe praktisch das alte Institut gegründet. Der Herr Direktor tat nichts ohne mich. Ich habe die bestehenden Deutschkurse, die nach dem Zusammenbruch der Nation Anfang der fünfziger Jahre in der Deutschen Schule aufgenommen worden waren, ins Deutsche Institut überführt.«
Ja, die Ausschreibungswochen, das war seine Welt, da stand er im Mittelpunkt, er war der erste und der letzte bei der Arbeit, je größer das Durcheinander, die Verwirrung, desto besser,

desto wichtiger seine Gegenwart, seine Vermittlung, sein prüfendes Stirnkräuseln, sein mahnendes, ratendes, beschwichtigendes Wort. Einmal im Jahr stand Herr Santos im Licht, drei lange Wochen blickte er nach seinem organisatorischen Willen, Moses der Sprachabteilung, von seinem Feldherrnhügel auf die Niederungen der Lernbegierigen. Dann, als Harro Krautze die Abteilung übernahm, wurde die Ausschreibungszeit auf sechs Tage beschränkt, die einhundertundzehn Kurslisten wurden nicht mehr von Hand liniert, sondern auf Matrize abgezogen, bezahlt wurde nur noch zweimal statt viermal im Jahr, Umschreibungen, Nachzahlungen, Rückzahlungen schrumpften, Herr Santos fand es zunehmend schwerer, seinen extraniedrigen Schreibtisch mit Papieren, Aufstellungen, Rechnungen zu bedecken, immer seltener konnte er auf seiner Trittleiter zum Wandkassenschrank emporklimmen.
Seit geraumer Zeit ist Herrn Santos' Blick ein Blick des Abschieds. Stetiger Abschied von einer Landschaft aus Schülern, in deren Mitte er waltete, segnend, zur Ordnung rufend, Hoffnung auf einen Freiplatz weckend. Früher, als alles besser war, hätte kein Amtmann oder Oberamtmann gewagt, ihn zu kritisieren, »Kleinigkeiten wie Daten auf Quittungen zu verlangen«. Das mag in der Botschaft notwendig sein. Wir sind das Deutsche Institut, oder nicht, Herr Direktor? (Lauernder Eulenblick!) Hier herrschen andere Gesetze, andere Regeln. Hier herrscht – gottlob! – Eigenart (jetzt hat er mich gleich), Individualismus, der portugiesische Individualismus wohlgemerkt. Was weiß der kriegsschwerverletzte – warum eigentlich schwerkriegsverletzte? – Herr Oberamtmann mit seinem einem mittleren Dienstgesicht nicht zustehenden roten CD-Schild, dieser germanische Militarist, der das schönste und älteste Land Europas ein Affenland nennt, kein Wort portugiesisch spricht und nichts kennt als das barbarische Beamtenidiom des mittleren Dienstes! Was wißt Ihr Deutschen überhaupt von uns?
Vor einer Woche noch hat er sich einer wichtigen Angelegenheit der »gnädigen Frau« mit besonderer Fürsorge angenommen: er hat den schadhaften Stift eines Bügels ihrer Sonnenbrille »durch die Vermittlung und Bemühung eines besonderen, mir aus langen Jahren der Zusammenarbeit und Freundschaft verbundenen Ophthalmologentechnikers« durch einen neuen, garantiert zuverlässigen ersetzen lassen. »Was bin ich Ihnen schuldig, lieber Herr Santos?« hat Christiane, die mir im Büro gegenübersaß, sanft gefragt. Herr Santos hat die Brillenhand ganz und die andere halb gehoben und ernst den Kopf

geschüttelt, mit offenen Handflächen, als zeige er, Heiland der Sprachschüler, seine Wundenmale. »Nichts, gnädige Frau!« Und hat sich verpflichtend (nicht vernichtend) verneigt, als wolle er sagen: Das ist meine Huldigung für Sie, gnädige Frau, die Sie Portugal verstehen und auch mich, meine Wenigkeit ... Dann hat er seine Brille aufgesetzt, ist rückwärts aus der Tür geschritten und, die Hand zur Klinke erhoben, hat er Christiane von draußen einen Blick zurückgesandt, Blick des Abschieds, der Entsagung und des uralten Stolzes.

Stilleben

Samstag nachmittag nach dem Strandspaziergang rasch noch ein Blick ins Institut und ein Blick aus dem Fenster – drunten, vor den Glasportalen, ein Polizist, aufgeschwemmt wie ein verkleideter Lebensmittelhändler, ausgebeulte Uniform, schiefe Schulter, auf und abgehend wie in Erwartung von Eselskarren mit Kohl und Kartoffeln. Stille, dämpfige Novemberluft, Maiklima. Gegenüber am Parkweiher Reiher versunken auf einem Bein, den Stocherschnabel im Gefieder, Enten quacken. Portugiesische Stille, die Privates wiederkäut, unbekümmert dessen, was »draußen« vor sich geht. Man zählt Geld, man wartet, man geht langsam, man wartet langsam, man läßt alles wie es ist, um zu sehen, was daraus werden wird. Vorsicht, Ruhe, keine Eile, keine Gedanken, schon gar nicht an Neues. Man schaut aus dem Fenster, ah, da bewegt sich was. Was? Ein Mensch, ein Fahrzeug, welches? So fuhr doch, so ging doch mein ... Wer denn noch? Egal wer, irgendwer. Ja, da geht jemand. Komisch, da geht ein Mensch, tatsächlich, wirklich, in der Tat. Und ich – ich warte ... Worauf? Wartende Stille, wattige Stille.

Bilder aus der deutschen Gegenwart I

Fernsehansagerin, 7. September.
Neueste Zweitperücke im Schaufenster, darunter ein Gesicht, x-beliebig, als Ergänzung für die allerneueste Kreation zum Eröffnungscocktail des Conversation-Center (Sitzfußbad). Unsichtbar aufgespießt auf Milchhauthintergrund. Halbschiefes Profil, die Augen in die Augenwinkel geklebt, Geduldspiel: Wie lange hältst du das aus ohne zu blinzeln? Mund in Herzform leiert die gestelzten Sätze in gespielten Stammeltönen herunter, sammetweiches sprödes Nana-du-loser-Stimmchen, im Kehlkopf unhörbares Lächeln, fern-ironisches Glucksen. Ulkiger Text, nicht war? Naja, soll auch nicht ernst klingen, aber doch auch wieder – irgendwie, irgendwo, weißt schon . . . Weißt, wie ich's meine? Das heißt, wie's der Programmdirektor meint. Der hält nämlich seine, meine Zuschauer für dement oder impotent oder unmündig oder alles zusammen. Ist ja auch so, oder? Werde auch schon ganz steril, beim Abendessen zuhause grinse ich auch schon ganz blöd, kann kaum mehr normal reden. Ist ja egal, oder? Ist überhaupt alles egal, oder? Und deshalb müssen wir so aussehen, so reden, so blöd sein. Blöd, gell? Ich, die sterile kleine Puppe für die zwanzig Millionen Zuschauer des Binnenländchens Deutschland, der Schrumpfprovinz Germanien. Wohl bekomm's und angenehmes Vorbeisein!

19. September

Rückreise aus den Ferien mit dem Autozug. Geburtstagsabendessen aus dem Reisebeutel auf der Strecke Paris–Bordeaux: Huhn, Uhlbacher Trollinger, Schwarzbrot, Käse, Äpfel. Das Zweibettabteil ein vollkommener Wohnkosmos, bei 145 Kilometer Durchschnittsgeschwindigkeit. Besänftigendes Gefühl, aufzubrechen, unterwegs zu sein, getrieben von guten Geistern. Christiane und ich sitzen auf der noch nicht für die Nacht zum Bett verwandelten unteren Bank. Dicht vor uns, auf einem Bügel, die Jacke meines Cordsamtanzugs. Mein Geburtstagskonterfei. Sorgenfalten von den Schultern zur Brust, die Aufschläge geschrumpft, die Taschen ausgebeult, die Ärmel angewinkelt. Daneben hängt rank, schlank, Christianes roter Wildledermantel, jugendlich, diskret leuchtend, er hängt so, als stünde sie darin, fertig zum Ausgehen, bereit, ein erleuchtetes Restaurant zu betreten. Plötzlich wechselt die Jacke ihr Aussehen, ohne ihr Alter zu verbergen. Sie hat Humor, genügsam belächelt sie die Ramponiertheit eines Veteranen, der es noch lange mitzumachen gedenkt. Euphorie, sauber und säuerlich rinnt der Trollinger durch die Kehle in die Adern. Erhöhter Puls, wir rollen, wir schweben. Durch Glasscheiben getrennt vom Außen, überfällt uns ein Gefühl der Rechtfertigung unseres Daseins, zugleich Ansporn, Ermutigung, Bejahung.

Gleich hinter den Pyrenäen eine andere Wirklichkeit, ein neues Zeitgefühl, Landschaft wird Raum. Aus der Welt der Energie, der Systeme, der normierten Dynamik, der Vorwärtshast treten wir ein in das Archaische, trotz Madrider Wirtschaftswunder. Mühsam kommt der Bahnhof dem verstärkten Verkehr nach; der TEE nach Lissabon wird für Bahnsteig 5 angekündigt, fährt auf Bahnsteig 6 ab. Erste Verspätung.

Dann rollt der Zug durch die standhafte Natur, die *meseta*; karge Hügelmeilen, gewellt, von Ölbäumen schraffiert, drehen sich um den Reisenden. Tanz, kreisendes Auf-und-Ab von Flächen, Mobile der Urnatur auf Riesenscheiben um den Zug, der winzig auf seinem winzigen Schienenstrang auf der Stelle fährt. Höchste Gegenwart. Auf der portugiesischen Seite, kurz nach der Grenze, ein Ziegenhirt; ein Neugeborenes an den Hinterläufen in die Höhe haltend, winkt er triumphierend dem Zug nach. Ankunft in Lissabon mit zwanzig Minuten Verspätung. Alle paar Minuten ein Taxi für hunderte von Wartenden. Wir nehmen einen Doppeldeckerbus; ohne das geringste Zeichen von Unwillen verstaut der Schaffner unsere Koffer in der Koffernische. Wir steigen am *Rato* aus und schwitzen zu Fuß die Amoreiras hinauf; endlich, zweihundert Meter vor dem Haus, ein Taxi. Die Wohnung geputzt wie für einen Fürstenempfang, gekochtes Huhn, Reis, überall Blumen, mit Gräsern und gefärbten Halmen untermengt, Kleinmöbel zierlich über Ecke gestellt (obwohl wir die Geraden lieben). »Es hat viel Mühe gemacht, die Wände alle abzuwaschen.« Beatriz strahlt. Dienen als Liebe zum Vorgesetzten, aber auf dem Boden der *Nächstenliebe.* Rechtfertigung des Lebens durch Bereitwilligkeit, trotz aller Gegenbeweise – das ist in Beatriz nicht auszurotten. Würde sie sich im sozialistischen Paradies wohler fühlen, oder das System ihres Landes vorziehen? Eine Reaktionärin? Sie würde reagieren nur im Wortsinn verstehen: reagieren gegen das, was ihr gegen den Strich geht.

Kurz das Radio eingeschaltet. Die bekannten Töne: Aufgeblasenheit, gleich ob Werbung, Musikansage, politische Indoktrination. Rasch ausschalten, damit kein Gefühl der Leere, der Ferne aufkommt. Szering, Fünfte Partita Bach. Bach hören in Zeiten der Verderbtheit, das Ohr unablässig stimmen für den echten Ton.

Ein Geburtstag

Fast hätte ich versäumt, Isabel da Nóbregas Geburtstagsfest zu notieren. Erst schien mir, daß es nichts böte als jenes sympathische Gemisch aus literarischer Mondänität und portugiesischer, das heißt züchtiger Libertinage ohne westeuropäische Kraftausdrücke, dazu politische Subversion, mit Maßen freilich, von oben vermutlich richtiger taxiert als von unten, nämlich als verhältnismäßig harmlos und ohnehin wirkungslos.
Also! Cocktail in Isabels ausgebautem Dachgeschoß eines dreihundert Jahre alten Hauses in einer Steilgasse der Oberstadt, Kleinbürgerumgebung, anheimelnd und malerisch verschlafen, enges Treppenhaus mit ausgetretenen Bohlen, gefaßte, welke Kassettentüren; oben Schlauchgang, verschlungene Zimmer, verwinkelte Atelierfenster, Felle und Masken aus Afrika, Bücherwände, Plastiken, Bilder, anmutiges Durcheinander. Dann in langer Wagenkolonne hinaus, Richtung Sintra, irgendwo im Bergland zwischen halbverfallenen Gutshofmauern auf einer Nebenstraße zu einem neueröffneten Landgasthaus, weißgekalkte Wände, freigelegtes Gebälk, weiträumig, lange Tische mit Tongeschirr, Duft nach Knoblauch, Holzkohlenfeuer, hausgebügelte Tischwäsche. Etwa fünfzig Personen sind beisammen, Opposition, Schriftsteller, Musiker, Theaterleute, bildende Künstler, die alte Gilde der sanften Revolte, die Begabten des Landes, die sich als Elite und Verfechter des Volkes ausgeben, aber weniger vom Volk wissen als jeder Bewohner mitteleuropäischer Länder, portugiesischer Surrealismus mithin, politische Folklore, eine Linke, die vermutlich insgeheim für Beibehaltung der Klassenunterschiede ist (obgleich sie das Gegenteil behaupten würde), Klassenkampf, klar, aber als Fernziel und Utopie . . . Wenn einer von denen auf der Bühne, im Roman einen Arbeiter oder Bauern sprechen lassen wollte, er müßte erst recherchieren mit Tonband und Notizblock. Das Essen ist einfach für hiesige Verhältnisse, aber nach dem Begriff jener »Lebensqualität«, die von deutschen Politikern ohne genaue Vorstellung von der Materie propagiert wird, steht alles, was uns hier geboten wird, in seiner Einfachheit, in seinem unverfälschten Geschmack haushoch über dem, was Käfer oder Humplmayr als Delikatessen anpreisen. Knusprige, herbduftende Gerstensemmeln, fast kleine Laibe, kleine runde weiche Käse, die man pfeffert, Oliven aus dem Tonfaß, Landwein aus Tonkrügen, eine Knoblauchsuppe, das Tagesgericht der al-

entejaner Taglöhner: Wasser (hier Fleischbrühe), ein schwimmendes wachsweiches poschiertes Ei, marzipanweiche Knoblauchzehen, in Olivenöl geröstete Brotscheiben, Kräuter, nicht mehr. Ziege, heiß geröstet, butterzart, saftig, kein Gramm Fett, ein scharfes Prickeln auf der Zunge und den Feldziegengeruch in der Nase, dieses Fleisch hat den Eisschrank nicht einmal von ferne gesehen, flockiger Reis, Salat, abgetupft, kein Wasserbad am Grund wie bei uns, Mandelkuchen, einheimischer Cognac wie ein Volkslied, samtige Wärme, endlich brandheißer Kaffee in Steinguttäßchen mit Rändern dick wie die eigene Lippe, das berühmte Portugalgefühl: Tuchfühlung auf ländlich, handfest und zärtlich, sinnlich und warmvertraut, und dahinter immer die Frage: warum meine Sehnsucht nur, warum? Der verschwiegene Zauber des Landes. Nicht fragen – annehmen, hinnehmen, aufnehmen.
Neben wem bin ich gesessen? Drüben, am anderen Langtisch, Christiane als Ehrengast zwischen Isabels Mann, José Saramago, Schriftsteller, Journalist, und dem Regisseur Artur Ramos. Wie meist hat dieser ziemlich hoch geladen, nun flirtet er mit Christiane, wird weich, eine Träne rinnt über seine linke Wange. »Warum kann man in diesem Land kein Theater machen, warum läßt sie einen nicht, die Scheißzensur?« Christiane wüßte schon, was zu erwidern wäre: Warum macht ihr kein anständiges klassisches Theater: Shakespeare, Kleist, Sophokles, Schiller, Molière, Goldoni, da ist mehr Protest, als eurer Regierung lieb ist, warum lernt ihr nicht, die Vokale klingen zu lassen, statt sie zu verschlucken, die Töne nicht rachig gegen den Gaumen zu pressen, sondern auszusenden, euch zu bewegen, euch zu beherrschen? Und zu arbeiten, arbeiten, arbeiten? Dann stehen die Gäste auf, man wechselt die Plätze, einige gehen zur Bar. Die Geburtstagsredner stellen sich in die Mitte des Saales zwischen das Hufeisen der Tische, vier, fünf, sechs, und schon artet die Rednerkunst aus in Persiflagen auf die Regierenden, einer nimmt den Staatschef, Admiral Tomás, senil, schief, man sieht plötzlich seinen spiegelnden Kahlkopf, seine verschlagene Leutseligkeit, sein Pathos eines Dorfpriesters aus dem Achtzehnten, ein anderer karikiert den ehrgeizigen Ministerpräsidenten Marcello Caetano, den heuchlerischen Fuchs mit seinem schnarrenden »R«, seinem kahlen Grinsen, es wird einem fast übel bei der ohnmächtigen Farce, mit der einer, der halb ausgespielt hat, sein Schifflein mit Schlagseite hart an den Unterwasserklippen vorbeischippert. Merkwürdig, die Imitatoren machen ihre Sache fast zu gut, wie ihm Schlaf möchte man sagen;

die seit Jahren aufgestaute Wut ist gleichsam keimfrei geworden, abgelagert, sie ätzt und schmerzt nur noch uns, Christiane und mich, wir stellen es hinterher fest. Warum empfinden wir das Spektakel eher als peinlich? Die Gäste lachen bei der versteckteten Anspielung, alle sind bis zum Überdruß eingeweiht, das Ganze wirkt wie eine Pflichtübung ohne Folgen, der Zynismus der Spötter fast ein Spiegelbild des Zynismus der Verspotteten, aber ihr Gelächter, ihr Beifall klingt müde wie der von Habitués, die kurz vor dem Souper in ihre seit Generationen gemietete Familienloge schlendern, um die Hauptarie der Callas zu hören. Mittlerweile sind die Kellner herbeigeschlichen und hören zu mit eingeknickten Knien, hängenden Armen, halb ungläubig, halb dümmlich belustigt. Keinem der Gäste fällt es ein, sie in ihre Mitte zu ziehen, sie aufzuklären, worum es geht, warum die Herrscher des Landes aufs Korn genommen werden.

Und dann ist das Fest zu Ende und alle fahren heim, Gutenacht, Gutenacht, wir müssen uns von jetzt an häufiger sehen, wir haben uns viel zu sagen, wir gehören zueinander, ihr gehört zu uns . . . Trotzdem nagt etwas an mir, ist es die Zukunftslosigkeit? Protest als kurzes Auflehnen im Sessel, um nach erfolgreicher Selbstbestätigung zurückzufallen in Torgas selbstzerfleischendes »Dankbar dem Meer mich niemals mehr zu wecken / Dankbar dem Himmel auch mich immer zu bedekken?«

Ist schon wieder alles vergessen, abgeblasen, genügt die kleine Irritation, um heimzukehren in die Gewohnheit grollender Anpassung? In Ordnung; aber ist ihre Kritik ernst, wo ist der Wille über den Spaß hinaus, wo das Tag und Nacht genährte, immer wieder verbesserte Projekt für die Zukunft? Ist das Ganze vielleicht nur ein unbewußt abgekartetes Spiel zwischen Herrschern und Beherrschten? Ihr könnt reden – so sagen bei diesem stillschweigenden Kuhhandel die Oberen –, aber nicht zu laut, kein Desavouieren der Regierung in der Öffentlichkeit, schon gar nicht im Ausland. Dafür lassen wir euch reisen, der Escudo ist hart, wollt ihr mehr?

Faschismus als Spiel mit verteilten Rollen, als Rollenspiel, bei dem jeder diskret seinem Ego frönen, seine »linke Kritik« abreagieren, seine wie ein Kleinod gehätschelte Individualität, seine sanfte Anarchie ausleben kann? Ein Staatsgefüge als erträglich zerstrittene Familie, die sich indes nie und nimmer entzweien wird? *Design for living* auf Portugiesisch? Also kein Grund zu falscher Erregung, falscher Verzweiflung, falscher

Empörung. Leben als Schein und Schau, bloß nicht in die Tiefe schürfen, keine Probleme. *Fado*, der Rotspun vom Douro, Gemächlichkeit, ein bißchen westliche Kultur als Zierde, als Zopf, im übrigen Sonne, unsere Sonne, Sonne portugiesischer Nationalität – wußtet ihr das nicht, ihr ahnungslosen Fremden?

Präsidentenbesuch

»Kommen Sie, mein Guter . . .« Hastig streckt der Botschafter mir die Hand hin, sitzt schon wieder hinter seinem Schreibtisch und deutet blind auf den Sessel vor ihm. »Also das Programm für den Präsidentenbesuch . . .« Seine dicken Brillengläser irren über Papiere, er pustet durch eine Zigarettenspitze, klappt nervös eine Schildpattdose auf, zündet eine Zigarette an (goldenes Dunhillfeuerzeug), tiefer Lungenzug. Eine Sekunde trifft mich sein Blick, pupillenlose Augen, verschwommen hinter Schleiern. »Also erstens: Empfang für Johnny, das muß tipptopp klappen. War mein Chef in London, sind in Potsdam in dieselbe Schule gegangen, haben uns aber erst sehr spät geduzt. (Blick ins Leere: echte Freundschaften brauchen lange Reifezeit.) Großer Könner. Wie Johnny die Londoner Botschaft eingerichtet hat! Damals war das Geld noch flüssig, lauter alte Möbel, das meiste englisch, hochanständig!« Der Botschafter ist Preuße, Beamtenadel; Liebhaberei: Antiquitäten *(Who's Who)*. Sprachen sind nicht seine Stärke, er war Anwalt, bevor er nach dem Krieg ins Auswärtige Amt eintrat. »Also das Essen für Johnny. Die Sitzordnung, die Gäste. Der König. Sie und Ihre Frau – sofern Sie das mit Ihrer Weltanschauung vereinbaren können . . .«
Diese Botschaftsvokabel kenne ich doch, richtig: Als Werner Herzog mit seinen Filmen zu einem Institutskolloquium hier war, fragte ein Zuschauer: »Zensur in Deutschland?« Herzog: »Selbstzensur. Kein Vergleich mit Portugal. Wenn bei Ihnen einer sagt, Salazar lebt noch, wird er vermutlich Minister; behauptet er, der Krieg in Afrika ist verloren, kommt er ins Kittchen.« Hüsteln im Saal, nervöses Lachen. Am nächsten Vormittag, Herzog sitzt mir im Institut gegenüber, streckt Frau Nebelthau den Kopf durch die Tür: »Botschaft am Telefon, möchte wissen, was Herr Herzog für eine Weltanschauung hat.« Wäre mein Reaktionsvermögen rasch, ich würde antwor-

ten: »Herr Herzog steht dem Fragesteller mit Vergnügen zur Verfügung.« Stattdessen ich zu Herzog: »Hören Sie die Besorgnis der Botschaft um Ihre seelische Gesundheit?« Herzogs prompte Antwort: »Konvertierter Katholik, mit achtzehn Jahren, lang ist's her. Mein letzter Film heißt *Jeder für sich und Gott gegen uns alle.*«

Statt also des Botschafters indirekte Frage entsprechend zu beantworten, etwa mit »Ob Koch oder König – kümmert mich wenig«, sage ich: »Aber durchaus.« Der Botschafter hat keine Antwort erwartet: »Also Einladung für 20.15 Uhr wegen des Protokolls, damit alle da sind, wenn der König um 20.30 Uhr kommt.« Wer der König ist, hat man zu wissen: Umberto von Savoyen, Exkönig von Italien, es gibt nur einen in Lissabon. »Übrigens: wenn Sie schick sein wollen, reden Sie ihn an mit ›Sire‹. Es kommen: Freitas Cruz vom Außenministerium, Baron Buch, Baron Knigge, Der Kammerherr des Königs, Conte Olivieri, Miguel Quina vom Banco Borges, und noch ein paar schicke Leute, mit Frauen, zusammen zweiundzwanzig.« Der Botschafter kostet bereits die Spannung aus, bis alle Gäste am Tisch sitzen, immer ein bißchen Sterben und dann ein bißchen Auferstehen, höchstes Glück der Erdenkinder: der überstandene Toast auf den Ehrengast. Sein Gesicht ist von Nervensägen zerfurcht, die Wangen hohl von Anspannung. Alle Augenblicke nippt er an einem Glas Orangensaft, schluckt eine Vitamintablette (bei Regenwetter Antigrippespritzen), er schlingt Rauch hinunter, stempelt die Zigarette aus, zündet eine neue an, langer Zug, als verheiße er Erfrischung, Erleuchtung. Die Gelassenheit des Weltmanns, das Savoir-faire des Aristokraten trotz preußischen Korsetts, die leichte Hand des Diplomaten – wo sind sie? »Johnny wird also nicht die Hauptperson sein, obgleich das Essen für ihn ist. Hat er Pecht gehabt.« Der Botschafter verzieht säuerlich die Mundwinkel, man denkt an Lefzen, die Fänge bloßlegen. »Hoffentlich sagt der Mann vom AA ab, der ihn in den Norden begleiten soll. Piefke, paßt nicht in mein Haus, wenn ich meine Snobbieties einlade. Tja, heute muß man alles in Kauf nehmen.« Der Botschafter lehnt sich zurück, mit einemmal läßt er sich gehen und rutscht aus dem *Bel Etage* der Diplomatensprache ins Erdgeschoß der Domestikensprache. »Wenn Sie wüßten, wie mir das alles bis hier steht« – flache Hand vor der Gurgel –, »und keine Hilfe, miserables Personal, keiner hat die geringste Ahnung, ich bin vollkommen auf mich gestellt, niemand denkt mit. Wo sind wir gelandet … Eine Affenscheiße.« Mein Blick fällt hinter ihn auf das feste

Jungengesicht des frühen Willy Brandt, auf die zuversichtlichen Augen hinter der Brille Gustav Heinemanns. »Sehen Sie sich diesen Hallbach an, ganz kleiner Mann, gibt Freitas Cruz dicke abraços auf der Straße, als seien sie Saufkumpane, immer spielt er sich in den Vordergrund, viel zu forsch, kein Stil, keine Manieren.« Ich nicke mitfühlend. »Kommt er mir doch neulich und sagt: ›Wenn der Bischof kommt, treten Sie dem mal tüchtig in den Hintern.‹ Nimmt sich in meinem Zimmer eine Sprache heraus wie meine Stallburschen. Ich bin einfach rausgegangen, ohne ein Wort, so jemand kann man nur stehen lassen. Aber das merkt der nicht.«
Der Botschafter ist zu bedauern, er mag nur die Sprache des Protokolls gelten lassen, die in aller Leben alles regeln soll – Umgang, Raisonnement, Kritik, das heißt Nichtkritik, Beweisführung, Schlußfolgerung. Doch dank des Protokolls wird alles gut gehen: alle Gäste werden zur Stelle sein, wenn der König eintritt, huldvoll lächelnd, dicht hinter ihm sein weißhaariger zarter Kammerherr, die Gastgeberin wird ihm entgegentreten mit einem Hofknicks, anmutig wie eine Lilie, senkrecht wie eine Kerze. Die offiziellen Besuche des Präsidenten des Goethe-Instituts werden am Schnürchen ablaufen, besonders beim Staatssekretär für Kultur, ohne den Institutsleiter, versteht sich, denn beide, ohne einander zu kennen, sind keine Gesprächspartner, versteht sich. Und um des lieben Friedens und der lieben Investitionen der Bundesrepublik in der Republik Portugal willen wird man ganz allgemein bleiben, und der portugiesische Staatssekretär für Kultur wird bedauern, daß Portugal in der Bundesrepublik noch nicht über ein so wirksames Instrument (ein Kulturinstitut) verfüge (in dem lusitanische Schriftsteller womöglich Nestbeschmutzung üben würden). Und der Botschafter wird nach Bonn berichten, bei den Besuchen der hiesigen Spitzenpersönlichkeiten im kulturpolitischen Bereich seien an den Gast weder Klagen noch Änderungsvorschläge herangetragen worden, die Gesprächspartner hätten die Tätigkeit und Ausstrahlung des Deutschen Instituts als äußerst positiv empfunden. Mit einem Wort: Die Deutsche Mark ist stark.

8. Dezember. Heute ist Herr Santos beerdigt worden. Als wir den kleinen Raum unter der Kirche betreten, halb Keller, halb Kapelle, liegt er in seinem hälftig aufgeschlagenen, mit weißen Kunstseidenrüschen gefütterten Sarg (gelackte Fichte, silberbronzegetönte Beschläge). Das Gesicht, dem Wandkreuz gegenüber, ist mit einem Battisttaschentuch bedeckt, die wachsgelben Kinderhändchen übereinander, ein Zeigefinger abgespreizt. Rings an den Wänden sitzen Angestellte des Instituts, seine Angehörigen, darunter die Witwe, eine winzige Matrone mit schwarzem Spitzentüchlein auf dem Haupt, erwartungsvoll sitzt sie, aufmerksam wie vor einem Auftritt, als berechne sie mit gespannten Waden den ersten Sprung ihres Lieblingsapfelschimmels. Gegenüber Fräulein Lopes mit hängendem Kinn wie immer bei unwillkommenen Pflichtübungen, nicht in Schwarz – sie rechnet sich zur Oberschicht, Herrn Santos, gleich ob lebend, ob tot, zu den kleinen Leuten –, sondern in kariertem Sportmantel und Hosen, vor sich hinstarrend in gelangweilter Meditation. Frau Nebelthau ist nicht erschienen: »Meine Großmutter sagte immer: das Leben gehört den Lebenden. Ich bin Rebell, Individualist, habe Herrn Santos kaum drei Jahre gekannt.« Beatriz sagt: »Das ist nicht richtig. Alle hätten kommen müssen. Besonders die Sprachschüler. Er lebte doch für sie.« Beatriz ist die einzige, die weint. Zum Dienen geboren, zum Fühlen bestellt, denke ich bei ihrem Anblick. Würde ich Beatriz kennen, erkennen, ich könnte sagen und beschreiben, was dieses Land in Wirklichkeit, in Wahrheit ist. »Armenhaus Europas« nennt es der *Spiegel*. Ist für den *Spiegel*, für Europa Armut eine Schande? Was wissen Menschen, die so denken?
Sohn Siegfried, 1945 im Berlin der Götzendämmerung geboren, macht die Honneurs, ergeben, pflanzenhaft. Vor der Tür drängen sich die Freunde des Toten, hauptsächlich Männer, ältere, jüngere. Der Botschafter im schmalen Anthrazitgrau, den Schirm unter die Achsel geklemmt, beschreibt einen hastigen Bogen um den Toten, spricht der Witwe gelassen Trost zu. Jetzt kommt der Priester; routiniert wie ein Aufseher postiert er sich unter das Kreuz, schlägt ein zerfleddertes Heft auf, spult sein Ritual ab; die kapitalen Worte, ein jedes schwer genug, um einen arglosen Menschen zu zerschmettern, rasseln wie eine Kette, verhallen ohne Echo. Einen Augenblick, wie aus Versehen, bleibt er vor dem Sarg stehen, lüftet mit zwei Fingerspitzen einen Zipfel des Taschentuchs, tupft auf den Handrücken des Toten, schlurft aus dem Raum. Nun kommen die Männer, he-

ben die Kränze auf – das Zeichen für uns, die Kapelle zu verlassen.
Wir steigen ein, fahren dem Leichenwagen nach, durch die Hochhausvorstädte zum Friedhof Benfica, einst weit vor der Stadt gelegen. Langer Marsch im milden Frühlingswetter durch den verwitterten Torbogen, den alten steinernen Teil, graue Grabkapelle an graue Grabkapelle, immer hinter den schwarzbestrumpften Waden der winzigen Witwe drein, dann Grabplatten, endlich Gottesacker, wie eine Gärtnerei, dort ein untief ausgeschaufeltes Grab. Der Priester in Weiß und Lila, leuchtend von weitem, wartend. Wieder sein aufgeschlagenes Heft mit Eselsohren, seine Worte verwehen, zu leicht befunden von der lauen Luft; die Totengräber, Herrn Santos' Brüder, grobschlächtig und schluchzend und sechsmal so schwer wie der Tote, heben den kinderleichten Sarg, an zwei Riemen gleitet er in die Untiefe, die Männer ergreifen die Schaufeln, aber Siegfried sagt »Halt!« und schiebt die winzige Witwe nach vorn. Sie hebt zwei Händchen voll Erde, wiegt sie bedächtig, Siegfried tut es ihr nach, ein Schaufelträger grunzt »Was für eine Scherei . . .!« Der Brauch ist in Portugal nicht üblich, auch nicht Reden am Grab, ich kann den Dank des Instituts nicht vorbringen. Der Kulturreferent, bedeutsam: »Angesichts der Majestät des Todes ist wohl eine Grabrede überflüssig, meinen Sie nicht?« Ich trete gleichfalls an den Rand, hinter mir Christiane, der Botschafter, der Kulturreferent, andere tun Bescheid. Wir wenden uns zum Gehen und hören die schweren Brocken auf den Sarg poltern. Vorher ist er zuerst geöffnet worden, ein Mann hat mit seiner Schippe Kalk auf den ätzend riechenden Leichnam gestreut; dann ist er umständlich verschlossen worden, beide Klappen, die obere, die untere, Herrn Santos Junior wurde der Schlüssel ausgehändigt, ein Beamter hat die Sargnummer in ein Heft notiert.
Zum Schluß sagt Herr Siegfried Santos: »Es war für mich eine große Ehre« – er spricht ein weiches Doppel-r. Vor dem Friedhof setzen wir uns in den Wagen und entwerfen bedächtig, Wort für Wort, gegen Fräulein Lopes' zähe Ungeduld, den Nachruf, bestimmte Wörter dürfen nicht fehlen: unvergeßlicher Mitarbeiter, Hingabe, Treue, siebzehn Jahre . . .

20. Dezember. Einladung beim Botschafter Ihrer Britischen Majestät und Mrs. Muirhead zum Hauskonzert von Miss Margaret Wolff und Buffet. Christiane hat wie meistens keine Lust auf »das gesellschaftliche Zeug«, aber ich überrede sie: »Das alte England im alten Portugal – das könnte doch amüsant sein.« Wir gehen hin, und als wir nach Mitternacht wieder zu Hause sind, haben wir vom vielen Lachen keine Tränen mehr übrig. Wir vereinbaren daher, diesen Abend, zur Erzählung verwandelt, einander zu Weihnachten zu schenken. Während Christiane aus Übermut ihr Pulver in Briefen an Freundinnen verschießt, spare ich mir den Stoff auf und lege ihn in Form einer Skizze termingerecht auf ihren Gabentisch, mit dem Titel:

DAS COMEBACK DER MISS MARGUERITE MEADOWS

Studie in Futurum I

Heute abend gegen Mitternacht wird sich Miss Marguerite Meadows' Comeback entscheiden. Doch nicht nach meinem Verlangen, vielmehr nach dem Willen meines Chefs, Fregattenkapitän a. D. Sir Geoffrey Muir, Botschafter Ihrer Britischen Majestät bei der Regierung der Republik Portugal. Mir, seinem Sekretär, John (nach dem Wunsch meiner russischen Mutter, die meinem Blut die süße Säure der Anarchie einpflanzte) Michail Wood, gebührt lediglich die Aufgabe der Vorbereitung. Und das Vorrecht, in einem Blitz der Hellsicht Ablauf und Apotheose vorauszukosten.
Auf fünfundsechzig Einladungskarten, alle von meiner gefälligen Hand geschrieben (mit neunundzwanzig Jahren kennt man seine Geschicklichkeiten und Grenzen, zumal wenn man sich von seinem Über-Ich zu deren gelegentlicher Überschreitung befugt weiß), sind nur fünfunddreißig Zusagen eingetroffen, denn in der Konzertsaison frönen alle, die in der musikbeflissenen Landeshauptstadt ihren Ruf und nebenbei ihr Gehör pflegen, diesem zensurfreien Opium für die Bourgeoisie.
Unter den Ehrengästen in Smoking und Abendkleid, die es heute abend vorziehen werden, im weißgoldenen Ballsaal der Botschaftsresidenz Miss Marguerite Meadows dann und wann ein Ohr zu leihen, statt etwa Szering im *Tivoli* oder Gilels im *São Luis,* sind Senhora Birgit Lundquist de Aranha, die schwedische Witwe des einstigen brasilianischen Botschafters am Hof von St. James, mitverantwortlich für das Gelingen des jüngsten

Staatsbesuchs Seiner Königlichen Hoheit, Prinz Philip von Edinburgh, insbesondere aber der Präsident der Gulbenkian-Stiftung, auf dessen Einladung zu einem musikalischen Comeback im Auditorium I der Stiftung mein Chef für seine Protegée baut. Aber auch betagtere Damen und Herren, die sich in regelmäßigen Abständen bei Diners notabler Botschaften mit fröhlich gespieltem Staunen wiederfinden – darunter David Ponsonby, in Anmut gealterter Dandy und Maler, einst Pianist, zwar gebürtiger Portugiese, doch nur in der Sprache seiner englischen Vorfahren bewandert, Narzissus, entsagend über die Urne seines Spiegelbilds gebeugt.

Heute abend also, gegen zehn Uhr (die Einladung lautet 9.30/ 9.45 p. m., das ermöglicht den Gästen, ihre Erwartung bei einem Drink in den von flackernden Kaminen, blasiert blickenden Portraitstichen und Porzellandoggen geschmückten Salons zu erwärmen), wird der Hausherr die gastierende Künstlerin zum Flügel geleiten. In seinen Lackpumps mit den Armen rudernd, wird er das unverwüstliche Monument des Britischen Weltreichs sein, strahlend wie der Kristallpalast, Wahrzeichen der viktorianischen Ära.

Die Künstlerin hat gebeten, das Instrument von der Stirnwand (unter dem Gemälde der Queen in Lebensgröße) des »so intimen, so charmanten« Saals abzurücken in die Mitte, dicht vor die im Halbkreis gruppierten Fauteuils und Bergèren, »um die Nähe meiner Hörer zu spüren«. »Wir haben es weiß streichen lassen«, wird die Gastgeberin, Lady Jane, in obligatem langem Rock und weißer Spitzenbluse ihren Gästen bedeuten, die in angewärmter Erwartung einen bewundernden Finger über die matte Glätte des Instruments (Marke *Ibach*), hart wie die deutschen Fabrikanten aus dem Wuppertal, gleiten lassen werden. »Wir haben es zu Prinz Philips Besuch malen lassen, es war uns zu schwarz.«

Der Hausherr wird sie also hocherhobenen Armes, wie im zweisamen Reigen, zum Flügel führen: »Freunde, liebe ...« wird er flöten im Tubaton. »Hier bringe ich Ihnen Marguerite Meadows ... sie bedarf der Vorstellung nicht ... huldigen Sie ihrer Reife, ihrem Reiz ... danken Sie ihren *Hä*-änden, ihrem *He*-herzen ...« (Sir Geoffrey ist Poet, er zitiert für seine Gäste mit Vorliebe Fernando Pessoa in seiner Nachdichtung: »If I remember who I was, I see another me.« Dabei wird er tänzeln, schwanken im nachtblauen Dinnerjacket mit seiner Aura blauen Whiskydunstes, schwanken wird seine Churchill nachempfundene Platinkette über der prallen Weste. Dabei wird er

gurgeln wie ein Faun mit dem Gesicht einer Bulldogge in Atemnot. Miss Marguerite Meadows in blaßblaurosa Voile, eine Odaliske aus Hauch und Härte, wird an seinem Arm schweben, schwerelos wie eine Gliederpuppe. Und sich verneigen, wie eine Gliederpuppe. Der Fregattenkapitän wird schlingern, sich aber stützen durch einen Entrechat und stehen wie ein Kommodore. Er wird die Hände ausbreiten, den leise brandenden Beifall abwehren und hinlenken zu ihr, die sich rückwärts tastet zu ihrem Stuhl. Doch es ist noch nicht so weit.
Zuvor wird ein Diner zu ihren Ehren stattgefunden haben im kleinen Eßsalon, für den kleinen Kreis alter Freunde, die sie kennen seit ihrem ersten Konzert, vor Jahren, bald nach dem Kriege, im Britischen Institut. Doch die Künstlerin wird dem Mahl fernbleiben, sich nach oben zurückziehen in das auf den Innenhof gehende maurische Erkerzimmer, dort wird sie meditieren, sich kasteien, sich sammeln. Sie wird ihre Finger lockern, sie wird Sir Geoffrey wehren, der zwischen den Gängen des Diners heraufeilen wird mit seiner Aura aus Whisky und einem duftenden Teller in der Hand (»Musik und Muscheln, Liebste . . .«), sie umhegen, umwerben wird, hinein in die Reminiszenzen der Kriegszeit, als sie für die jungen Seehelden auf Landurlaub in der Messe von Portsmouth spielte – sie wird dem einstigen Fähnrich zur See wehren, wird aufstehen, laß, nicht daran rühren, später, ach meine Finger, euer fürchterlicher Flügel, erst mein Comeback, hilf mir, sei gut und generös. Sie wird aufstehen, sage ich, erregt auf- und abhasten, Härte in Nase und Lippen, Härte, tiefdunkle, unter den Augen, in den Brauen. Dann wird sie seufzen, wieder Hauch sein, ein Elfenkind wie damals, als sie sich jubelnd drehte vor hundert klatschenden Händen, zum Flügel wirbelte, und er sie fing und kniete und sie hinaufhob auf den Flügel und herabgleiten ließ in seinen Armen, den schlingerfesten Armen des sehnigen Seelöwen von der Schlacht vor Montevideo, wo sie den »Graf Spee« hetzten in den Untergang. Und sie drehte sich zum Flügel und spielte ihren *Karneval* (zum Teufel mit dem Krieg, zum Teufel mit den Hunnen!), für ihn, für alle, für sich. Laß, wird sie flehen. Und auf Zehenspitzen, ein großer junger Bullenbeißer, wird seine Exzellenz zur Tür schleichen und über die Schulter zurückbrummen: »Adieu. As if we couldn't . . .!« Im trotzigen Ton von 1940, als sie sich Mut machen mußten gegen Mr. Hitler.
Währenddessen stehe ich auf Posten, auf Doppelposten, gewissermaßen. Euphorie lenkt mein Tun, die süße Erbsäure meiner

Mutter beschleunigt meinen Puls. Hier, in der Residenz von Estrela, bin ich Zeremonienmeister Seiner Britischen Exzellenz; dort, auf Madrids *Calle Claudio Coello*, bin ich Mitwisser, Gehilfe. Auf der Fahrt zur Mitternachtsmesse wird es geschehen, genau vor Nummer 104 wird der *Dodge Dart* des spanischen Ministerpräsidenten, ein kochender Komet, auffahren gen Himmel, freilich nur bis zum Balkon des zweiten Stocks eines Klostergebäudes – genau in dem Augenblick, da die junge Präsidentengattin der Gulbenkian-Stiftung sich von Miss Marguerite Meadows verabschieden wird mit zerstreutem Lächeln: »Sie waren wundervoll. Und – you must come back, soon. Good night!« Das wird alles sein, alles, wo doch Miss Marguerite Meadows am *Ibach* aufgestiegen ist aus eigener Kraft zu ihren privaten Höhen aus Hauch und Härte.
All das bedenke ich. Morgen, zur Stunde des Frühstücks, werden die Vollstrecker mir berichten. Roberto Moura, mein schwarzer Butler, wird ihren Grenzübergang gesichert haben. Im selben Blitz der Hellsicht sehe, koste ich beide Ereignisse voraus. Keiner ahnt ihren Zusammenhang in Raum und Zeit, im Vergangenen und Kommenden. Nur wir, Straßenkehrer der Geschichte, Weichensteller der Zukunft, die keine Klausel kennt und kein Comeback, wir, die Kommenden, winken den Vergehenden ein höhnisches Ade. Wir mit dem Brandmal der Utopie auf der Stirn, die unbekannt über den Erdball Verschworenen. Wenige Minuten später werde ich mich in das Kondolenzbuch der Spanischen Botschaft eintragen, für alle Fälle. Die gedruckte Danksagung des Spanischen Botschafters werde ich aufbewahren, für alle Fälle.
Jetzt ist es so weit. Endlich wird Miss Marguerite Meadows im genau bemessenen Abstand vom Flügel Platz nehmen, die Herren und Damen werden den Atem anhalten, David Ponsonby wird seinen Hustenreiz bezähmen hinter vorgehaltener Hand, die der Künstlerin, der Kollegin einen verstohlenen Gruß zusenden wird, einen Abschiedsgruß, wer weiß. Ich werde in der hintersten Ecke sitzen, nahezu unsichtbar, doch Auge und Ohr für alles, Nahes, Fernes. Miss Marguerite Meadows, eine Hand im Schoß, die andere herabhängend, weidenweich, wird zu ihren Hörern sprechen, verhalten, vertraulich. Zuerst will sie einen Haydn spielen, »eine Sonate, fast eine Etüde noch, wie eine Träumerei an einem Sommernachmittag«. Und ihre Bewunderer werden nach einem schmerzlichen »Ah« eingeweiht sein, ohne den ersten Akkord gehört zu haben. Sie werden das Nachklappen ihres rechten Ringfingers überhören und die har-

ten Triller, hämmernd wie Schreibmaschinen-Scarlatti. Sir Geoffrey wird mit überschlagenen Pumps auf der himmelblauseidenen Bergère nahe der Tür lauschen, synkopisch geschüttelt von Hochlandwhiskyrülpsern. Kaum hat sie geendet, wird David Ponsonby rufen: »Jolly good . . .« und sich krümmen in seinem Hustengeröchel. Kaum haben die Gäste sich von ihrem Beifallklatschen erholt, wird Miss Marguerite Meadows ihre zweite Nummer ansagen: *Karneval*, von Schumann. Und das verzückte »Ah« der Gäste wird nach ihrem gehauchten Zusatz »Mein Lieblingsstück« nachhallen wie ein verliebtes Echo. »Es ist Schumanns persönlichstes Tagebuch, Sie werden Kolombinen begegnen, Pierrots, Maskenspiel, aber auch etwas anderem . . .« Was aber das andere sein würde, wird Miss Marguerite Meadows nicht verraten. Streng, ergeben wird sie sich über die Tasten beugen, mit hocherhobenen Raubvogelfängen. Und wird herabstoßen auf den harten *Ibach*. Sie wird rasen wie eine Rächerin, und ihre Handgelenke werden kein Mitleid kennen mit ihren Fingern, mit den Tasten, mit dem Trommelfell ihrer Hörer, doch diese werden mit ihr sein. Und David Ponsonby wird mit letzter Kraft röcheln »Jolly, jolly good . . .«, noch ehe ihre Hände aufgeflogen sind vom Schlußakkord. Sir Geoffrey wird auf sie zusegeln und seine flammende Hochlandnase bergen in ihrem voileumhauchten flammenden Schoß. Und verflogen wird sie sein aus dem Saal, dem Ballsaal in Weiß und Gold, noch ehe wir zu uns gekommen sind. Und von Verzückung schwankend, wird Sir Geoffrey mit rudernden Armen und flatternden Händen sagen: »Hab ich's euch nicht . . .« Und er wird gurgeln wie ein Bullenbeißer, umzüngelt von seiner Aura aus Hochlandwhisky.
Mittlerweile wird es Mitternacht sein. Und entlassen aus dem Dienst der viktorianischen Ära, werde ich hinaustreten in die samtene lusitanische Nacht. Ein fernes Beben wird mein Sonnengeflecht kräuseln, Morgenluft wird meine Sinne streicheln, während ich durch das blaue Nirwana der portugiesischen Zeit auffahren werde in die dünne Luft meines Hochhauses, in meine (unsere) abstrakte Zeit, die das Wachen erleichtert, das Warten. »Das Leben ist immer unendlich weiter als die Wissenschaft . . .«

Christiane mißfällt meine Geschichte, sie meint, Anarchisten, Spione gäbe es nicht in Botschaften oder Ämtern. Das mag sein, antworte ich und werde unsicher. Es könnte sie aber geben, meine ich. Schreiben als Beschwörung des Möglichen . . .

1974

Nie war die portugiesische Nation derart der Zukunft zugewandt wie heute!

Bei der Ausrufung Portugals zur Republik im Jahre 1910

Frau Mut gegen die Stadt

Carlos Porto

20. Januar. Wenn die Bühne allmählich hell wird, steht die Frau mit dem Rücken zu den Zuschauern, barfuß, mit gespreizten Beinen, mit schulterlangem schwarzen Haar, in ausgefranstem Köperhemd und -rock, kaum dunkler als der gelbe Sandboden, hebt langsam die Hand zu der schwarzschillernden Mauer hinauf und ruft leise: »Im-pe-ra-dor.« Sie ruft das Wort nochmal, lauter, und dann so laut, als müsse sie bersten und die Mauer dazu. Die Stimme des dicken Offiziers hinter der Mauer ruft: »Uma mulher quer falar com o Imperador.« (»Eine Frau will den Kaiser sprechen!«) Die Zuschauer sind im Bilde. »Im-pe-ra-dor«, um eine Silbe verkürzt, entspricht »Sa-la-zar«, die polarkalte Mauer des chinesischen Kaisers ist Salazars Regime der Trennung zwischen der Handvoll Mächtigen und der Masse der Ohnmächtigen.

Oben, auf dem schwarzen hallenden Hufeisensteg, stolzieren die Herren, die behelmten, maskierten Offiziere in gepolstertem schwarzen Glanzleder und Schaftstiefeln: Sie und die Mauer sind die sterile Staatsmacht, die den Leib reprimiert, das Gewissen opprimiert, die Seele deprimiert, verantwortlich für die Frustrationen, die vierjähriger Wehrdienst und entnervender Buschkrieg in den gefährdeten »Überseeprovinzen« auslöst. Unten, auf zwei welligen Sandterrassen, bewegt sich das Volk, lautlos, barfuß, unsicher: die Fischersfrau, die um Rückgabe ihres Mannes aus dem Kriegsdienst bittet.

Was der portugiesische Zuschauer sieht, ist portugiesische Wirklichkeit: das arme Leben – Fluß, Röhricht, Hütte; Überschwemmung, Fischfang; die Übervorteilung durch den Zwischenhändler, der geile Ölhändler, Teuerung, Verschuldung; Sehnsucht, Liebe, Bedrohung, Angst, Tod. Hier sind Sehen und Denken eins wie Zahl und Gesicht einer Münze. Der Zuschauer reagiert auf die leiseste Andeutung und lacht: grimmig, verschwörerisch, spöttisch, herzlich. Der Schluß des Stücks, »Die große Schmährede an der Stadtmauer« bewirkt seelische Befreiung, wenn auch nur für Augenblicke, zumindest einen Akt der Erkenntnis, der Einsicht in die eigene ausweglose Lage.

Es ist die letzte Vorstellung der Inszenierung, die seit drei Wochen allabendlich eine lange Schlange Schaulustiger vor das Institut lockt. Der Dramatiker sitzt unter den Zuschauern. Ich habe Tankred Dorst vormittags am Flugplatz abgeholt. In Cordsamthose, gleichfarbenem Sporthemd, Pullover und Duf-

flecoat sieht er aus, als sei er soeben aus englischer Kriegsgefangenschaft entlassen. Seine Miene gleicht der aller deutscher Intellektueller, die in Portugal landen: abwartend und gelinde argwöhnisch. Einmal gegen die Diktatur, zum anderen gegen den unsicheren Ruf des Goethe-Instituts en bloc als obrigkeitshörig, dilettantisch, angepaßt. Tankred Dorst, die Hände unter dem Gesäß, sitzt unruhig, blaß, mit geröteter Nase und tiefliegenden Augen wie ein Schüler, dessen Klassenarbeit vorgelesen wird. Später wird er gestehen, ein eigenes Stück ansehen zu müssen, sei für ihn jedes Mal ein Schwitzbad. Am Schluß ziehen die Schauspieler Dorst unter brandendem Beifall auf die Bühne und tanzen mit ihm vorwärts und rückwärts.
Am nächsten Vormittag spricht er im Anfiteatro II der Universität vor Studenten der Germanistik, räumlich zu weit getrennt von ihnen, über die Entstehung seiner Stücke, besonders *Toller*; der verantwortliche Ordinarius hat mir Dorsts Auftritt aus Freundschaft genehmigen müssen, eine Freundschaft, die hierzulande zu Nachsicht und Überwindung politischer Bedenken verpflichtet.
Um 18.30 Uhr eröffnet der Regisseur Artur Ramos vor überfülltem Institutssaal das Kolloquium zwischen Theaterleuten mit der ersten Frage an den Gast über das Thema »Die Verantwortung des Theatermannes«. Dorst, in der Mitte des Hufeisentischs, neben sich den zweisprachigen Dozenten João Barrento als Dolmetscher, antwortet, schon das Thema sei seiner Ansicht nach eine Sackgasse, denn jeder Autor sei selbstverständlich verantwortlich für seine Arbeit. Mehr könne er vorläufig nicht sagen. Nun folgen die Erklärungen der Teilnehmer. Unter dem Druck der Jahr um Jahr verwehrten Redefreiheit hat ein jeder nur ein Interesse: in einer Art privatem Kanal seine These, seine Tirade, seine Klage direkt in das gespannte Publikum zu schleudern, ohne an Meinungsaustausch zu denken. Ein jeder kennt die Nerven, die Empfindlichkeiten, die Ängste des anderen. Die selbstgewählte, jahrzehntelange Absonderung Portugals von der Welt – Salazars »Wir sind stolz darauf, einsam zu sein« (»Orgulhosamente sós«), eine Entsprechung des spanisch-faschistischen »Es lebe der Tod« (»Viva la muerte!«) – hat den Portugiesen als Individuum so stark isoliert, daß ihm selbst im unverhofften Freiraum (den die Öffentlichkeit ihm vorenthält) die Zwiesprache mißlingt. Die Ich-Du-Beziehung will gelernt, geübt sein. Das Kolloquium wird zur lokalen Streitsache, binnenländisch. Der Gast ist vergessen. Still, fast schüchtern hört er zu, bald eine Hand am Hin-

terkopf, bald den Bleistift an den Lippen. Jeder der Sprecher sitzt wie Kafkas Affenmensch in einem doppelten Käfig, im großen Käfig des Vaterlandes und im kleinen der eigenen Person. Er kennt nur ein Problem: einen Ausweg, das Wort zu finden, das ihn befreit, hier und jetzt, sich in Utopia – der Ortslosigkeit des Deutschen Instituts zwei Stunden lang zu verwirklichen und damit, wer weiß, die Existenz als utopische Veränderung zu proben. Da bleibt keine Zeit, Tankred Dorst über das Theater, Gagen, Probenarbeit und Ausbildung in Deutschland zu befragen. Fast alle Teilnehmer, dreizehn, kommen aus freien Berufen, nur Mário Barradas, der Regisseur des Stücks, Leiter der Theaterschule am Konservatorium, ist Staatsangestellter; vielleicht hat er sich deshalb die Teilnahme als zu gefährlich versagt.
Es sprechen: Rogério Paulo, Schauspieler und Regisseur, jüngst von einem Arbeitsaufenthalt in Kuba zurückgekehrt: »Der Theatermann muß vor allem ein bewußter Bürger seines Landes sein. Trotz widriger Umstände muß er ein guter Berufsschauspieler sein.« Er zitiert Jean Vilars »Errichten wir zuerst eine neue Gesellschaft, und wir werden vielleicht ein gutes Theater bekommen.« Er sagt, der Berufsschauspieler habe andere Möglichkeiten der Verwirklichung, Kolloquien, die Arbeit mit Amateuren. Er müsse durch seine Kunst die Gesellschaft zu verändern suchen. Bernardo Santareno, Dramatiker, zahlreiche verbotene Stücke: »Einerseits müssen die Stücke des Autors die dringlichsten Fragen der Gesellschaft, in der er lebt, spiegeln, andrerseits gibt es Hindernisse, welche die Aufführung der in diesem Geist geschaffenen Stücke vereiteln. Vielleicht kann er seine Verantwortung dadurch erfüllen, daß er Parabeln wie Dorst schreibt. Jedenfalls mit größtem Mut ein Nein zu allem, was Lüge ist und Ungerechtigkeit!« Costa Ferreira, Dramatiker, Regisseur und Schauspieler, früher Rechtsanwalt: »Vor wenigen Jahrzehnten suchten die Leute nur Zerstreuung im Theater; heute geht die bewußte Jugend zielgerichtet ins Theater. Das erhöht die Verantwortung des Theatermannes.« Als Autor habe er nie Konzessionen gemacht. Als Regisseur akzeptiere er nur Stücke mit einem Mindestmaß an Qualität. Als Schauspieler, der von seinem Beruf lebt, betrachte er sich als entfremdet. Darauf die Schauspielerin Fernanda Lapa: »Schauspieler haben einen großen Magen!« Stimme im Publikum: »Warum nehmen Sie Rollen an, die Ihnen zuwider sind?« – »Ich muß leben.« Neben mir ein Raunen: »Unsinn. Costa Ferreira hat Landbesitz. Reine Angabe!« –

Igreijas Caeiro, Schauspieler und Impresario: Ohne seine Stellung als bewußter Bürger aufzugeben, könne er Texte darstellen, für die er sich nicht verantwortlich fühle, denn sonst büße er seine für ihn unerläßliche Technik ein. Als Ex-Impresario habe er resigniert: abfällige Kritiken, fünfzehn verbotene Stücke. Im heutigen Portugal könne keine Theaterkompagnie überleben und müsse sich indirekt über Wasser halten; mit dem Publikum allein könne sie nicht rechnen. Morais e Castro, Schauspieler und Anwalt: »Die Leute sagen, lieber nichts tun, denn alles wird nur verfälscht, verdorben. Noch schlimmer ist es, nichts zu versuchen.« Manuela de Azevedo, Kritikerin, findet, die Lage des Journalisten wie des Kritikers sei sehr verschieden von der des Autors; der Kritiker sei seinem Gewissen und der Gesellschaft gegenüber verantwortlich. Alexandre Babo, Schriftsteller, Dramatiker, Anwalt: »Wir alle kennen die Gesellschaft, in der wir leben: Bedingtheiten politischer, ökonomischer Ordnung. Daher müssen wir einen einzigen Weg verfolgen: Kampfmittel gegen die verschiedenen Schranken finden.« Miguel Franco, Dramatiker: »Der Theaterschriftsteller sollte keine Privatfälle behandeln, selbst wenn es seine eigenen sind, sondern diese auf die Problematik des Volkes erweitern, dessen echtes Sprachrohr er sein muß.« Miguel Sttau Monteiro, Dramatiker (mehrere verbotene Stücke): »Die Verantwortung des Theatermannes muß total sein. Auch das Theater, an dem nur ein halbes Dutzend Menschen teilhaben, entfremdet. Fortan sollten alle Theaterleute gemeinsam kämpfen, die Grundlagen und Regeln festlegen, an die sich alle binden müssen.« Artur Ramos, wenn er das Wort aufnimmt und weitergibt, streut eine persönliche Bemerkung ein. Mitunter mischt sich das Publikum ein, der Intendant der Oper wird auf seine Angepaßtheit getestet, gefragt, aber Ramos bündelt die Antworten nicht, siebt sie nicht, fragt nie Dorst: »Haben Sie dazu etwas zu sagen?« Joaquim Benite, Regisseur, findet die Diskussion abstrakt, eine Folge von Wiederholungen. »Konkret gesprochen: Es gibt eine spezifische Verantwortung des Theatermannes: Er darf nicht vergessen, daß er sich einer Kunst verpflichtet und daß er dieser Kunst zum Fortschritt verhelfen muß. Die ideologische Diskussion ist keine Sache der Intellektuellen, sondern der progressiven Schichten des Volkes, die mit dem Sinn der Geschichte übereinstimmen.« Carlos Porto, Kritiker: »Die Kritik muß eine Brücke sein zwischen Publikum und Bühne. Vom Kritiker aus gesehen gibt es immer eine Hierarchie der Werte, gewisse ideologische Entwürfe, die im Einklang stehen müssen mit der Entwicklung der Geschichte. Der Kritiker muß sich der Grenzen seiner Tätigkeit bewußt sein, dessen, was er beim Publikum erreichen kann und muß. Dieses nämlich wird von mächtigeren Kräften niedergetrampelt. Das erhöht die Verantwortung des Theatermannes.« Fernando Midões, Kritiker: »Der Kritiker darf weder ein Feind des Theaterschaffenden noch der Zuschauer sein. Kritisieren heißt Denkansätze geben. Er muß dafür kämpfen, einen lebendigen Organismus mit einer lebendigen Gesellschaft zu verbinden. In einer kranken Gesellschaft muß der Kritiker die Krankheit nicht nur in den Zeitungen, sondern auch bei Kolloquien aufdecken.« Mário Sério, Kritiker: »Das Theaterproblem in Portugal ist das Problem der kapitalistischen Gesellschaft, die das Theater ausbeutet, als sei es Margarine oder sonst ein Markenartikel. Unser Land braucht dringend immer mehr Schiffe mitten in der Stadt, Amateurgruppen, Universitätstheater . . .« Artur Ramos: »Ich habe viele Arten von Stücken inszeniert und nie ein Angebot zurückgewiesen, weil es sich an eine Minderheit richtete. Jetzt bin ich an diesem Minoritätentheater nicht mehr interessiert. Natürlich erhöht der Wunsch nach großem Publikum die Verantwortung.« Eine Studentin unterbricht: »Senhor Ramos, wir sind hierhergekommen, um Dorst zu hören, aber keine Monologe.« Darauf Ramos: »Die portugiesischen Theaterleute nutzen Dorsts Anwesenheit, um über lebenswichtige Fragen zu reden.« Die Studentin widerspricht heftig, dann drängt sie sich durch die Menge, vorbei am Halbrund der Diskutierenden und ruft auf Deutsch: »Auf Wiedersehen, Herr Dorst!« Alle lachen. Zwei Stunden sind vergangen. Artur Ramos erinnert sich des Gastes neben sich: Ob er noch irgend etwas . . . Tankred Dorst entschuldigt sich, daß er bei der Debatte keine bedeutendere Rolle habe spielen können; er habe zugehört, vielleicht besser als alle, und Dinge erfahren, an die deutsche Ohren nicht gewöhnt seien.

Dorst stellt sich bereitwillig den Journalisten. Zwei Fragen stehen an der Spitze: seine Ansicht über die Aufführung. Sie sei präzise, trocken, liege ganz auf seiner Linie. Fernanda Alves würde bei Peter Zadek eine große Karriere machen. Die Sandflächen, ein glänzender Einfall; vorzüglich, wie der Offizier vergißt, daß er den Richter spielt und in seine eigene Wirklichkeit zurückfällt. Wunderbar das Publikum, das ins Theater komme, weil es ein Stück eigener Realität ahnt, mitgeht, lacht, die Schauspieler anspornt. Und die portugiesische Kernfrage: »Sind Sie ein politischer Autor?« Natürlich sei er ein engagierter Schriftsteller, freilich im weitesten Sinn, jedenfalls kein Piscatorianer, kein sozialistischer Prediger, eher ein Fragesteller auf Brechtsche oder Sokratische Manier. Politik sei für ihn menschliches Zusammenleben, der Mensch in der Stadt im altgriechischen Sinn. Im Dramatiker sehe er keinen Lehrer, der ex cathedra spricht, sondern einen Frager; er ziehe vor, dem Zuschauer die Freiheit zu geben, zu wählen, sich zu entscheiden, nachzudenken.

Beim Abschiedsessen im Foyer ist Dorst heiter und gelöst. Groß, stämmig, mit seinen hellen, tiefliegenden Augen wirkt er fast jungenhaft ungelenk zwischen den vierzig oder fünfzig geschmeidigen Lusitanern mit ihren Schattierungen vom Blond aus dem suebisch-hellhäutigen Norden bis zur arabischen Bräune des Algarve, dem »Land der sinkenden Sonne«. Den Portugiesen gefällt Dorsts Nüchternheit, seine Strenge im Ausdruck, seine ruhige Freundlichkeit, seine schüchterne Unbeirrtheit.

Nachbemerkung: Mário Barradas, einst praktizierender Anwalt, ist in Straßburg ausgebildet worden und hat das Stück mit Hilfe von Gaston Jung, dem Übersetzer von »Toller«, ins Französische übertragen. Die Mimen »Os Bonecreiros«, Berufsschauspieler aus Universitätstheater, aus Impresario- und Staatstheater mit konformistischem Repertoire und farblosen Inszenierungen, haben sich 1971 zu einem unabhängigen Ensemble ohne festes Bühnenhaus und Einkommen zusammengeschlossen. Sie nehmen alle Risiken auf sich, verrichten alle Arbeit (Verwaltung, Werbung, Montage) und teilen ihre unsicheren Nettoeinnahmen gleichmäßig untereinander auf. Sie lehnen staatliche Unterstützung ab, spielen nicht in kommerziell verwalteten Häusern und treten in privaten Kulturinstituten auf, in Arbeitervereinen, Kollektiven (beispielsweise im Festsaal der Freiwilligen Feuerwehr), etwa mit dem Renaissancestück *La Mosqueta* des Angelo Beolco, genannt Ruzzante, auf der Suche nach einem neuen Publikum, das bisher kommerziellem Theater fernblieb. Mittlerweile sind andere Schauspieler ihrem Beispiel gefolgt, Gruppen wie *A Comuna, A Cornucópia, O Teatro Experimental do Porto.*

Nachzutragen zwei surrealisitsche, das heißt portugiesische Szenen: die Zensurproben. Für den Jesuitenpater der katholischen Zeitung *Época* spielen die Schauspieler »herunter«; der junge schöne Vicente Galfo trägt Fernanda Alves nicht über die Bühne, alles, was politische oder polemische Obertöne hat, wird unterbetont; die Schmährede – Fernanda Alves' Meisterleistung: Sie bäumt sich in rasendem Hohn, krümmt sich in verzweifeltem Zorn, wirbelt im Sand, ein Veitstanz, hämmert gegen die Mauer, mit spitzem Finger und zurückgeworfener Gurgel deutet sie, irre vor Verlassenheit, nach oben und steht zum Schluß zur Säule erstarrt, die Faust mit einem unsichtbaren Dolch gegen ihren Leib gezückt, den Mund zum lautlosen Schrei geöffnet, wenn die Bühne im Dunkeln erstickt –, die Schmährede klingt wie eine müde Litanei. Der Pater, das Textbuch auf den Knien, ist einsam in der Mitte des Saals gesessen, Christiane und ich neben ihm. Nach der Vorstellung nimmt er mit Vergnügen einen Whisky an, einen zweiten, dritten, erzählt von Missionsarbeit und macht Scherze, als bedürfe die Welt der Schmähreden nicht. Das Stück wird »nur für das Institut genehmigt mit zwei Streichungen: 1) ›Die Frau: Seht her, wenn ich diesen Fisch aufschlitze, was finde ich da im Bauch? Meine Ernennung zum Finanzminister! Warte nur, bald mach ich die Gesetze!‹ 2) ›Die Frau: Ja, das sagte er nicht! Das will er nicht sagen! Die Frau des Richters, Euer Gnaden, wußte, was er in der Nacht treibt, sie wußte es eher als ich, die bescheidene Dienerin im Haus des Richters.‹« Verbotene Stellen hinterher in die Rollen einzuschmuggeln, lohnt nicht; unbekannte Zensoren machen Stichproben, Zuwiderhandeln kostet Geldstrafen, die sich kein Schauspieler leisten kann.

Eine der zahlreichen Kritiken (die Presse antwortet mit sechzig Seiten Text und Bildern) lautet: »Ein Wetterleuchten epischen Theaters prägte den Beginn des Jahres 1974: *Große Schmährede an der Stadtmauer* im Deutschen Institut. Wir wünschten, dieses Schauspiel überfiele die Stadt und besetzte das Land.« Eine andere rühmt die Aufführung, moniert aber, daß man vor dem Lehrer (gemeint ist Brecht) den Schüler kennenlerne – ein Seitenhieb gegen die Zensur.

Um der Aufforderung nachzukommen und das Stück auswerten zu können, hat Mário Barradas den zuständigen Staatssekretär Dr. Pedro Pinto zu einer der letzten Vorstellungen eingeladen. Wieder wird nach dem Stück im Foyer Whisky getrunken. Wieder verliert der aufgeforderte Zensor kein Wort über das Stück, dafür erzählt Dr. Pinto Anekdoten von seinen Reisen (bis vor kurzem war er Generalkonsul in Paris); er hatte große Pläne in Sachen Kultur und bittet mich, Jorge Luis Borges als Nachfahre eines portugiesischen Neuchristen der Seefahrerzeit einzuladen, in einem Kulturzentrum, das Pedro Pinto in Marvão, einem verlassenen Dorf der Provinz Alentejo aus dem fünfzehnten Jahrhundert, einzurichten gedenkt, seinen

Lebensabend auf Kosten der portugiesischen Regierung zu verbringen. So werde der große argentinische Dichter zu seinen Ursprüngen zurückkehren können. Portugals Berufung sei es, den Künstlern der Latinität ein letztes Refugium der abendländischen Humanität zu bieten. Barradas' Antrag, das Stück für Aufführungen in öffentlichen Theatern freizugeben, wird abgelehnt.
Erst, als nach mehreren Tagen mit Sicherheit angenommen werden kann, daß das Unternehmen nicht zum Skandal führen wird, hat die Botschaft den Kulturattaché als Informanten zu einer Aufführung entsandt.

Caparica V, Karfreitag

Nach innen!

Miguel de Unamuno

Tiefhängende Wolkenstränge, zähe, tränende Luft, die Nase und Rachen verstopft; die Flut zwingt mich, durch den schweren Dünensand zu stapfen; Herzbeklemmung, ich sehe die Möven ziehen und denke an den Tod; das graue Licht lastet auf den Lidern . . .

Ich seh die Möven ziehen
und denke an den Tod
ich denke an den Tod
und fühl die Tage fliehen

Ich sehe Bettler lungern
und denke an das Brot
den bittren Bissen Brot
weißt du wie viele hungern

Ich höre Schüsse hallen
und denke an die Not
mein Auge füllt sich rot
ich sehe Leiber fallen

Im Sande spielt ein Kind
und mahnt mich an den Tod
ans Aschenmorgenrot
und Auferstehen im Wind

Die Brandung löscht die Spuren
ein Lachen im Gesicht
des Kindes zu mir spricht
spiel mit vergiß die Uhren

10. April

Das Genaueste erfahren Sie nicht von Ihrem Anhang, sondern von Ihren Gegnern.

Horoskop des Stern-Magazins für Jungfrau; 24. 8.–23. 9.

Il faut se compromettre
André Gide

Der Direktor der Siemens A. G., Lissabon, ruft mich im Institut an, halb bestürzt, halb ungehalten: Anläßlich eines Essens der Deutsch-portugiesischen Handelskammer zu Ehren des in Kürze scheidenden Deutschen Botschafters, an dem der portugiesische Außenminister Rui Patrício teilnahm, habe sein, des Siemens-Direktors, Tischnachbar Ramiro Valadão, Präsident der staatlichen Fernsehgesellschaft, die subversive Tätigkeit des Deutschen Instituts, »Geheimzelle der portugiesischen illegalen KP und dessen Leiter, Vertreter der gesamtdeutschen KP«, beklagt, »eine Schande und ein Skandal«. Dies – so der Direktor der Siemens A. G. – werde fraglos an höchster Stelle erörtert werden müssen. Er halte es für seine Pflicht, mich darauf aufmerksam zu machen, daß ich damit die fruchtbaren Beziehungen zwischen Portugal und Deutschland bewußt schädige. Er schlage daher vor, daß man gelegentlich, möglichst bald, zu dritt, im Deutschen Verein, zu Mittag esse, um den Fall bei Eisbein und Sauerkraut zu bereinigen. Ramiro Valadão verkehre dort, er kenne Deutschland, sei überhaupt ein sehr umgänglicher Mensch, habe Nietzsche gelesen.
Ich erwidere, ich hätte nicht das – Kunstpause! – Vergnügen gehabt, Ramiro Valadão kennenzulernen und wundere mich daher über seine erschöpfenden Kenntnisse meiner Person, privat wie beruflich. Ich hätte hinzufügen können, daß ich im Gegenteil alles getan hätte, um ihm nicht zu begegnen, insbesondere, um nicht die Dienste des Portugiesischen Fernsehens in Anspruch zu nehmen. Dies sei ein wesentlicher Programmpunkt meiner Arbeit, einfach weil kaum einer meiner portugiesischen Freunde sich bereitfände, mit dem faschistischen Fernsehen zusammenzuarbeiten, und wenn das Fernsehen ins Institut käme, täte es dies auf eigene Rechnung. Im Januar war einer der Programmdirektoren erschienen, hatte »Die große

Schmährede« gerühmt, mich umarmt, versprochen, er wolle einen Mitschnitt machen – und war ausgeblieben. Stattdessen, um das Gespräch mit einer portugiesischen Lösung unverbindlich zu beenden, sage ich, was das vorgeschlagene Mittagessen beträfe, so käme ich gelegentlich darauf zurück, und »Auf Wiedersehen für heute«.

Ramiro Valadão hatte im vergangenen Sommer eine schriftliche Einladung des Botschafters zur Internationalen Berliner Fernseh- und Rundfunkmesse in einem kurzangebundenen Brief dahingehend beantwortet, er könne zu seinem Leidwesen die Einladung weder annehmen noch, wie im Verhinderungsfall gebeten, einen Ersatzmann nennen. Doch wiege in seinen Augen die Tätigkeit des Deutschen Instituts in Lissabon sein Bedauern und Versagen hinreichend auf. Der erschrockene Botschafter hatte während der »Morgenandacht« seine Botschaftsräte und Referenten zu Rate gezogen, und diese bestätigten ihm nach reiflicher Prüfung des apokryphen Wortlauts, der Brief sei in der Tat eine Pflaume, ein rüder Refus. Der Botschafter, gekränkt über den portugiesischen Verstoß gegen protokollarische Höflichkeit, sprach – sancta simplicitas! – bald darauf bei einem Cocktail den Fernsehpräsidenten an, der ihn mit großen Augen anblickte: »Ah . . . Sie haben begriffen . . . !«

Der Vorfall – Musterbeispiel für die Problematik deutscher Kulturarbeit in einem nichtdemokratischen Land. Diese, so scheint mir, bietet, global gesehen, drei Möglichkeiten.

Erstens: Fühlt der Leiter der Zweigstelle sich als Karrierebeamter wie der Leiter der Diplomatischen Vertretung, so wird er vor allem gute Beziehungen zu den offiziellen Stellen und offiziösen Gremien des Landes anstreben. Er wird auf der Ebene der Institutionen arbeiten, das heißt, den sicheren Weg gehen, Distanz halten und die konventionelle Sprache pflegen. (Die Sprachnormen und Passivformen der portugiesischen Diktatur und der hierarchischen Demokratie der Bundesrepublik sind austauschbar: »Es wird vorausgesetzt«, »Es wäre wünschenswert«, »Es ist uns aufgetragen«, »Das Auswärtige Amt/Das Außenministerium geht davon aus.« Er wird sich nach dem Deutschen Botschafter und den Behörden des Gastlandes richten und immer so handeln, daß »ihm niemand einen Vorwurf machen kann«. (Albert Camus' Mahnung, daß er von einem bestimmten Alter an für sein Gesicht verantwortlich sei, darf er als Goethe-Mann getrost in den Wind schlagen.) Die Empfehlung des reisenden Inspektors des Goethe-Instituts: »Rühren

Sie sich, aber hüten Sie sich, Porzellan zu zerschlagen, die Zentrale kann Sie regresspflichtig machen!« – wird ihn in seiner Überzeugung bestärken, daß »ultra posse nemo obligatur« für ihn Gültigkeit hat. Er kommt somit zu der Weisheit letztem Schluß,
daß er mithin weder seine Nerven zu strapazieren, noch den Frieden seiner Seele und seiner Familie zu stören braucht;
daß er weder den behördlichen Unmut des Gastlandes auf sich ziehen noch einen rügenden Bericht des Botschafters nach Bonn und München herausfordern darf;
daß er somit am besten fährt, wenn er gemäß dem Kontrakt zwischen Auswärtigem Amt und Goethe-Institut »vertrauensvoll mit der Botschaft zusammenarbeitet« und sein festes (für einen freiberuflichen Schriftsteller hohes) Gehalt mit bestem Gewissen als Entgelt für die bloße Erfüllung seiner Pflicht im Rahmen des Möglichen kassiert;
daß er folglich nichts ungefragt tut, nichts Überflüssiges wagt, sich an die schriftlichen Richtlinien hält und sich vor allem und überall bei den Mächtigen absichert;
daß er dann mit guter Beurteilung von seiten seiner Vorgesetzten rechnen kann, denn auch er ist in seinem Rahmen Vorgesetzter, daß er sich selber nie Vorwürfe zu machen braucht und auch in Alpträumen, sofern sie sein rechtliches Gemüt heimsuchen, nie mit Gewissensbissen wegen begangener Unterlassungen geplagt werden wird.
Bei Licht besehen, ist das Umstandswort »vertrauensvoll« eine Falle; als Ergebnis paternalistischen Denkens fördert es in einer Anfängerdemokratie, die ihre Fortschritte durch die Brille des Auslands prüft, Rückständigkeit im Denken, Fühlen, Tun. Namentlich verpflichtet der Kontrakt nur den Institutsleiter als Fachmann der Kulturarbeit »zur vertrauensvollen Zusammenarbeit«, nicht den Leiter der Diplomatischen Mission, der, ohne Fachmann der Kulturarbeit zu sein, »die Verantwortung für die kulturelle Gesamtvertretung« trägt. Das Auswärtige Amt scheut sich demnach nicht, den Leiter des Goethe-Instituts indirekt zur Verschleierung aufzufordern und den Verdacht der *mala fide*, der Unlauterkeit auf sich zu ziehen.
Unter Männern, die außer Beamten auch noch Menschen, und das heißt, dem Gewissen und geistigen Leben verpflichtet sind, könnte das Umstandswort »vertrauensvoll«, sofern beide Kontrahenten sich auf dessen Wortsinn berufen, zu einem fruchtbaren Austausch führen. In der Praxis aber werden die Beamten des Auswärtigen Amts durch ihren Dienst früh zu einem be-

sonderen Sprachgebrauch abgerichtet, der eine zur Gewohnheit gewordene Selbstzensur einschließt; diese hindert sie daran, die Dinge beim Namen zu nennen. Diplomatensprache heißt Umschreiben, ist Uneigentlichkeit, Unechtheit. Das Wesen des Diplomaten, sein Auftreten, seine Gestik ist eingeebnet. Er unterliegt dem Irrtum, die Person müsse hinter dem Berufsgesicht zurücktreten und merkt daher im Laufe seines Lebens selber, daß er kein Gesicht erworben hat, daß er eine Karikatur seiner selbst und in den Augen des aufmerksamen Beschauers eine Marionette geworden ist, die dank ihrer Entfremdung ihren Status mitsamt ihren Vorrechten für etwas Reales, Lebendes hält.
Nachsatz zu Ramiro Valadão: Seine Ausdrucksweise und Beweisführung ist salazaristische Praxis: Wer nicht für Salazar und seine Diktatur ist, ist Kommunist; im Denken des faschistischen Portugal gibt es nur die beiden Kategorien. Diese vereinfachende Diffamierung erleichtert die Bekämpfung jeden Regimegegners und hat aus dem Land eine Wüste gemacht, in dem das Leichteste das Schwerste geworden ist: das Atmen.

Kaiserliche Hohheit und Nelken

Seit grauer Vorzeit verteilten dreihundert Familien unter sich alle höheren Ämter inner- und außerhalb Roms.

Bertolt Brecht, *Die Geschäfte des Herrn Julius Cäsar*

20. April. Der Stadtklub *O Grémio Literário* in der Rua Ivens, Oberstadt, lädt uns zum Vortrag Seiner Kaiserlich-Königlichen Hoheit, Prinz Otto von Habsburg, und Abendessen ein; black tie. Auf dem Treppenabsatz zum ersten Stock empfängt der Hausherr jeden Gast mit einer roten Frühlingsnelke, die man sich ansteckt, die Damen in den Ausschnitt des Abendkleids, die Herren ins Knopfloch des Smokings.

Die weiträumigen Interieurs sind üppiges Neunzehntes, roter Damast, Quasten, Samtportieren, verglaste Mahagonischränke mit gepunzten goldbeschrifteten Buchrücken, Stiche und Ölgemälde aus der Zeit. Halb biederes Portugal, halb Pariser Jokkey-Klub. Man atmet gestaute Luft, ein wenig Moder, ein wenig Verdrängung, man spürt aufgeklebte Mondänität und zugleich Angst, vor dem Ausländer als Provinzler dazustehen. Gemischte Atmosphäre, einerseits Schielen nach Europa, andrerseits Afrika wie gehabt, das große Überseegeschäft und Konten auf schweizerischen und amerikanischen Banken.

Die Klubmitglieder aus Industrie, Hochfinanz und Großgrundbesitz mitsamt ihren Damen, wohlgenährt und seelisch ein wenig verstopft, füllen den Vortragssalon und die angrenzenden Klubräume. Merkwürdig: Der Anlaß, die festliche Umgebung könnten Grund zu Erwartung sein, zu Heiterkeit, doch alles geht mezza voce vor sich; statt unbeschwerten Lachens nur Schläfrigkeit von Statisten in Gesellschaftskleidung, welche die gleiche Szene schon hundertmal gespielt haben und gelangweilt auf den Star warten. Man spielt die Figur, die man sich vorstellt, die man sich für diese Gelegenheit als convenable zuschreibt; alle sind Lernfiguren, Marionetten der Provinzgesellschaftskunst. Dr. Henry Abecassis aus dem mächtigen portugiesischen Clan stellt den hochgeborenen Gastredner vor: Jugend in Madeira, Armut, diese Schande, und die vielen Opfer, und die Heimatlosigkeit, aber die Größe! Dann ergreift Otto von Habsburg das Wort; schlank, spärliches Haupthaar, hoheits-

volle Blässe, gewandter Redner; hätte ich seinen Namen nicht gewußt, er hätte mich an einen Conférencier des *Bal Tabarin* erinnert, etwa russischer Ex-Großfürst. Er beherrscht sein Thema, Politik und Finanz in Europa, das christliche Abendland; er jongliert mit seiner Sprache; wohlklingende Mittellage in fließendem Französisch, allzu glatte Publizistikrhetorik, begleitet von zukunftsweisenden Handbewegungen über die Hörer hin. »Ich darf mich als Ihren Freund bezeichnen.« Seine Kaiserlich-Königliche Hoheit weiß die portugiesischen Freunde zu fesseln, und so erinnert er sie an ihre große geschichtliche Aufgabe, an ihr Missionswerk in Übersee; Europas Grenzen haben immer über das eigene Territorium hinausgegriffen ...
Unter den Gästen sind auch Gräflichkeiten aus dem österreichisch-ungarischen Ex-Imperium, vor Jahren flüchtlings gestrandet an Lusitaniens Küsten, reichlich verhärmt und ziemlich verarmt. Sie werfen Blicke voll verjährter Überheblichkeit und zaghafter Sehnsucht. Wien, Budapest, Güter und Gelder ade! Und nun hier mitmachen am Rande, in der Provinz, am Rande der Welt, jahrzehntelang verschluckte Kritik, geschrumpft im speckigen Smoking, verblüht im geretteten kleinen Diadem. Immerhin, die Kaiserliche Hoheit ist die ihrige, siebenhundert Jahre Geschichte ...
Otto von Habsburg, der am Vormittag die Spitzen der Regierung besucht hat, schmückt sich mit der Sicherheit der Hoheit, die Akzente zu setzen, Prognosen aufzustellen und »die allzu große Brillanz eines französischen Ministers« zu tadeln weiß. Doch zum Schluß ein Wort der Aufrichtung: »Malgré tout, trotz der Krise der letzten drei Jahrzehnte haben wir Europäer doch gut gearbeitet« – allumschließende Gebärde –. »Es gibt Hoffnungen, es gibt Aussichten. Ihre historische Stunde, liebe Portugiesen, ist gekommen!«
Beifall, langsam sich dahinschleppende Wellen, man rafft sich auf zu Optimismus und Zuspruch, halb aus Trägheit und halb aus dem Zwangsbedürfnis, sich dem Ausländer und heimatlosen Kronprätendenten gegenüber nicht zuviel zu vergeben. Ihr Wort in Gottes Ohr, mag manch einer denken. Dann geht es zu Tisch in den vielen Räumen; Christiane und ich sitzen im länglichen Wintergarten; auf den Lippen des österreichischen Kulturattachés ein Lächeln, das nicht weiß, ob es spöttisch oder doch stolz wirken soll. Senhor Sales Lane, schwarzgelockter Geschäftsführer des Klubs, rustikaler Dandy und Hans-Dampf, begrüßt die Gäste an den Tischen. »Na?« fragt seine Braue, An-

erkennung heischend. Offensichtlich hat er uns eingeladen. weil er weitere hohe Gäste für Sonderempfänge und -sitzungen sucht. Willy Brandt etwa und Heinrich Böll. Warum nicht? Meinen verwunderten Blick beschwichtigt er mit der Zusicherung, daß dafür ein erlesenes Publikum eingeladen werde; sein Verschwörerlächeln meint Opposition, und natürlich ausgesuchte Journalisten, nicht die übliche Meute. Seine Händlerhände sagen: Ich kenne mein Handwerk, Unternehmungen auf hoher europäischer Ebene – ist das nichts für Sie?

»Es ist wichtig, die richtigen Leute zu kennen.« 25. April

Heute wird der Außenminister ein Abschiedessen für den Botschafter geben. Dieser hat zu Christiane gesagt: »Ich möchte, daß Sie dabei sind. Es ist wichtig für Ihren Mann, die richtigen Leute zu kennen. Er weiß dann immer, an wen er sich wenden kann, wenn etwas schiefgeht. Sie verstehen . . .« Der Botschafter hat mir gestern am Telefon gesagt, er wolle beim heutigen Mittagessen sagen: »Portugal und der lusobrasilianische Bereich sind für meine Frau und mich eine zweite Alma Mater geworden.« Da mir der Passus mißverständlich klang, bat ich Paulo Quintela in Coimbra telefonisch um seine Meinung. Abends beim Abschiedscocktail in der Residenz – um achtzehn Uhr das Diplomatische Corps, von neunzehn Uhr an das große Fußvolk, insgesamt 750 Personen, kein Fest, eher Fegefeuer, eine Luft zum Schneiden, Gedränge wie bei einem Aufruhr, Botschafter und Botschafterin als empfindliche Mitte des Wirbels, niemand verstand mehr als den summenden Widerhall der eigenen Worte im Trommelfell – konnte ich dem Botschafter Quintelas Vorschlag »Alma Mater im weitesten Sinne« durch meine zum Sprachrohr geformten Hände entgegenbuchstabieren. Als wir gegen acht Uhr die Halle verließen, trat der Außenminister Rui Patrício mit Gefolge ein. Wir dachten: bis morgen. Der deutsche Pressereferent winkte uns zu mit bedenklich schlenkernder Hand. Sorgen haben die Leute, dachten wir.

Seit ich Nerudas *Ich bekenne, ich habe gelebt* übertrage, stehe ich mit den Kindern auf; bewältige, wenn der Text mir kein Bein stellt, vier bis fünf Seiten zwischen sieben und knapp zehn Uhr; dann geht's ins Institut. Heute stocke ich an einer wichtigen Stelle; ich versuche, sie zu formen, solange der Rohstoff warm ist: »Mein Preis ist jener große Augenblick in meinem Leben, als tief aus der Kohle von Lota, unter der prallen Sonne der versengten Salpeterhalde, aus dem lotrechten Stollen, als tauche er aus der Hölle, ein Mann hervortrat, das Gesicht von der furchtbaren Arbeit verzerrt, die Augen rot vom Staub und, mir die verhärtete Hand entgegenstreckend, die Hand, die mit ihren Schwielen und Furchen die Landkarte der Pampa war, mit leuchtenden Augen sagte: ›Ich . . .‹«

Philine steht im Zimmer – ich hatte mit halbem Ohr schon ungewohntes Türeschlagen gehört –: »Revolution! Keine Schule, der Bus hat umkehren müssen; unser Schulfest mit dem Kultusminister ist abgeblasen; alle Leute müssen zu Hause bleiben . . .« Dann muß sie erst einmal Luft holen. »Du spinnst wohl, Phine, erzähl das der Mama, ich habe Wichtigeres zu tun . . .« Draußen höre ich Christiane Juliane ausfragen, dann dröhnt ein Marschlied aus dem Wohnzimmerradio. Ich mache mich wieder an die Arbeit: »›Ich kenne Dich seit langem, Bruder.‹ Das ist der Lorbeer meiner Dichtung, dieses Loch in der furchtbaren Pampa . . .« Diesmal steht Christiane im Zimmer. »Die Bewegung der Streitkräfte hat die Regierung gestürzt, den Staatssender besetzt, die Polizei verhaftet. Mit dem verbotenen Lied *Grândola Vila Morena* hat es angefangen, heute früh um eins.«

Ich mache eine Pause, höre eine Weile die zwischen Marschmusik schubweise gesendeten Nachrichten über den Gang der militärischen Operation und General Spínolas »Junta da Salvação Nacional«. Ich telefoniere zur Botschaft, erfahre, der Botschafter habe dem AA telegrafiert, sein Abschiedsessen werde wohl doch stattfinden. Gegen elf Uhr fahre ich auf meinem üblichen Schneisenweg ins Institut. Die Stadt wie am Sonntag, verschlafen, verträumt; kein Mensch auf der weiten Avenida da Liberdade, die seit heute ihren Namen zu Recht trägt; die Polizei scheint beim Betriebsausflug zu sein. Zum ersten Mal seit unserem Hiersein ist die Botschaft unbewacht. Das Institut ist leer, Gisa sagt mir, der Rundfunk habe angeordnet, die Geschäfte, Institutionen müssen schließen; die Leute sollen nach Hause gehen, zu Hause bleiben; niemand solle umherfahren.

Das Botschaftsessen ist abgesagt, der Außenminister längst verhaftet; dem Vernehmen nach hat er Weinkrämpfe, spielt den Kranken. Nur der holländische Botschafter im Ruhestand läutet Schlag dreizehn Uhr dreißig am Portal des Palácio das Necessidades. Aus der spaltbreit geöffneten Tür zielt eine Maschinenpistole auf seine Brust.

Christiane sagt: »Du wirst sehen, es bleibt alles beim alten.«

25. April

Im Morgengrauen erwacht Sophia de Mello Breyner Andresen, blickt aus ihrem Fenster in der Travessa das Mónicas auf die schlafende Stadt hinunter und hört im katholischen Sender *Rádio Renascença* – nomen est omen: Radio Wiedergeburt – José Afonsos verbotenes Lied *Grândola Vila Morena.* Sie kritzelt auf einen Zettel:

> Dies ist das Morgenrot, das ich erwartete
> Der Tag des Neubeginns vollkommen und rein
> Da wir enttauchen Nacht und Schweigen
> Und frei bewohnen die Substanz der Zeit

Am 20. April hatte sie in einem *Lagos* betitelten Gedicht – von Lagos ging die portugiesische Expansion aus, und in der ersten Hälfte des 15. Jahrhunderts des Infanten Don Henrique einträglicher Sklavenhandel – geschrieben:

> Bekanntlich blicken Diktatoren nicht auf Landkarten
> Ihre maßlosen Streifzüge gründen auf Wahnflügen
> Und ihr Diktat hinterläßt auf den Landstraßen junge tote Leiber
> Junge tote Leiber längs der Straßenzüge

26. April

Wochenzeitschrift *Expresso*: »Aufruf zur Arbeit« ». . . Was Wunder, daß das Volk einem Land entfremdet war, das es nicht als das seine empfand, das nicht zur Selbstentfaltung angeregt wurde. Was Wunder, daß auf allen Gebieten im Leben der Nation Mangel an Tatkraft herrschte, Laschheit in den Ämtern, Langsamkeit bei den Entscheidungen . . . Das Regime war verfault, und niemand wird uns ausreden, daß die aufgeklärtesten Verantwortlichen das nicht fühlten. Und doch hinderte sie nichts daran, in ihrem Egoismus zu lügen und die Gutwilligen zu lähmen, die innerhalb der schmalen Legalität Wege zur Erneuerung suchten. Man lebte im Gefühl ständigen Versinkens, wie auf einer Reise, deren Rückfahrt immer schwieriger wurde, einer Reise, gegen die man sich nicht zu wehren wußte . . . Die Stunde ruft zur Freude, nicht zur Angst. Nun gilt es unverzüglich einen ökonomischen Vorstoß zu unternehmen, und damit verbunden zur Tatkraft aufzurufen, zur Planung. Es gilt, produktive Anlagen zu fördern und Initiativen anzuregen, solange sie die wichtigsten Interessen des portugiesischen Volkes erfassen und teilen.
Doch wir dürfen nicht darauf warten, daß jemand dies für uns tut; wir, wir alle in unserem Tätigkeitsbereich, an unserem Arbeitsplatz, müssen dies unverzüglich anpacken. Portugal – das sind wir, und Portugal wird sein, was wir sein, was wir aus ihm machen werden. Denn heute haben wir Freiheit. Heute sind wir verantwortlich. Heute beginnen wir.«

27. April

Denk ich an Deutschland in der Nacht

Heinrich Heine

José Cardoso Pires am Telefon: »Kommen Sie morgen um neun Uhr in die *Brasileira*, wir wollen die *Pide* besichtigen.« Das Café liegt in der Oberstadt am *Chiado* mit seinem Bronzeklippen-Camões, heute wie zur Zeit von Eça de Queirós Einkaufs- und Bummelzentrum der Einheimischen und Touristen, mit seinen Modegeschäften, feierlich-vornehmen Juwelierläden, seinen Teesalons der Jahrhundertwende und seinen neueren Bars. Zwanzig Intellektuelle sind in dem berühmten Stamm-Café der Literaten zu dieser für Portugiesen frühen Verabredungsstunde versammelt, darunter die Romanciers Fernando Namora und Augusto Abelaira, der Lyriker Herberto Helder, die Dramatiker Sttau Monteiro und Bernardo Santareno. Ich werde mit stürmischen »abraços« begrüßt wie nach einem gemeinsam bestandenen Schiffbruch, dem unversehrt durchschrittenen Fegefeuer. Der schlohweiße Poeta Laureatus José Gomes Ferreira drückt meinen Arm, und das heißt: Sie haben sich die Mitfreude an unserer Freude verdient.
Salazars Staatssicherheitsdienst liegt wenige Schritte entfernt neben dem Teatro São Luiz in einem alten Stadtpalais in der Rua António Maria Cardoso: Der Straßennamen ist seit Jahrzehnten Synonym für *Pide*, Ort der Ängste und Schrecken. Wir werden von jungen Offizieren in Felduniform geführt. Ist dieser Typ von Militärs über Nacht entstanden? Sie sind eher geschmeidig als drahtig, mit schönen Bärten, die zuversichtlich wirken; es sind höfliche, freundliche Männer, freundlich, wie Brecht sich die Menschen wünscht. Beginnt mit diesem Morgen, mit diesen Männern etwas Neues, was dieses Land verändern, was eine neue Welt schaffen könnte?
Wir sehen die nach kurzem, unblutigen Schußwechsel hastig geräumten Kanzleien, Kasematten, Einzelzellen, Folterwerkzeuge, die vergitterten Gänge und Innenhöfe, aus denen es kein Entkommen gibt, die Karteikästen mit hunderttausenden von Dossiers, die Fotoalben mit hunderten von politischen Verdächtigen; auf einem erkenne ich den Erzähler Urbano Tavares Rodrigues. Er ist einer, der vor Jahren von der *Pide* auf offener Straße überfallen wurde. Bei unserem ersten, von Fernando Namora im Oktober 1969 vereinbarten Abendessen saß er

Christiane im Restaurant gegenüber; bis heute hat sie sein von den Qualen des Sonderverhörs gezeichnetes Gesicht nicht vergessen. Wir sehen die langgestreckten Räume mit den unter Beratung der Gestapo eingerichteten, bereits vernichteten Abhörgeräten, die jedes gewünschte Telefongespräch auf Band protokollierten. Mit verhaltener Erregtheit ziehen die Besucher durch die verwüsteten Zimmerfluchten, durchstöbern die verstreuten Stapel von Polizeiakten, Sttau Monteiro stößt – kaum glaublich! – auf seine eigene Prozeßakte aus dem Jahre 1964, ein jeder steckt sich ein Andenken zu, irgendeines: eine Anklageschrift, ein Vorschriftenblatt für die Behandlung von Häftlingen beim Verhör, auf der Flucht, eine Visitenkarte in Handkupferdruck: Sílvio da Costa Mortágua, Inspector Adjunto da Direcção Geral de Segurança (DGS). »Der große Hurensohn«, knurrt der Fernsehkritiker Mário Castrim neben mir. Mortágua war der Meister der Sonderverhöre; die DGS war Marcello Caetanos Euphemismus für Salazars Schreckensapparat, die *Pide.* Die Mienen meiner Begleiter sagen: Hier stehen wir, in der leergebrannten Hölle, die unser Gewissen, unser Wissen, unser Schreiben bespitzelt, bedrängt, belastet hat, seit wir denken können, die uns zu Pides unserer selbst gemacht hat, gegen unseren Willen. Außer José Gomes Ferreira, Jahrgang 1900, hat keiner seit Kindesbeinen etwas anderes gekannt als des Diktators »Neuen Staat«. Der Alptraum ist zu Ende, aber der Traum geht weiter. Warum nur? Den Alptraum hat die bekannte Handvoll Offiziere über Nacht, in einer halben Nacht, verscheucht; sie hat das Regime ausgedrückt wie eine reife Eiterbeule; das Maß war voll gewesen. Das beweist der Inhalt meines Souvenirs, das ich wahllos von einem der Schreibtische auflese: Eine Woche vor dem Putsch, am 19. April, wurde in Porto der Angeklagte Joaquim Augusto da Cruz Carreira (in roten Großbuchstaben am Kopf der Prozeßakte) zu 135 Tagen Gefängnis und gleichlanger Geldstrafe von Esc. 25 pro Tag sowie drei Jahren Entzug der politischen Rechte verurteilt. Sein Vergehen: Am 9. September 1973 hatte er bei einer Versammlung der von der Regierung bei Wahlen einzig zugelassenen Oppositionspartei CDE – Centro Democrático Eleitoral – zur Abgeordnetenwahl für die Nationalversammlung gegen den Terror der Geheimpolizei protestiert und später bei der Urteilsverkündung erklärt, die Regierung habe nunmehr den Gipfel ihrer Widersprüche erreicht. Die Entlassung des Generals Spínola und die Unzufriedenheit des Militärs seien ein sicheres Zeichen dafür, daß ihre Sterbestunde – »a sua agonia«

– nahe sei. »Der Inhalt und die Leidenschaftlichkeit, mit der diese Behauptungen vorgebracht wurden, überzeugten mich davon, daß der Angeklagte die Gelegenheit wahrnahm, für die marxistisch-leninistische Lehre zu werben.« Schluß des Protokolls.
Neben mir José Cardoso Pires; hinter seiner beherrschten Miene kribbelt Zorn, Ungeduld; am 25. April war er genauso alt wie der portugiesische Faschismus, achtundvierzig Jahre. Wir betreten den großen Salon, in dem der Chef der Geheimpolizei an einem mit rotem Saffianleder bezogenen Schreibtisch im Stil des zweiten Barock arbeitete, darunter unsichtbar das Kommandosystem der Abhörgeräte, die eine seidenbespannte Spanische Wand tarnte, links die Statuette eines Schwans, rechts ein Geigenkasten aus einer Werkstatt des Achtzehnten, neben dem Telefon ein Familienfoto, eklektische Idylle der Belle Epoque. An der Wand, in einer zerfetzten Rahmenecke hängend, Salazars Portrait; auf dem Fußboden das zertretene Konterfei seines kurzlebigen Nachfolgers.
Nachmittags fahren wir in die Festung Caxias, auf halbem Weg zwischen der Stadt und Estoril über dem Fluß gelegen; ein vorgestern freigelassener politischer Häftling übernimmt die Führung. Er läßt uns durch die Spione in die Einzelzellen spähen, die von den nunmehr inhaftierten *Pide*-Polizisten besetzt sind. Er führt uns durch lange, verwahrloste Gänge, massives modriges Gemäuer, aus dem kein Schrei nach außen dringt; in die Wände sind Daten und Botschaften von Gefangenen geritzt. Wir sehen die mit Tonbandgeräten ausgestatteten lärmdichten Verhörräume, das Tonstudio neben den Folterkammern, die ins Fenster der Besuchszimmer eingebauten winzigen Mikrophone. Wir blicken in einen klaftertiefen, muffigen Kellerraum, in dessen hüfthohem Wasser der Gefangene stundenlang für das Verhör vorbehandelt wird; durch eine Luke kann er überwacht werden, damit er sich nicht durch Ertrinken der Vollstreckung entzieht.
Bei diesem Anblick fällt mir die Erzählung eines Berliner Emigranten ein, um das Jahr 1938, in São Paulo, dessen Nieren in Oranienburg von Ventilatoren angeblasen wurden, bis er umfiel.
Meine Freunde eilen fieberhaft von Raum zu Raum, von Hof zu Hof; sie wollen alles besichtigen, stellen Fragen, diskutieren, sind ehrlich entrüstet. Ich begleite sie und gebe mir Mühe, sie nicht durch mangelnde Anteilnahme zu enttäuschen. Denn wenn ich an die mir bekannten Berichte und Bilder aus deut-

schen Vernichtungslagern denke, beneide ich sie fast bitter um den privaten, dilettantischen Charakter dieses Etablissements und anderer Gefängnisse wie des Forts Peniche, aus dem Gefangene, bevor sie vor Entkräftung starben, mit oder ohne fremde Hilfe entweichen konnten.
Die Menschen der Latinität sind unmittelbar, reizbar, aufbrausend, grausam, auch rachsüchtig, aber eines kennen sie nicht: das absolute, das kalte, endgültige Wort, das unwiderrufliche Urteil jenseits von Revision und Berufung. Sie mögen persönlich noch so determiniert sein und sich auch so fühlen, aber ihr Sinnen und Trachten, ihr Empfinden vor allem anderen, ist indeterminiert. Sie wollen die Welt erhalten, nicht endgültig vernichten. Für unser »nachtragend« besitzen sie keine sprachliche Entsprechung. Sie werden die Hauptverantwortlichen ihrer jahrzehntelangen Qual, den Staatschef und Salazars Nachfolger, den Ministerpräsidenten, aus ihrem Zwischenexil Funchal auf Madeira in die freie Verbannung nach Brasilien entlassen. Salazars Standbild im Innenhof des Staatssekretariats für Information und Tourismus, in dem auch die Zensur wie eine Spinne das Land vor Aufklärung geschützt hat, haben diejenigen, die am meisten unter ihm gelitten haben, die Schriftsteller, schwarz verhängt, stilvoll, taktvoll; später soll es entfernt werden.
Der selbsterrungene Siegestag meiner portugiesischen Freunde über ihre Vergangenheit endet für mich mit einer Nacht, in der ich an Deutschlands fortwirkende Vergangenheit denke.

Heute ist alles dazu da, auf einem Foto zu landen.

Susan Sontag

Vormittag im Institut. Unmöglich, zu arbeiten wie bisher. Ein Gefühl der Erschlaffung, des Schwankens, als müsse ich plötzlich gehen ohne das jahrelang getragene Korsett. Ich öffne die Balkontür. Der Wind weht meerwärts über die Stadt, Freiheitswind; ich sehe in der Ferne die Stranddisteln schwanken und denke an die Freunde, die immer noch aufatmen und nicht wissen, wie ihnen geschehen ist. Glück pocht in der Kehle, das Telefon auf meinem Schreibtisch – stumme Epiphanie zwischen toten Akten. Im Park schreien die Pfauen in den Zedernkronen; drunten auf dem Teich gebieten die Schwäne Stille.

Das Telefon meldet den Madrider ZDF-Korrespondenten; aufgekratzt tritt er herein: »Der Fischzug meines Lebens!« – und läßt sich in einen Sessel fallen. »Stellen Sie sich vor. Der *Rossio* ein Tohuwabohu; die gröhlende Menge jagt einen flüchtigen Pide, und die Soldaten schießen wild in die Luft wie bei einem Schützenfest, nur zur Abschreckung. Und mein Team ist zur Stelle. Ist das nichts?«

Das Land erwacht aus seinem fünfzig Jahre währenden Alptraum, denke ich, und ihr Journalisten jagt Sensationen. »Gleich fahre ich zum Flughafen, Alvaro Cunhal kommt aus Prag zurück.« Sein triumphierender Blick sagt: ›Da staunen Sie. Das Medium als Maß aller Dinge!‹

Nur eine Gebärde

Videant consules ne quid detrimenti capiat res publica.

Corpus inscriptionum latinarum

Samstag nach der Befreiung. Philine hat sich mit ihren Schulfreundinnen nachmittags in der Confeitaria Sulça verabredet. Besorgt, sie könne in dem die Stadt überflutenden Freudentaumel Schaden nehmen, fahre ich die Avenida da Liberdade hinunter und parke den Wagen am Restauradores. Lose Gruppen, regelrechte Marschkolonnen, Singchöre, Musik – ensembles sind unterwegs; menschenbeladene und bewimpelte Autoprozessionen fahren wie bei einem Korso von der Avenida über den Restaurades- und Rossio-Platz durch die Rua do Ouro und Nebenstraßen hinunter zum Fluß, um die Praça do Comércio und wieder hinauf. Es sieht gefährlicher aus als es ist; Kraftwagen und Personen durchschlingen einander wie Papierschlangen. Überall sind Rundfunk- und Fernsehteams am Werk. An der Ecke zum Staatstheater Dona Maria II stehen Panzerwagen mit blutjungen Soldaten im Tarnanzug. Als ich mich durch die müßige Menge schlängle, macht mir ein junger Eckensteher, der meinen wehenden Ledermantel wohl für das Attribut eines Pressemanns hält, mit dem Kratzfuß eines Schmierenkomödianten Platz. Seine Gebärde sagt: ›Hereinspaziert! Hier sehen Sie das neue Portugal. Jetzt kann jeder lassen, was er lustig ist. Jetzt wollen wir mal richtig in die Suppe hauen. Freiheit ist Freiheit!‹ Die Gebärde enttäuscht mich, deshalb sage ich mir: Das ist ja nur die Hauptstadt mit ihrem Lumpenproletariat. Überall da, wo die Fabrikarbeiter und Landarbeiter, die Mittelklassen wohnen, in Kleinstädten und Dörfern, wird die Freude weniger ungezügelt und echter, gleichsam zukunftsbewußter sein. Mittlerweile gelange ich zur Sulça. Die Rossiofassade ist geschlossen; es heißt, der Inhaber habe dem Staatssicherheitsdienst Spitzeldienste geleistet. Zu meiner Erleichterung finde ich am Hintereingang zur Praça da Figueira Phine und ihre Kameradinnen, die ins Kino wollen. Wir arbeiten uns zum Wagen zurück; nach wenigen Minuten liefere ich sie wohlbehalten am Filmtheater ab und fahre nach Hause. Wieder sehe ich die Gebärde vor mir; sie lädt mich weniger zum Mitfeiern ein als zu Gedanken über die Zukunft der Feiernden. Wer wird den Taumel in die Lust am Tun verwandeln; wer wird die breiten Schichten davon überzeugen, daß der bisherige Schlendrian zu ihren Lasten endgültig aufhört, und ihre Sache fortan Priorität hat?

Geschichte einer Nelke – Lob einer Nelke

. . . denn nur insofern wir mitempfinden, haben wir Ehre, von einer Sache zu reden.

Goethe, *Werthers Leiden*

Die Möglichkeit ist stärker als die Wirklichkeit.

Ernst Bloch

Gestern, am Vorabend des 1. Mai, auf der Avenida Fontes Pereira de Melo, kurz vor dem Kino *Monumental*, die Sonne schied mit dem Versprechen, am nächsten Morgen früh wiederzukehren, wanderte eine Nelke aus einer Frauenhand in mein Knopfloch. Sie war rot wie alle Nelken ihrer Art und Jahreszeit; sie war irgendwo in Portugal erblüht und auserwählt, aus ihrer Namenlosigkeit in einen historischen Augenblick einzutreten, drei Gesichter zu erhellen, die junge Spenderin, ihren jungen Mann, und mich, und eine historische Nelke zu werden.

Sie ist eine Nelke geworden, die zwei Zeiten trennt, eine Zeit vor ihr, ohne Nelken, eine Zeit nach ihr, mit Nelken. Diese Nelke – sofern die Beteiligten es wünschen – wird nicht verblühen, denn sie ist die Nelke der Utopie und wärmt wie ein Kaminfeuer. Sie ist ein ungeöffneter Brief in der linken Brusttasche. Stimme, die an die Zukunft erinnert, Gedächtnis, das unser Werden verwahrt. Sie ist der Enthusiasmus im Wortsinn. Ein Gefühl, das die Brust füllt wie der Wind das Segel. Sie duldet weder Mittelmaß noch Kleinmut. Sie ist ein Ja, Hämmern und Flüstern, Pochen und Liebkosung. Sie ist verschwiegen und beredt, gegenwärtig und vorauseilend. Sie ist Duft und Hauch, Verheißung, Verpflichtung, Ruf und Aufruf, stete Mahnung. Sie ist Gefährtin und verscheucht Furcht und Zittern, Schall und Rauch, die Gespenster der Vergangenheit und treibt zum Tun des Ungetanen.

Das neue Portugal

Das Regierungsblatt ›*Diário de Notícias*‹, dessen Leitartikel bis zum 25. April vom Ministerpräsidenten Marcello Caetano rubriziert wurden: »Normalisierung und Neuaufbau unserer Politik nach fast einem halben Jahrhundert der Starrsucht und des Alptraums.«

Maiparolen der Presse: »Das Volk hat keine Angst mehr. Unsere Waffen sind die Blumen. Die Poesie auf der Straße. Das portugiesische Heer ist auch Volk. Der große Aufmarsch mit verschränkten Händen.«

Portugiesischer Schüler der Deutschen Schule: »Die deutschen Lehrer scheißen sich in die Hose.«

Deutsche Presse: »Die portugiesische Revolution hat die westliche Welt erschreckt.«

Der Leiter des Britischen Instituts: »Was tun Sie? Wir sollten die Dinge miteinander bereden. Wir tun nichts, wir warten ab und sehen zu, wie sich alles entwickelt.«

Tankwart zu Christiane: »Wissen Sie noch, letztes Mal habe ich Sie unter dem Faschismus bedient. Aber heute sind wir frei!«

Bitte einer Zeitung: »Den nach dem Pide-Chef benannten Platz nicht betreten, einen Umweg machen!«

Schaffner zu einer Frau, die sich paketbeladen in die Straßenbahn drängt: »Etwas manierlich, bitte!« Frau: »Wieso, jetzt ist alles erlaubt!«

Ramiro Valadão, Präsident des Staatlichen Fernsehens, der auf der Brasilianischen Botschaft vergeblich um Asyl nachgesucht hat, sitzt wegen schwerer Unterschlagung von Regierungsgeldern in Untersuchungshaft.

Diário de Notícias: »Willy Brandts Demission ist ein schwerer Schlag für West und Ost.«

Junger Mann im Café zum Kellner: »2500 hat die Wohnung gekostet; jetzt verlangt er 5000 und findet's noch komisch. Dem knalle ich eine in den Fuß, in den Fuß, in den Fuß . . . in den Schädel!«

Maria João, neun Jahre alt, auf die Frage, was das Volk sei: »Das ganze Portugal voll mit Menschen.«

Vier schlafende Kriegsversehrte aus Angola halten aus Protest gegen die Mißachtung ihrer Ansprüche durch die Regierung die Tejo-Brücke vom 25. April (früher Salazar-Brücke) besetzt.

Dazu Almeida Faria, Schriftsteller: »Nur wer surrealistisch denkt, versteht Portugal.«

Beatriz, Christianes Haushilfe, die in kurzer Zeit einen Stapel Hemden gebügelt hat, zur offiziellen »Arbeitskampagne«, lachend: »All das zum Fortschritt Portugals!«
Eine Sekretärin des Instituts: »Einmal Gewalt von rechts, einmal Gewalt von links, das kommt aufs gleiche heraus.«
Graf Esterhazy: »Hab ich Postbote gefragt: Was verdient er jetzt? Hat er geantwortet: Sechs Contos. Hab ich gesagt: Kriegt er jetzt kein Trinkgeld mehr. So ein Lumpazi, braucht soviel verdienen?«
Bewohner von Cascais: »Empfängt mich doch der Tresordiener meiner Bank nicht mehr in Uniform, sondern schlampig, mit langen Haaren. Dem habe ich natürlich kein Trinkgeld mehr gegeben. Der Bankdirektor hat nur mit den Achseln gezuckt. Die wollen jetzt halt auch modern sein.«
Zahnarzt Dr. José Oliveira Pinto: »Die Revolution bringt mir meinen Stundenplan durcheinander. Dabei war Portugal noch ein Land, in dem man leben konnte. Und nun?«
Flugblatt der Partei »Unabhängiges Lusitanien«: »In dieser beschämenden Stunde unserer Geschichte singt ihr die Nationalhymne! Und vergeßt, daß die Hymne zur Verteidigung von Portugiesisch-Übersee geschrieben wurde, anläßlich des Ultimatums der Königin Victoria, die unser Übersee begehrte!«

Zeitgeschehen

Zum ersten Mal während unseres Portugallebens verbringen Christiane und ich Abend für Abend am Fernseher. Das Fernsehen ist das Forum aller geworden. Die neuen Männer plagen sich und hören jeden an. Sie verschmähen Aufwand, Aufsehen. Zum ersten Mal steht dem Volk die ihm seit Bestehen dieses Mediums verwehrte Mattscheibe zur Verfügung. Alle kommen zu Wort, die übervorteilten Fischer von Sesimbra, die Sardinenpackerinnen von Setúbal, die benachteiligten Kassenärzte von Covilhã, die überforderten Volksschullehrer des Minho-Gebiets – soweit es Volksschulen gibt, freilich nicht in entlegenen Weilern, deren Väter ihre Kinder nicht ins ferne Dorf schicken können, weil diese Schafe hüten und auf dem Feld helfen müssen. Dorfschulzen, umringt von der begierig zuschauenden Bevölkerung, breiten ihre von der Kreisstadtverwaltung

jahrelang abgelehnten Anträge aus: auf Verlegung von Wasser- und Stromleitungen, auf Instandsetzung von in der Regenzeit für Vieh und Schulkinder unbenutzbaren Landstraßen. Ein selbsternannter Dorfausschuß zeigt ein Beispiel der Selbsthilfe, den Bau einer »Casa de Cultura«; einige haben Backsteine gestiftet, andere Bauholz, dritte Zement, vierte Scharniere, Glas, Bodenbelag: ein Allzweckbau, kaum mehr als ein Schuppen für Veranstaltungen, ärztliche Untersuchungen, Unterricht, Singfeste. Arbeiterabordnungen, Gewerkschaftsführer, Schüler, Schauspieler, Schriftsteller, Hausfrauen, Soldaten, Schankwirte, alle melden ihre Bürgerstimme an, ein bewegender Bilderbogen, spannender als alle Spielfilme der Welt.
Und früher? Früher sann Salazar winters in seinem Lissaboner Palais, sommers in seiner Festung am Meeressaum von São João de Estoril nur darauf, wie er am Ruder bleiben könne; er sah nach innen, nicht nach außen. Sein Nachfolger Marcello Caetano redete; der Klerus segnete Flugplätze, Kanonen, Fahnen, und der Staatschef Admiral Américo Tomás fuhr im Land umher, weihte Fabriken ein, Standbilder, Plätze, umarmte vor der Kamera Kinder, Frauen, Mütterchen, aber er sah nichts. Keiner seiner Adjudanten notierte unterwegs: schlechte Straßen in X; unzumutbares Schulhaus in Y; ungenügende Wasserversorgung in Z. Sie nannten sich allesamt Christen, dachten aber nicht an Christi Mahnung: An ihren Früchten sollt ihr sie erkennen! Sie waren allesamt Patrioten, nahmen Paraden ab, ließen Flaggen hissen, die Nationalhymne erschallen und verteilten Vorrechte, verliehen Orden, verkauften Lizenzen, deckten Korruption.
Heute entdecken die Leute des Landes ihre Sprache, das öffentlich gesprochene Wort. Ihre Blicke sind offen, die Pupillen geweitet, die Mienen vielfach erregt; ihre Züge verraten die Anstrengung, die verschütteten, verbotenen Wörter auszugraben, ihre Bitten in Sätze zu übersetzen, ihre Gedanken in Bilder zu prägen. Oft müssen ihre Hände helfen, um ihren Forderungen Gestalt zu verleihen und Gewicht, um formlose Klagen abzurunden. Oft tönen ihre ungeübten Stimmen gepreßt; ihre Körper stehen steif, als müßten sie gegen Widerstand ansprechen; mehrmals wiederholen sie das gleiche, meist mit denselben Worten, ohne darauf zu achten, oder sie denken: Endlich, nach Jahrzehnten erzwungenen Stummseins, können wir uns äußern, gleichgültig wie . . . Über all den Szenen könnten Titel stehen wie »Geburt«, »Gründung«, »Wiedereinsetzung«, »Neubeginn«. Szenen, die jedem einzelnen zeigen, daß er

fortan ein Teil Portugals sein wird, gleichberechtigte Stimme in dem Konzert, das Demokratie heißen soll, Herrschaft aller zum Wohl aller.

Erregend die Sendung »Folterberichte«; unter anderen Ex-häftlingen, unvergeßlich, ein Ingenieur. Beherrscht, gelassen, männlich, ohne einen Funken Selbstmitleid, erzählt er den Ablauf der via crucis, Kapitel I, II, III, dazwischen je vierundzwanzig Stunden Erholung. Dann: »Nun werden Sie reden müssen, sonst kommen Sie hier lebend nicht heraus.« Elektroschocks. »Drei Tage halte ich das nicht durch. Ich hielt durch.« Lächeln, ohne Pose. Zeugenschaft und Anschauungsunterricht für Republikaner.

Plötzlich kommt mir »mein« Institut vor wie eine Enklave, ein Getto, ein Gefängnis, festgenagelt auf dem Feld der Märtyrer des Vaterlandes, beschränkt auf seine bescheidene Aura, auf seinen enggezogenen Aktionsradius.

Anschauungsunterricht sind auch die Massenkundgebungen in der Stierkampfarena, im Zirkus *Coliseu,* in Theatern: Der Sozialistenführer Mário Soares, ausladend beredt, sämige Belcantostimme, Opernsängerhaarwellen, etwas Fett in Gebärde und Suada, die barock steigt und fällt und ihre langen Satzgefüge vor Zusammenstößen mit Konjunktiv und Konditional polstert; seine zarten Hände begleiten die Wortkaskaden, selten mit Fermaten oder Staccato, meist mit verbindlichem Legato. Er wirbt unablässig.

Der KP-Chef Alvaro Cunhal, Habichtsbuschbrauen, schneeweißer Haarhelm, blitzende Augen, spricht nur hämmernde Hauptsätze ohne parlamentarische Rhetorik, harsch und heiser; sein Vortrag ist Programm, Militanz, politische Theorie, Parteiüberbau. Er fordert unablässig.

Mit seinem perückengleichen Haupthaar, mit seinem Kragen- und Krawattenaufwand wirkt Francisco Sá Carneiros kleine Gestalt, Führer des Partido Popular Democrático, fast wie ein gealterter Page, der sich als gezierter Volksredner zum eigenen Ergötzen vor jedweder Menschenmenge ergeht, die er dennoch zu gewinnen sucht.

Zu besichtigen sind auch die Militärs in Großaufnahme: General Spínola scheint in seiner wie in der Saville Row geschneiderten Uniform aus Großbritanniens Kolonialarmee zu stammen, mit seinem Monokel und der behandschuhten Rechten, welche die Reitgerte zu einem gefistelten »Freiheit« hebt, das sich anhört wie ein scheues »Halali«.

Der festgebaute General Costa Gomes blinzelt angestrengt

durch seine dicken Brillengläser und lächelt säuerlich, während seine heisere, gepreßte Stimme schwankt zwischen Befangenheit und dem Wunsch, zum Hörer zu gelangen.
Vasco Gonçalves, erst Oberst, dann General, will vor allem mit dem Volk kommunizieren; seine Themen in Stichworten anpackend, greift er aus in Bildern, Vergleichen, Geschichten, hat keine Angst, sich zu verlieren, kehrt außer Atem zum Ausgangspunkt zurück, dithyrambisch will er werben, verständlich machen, verstehen; will aufrütteln, überzeugen, einigen.
Der Admiral Rosa Coutinho, unablässig feixender Glatzkopf in makellosem Marineweiß sieht aus, als verschmähe er jede Selbstbefragung über die Überzeugungskraft oder Glaubwürdigkeit seines Auftretens.
Der Major Otelo Saraiva de Carvalho endlich, kurzgetrimmter graumellierter Scheitel, in seinem offenen kurzärmeligen Feldhemd forsch und jungenhaft – männlich bis zum Überschwang, sieht aus wie ein anarchischer Volkstribun mit der entwaffnenden Waffe der Spitzbübigkeit in Augen und Lippen, den politische Augenblickswirkung offenbar mehr interessiert als Portugals Zukunftsprogramm. Hätte Otelo nicht den gnadenlosen Buschkrieg hinter sich, seine Erklärung, die Revolution habe versäumt, die Faschisten in die Stierkampfarena zusammenzutreiben und abzuknallen, wäre nichts als die Prahlerei eines Bauernabkömmlings, der keiner Fliege etwas zuleide tut.

Die Heiligen wird man bei den Hunden suchen müssen.
Eugenio Montale

Man sieht ihn von fern, schon bevor man von der Stadt aus auf die drei Kilometer lange Hängebrücke über den Tejo einfährt, die bis zur Revolution *Ponte Salazar* hieß und seither *Ponte 25 de Abril* heißt; die großen Bronzebuchstaben wurden in den Fluß geworfen. Er überragt sie am anderen Flußufer um fünfzig oder sechzig Meter auf einem Aussichtshügel und steht auf einem Sockel, einer Art umgekehrter Stimmgabel aus Beton oder Bunkerturm, dreißig Meter hoch. Er selbst könnte aus einem Blechförmchen stammen, mit dem Kinder Sandkuchen oder -männchen am Strand backen, ins Riesenhafte vergrößert, dreizehn Meter hoch, glatt, grau und kalt; die von der Gußform hinterlassenen Ränder sind sorgfältig weggefeilt. Langwallender, gegürteter Faltenrock, ausgestreckte weite Ärmel; über den Nacken herabfallendes Haar, die blicklosen Augen der Brücke und der Stadt zugekehrt. Hunderttausende von Menschen, die jahraus, jahrein im Auto über die Brücke fahren, blicken zerstreut vorbei, es sei denn, der eine oder andere hielte an und bestiege den Aussichtsturm, um die weite Fluß- und Stadtlandschaft zu betrachten.
Der sanfte Zementroboter, der da oben steht, der den Trostlosen noch trostloser, den Erkalteten noch kälter machen und den Haltlosen schwerlich vom Flußtod abhalten wird, wurde auf Salazars Geheiß errichtet. Er soll jenen Menschensohn darstellen, der einst unter den Menschen wandelte als Bruder und womöglich heute wieder wandelt, unerkannt, vielleicht als lateinamerikanischer Leprose, Bettler, Guerilla, Hund oder Hundesohn. Er ist dem Christus auf dem Corcovado in der Bucht von Rio de Janeiro nachgebildet, Gipfel des *Art Déco*, Kunst für Kunstfeinde, und heißt »Christus der König« oder »Christus der Erlöser«.
Unter den von der *Pide* im Laufe langer Jahre erfolgreich entwickelten Foltermethoden mit ihren kurzweiligen Namen – Bank, Wippe, Standbild und so fort – ist »Christus der Erlöser« ein Spiel zweiter Ordnung. Auf die Aufforderung, »Los, wir wollen ›Christus der Erlöser‹ spielen«, stellt sich der Mitspieler mit geschlossenen Hacken und ausgebreiteten Armen mit dem Rücken nackt an die Wand. Sobald seine Arme sinken, hilft der Spielleiter mit dem Gummiknüppel, mit dem Knie in die Weichteile, mit der brennenden Zigarette oder sonstigen Ein-

fällen und Werkzeugen nach, damit die *Imitatio Christi* weitergehe und gelinge. Das Ende des Spiels, das kein Ende hat, bestimmt der Spielleiter.
Wie besteht der Gefolterte die Folter, solange es die Folter gibt? Physische Kraft allein reicht nur eine Zeitlang aus. Viele politische Verfolgte, vorwiegend Kommunisten, haben während des portugiesichen Faschismus im Glauben an ihr Ideal Qualen überstanden, welche die Grenzen der körperlichen Widerstandskraft überschreiten. Wer auf sich allein und auf nichts außerhalb seiner selbst gestellt ist, wird die Prüfung kaum überstehen. Kürzlich berichtete die Presse von einem Fakir, der es tagelang auf einem Nagelbrett ausgehalten hat.
Unter den nach dem 25. April Befreiten befand sich einer, der das Spiel »Christus der Erlöser« gespielt hat. Henrique Beltrão war kein Kommunist, kein Fakir, auch kein Christ, wie er behauptete, höchstens ein gefallener Christ – wie ich. Aber er entdeckte, so erzählte er, im Angstschweiß kurz vor der Folter eine Überlebenschance: Er nahm sich vor, das »Spiel« ernst zu nehmen, als gehe es um sein Leben, weil es um sein Leben ging. Und er nahm sich vor, den Zynismus der Folterknechte ernst zu nehmen, den Zynismus und die Menschenverachtung des Faschismus, den Zynismus des Spiels. Und er überlebte, wie, weiß er nicht.

Ein gefallener Christ denkt an einen gefallenen Christen in der Folter

Seuls dans la chambre . . .
André Malraux, *Les Conquérants*

Hättst Du an Den gedacht, der droben hängt,
dein Arm hätt sich nicht mal im Schlaf gesenkt.
Der *Pide* zückt das Knie. Die Hoden springen Dir ins Hirn.
Du fällst. Steinboden stürzt auf Deine Stirn.
Du torkelst, duckst Dich, lallst, Schaum vor dem Mund.
Du keuchst ›Mein Gott‹ und denkst an Deine Not
statt an das ›Christus-der-Erlöser-Spiel‹, Dein Brot
für diese lange letzte Nacht.
Der Blutknecht schwingt den Knüppel rasch im Rund.
Was willst Du sein, ein Heiliger, ein Hund?
Die andren haben Zeit, Kaffee und Rauchwerk mitgebracht.
Man rafft Dich hoch. Kanülen bringen Dich zum Stehen.
Verzage nicht! Das Spiel muß weitergehen.
Schau auf: Der hält die Arme waagerecht durch Ewigkeiten.
Los, mach's Ihm nach, nur keine Müdigkeiten.
Vergiß Dich und vergiß den, der Dich schlägt.
Spiele das Spiel und nutz die Kraft,
die sich in Deinen Muskeln regt,
die sich an allen Kreuzen regungslos bewegt.
Die Arme hängen Dir wie totes Eisen.
Der Knüppel kommt ins Schwingen, Schwirren, Kreisen.
Kannst Du nicht mehr? So laß Dich sinken
und fahr hinab zur Hölle: Sie ist hell
seit Jener sie verwandelte zum Quell,
aus dem der Samen allen Denkens sprießt.
Im Finsteren kriegst Du den Blick zu trinken,
den einzigen, der Dich für immer stillt
und Dich raketengleich ins Leben schießt.
Schlag ihn mit seinem eigenen Spiel,
sei einmal ernst und lächle – viel
kannst Du jetzt lernen, wenn Du willst.
Du Erdentor: Du kannst Dich nicht vergessen
und warst ein halbes Leben drauf versessen,
Dich niemals aus den Augen zu verlieren,
Du hast ein halbes Leben nichts gesehen.
Nun heiß's: beginnen, sehen und verstehen.

Sieh Dir den Ecce-Homo an, der andere quälen muß,
sieh ihm in's Aug: Er leidet nur Verdruß.
Dulde die Qual, und bricht sie Dir's Genick,
dann bist Du's los, Dein Allerweltsgeschick.
Erleide Du die Schändung und die Schande,
dann reißen alle unfruchtbaren Bande.
Die Kreuzesarme tragen Dein Gewicht.
Die Kreuzesarme wahren Dein Gesicht.
Die Kreuzesarme richten Dein Gericht.

Neue Luft, neue Stimmen

Frische Luft! Frische Luft herein!
Unser Haus soll kein Museum sein,
kein Wachsfigurenkabinett.
Reißt nieder! Schlagt die Fenster ein!
Lieber Chaos als schleichenden Tod.
Fenster und Türen auf, frische Luft tut not!

Miguel Torga, *Rebellischer Orpheus* (1958)

Als der Morgenwind des 25. April die Sprache einer Epoche fortwehte, war Costa Ferreira, der bei unserem »Dokumentar-Theater-Zyklus« mitgespielt hatte, mit den Proben eines eigenen Stückes beschäftigt. Mit einem Mal kam ihm seine Bühnensprache pathetisch, metaphernschwer, verjährt vor; er setzte das Stück ab.

Seither steht überall politisches Theater auf dem Spielplan, obenan Brecht. Niemand weiß, wie Brecht gespielt wird; man dilettiert, wie in vielem. Portugal hat Begabungen, aber keine Schulung; es besitzt Stimmen, aber keine Bühnensprache, keine Bühnentechnik. Lissabon besitzt viele schöne Theater, aber nicht einmal ein klassisches Repertoire, das auch unter dem Faschismus hätte gedeihen können. Hier muß von vorne angefangen werden. Peter Palitzsch hat bei einem Institutskolloquium »Brecht heute« portugiesischen Theaterleuten Rede und Antwort gestanden. »Furcht und Elend« wird gespielt, »Die Gewehre der Frau Carrar« (mit Film- und Funkeinblendungen der *Viriatos,* Salazars Kampftruppe, die Franco im Bürgerkrieg beistand). Peter Weiß' *Gesang vom Lusitanischen Popanz* wird in zwei Inszenierungen vorgestellt: vom »Portugiesischen Theater von Paris« als Agitprop-Musical, als sei sein Autor ein im Laugenbad seines Vaterlandes gehörnter Portugiese, und von einer Amateurgruppe aus der Provinz, Caldas da Rainha. Pablo Nerudas *Glanz und Tod des Joaquim Mureta,* Dorst's *Große Schmährede vor der Stadtmauer* wird vom Staatlichen Fernsehen in der Institutsinszenierung aufgezeichnet. Artur Ramos hat *Gesäter Wind,* Manuel da Fonsecas bei seinem Erscheinen 1958 verbotenen Roman dramatisiert; Thema: die noch im Jahre 1974 dem Feudalsystem verpflichteten sozialen Zustände in der Kornkammer der Provinz Alentejo. Bernardo Santareno hat acht Wochen nach dem Umsturz *Portugiese, Schriftsteller, 45 Jahre* auf die Bühne gebracht: der von Piscator beeinflußte epische Bilderbogen einer Arbeiterfamilie unter der Diktatur, ungezügelt, deklamatorisch, melodramatisch, aber der legitime, unkomplizierte, wenn auch überstürzte Versuch, die eigene Vergangenheit, die, während sie Gegenwart war, nicht diskutiert werden durfte, zu beleuchten und einsichtig zu machen. Viele unserer alten Mitarbeiter und Veranstaltungspartner sind heute in offiziellen Stellungen, in der Programmdirektion des Fernsehens, Rundfunks, des neugegründeten Ministeriums für Sozialkommunikation – ein leichtes, fast zu leichtes Arbeiten.

Großer Nachholbedarf im Film: Eisenstein, Chaplin (»Der große Diktator«), Godard, Bertolucci, die Produktionen der Ostblockstaaten. Das Ministério da Comunicação Social möchte mehrere Filmkopien erwerben: Schlöndorffs »Plötzlicher Reichtum . . .«, Hauffs »Mathias Kneissl«, Linda/Kästners »Die Konferenz der Tiere«, Ziewers »Liebe Mutter, mir geht es gut« – »Filme über uns« hatten Institutsbesucher sie in vergangenen Jahren genannt. Auch im heimischen Film gibt es Talente; kaum waren die politischen Schranken gefallen, gewann Fernando Matos Silva mit seinem ehemals verbotenen »Der Schlechtgeliebte« in Mannheim einen zweiten Preis; »Jaime« des Lyrikers António Reis, Dokumentarfilm über das dichterische und zeichnerische Vermächtnis eines Irrenhäuslers, gefilmte Wirklichkeit als Metapher, wird in Frankreich prämiert. Ein internationaler Verleih besteht nicht; Alexander Kluge hat versprochen, Hilfestellung zu leisten. Peter Lilienthal wird in Setúbal »Es herrscht Ruhe im Land« drehen, Buch: Antonio Skarmeta. Die Schaufenster und Tische der Buchläden füllt Nachholbedarf – politisches Schrifttum, nachdem die Enttäuschung darüber verschmerzt ist, daß kein Strom aufregender Manuskripte den Schubladen der geschundenen Schreiber entquollen ist: *Geknebeltes Portugal* von Mário Soares, im Pariser Exil entstanden; Dokumentarisches über den »25. April«; *Offener Brief an Dr. Salazar, ein unveröffentlichtes Dokument* von Henrique Galvão; *Wahlreden* von Alvaro Cunhal; *PAIGC – Über die Lage auf den Kapverdischen Inseln*; Mário de Andrades *Volkskrieg in Guinea-Bissau.* Die Buchhandlung Sá da Costa bietet eine Neuauflage von Agostinho Netos *Heilige Hoffnung* an, diesmal *auf* dem Ladentisch; andere afrikanische Autoren werden vorgestellt, darunter, von José Cardose Pires zum ersten Mal öffentlich, Luandino Vieira und sein jüngstes *Wir, die vom makulusu.*

Der neue Stil, früher verschlossen, kühl, ist warm und herzlich; der offizielle Tonfall, früher verschlagen, aufgeblasen, ist einfach und offen. Die verantwortlichen Männer sind voll guten Willens, und nun scheint eine charakteristische Gabe der Portugiesen zum Tragen zu kommen: ihre geduldige Hartnäckigkeit, die sie befähigt, ihre Geschäfte und Vorhaben unbeirrt voranzutreiben. Sie scheinen guten Muts und guten Gewissens; das ist ihre Stärke. Sie haben die trüben Wahrheiten des verschämten und zugleich großspurigen Regimes bloßgelegt, ohne sich zu schämen. Das gibt ihnen die Kraft, bewußt ein kleines Land zu schaffen mit eigenem, kontinentalem Antlitz.

16. Juni

Rui Cinatti, Jahrgang 15, Sozialanthropologe, weitgereister Humanist und apolitischer Poet, begleitet seit dem 25. April den Revolutionsprozeß in zahllosen Augenblicksgedichten, die er in bunten Selbstverlags-Faszikeln mit barocken Überschriften herausgibt. Heute, im Café, notiert er Folgendes:

MUTLOSIGKEIT

Ein Tag gleich null, an dem mich nichts bewegt
zum Thema, das die meisten heut' erregt.
Man sagt, die Revolution wird in den Händen
von Unvernünftigen und Irren enden.

Wird man am Ende die empfangenen
Nelkenmassen zu beweinen haben?
Wird Kugelregen die Trommelfelle derer
Menschen durchbohren, die am meisten gaben?

Und dieses:

Die Zeichen der Zeiten behaupten sich wieder
wie in vergangenen bösen Zeiten.
Mit meinen Händen faß' ich Signale,
bange Momente, die rasch entgleiten.

»Was ist Politik?«

Ausschlag aber und letzter Entscheid sei bei der Gemeinde.

Tyrtaios, *Aus der Eunomie* (7. Jahrh. v. Chr.)

Die Macht darf nicht auf die Straße fallen.

Salazar (1889–1970)

»Was ist für Sie Politik?« fragt das junge Mädchen unter den Platanen der Avenida da Liberdade mitten im Gewühl des Freiluftbüchermarktes und hält mir ihr Mikrophon unter die Nase. Das Land ist in Wallung, die Luft knistert von Fieber, Erregung, Geschäftigkeit des Gestikulierens, Agierens, Flanierens. Nicht nur die Mauern der Stadt schreien dem Fußgänger farbige Wahl- und Werberufe entgegen: *Gott, Vaterland und Umweltverschmutzung – Kapitalismus; Nieder Black & Decker, Hoch Hammer und Sichel! Das Wahlrecht ist die Waffe des Volkes! Wenn Du wählst, bist Du entwaffnet!* und viele mehr; auch hier, in den Bretterbuden, rufen die politischen Titel der Buchumschläge mir meine Rückständigkeit in politischer Bildung ins Gedächtnis.

»Das Brot des Lebens«, sage ich rasch und unüberlegt und lächle dem jungen Mädchen zu, in der Hoffnung, sie zum Lächeln zu bewegen. Aber sie lächelt nicht, obschon sie verblüfft schaut und nicht weiß, ob ich sie aufziehen will. Das will ich aber nicht, ich weiß, was ich der Revolution der Nelken schuldig bin.

»Politik ist für mich, wenn meine elfjährige Juliane bei Tisch sagt: ›Still, Papa, jetzt rede ICH!‹ Politik ist für mich der Alltag der Polis, der Stadt und ihrer Bürger; alle Stadtbewohner sind im Grunde Politiker oder sollten es sein. Politik regiert den Hausstand und die Frage, wer für was verantwortlich ist, wer was bezahlt, wer welche Rechte hat, und ob es Rechte ohne Pflichten gibt, ob nur einer recht hat und sein Recht durchsetzen und die anderen mundtot machen darf, oder ob alle ihr Wort einbringen dürfen, auch wenn es blöd ist und all das, was dazu gehört. Und wie in der Familie, so ist es auch in der Stadt, dem Dorf, dem Landbezirk; jeder muß zu seinem Recht kommen, sonst stimmt die Rechnung nicht, und die muß aufgehen, wenigstens sollte sie es, sie tut es freilich selten; aber deshalb ist Politik auch eine Aufgabe fürs Leben, für manchen ein Erwerb, jedenfalls ein Beruf, ob beruflich, freiberuflich oder nebenberuflich. Ja?« Das junge Mädchen schaut auf ihre Hand, die das Mikrophon hält, und nicht auf mich. Fraglos hat sie keinen so langen Erguß erwartet, sondern ein Stichwort, einen Satz, basta. Aber nun muß sie mich aushalten, denn ich kann nicht mehr anhalten: »Politik ist ein Geschäft, eine Beschäftigung – wie jede andere, hätte ich fast gesagt, nein, sie ist wie keine andere, sondern so wichtig wie Religion, wie die Bindung der Menschen an Menschen und Dinge, vielleicht ist Religion ohne Politik ebenso unmöglich wie umgekehrt; sie ist der Verkehr zwischen dem Ich und dem Du, dem Du gegen das Ich, in Haß und Liebe, in Aufruhr und Gegenwehr, das Wir und Alle, die Einen und die Vielen. Immer gibt es welche, die mehr zu sagen haben als andere, und das mit Zustimmung, williger oder unwilliger, der anderen. Politik ist kein Diktat; ich meine, sie will Mehrheit der Stimmen und bleibt doch eine nur schwebende Übereinstimmung, eine sich wandelnde, vorläufige, widerrufliche; aber sie muß lebendig sein und lebendig bleiben, sonst ist sie keine Politik, denn Politik ist nichts Statisches, keine abschließende, unwiderrufliche Erkenntnis und Ordnung; sie ist nichts Endgültiges, sage ich, sondern etwas Vorläufiges, das Endgültiges anstrebt. Politik ist also nicht schmutzig, wie manche meinen, nur weil sie selber schmutzig sind. Politik ist ein Spiel, das ernst gemeint ist, ein Kinderspiel, ohne es zu sein, denn es ist ein schwieriges Spiel, das schwierigste, das es gibt, voll von Unvorhergesehenem, Widersprüchlichem. Politik ist Zwiesprache, Gegenrede, Eintracht und Zwietracht, wie ein Land, das lebt, wie das jetzige Portugal, mein liebes Fräulein; Politik, das lerne ich hier auf diesem Büchermarkt, ist Demokratie auf der Straße. Leben Sie wohl und alles Gute . . . Einen Augenblick noch: Das Ziel der Politik muß Friede sein, dauerhafter Friede unter den Menschen einer Gemeinschaft, eines Landes, vieler Länder, und schließlich der ganzen Erde. Aber auch dieser ist ein empfindliches Gleichgewicht, das gestützt werden muß von allen Seiten, damit die beiden Waagschalen nicht aus dem Gleichgewicht geraten. Der Arbeit und Anstrengung kein Ende. Daher ist Politik für mich . . .« Das Fräulein ist verschwunden.

Felix culpa I

Im Dreck sucht einer nach Knochen und Schalen.
Wer soll da noch übers Unendliche schreiben?
César Vallejo

Am Donnerstag besucht mich eine Abordnung des MDP/CDE – Movimento Democrático Português/Centro Democrático Eleitoral – mit der Bitte um Zurverfügungsstellung des Saals für eine Parteisitzung des Stadtbezirks, in dem das Institut liegt, um über einen Parlamentsantrag (Kinderkrippen, Wasserversorgung und dergleichen) zu beraten und abzustimmen. Nachdem Hausmeister Joaquim sich bereiterklärt hat, seinen Samstagabend für die Veranstaltung zu opfern, sage ich zu. In einem Land im Umbruch, das nichts nötiger braucht als die sofortige Hilfe aller Nachbarn, auch der westlichen, die indes abwarten, zuschauen, beobachten, zaudern, kommt mir meine Arbeit mit einemmal überholt vor – wie Abseitsstehen, wie Schmarotzertum. Statt die portugiesische Avantgarde zu einem Seminar über elektronische Musik einzuladen, gälte es, wider alle von rückständigen Politikern gehätschelten Ideen »bundesrepublikanischer Selbstdarstellung im Ausland« Möglichkeiten für soziale Hilfe, selbst auf bescheidener Institutsebene, zu ersinnen. Aber wie? Warum nicht die nächstliegende Gelegenheit ergreifen, zumal sie nichts kostet als Einsicht in die Bedürfnisse der Landeskinder?
Am Freitag vormittag berichtet mir Frau Nebelthau wie so oft den jüngsten Klatsch ihrer Gewährsleute in der Botschaft »über die neueste Untat ihres Chefs: Politische Kundgebung einer Tochterpartei der KP im Deutschen Institut! Plakate verkünden es von allen Mauern, zu allem Überfluß – wenn auch versehentlich – mit der Hausnummer der Botschaft.« Frau Nebelthau lacht höhnisch: »Ich habe das natürlich als Verleumdung zurückgewiesen.« Als ich ihren Irrtum aufkläre, erbleicht meine sonst so mutige Sekretärin zum ersten Mal. Kurz darauf telefonische Intervention des Pressereferenten: Das mir bekannte Abkommen zwischen Auswärtigem Amt und Goethe-Institut gestatte Gemeinschaftsveranstaltungen nur mit Kulturgremien des Gastlandes; jede politische Zusammenarbeit müsse von der Diplomatischen Vertretung sanktioniert wer-

den. Zum Teufel mit allen Abkommen! Sind Kinderkrippen und Wasserversorgung keine Kultur? Offenbar nicht, denn die Bundesbaudirektion hat im Institut keine Duschen für verschwitzte Künstler vorgesehen! Ich rufe den Parteichef der CDE an: Ich bedauerte, meine aus Sympathie und Solidarität, aber in Unkenntnis des Kulturabkommens zwischen beiden Ländern erteilte Zusage zurückziehen zu müssen; die hohen Gründe des Herzens hätten sich leider den niederen Gründen der Staatsräson zu beugen. Nachmittags neuer Besuch der offenbar zähen Abordnung; ihr Sprecher, Carlos Lima, kaufmännischer Angestellter, wenig jünger als ich, langjähriger Besucher der Institutsveranstaltungen, bewußt, schlau, humorvoll, erklärt, er wolle die »höheren Gründe« aus dem Munde des Botschaftsrats hören und wünscht mir zum Abschied für mein Land baldigst eine »Revolution der Nelken«. Gegen einundzwanzig Uhr Anruf in meiner Wohnung: Ob er mit einigen Genossen zu einem Gespräch kommen dürfe? Acht Personen, die jüngste achtzehn, die älteste sechzig, bevölkern unser Wohnzimmer. Christiane bietet Getränke an, nur Carlos Lima akzeptiert einen *Costantino*; die anderen haben ihren Weindurst beim Abendessen gestillt, sagen sie und benehmen sich so ungezwungen, als besuchten sie ein ihnen bekanntes Haus. Zu meiner Verblüffung erzählt Carlos Lima, der Botschaftsrat habe ihm im Kreise von Sekretären erklärt, der Leiter des Deutschen Instituts verfüge über völlige Entscheidungsfreiheit. Hörfehler Carlos Limas oder Botschaftskniff, um dem »allzu selbstherrlichen« Institutsleiter ein Bein zu stellen? Ob er gestatte, daß ich das verifiziere. Er bitte darum. Die Herrschaften seien zum Abendessen ausgefahren, sagt das Dienstmädchen der Botschaftsratswohnung. Ich erkläre Carlos Lima, sein Wort genüge mir; das Institut stehe am Samstag abend zu seiner Verfügung. Folgt langer Diskurs des redegewandten CDE-Sprechers über seine Auffassung von Kultur, die untrennbar sei von Politik im weitesten Sinne. Alles, was er vorbringt, klingt echt und durch Erfahrung erworben. Dann: Ein Mann wie ich, der während der Caetanozeit die Opposition unterstützt habe, könne jetzt, wo Portugal die Hilfe aller fortschrittlich gesinnten Völker brauche, sich unmöglich seiner Aufgabe entziehen, sofern er sich selbst nicht untreu werden wolle. Dies der Sinn seiner Worte; sein Ausdruck ist weniger kantig, dafür fließender, eindringlicher – immer mit dem berühmten Schuß portugiesischer Bauernschläue, die weiß, was sie will, die nicht locker läßt. Achthundert Jahre Geschichte mit oder ohne Faschismus, tausend

Jahre Unterdrückung, fünfzig Jahre Repression, die zähe Passivität arabischen Erbes – all das spielt bei dieser Darbietung mit. Dann will ein Zwanzigjähriger wissen, warum die Botschafter sogenannter westlicher Demokratien während des Faschismus' nicht zurückhaltender aufgetreten seien; als Ausnahme und Vorbild führt er die dänische Botschafterin an, besonders aber die Tätigkeit des brasilianischen Botschafters und Schriftstellers Alvaro Lins um neunzehnhundertundsechzig, der dem Gegenkandidaten Humberto Delgado trotz Salazars wütenden Widerstands und des Verrats der eigenen Regierung Asyl gewährt und unbekümmert die gesamte intellektuelle Opposition zusammen mit angepaßten Schriftstellern, um die portugiesische Regierung auszumanövrieren, zu offiziellen Botschaftsempfängen eingeladen habe. All das sei nachzulesen in Alvaros Lins' *Mission in Portugal*; ob ich dieses Buch nicht als Leitfaden für westdeutsche Diplomaten übersetzen wolle? In Kürze werde das Andenken Alvaro Lins' in Porto bei einem Huldigungsakt gefeiert werden.
Bewunderungswürdig die politische Bildung des jungen Mannes, bewunderungswürdig das, was ich mangels einer treffenderen Bezeichnung die »persönliche Kultur« von Menschen eines Landes nennen möchte, in dem höchstens zehn Prozent, also nicht die Anwesenden, am Wohlstand, dem umnachtenden Abgott des Westens, teilhaben. Diese Kultur – Umgang mit dem Menschen, Zusammenleben, mitmenschliches Denken, das Gefühl, aus einem Fleisch zu sein – entzieht sich wissenschaftlicher Beschreibung; sie kann sich jederzeit auf ihren eigenen Bereich zurückziehen, sobald sie berührt, bedroht, vergiftet wird. Ergebnis des Abends: Lehrveranstaltung für den Leiter des Deutschen Kulturinstituts. Wir scheiden in Freundschaft. Glückliche Schuld: Grenzübertretung = Fortschritt.
Am Montag berichtet Joaquim freudestrahlend, alles sei in Ruhe abgelaufen; zum Schluß Gesang. Am Dienstag lange Epistel des Geschäftsträgers, der in Abwesenheit des Botschafters eine Chance wittert, sich am Dienstort wie in Bonn wichtig zu machen: enttäuschter, hilfloser Verweis; Pflicht, Vorfall nach Bonn zu melden; Ermahnung, in Zukunft Eigenmächtigkeiten zu unterlassen; Hoffnung auf ersprießliche Zusammenarbeit wie bisher. Das gleiche von Münchens zeitweiligem Generalsekretär, gleichfalls Botschaftsrat Erster Klasse, bis in den Wortlaut übereinstimmende AA-Prosa: Man könne von Glück sagen, daß die kontroverse Parteiveranstaltung ohne Skandal verlaufen sei . . . Ich kläre den Ahnungslosen dahingehend auf,

daß man von Glück sagen könne, daß die kontroversen Institutsveranstaltungen der Vorrevolutionszeit ohne Skandal verlaufen seien; diese hingegen sei eine Veranstaltung eines im Aufbau befindlichen Landes gewesen. Bei meinem Ferienbesuch in München wird der stets lächelnde, gewandte, betriebsame Herr mit burschikosem Querbinder seinen Verweisbrief als Alibi für das AA abtun, Heiterkeit, na ja, was soll's, ist im Grunde alles halb so . . .

Böte sich mir jetzt eine Gelegenheit, am Aufbau des Landes – Alphabetisierung zum Beispiel – aktiv mitzuwirken, ich würde die Institutsarbeit, die plötzlich schal schmeckt, die mich wieder außerhalb des Geschehens stellt, so wie sie mich bei meiner Ankunft empfing, neidlos jemandem überlassen, den Repräsentation befriedigt. Plötzliches Gefühl des Rückfalls ins Gettodasein ohne echte Verbindung zur Kulturszene der Stadt, des Überrolltseins vom Entwicklungsstrom des Landes, des Rückschritts gegenüber der Caetanozeit, in der die Durchdringung der politischen Szene, der wäg- und unwägbare Erfolg sich am täglichen Zusammensein mit Menschen aus den verschiedensten Schichten als Nah-, ja Fernwirkung ablesen ließ.

Graffiti der Revolution

Wirf das Buch fort und lies.
H. M. Enzensberger

Wir wollen ein freies, fortschrittliches, demokratisches Portugal!

Leiste einen Beitrag zum Neuen Portugal: Zahle deine Steuern!

Regierung Cunhals – Regierung des Kapitals!

Nieder mit dem Kolonialkrieg! Es lebe die Fahnenflucht!

Sei realistisch, fordere das Unmögliche!

Nieder (*durchgestrichen, darunter:* Es lebe) der wilde Streik!

Die Arbeiter grüßen die Bewegung der Streitkräfte!

Amnestie für Deserteure und Kriegsdienstverweigerer!

Ein Volk, das ein anderes unterdrückt, kann nicht frei sein!

Sex dem, der arbeitet!

Nieder mit den Organismen der Kuppel-Union!
Hoch die Orgasmen der Kopulation!

Wenn Gott existiert, ist es seine (*durchgestrichen, darunter:* unsere) Sache!

Nieder mit den Monopolen – Nein zur Politik des Terrors!

Alle vereint für die Vierzig-Stunden-Woche!

Es lebe die Arbeiterklasse!

Kampf, aber ohne Herzensnot!
Revolution für Friede, Liebe, Brot!

Gott ist ein Schafskopf!
Ein Schafskopf bist du – Gott!

Endlich der Feiertag, der uns von den Herren dieses Landes immer verweigert wurde!

Ein Volk, das Einigkeit errungen / wird nie bezwungen!

Brief eines Poeten

Ich habe José Gomes Ferreira, Präsident des Schriftstellerverbandes (geb. 1900) an Hand von Zeitungsfotos (überfüllte Postschuppen) vorgeschlagen, den Postboten sofort nach beendetem Streik mit einer Autobrigade (Schriftsteller mit Söhnen oder Töchtern) beim Austragen der Postrückstände zu helfen und das Arbeitsfest mit einem Straßenfest der Poesie zu beenden. Idee: praktische Demokratie, Solidarität usw.

Lissabon, den 27. Juni 1974.

Liebster Freund,
Sie glauben nicht, wie sehr ich Ihren Brief zu schätzen weiß, der mir wieder einmal beweißt, was ich längst wußte: Ihre Liebe zu Portugal, dessen wahres, ursprüngliches Antlitz Sie endlich gesehen haben.
Aber leider ist auf allen Antlitzen, selbst auf den schönsten, Leichenhaut. Auch wir haben sie – nicht verwunderlich nach einem halben Jahrhundert schwachsinnigen Faschismus'.
Ihr Vorschlag, dem ein Poetenenthusiasmus sich sogleich anschloß, ist leider undurchführbar, gerade weil der Schriftstellerverband, wie sich bei der letzten Generalversammlung erwies, nicht die Einstimmigkeit seiner Mitglieder für eine Aufgabe dieser Art erreichen würde. Die chaotische Ansammlung von Briefen und Päckchen, sichtbar auf dem Zeitungsfoto, ist das Ergebnis eines Bummelstreiks, und schon würden wir als Streikbrecher angeprangert werden. Es gibt Jugendgruppen – die der kommunistischen, der sozialistischen Partei (der reinsten Gruppen); es fehlen auch nicht die Maoisten, die Trotzkisten, die über uns herfallen würden wie Wölfe.
Ich glaube daher nicht an die Durchführbarkeit der Lösung, die meinem Romantismus entgegenkommt (Wie gerne würde ich mit Ihnen zusammenarbeiten!), aber ich halte es für unmöglich, in einer Angelegenheit wie dieser einzugreifen, denn die Streitkräfte würden fraglos unseren Eingriff vereiteln. Was die Poesie betrifft, die wir auf der Straße tragen sollen, so ist das unsere Absicht; doch mit welchem Widerstreben wurde dieser Gedanke von der großen Mehrheit unserer Mitglieder, richtiger: von einigen unserer Mitglieder aufgenommen.
Der Portugiese ist stark entpolitisiert. Sogar die augenscheinliche Elite! Sogar die Besten!
Aber ich wiederhole: Sie wissen nicht, wie zärtlich Sie Ihre

Sympathie für uns und unsere so schwierige Revolution offenbart haben.
Doch glauben Sie mir, daß Sie Ihre Sympathie diesmal nicht umsonst vergeudet haben.

Ein *abraço*
Ihres Freundes und Bewunderers
José Gomes Ferreira

Erste Veranstaltung der jüngstgegründeten Freundschaftsliga Portugal – DDR. Im Treppenhaus der Sociedade Nacional de Belas Artes treffe ich Alexandre Babo, Rechtsanwalt und Theaterschriftsteller, Vorstandsmitglied der Vereinigung: »Auf diesen Augenblick habe ich all die Jahre hingelebt!« Strahlend umarmt er mich. »Aber damit ist nicht vergessen, was Sie für uns getan haben.« Im Menschengedränge stellt er mich dem neuen Botschafter der DDR vor. Tage vorher hatte João de Freitas Branco, der gerade von seinem ersten Besuch in Ostberlin zurückgekehrt war, zu mir gesagt: »Ich habe den Leuten gesagt: Wenn Ihr was machen wollt, müßt Ihr Euch anstrengen. Denn da gibt's schon einen ...« Er lachte.
An der Stirnseite des Saals die gekreuzten Flaggen von Portugal und der DDR. Ansprachen des Botschafters der DDR, des portugiesischen Vorsitzenden der Liga, auf Portugiesisch mit guter Aussprache. Es folgt ein Film über das letzte Internationale Jugendtreffen in Ostberlin: Aufmärsche, Gesang- und Sportdarbietungen, Ansprachen, darunter die von Angela Davis. Fernando Namora neben mir findet den Film ungeeignet für eine derartige Veranstaltung, den Ton der Veranstaltung zu propagandistisch, zu thesenhaft. Anschließend liest die Schauspielerin Fernanda Lapa, Frau Alexandre Babos, Gedichte in portugiesischer Übersetzung von Brecht, Volker Braun, Rainer Kunze, Karl Mickel und anderen.

Caparica im Herbst

. . . eine Welt, in der man nicht Geschäfte machen kann, ekelt ihn an!
Bertolt Brecht, *Leben des Galilei*

Samstag nachmittag, regnerischer Strand, Nebel. Ein Fund: verstreut im nassen Sand, einzeln, in klebrigen Bündeln, aufgefächert – hunderte von Visitenkarten:

Elvira Celeste Maya de Sá Cupertino de Miranda
Arthur Cupertino de Miranda

Handkupferdruck auf Pergamentpapier, Antiqua, Diplomatenformat. Verabschieden sich der reiche Bankier und Kunstsammler aus Porto und seine Gemahlin an dem Gestade, an dem kein Schiff mehr Reichtümer für den Magnaten löschen wird?

Besuch des Kulturattachés der Sowjetischen Botschaft. Ein großer, kräftiger Sportlertyp, Dreißiger mit fröhlichem Bubengesicht und blitzenden Zähnen, schwarzglänzender Scheitel, erstaunlich gutes Portugiesisch. Ich führe ihn durch die Räume, erläutere unsere Arbeit. Er scheint im Bilde über die Stellung des Instituts im Lande zu sein. Wir sprechen über Vor- und Nachteile eines Instituts einerseits, einer Freundschaftsliga andrerseits. Das Institut verfüge über das eigene Haus und die Hilfe des eigenen Landes, bleibe aber immer Ausland und müsse um die Interessenten des Gastlandes werben; die Liga des Gastlandes bringe dafür die Interessenten mit, sei aber auf das Entgegenkommen der befreundeten Nation angewiesen. Ideal sei eine Verbindung von beidem. Der Attaché interessiert sich auch für unsere Sprachkurse; ich gebe nach Kräften Auskunft, da Krautze außer Haus ist; verspreche ihm, dieser werde ihn anrufen, um einen zweiten Besuch zu vereinbaren. Ich lege die Besuchskarte des Attachés auf Krautzes Tisch; nach seiner Rückkehr sage ich, mit dem sympathischen Russen könne er seine Sprachkenntnisse auffrischen. »Sie haben hoffentlich nicht gesagt, daß ich aus der DDR stamme«, sagt Krautze. Seinen erschrockenen Augen sehe ich an, daß er nie anrufen wird.

Erste Festdarbietung der DDR im Teatro São Luiz; Alexandre Babo hat uns Karten geschickt. Im ersten Rang, neben dem Botschafter, die Ehrengäste aus Ostberlin und Lissabon. Die Bühne ist geschmückt; mehrere Ansprachen in Portugiesisch und Deutsch, vorzüglich gedolmetscht. Dann singt Sonja Kehler, vorzüglich begleitet am Flügel; es singt ein Pop-Ensemble Ostberliner Prägung in Jeans, kaum zu unterscheiden von westlichen Gruppen, Lieder des Widerstandes aus Frankreich, Chile, Deutschland mit Musik von Eisler, Weill, Dessau. In der Pause umarmt mich Alexandre Babo, überglücklich: »Sie müssen unsere neuen Freunde aus der DDR kennenlernen; wir müssen gemeinsam arbeiten; erst dann wird es richtig. Karl-Heinz Bark von der Humboldt-Universität kennt Sie, er spricht Portugiesisch; ich werde Sie anschließend bekanntmachen. Er kommt nächstens für einen längeren Aufenthalt wieder.« Großartig, denke ich. Alexandre Babos' Begeisterung steckt mich an. Es müßte doch gelingen, die Mauer im Ausland zu überwinden! Ich habe bereits de Freitas Branco gesagt, ich sei zu manchen ersten Schritten bereit; an mir solle es nicht liegen. Stolz ist taubes Holz.

»Kulturelle Dynamisierung«

Fernsehsendung: Provinz Trás-os-Montes. Weite Berglandschaft, tiefe Talsohlen, Waldzüge, Fernsicht durch hohen Himmel. Da und dort ein Punkt, ein Gehöft; kein Lastwagen, kein Auto. Ein Hubschrauber landet auf einem kahlen Hügelkamm; sechs junge bärtige Männer in Tarnuniform springen heraus und marschieren auf einen alten Mann zu, der, die Hände auf dem Stockknauf, über seiner verstreuten Schafherde dahindämmert. Die sechs Militärs umringen den Alten und fragen ihn aus über die Landwirtschaft der Gegend, über seine Familie, die Verwandten – in Kanada –, seine Arbeit. Dann: »Haben Sie schon vom 25. April gehört?« – »Lesen kann ich nicht . . .« »Aber Sie haben sicherlich ein Radio . . .« Der Alte blickt ins Ungefähr und nickt; man weiß nicht, ob zustimmend, ob verneinend. »Aber von der Revolution haben Sie gehört, vom EMEFA?« Ein junger Bärtiger deutet auf seine Uniform. Der Mann wendet den Kopf, blinzelt. »Von der Bewegung der

Streitkräfte«, erklärt ein anderer mit blitzenden Zähnen. »Ich bin hier zu Hause«, sagt der Alte und deutet mit dem Stock in die Weite. Sechs stolze Bärte lächeln nachsichtig; sie lassen sich Zeit; sie sind freundlich. »Daß man wieder alles sagen kann. Daß es aus ist mit der Diktatur, mit Salazar, mit Marcello Caetano ...« Der Alte nickt, jaja, aber das hier ist meine Welt; hier bin ich frei; habe Salazar nie gesehen, sagt sein Nicken. »So, er lebt nicht mehr? Auch recht ...« Sechs starke Bärte unter kühnen Baretts (sie sind kastanienbraun, aber der Film ist schwarzweiß; das poetisiert die karge, schwermütige Landschaft) lächeln mit weißen Zähnen. Durchdrungen und befriedigt von ihrer Aufklärungsarbeit schütteln sie dem Alten rundherum die Hand, klopfen ihm ermunternd auf die Schulter, klettern in den bereitstehenden Geländewagen. Der holpert davon, Staubwirbel; ein Zicklein hüpft zur Seite. Schwenk über die Silhouette des Alten hinweg, Schäfer-Wotan auf Portugals verlassensten Berghöhen.

20. Oktober. Willy Brandt als Vorsitzender der SPD und Mário Soares, Außenminister und Präsident der PSP, in der Residenz des Deutschen Botschafters. In der Straße des Villenviertels stehen die Bewohner auf ihren Terrassen, hängen aus den Fenstern; starkes Polizeiaufgebot. Drinnen, in der Halle, der Botschaftsrat, halb Empfangschef, halb Conférencier, Arme schwenkend, Hände reibend. Ich habe Pablo Nerudas Memoiren mitgebracht und ein Lesezeichen auf Seite 406 eingelegt: »Der Deutsche Willy Brandt wohnte nicht im Hotel, er sollte seinen Nobelpreis, den des Friedens, in Norwegen entgegennehmen. Das war schade; unter allen Preisträgern hätte ich ihn am liebsten kennengelernt und gesprochen. Ich sah ihn nur später bei den Empfängen, getrennt durch drei oder vier andere Personen.«
Willy Brandt wirkt kleiner, massiger, als ich ihn mir vorgestellt habe, in seinem hellblauen Anzug mit großfleckiger Krawatte; sein kantiges Gesicht ist braungebrannt, gerötet, tiefgefurcht; außen gepreßte, fast grimmige Heiterkeit; drinnen Unruhe, so scheint mir; Gespanntheit, etwas Verstörtes. Als wölbe er sein Außen weit vor, um innen nicht berührt zu werden. Ruth Brandt in Bluse und Samtrock, könnte Französin, Norditalienerin, wie aus Düsseldorf oder Hamburg sein; hinter ihrem urbanen Auftreten hätte ich nie die Norwegerin vermutet, die ich mir herber vorgestellt hatte. Vorstellungen? Die Atmosphäre ist konfus, unruhig. Der Botschafter läuft hin und her, um Willy Brandt Gesprächspartner zuzuführen. Bald sitzt er in einem der Salons auf dem Sofa, neben sich Dr. Balsemão vom *Expresso*, so etwas wie ein freier Demokrat; bald wandert er mit dem bärtigen Major Victor Alves in Zivil, Minister ohne Portfeuille, auf der Terrasse auf und ab. Vertreter der PCP, darunter Alvaro Cunhal, Minister ohne Portfeuille, sind nicht anwesend. Am Morgen hat Willy Brandt in einem Presse-Interview auf die Frage, wie er über eine Koalition zwischen Sozialisten und Kommunisten denke, geantwortet, er gehe davon aus, daß es diese nicht geben werde. Wie soll das funktionieren auf lange Sicht, fragen Beobachter, wenn die Kommunisten über die ältesten Kader und einen Teil der fähigsten Köpfe verfügen?
Nutznießer des alten Regimes schleichen umher: Dr. Wagner von der Handelskammer zeigt aufgeregt eine deutsche Illustrierte herum, in der er auf rotunterstrichene Sätze eines Interviews mit einem der neuen Machthaber deutet: »Ja, wir haben einige Ultrarechte verhaftet, die uns gefährlich werden könnten.« Offenbar sucht er Leute, die Willy Brandt »über das im

Lande herrschende Chaos« aufklären und ihn bewegen, von seinen portugiesischen Gesprächspartnern Rechenschaft zu fordern. »Ist das Demokratie?« hechelt er und eilt weiter. Dr. Wagner hat Grund, ungehalten zu sein: Für seine »Quinta«, die vor dem 25. April eine fette Million wert war, findet er keinen Käufer. Der scheidende Wirtschaftsreferent, der vor wenigen Jahren bei einem Essen auf dem Landsitz dieses Wirtschaftsexperten geraten hatte: »Im Mai in die Börse einsteigen! Brandt verliert garantiert die Wiederwahl. Aber nur Standardwerte!« findet für seine beiden Algarve-Häuser noch weniger einen Käufer. Damals war auch ein Präsident der Staatsbank zugegen gewesen, dessen Unterschrift auf den Hundert-Escudo-Noten prangt; Übersetzer von Rilke. Beim Nachtisch hatte Dr. Brandão gefragt: »Sie wollen unsere Erzähler in deutscher Sprache herausgeben! Vorsicht bei der Auswahl: Sie werden unterscheiden müssen, wer wahrer Portugiese ist, wer unsere Traditionen wahrt und wer nicht!« Tradition hieß für ihn offensichtlich Vergangenheitskult, Lusitanismus, auf keinen Fall Neo-Realismus. Auch Herr von Wildermuth macht ein saures Gesicht; der von der Regierung Brandt-Scheel vorzeitig in den Ruhestand versetzte Botschafter hat es sich zwar nicht nehmen lassen, an dem Empfang teilzunehmen, steht aber da wie der zum Osterfest erschienene Knecht Ruprecht.

Die Botschaft hat in der neuen Ära keinen leichten Stand: Statt Kenner der lusobrasilianischen Welt, ist der neue Botschafter im angelsächsischen Raum bewandert und spricht kein Wort Portugiesisch, im Gegensatz zum ersten Botschafter der DDR; der kurz nach dem 25. April nach Bonn zurückversetzte Pressereferent, der gerade jetzt auf dem Posten sein müßte, um sich gegenüber den Ostblockländern zu behaupten, ist noch nicht ersetzt worden. Statt auf leiseste Strömungen und Signale zu reagieren, tastet und taktiert diese Botschaft, getarnt von Scheuklappen.

Ob Willy Brandt fühlt, in welch ungeeigneter Umgebung er zu sprechen gezwungen ist? Bei den anwesenden Deutschen, meist Mitgliedern der Kolonie, sehe ich nur Passivität, ungenaue Erwartungen, Skepsis, Abneigung.

Abends, zu Hause, sehe ich wieder Willy Brandts Gesicht vor mir: gefesselt von widerstrebenden Polen, gequält von Unversöhnlichkeiten, verfolgt von verfehlter Gemeinsamkeit, von gescheiterter Solidarität – Spiegelbild des West-Ost-Konflikts?

Reise zu einem Festival, Oktober

Festival, besser: Internationales Festival ist ein Stich-, ein Zauberwort in Portugal, ist es besonders vor dem 25. April gewesen. Helle Köpfe, helle Geister, die innerlich stöhnten über die Enge, die Enklave, die erstickten hinter dem Maulkorb, den die Portugiesen seit achtundvierzig Jahren trugen, der ihnen gegen ihren Willen zur Gewohnheit geworden war, daß sie nach Worten, nach Atem rangen, wenn sie die Gelegenheit zur freien Sprache bekamen, versuchten, durch »Internationale Festivals« dem Ausland und sich selber die Illusion zu geben, daß sie nicht allein waren – »stolz allein«, wie Salazar mit dumpfem Dünkel verkündet hatte.
Wieder fahre ich zum »Internationalen Festival des Ackerbaufilms« nach Santarém, Hauptstadt der Provinz Ribatejo, Hochburg der Großgrundbesitzer. Alberto Botelho, Zeitungsmann und Herausgeber einer Filmzeitschrift, bäuerlicher Globetrotter aller Filmfestivals Europas mit wehender Dirigentenmähne, hat sein Programm stets mit Langspielfilmen gewürzt, die seinem Unternehmen eine sozialkritische Note verleihen sollten – Schlöndorffs *Der Plötzliche Reichtum der armen Leute von Kombach; Jaider, der einsame Jäger;* Hauffs *Mathias Kneissl* – »Filme über uns«, rühmten portugiesische Studenten.
Eine Eisenbahnfahrt nach Santarém ist eine Reise in ein versunkenes Jahrhundert, in den Traum; das Gehirn geht schlafen im Sonnengeflecht. Kaum rollt der Zug gemächlich durch die Landschaft, kehrst du zurück in eine mythische Kindheit und Stille im Nirgendwo vor Neunzehnhundert. Die Fahrgäste, gesittet, gemessen, sitzen für sich, halten Distanz, sozialen Abstand; sie sind Lusitaner, mit oder ohne Revolution, keine Iberiker, die miteinander reden oder auf ein Gespräch warten. Der Zug hält. Weil du kein Schild S a n t a r é m siehst, fragst du einen Fahrgast, einen zweiten, schließlich den Schaffner, der unschlüssig auf den Wagenstufen steht. Alle antworten: »Santarém? Ja ...« Trotzdem zweifelst du, warum, weißt du nicht. Die Antworten kommen aus dem Tagtraum, dem Lebenstraum, als sagten die Stimmen: Möglich, daß es Santarém ist; vermutlich ist es Santarém; sehr wahrscheinlich ist es ... Ich steige steil hinunter auf den Bahnsteig; ich will es wagen; plötzlich will ich, daß die Reise zum »Internationalen Filmfestival von Santarém« ein Abenteuer werde. Der schmale Bahnsteig gleicht ei-

ner der blanken Gassen von Santarém, Kleinpflaster aus Marmorbruchstein, Blumenbeete, ein Aborthäuschen wie ein Pavillon mit hüfthohen tiefseeblauen Bilderkacheln, Sprossenfensterchen, edles Ziegeldach, Mönch und Nonne. Ich trete durch das Bahnhofsgebäude – ein Landhaus aus dem Neunzehnten? – auf den Bahnhofsplatz; noch immer wartet der Zug. Worauf wartet er? Auf das Wunder, auf das alle warten. Ist der 25. April noch nicht in Santarém eingetroffen? Auf das Wunder warten, erwachen zu können . . .? Kein Taxi; ich steige in einen wartenden leeren Bus. Einige Menschen stehen davor; ihre Stummheit dringt gepreßt ins Wageninnere. Hinten werden Zeitungen eingeladen. Neuigkeiten: Erlösung für Sekunden, vielleicht Minuten aus eigener Gefangenschaft. Dann geht die Reise in Kehren hinauf in die Stadt. Auf dem schönen alten Platz steigt der Wagenführer eilfertig von seinem Sitz, um mir die Richtung zum Hotel zu weisen, die mir vom letzten Mal entfallen ist. Wie ein Generalstabschef, der Seiner Majestät vom Feldherrnhügel aus den Kriegsschauplatz erklärt, schwenkt er die Arme. Die erste Gasse verschluckt mich wie ein Schlund. Ist es der ribatejaner Wind? Ist es die Gruft der Vergangenheit? Tief atmen! Im Stadthaus treffe ich Alberto Botelho, die Mitglieder der Jury, Portugiesen, Spanier; rote Nelke in der Brusttasche. Die erste Dokumentarfilmsitzung ist vorüber; ein Film fehlt, ein Mitglied der Jury auch. Man geht ins Hotel; in einem winzigen Salon diskutieren die Mitglieder über die Kriterien der Bewertung, die sie anzuwenden gehabt hätten. Währenddessen ruhe ich mich in meinem Zimmer aus; ich bin erschöpft, wovon? Es ist sauber wie in einem Sanatorium. Wie die ländlichen Zimmermädchen, die durch die Gänge huschen. »Aus tiefem Schlaf bin ich erwacht . . .« In einem Märchenland, in einer Stille ohne die Schwingungen von Motoren und Radiowellen, Stille der Vergangenheit. Ich fröstle. Dort, mein Rock auf dem Kleiderknecht, darüber die Krawatte. Unberührt, kein Fältchen, kein Stäubchen. Glatt, kühl, zurückhaltend, freundlich, fremd: – Portugal?
Abendessen mit Alberto Botelho. Seine Fächermähne sucht sein Gesicht mit der Aura des Festivals zu umgeben, aber er ist blaß, abwesend; er erzählt, er habe eine Analoperation hinter sich und beschreibt kauend seine Analzyste, die ihn von den diesjährigen Festivals ferngehalten hat, von Berlin, San Sebastian, Valladolid. Er hat sich heute noch nicht behandeln können, will nach dem Essen nach Hause, sich einen frischen Tampon einlegen. Dabei mustert er seine Hörer, erheischt

Aufmerksamkeit für sein Leiden. Luiz Mouras, des Theaterschriftstellers Frau, hingegen klagt über ihre Nervenkrise; die nämlich stehe und falle mit dem Wind; heute sei sie besonders schlimm. »Mein Kopf, verstehen Sie, heute mittag war's besser, aber jetzt. Nein, keine gebratene Seezunge, nur gegrillt, und keine Kapern . . . Meine Nerven, sage ich Ihnen, Sie haben keine Ahnung, eine Krise wie noch nie . . .«
Dann kommen die Abendfilme, ein Film aus Angola über Kaffeegewinnung; erstaunlicherweise randaliert die Jugend in den Sperrsitzen nicht. Leitão de Barros' *Maria do Mar*, Liebe, Haß und Versöhnung im Fischerdorf Nazaré, Stummfilm aus dem Jahre 1930 (der Tonfilm *Der Blaue Engel* stammt von 1928); Massenszenen wie von Eisenstein, Lang; naiv, stark, kühne Schnitte, der Rest Melodrama, zähes Pathos. An den besten Stellen brüllen die Jungen vor Lachen. Einer der Veranstalter, lokaler Buchhändler und Intellektueller, hält den Radaubrüdern eine Standpauke. Der Clou des Abends *Das Duell* aus Guimarães Rosas Novellenzyklus *Sagarana*, drei Personen: Turíbio Todo erschießt den vermeintlichen Liebhaber seiner Frau und flieht. Aber Cassiano Gomes lebt statt des getroffenen unschuldigen Bruders. Das Duell: ein jahrelanges Versteckspiel durch den Sertão, Brasiliens Steppenhochland von Minas Gerais. Kommerzieller Westernbilderbogen mit Wanderzirkus, Teufelspakt, Waldräuberbanden, rächenden Schlägertrupps, Pferdehandel, verpaßten Duellen, Zigeunerliebchen.
Anschließend soll ich bei einem »Kolloquium« über João Guimarães Rosa sprechen; die Vorstellung ist um 1.15 Uhr zu Ende. Wer von dem Publikum nicht todmüde ist, wechselt vom Kinotheater ins eiskalte Stadthaus über, steht unschlüssig zwischen den Jurytischen. Ich blicke fragend zu Alberto Botelho hinüber; wo sind die Gesprächspartner? Alberto Botelho wirft einen halben Satz hin, deutet auf die Rednerbühne. Um da oben nicht zu erfrieren, fordere ich den brasilianischen Kulturattaché und den Ansager auf, mit mir mitten unter den Zuhörern ins Gespräch über Rosa zu kommen. Aber es kommt nicht zum »Kolloquium«, Alberto Botelho findet keine Einführung; niemand hat Rosa gelesen; die wenigen Stimmen verwechseln Rosas Sprache mit der Sprache des Films. Es bleibt mir nichts übrig als von den Büchern des Epikers zu sprechen, von seiner Suche nach Ausdruck, neuen Wörtern, von Erfindungen, die Funde sind. Von den drei Ebenen seiner Sprachsuche, der informativen, philosophischen, semantischen, der darunterliegenden magischen, der darüberliegenden metaphysischen, sei-

ner Suche nach dem Wer, nicht nach dem Was der Dinge, die Verschmelzung von Poesie und Metaphysik, seiner Sprache, Gemisch aus klassischem Brasilianisch, Latein, archaischem Portugiesisch, Isländisch, Hamburgisch (suppig, Novemberwetter: soposo, neologisch), seiner Genauigkeit ungenauer Sach- und Seelenverhalte, seiner Intuition, gelenkter Kreativität und Laboratoriumsarbeit. Endlich unterbricht ein alter Herr, zugeknöpft mit Weste und Uhrkette, erwähnt die Großen Portugals, Camilo, Herculano; das portugiesische Wörterbuch habe hunderttausend Wörter; Herculano beschreibe Schlachten; da sähe man alles; da finde man alle Wörter, die man sich vorstellen könne. Er gäbe zu, auch die Brasilianer können schreiben, sehr hübsch die Akademiereden von São Paulo . . .
Um 2.30 Uhr irren Luiz Moura, seine Frau – »mein Puls, höchstens sechzig; ich bin am Ende, brauche dringend etwas zu essen« – und ich durch die Straßen; es nieselt, nebelt; wir bleiben mehrmals stehen, befragen vergeblich Nachtwächter, Polizisten nach einem offenen Lokal. Zum Glück können wir den Nachtportier des Hotels bewegen, den Speisesaal für uns aufzuschließen; dort finden wir Obst.
Im Rückspiegel des Taxis, das mich am Morgen zum Talbahnhof bringt, steckt das Bild des vor einem Monat zurückgetretenen Staatschefs, wimpelverziert. »Sind Sie noch ein Bewunderer General Spínolas?« »Bin ich. Bin aber auch Bewunderer des nächsten, der gerade dran ist. Ist mir egal . . .« Und lacht. Dann fahre ich zurück, aus der kleinen Provinzstadt in die große Provinzstadt.

25. Oktober, mein Zahnarzt Dr. Oliveira Pinto empfängt mich mit erhobenen Händen: »Sechs Monate vergangen. Was sagen Sie nun? Wenn das so weitergeht – und das geht so weiter . . .«
»Aber ich sehe so viel guten Willen, so viel Anstrengung auf allen Seiten, auf Seiten der Verantwortlichen.«
»Der Unverantwortlichen! Jetzt wollen die Postbeamten nur noch 25 Stunden arbeiten, bei all den Vergünstigungen. Als die Deutschen ihr Land nach 45 wieder aufbauten, haben sie 50, 60 Stunden gearbeitet. Sehen Sie sich bei uns um . . . Mehr Geld und weniger Leistung. Am 25. April war ich ganz für den 25. April, ich bin es noch, gewissermaßen, aber so . . . Neinneinnein . . .«
Dr. Oliveira Pinto geht zum Fenster, öffnet es weit: »Ein herrlicher Tag!« Spöttisches Lachen: »Natürlich, wenn's nebelig wäre, würden die Leute vielleicht lieber arbeiten. Aber in diesem Land, bei dieser Sonne. Da geht man lieber am Strand spazieren, sitzt im Café, lungert an den Ecken, und alles geht vor die Hunde . . .«
Dr. Oliveira Pinto ist schmal, agil, in der Schweiz ausgebildet. Seine Sprechstunde funktioniert auf die Minute. Warten gibt es nicht. Wenn ich aus dem altmodischen Aufzug seinen Flur betrete – rechts in der Glaskabine eine weiße Puppenkönigin, die Empfangsschwester, links das offene Wartezimmer – komme ich mir vor wie ein nordischer Gulliver im Lande der lusitanischen Lilliputaner. Alles blinkt und klingt, perlgrau und mattweiß, Seidenglanz. Seine Sprechstundenhilfen – Puppenfeen, Kinderelfen in steifem Weiß, in weißen Schühchen und Häubchen, lautlos trippelnd; ihre Stimmchen, schmachtend und flink zugleich, zirpen wie Spieluhren aus Urgroßmutters Zeit . . .

Amphitheater I der Universität Lissabon, Kolloquium über die »Russische Oktoberrevolution«, 7. November

Manuel Antunes, Professor für zeitgenössische Geschichte, skizziert eine Einführung, historisch, chronistisch, genau. Nach anfänglicher Satz-für-Satz-Diskussion entgleitet die Moderation dem bedächtigen Kopf des Vortragenden und bleibt im hinteren Teil der Sitzreihen hängen, beschlagnahmt von polemisierenden Studenten und einem Schriftsteller, der gegen Professor Antunes' Darlegung von Lenins »halbkapitalistischer Übergangsperiode« protestiert. Dabei argumentiert er als unduldsamer Anwalt und spätgeborener Mitverschworener der Oktoberrevolution sowie aller nachfolgenden Epochen; er läßt nur die reine, abstrakte Lehre gelten und weigert sich, die historische Entwicklung der Sowjetunion fachlich zu betrachten; er identifiziert sich mit der russischen Sache, die als Vor- und Leitbild für die Aktion der PCP gelten müsse, die Rußlands Oktober 1917 und dessen Vorgeschichte wie ein Abziehbild auf das gegenwärtige Portugal überträgt und jede sachliche Anmerkung zur Entwicklungsgeschichte Rußlands als Verrat an der portugiesischen Revolution, als abfällige Kritik an der Gestaltung portugiesischer Geschicke durch die Führer der PCP und MRPP verwirft.
Wieder einmal der Eindruck: Nirgendwo wird von der eigenen Grundlage ausgegangen, werden die eigenen Gegebenheiten erforscht und die eigenen Notwendigkeiten analysiert. Immer wird mit Fremdem argumentiert, und dessen Elle an Eigenes gelegt, eine Methode, die unablässig zu falschen Deutungen, Schlüssen, Perspektiven führt.

November 1974. Einladung der neueröffneten Botschaft der UdSSR zu einer Einweihungsausstellung. Ich frage Harro Krautze, ob er mitkommen will. »Ja . . .«, zögert er. »Aber erzählen Sie bitte niemandem, daß ich aus der DDR stamme.« Ich verspreche es. Wir drei, Christiane, er und ich kommen etwas zu spät und schlängeln uns behutsam durch die teils umherschlendernde, teils stehende Menschenmenge, den rollenden »Rs« einer Rednerstimme entgegen. Vor einer Fotowand hält der junge Botschafter der UdSSR etwas steif und programmatisch die Eröffnungsrede in fließendem Portugiesisch. Rings um ihn örtliche Honoratioren, etwas gelangweilt mit den Knien wippend, außerdem mechanisch beflissene Diplomaten und Funktionäre des Ostblocks im knitterfreien Einheitsanzug, darunter der Botschafter der DDR, heute unnahbar und verschlossen; dicht neben dem Festredner eine kantige Gestalt, halb Holzfigur von Barlach, halb Preisboxer, martialisch, unbeweglich; nur seine blitzenden Augen nehmen jeden Ankömmling finster aufs flinke Korn. Und schon fühlen wir uns von einer merkwürdigen Aura umweht: von stummen Statisten, die plötzlich neben uns, hinter uns stehen, ganz Auge, ganz Ohr, fast auf Tuchfühlung. Harro Krautze scheint die Politposse zu verängstigen, so, als wolle er am liebsten seine Haut nach innen stülpen.

In der weichen, fließenden Meereswelt Lusitaniens – Männer, Frauen, Jugendliche aller Art, die nur gekommen scheinen, um zu flanieren, zu parlieren, um Zeit hinzubringen, um Menschen und Fotos halb neugierig, halb müßig zu betrachten – wirken die ausschließlich männlichen Gäste eckig, zugeknöpft und wortkarg, argwöhnisch auf halbvermutete Feindseligkeiten gefaßt. Sie gleichen Abgeordneten einer Stadtverwaltung, die bei einer dörflichen Kirchweih sich von eingebildeten Heckenschützen bedroht fühlen.

Randbemerkungen für den Institutsleiter CMC

L'amateur de toutes choses
Lafontaine

Immer wieder einen morgen auf sein gewissen nehmen.
Rainer Kunze

Zeit haben für alle, ohne Auswahl
Den kleinen Tod unter der Morgendusche auf dich nehmen, der Wasserstrahl löscht das Bittere auf der Zunge
Die alte Begierde nähren nach dem Unbekannten, das kein Gespräch verrät
Tief atmen
Die alte Neugierde nähren nach den Neuigkeiten untertag
Die unsinnige Hoffnung nähren auf Entdeckungen
Müdigkeiten nutzen zu traumsicherer Aufmerksamkeit, dich zu äußerster Anstrengung zwingen
Dich zu Leichtigkeit zwingen, die deutsche Schwere täglich in dir abstechen mit Wollust
Den Gedanken verwerfen, du hättest das Geringste genau gesehen
Utopien hätscheln: Sie sind dein Überleben
Ernst mit Scherz vergiften, Widerstände durch Selbstironie brechen
Gegner durch das Eingeständnis der Unwissenheit und Schwäche versöhnlich stimmen
Wenn du krakeelen willst, sprich Portugiesisch: Das bändigt deine Zunge
Zahlen vergessen, durch die Zahl hindurch das Gesicht suchen
Allgemeinbildung verschmähen, halte dich an die Einzelheit, an den Teil fürs Ganze, ans Teilganze
Meinungen unterdrücken
Dir und den anderen Zeit ersparen, Denkergebnisse statt Denkvorgänge mitteilen
Fragen stellen, rechtzeitig die richtige Frage stellen lernen
Den Schwätzer, Heuchler, Diplomaten beim Wort nehmen
Fremde Angst durch Gelächter austreiben, überhaupt: Teufel aller Art austreiben
Goethe als Geheimtip aus dem allgemeinen Spiel lassen
Trennung zwischen Arbeits- und Freizeit auflösen, Arbeits- und Freizeit als eines erkennen, als Zeit des Freien

Arbeit gleich Selbstbefreiung, Selbstwerdung, Selbstbehauptung
Arbeit als Aufbrechen, Inbewegungsetzen: *The whole man must move at once*
Arbeitsethos, Arbeitssoll in den Müll der Spaltpilzideologen und Rationalkastraten!
Hilflose Förmlichkeit und formlose Hilflosigkeit unterwandern durch Selbstverständlichkeit und Natürlichkeit
Systematik durch Einfälle und Stegreiflösungen zersetzen
Überhaupt zersetzen, zersäuern, zerlachen, keine festen Gefühle, Gefüge, Gebäude –: Gefängnisse
Kulturpessimismus, Kassandrarufe, Selbstbeweihräucherung und -bemitleidung auf ihre literarische Verwertbarkeit abklopfen, dann: Papierkorb
Wörter wie »Zuständigkeit«, »Richtlinien«, »Weisungsbefugnis« –: in den Papierkorb für Papiertiger
Bittsteller befriedigen, Bürokraten kurzhalten
Genauigkeit üben: bei der Planung, im mündlichen und schriftlichen Ausdruck, Gefühle auf überprüfbare Signale abtasten
Fremde Idiosynkrasien und Bedürfnisse respektieren: Zuckerwasser für den asthmatischen Sprecher, Mikrophon für den leisen Sprecher, gute Beleuchtung für den Sehbehinderten, sanfte Bremse für den Redseligen, den sich mit einer Fremdsprache Abmühenden durch Anblicken und Zuhören ermutigen
Ein Ohr haben für die seelischen Nöte deutscher Dichter, die sich (gerne oder ungerne) im Wege stehen
Es gibt nichts Nebensächliches, alles ist Hauptsache
BAT vergessen, das freiberufliche Gefühl wachhalten
Völkerverbindung im Dickicht des Alltags praktizieren, nicht auf den Höhen des Schönen
Dich weigern, Abkürzungen zu lernen, um deinen Mitmenschen nicht in eine Abkürzung zu verwandeln
Der Institutszeit einen Sprung voraus sein
Die Dinge des Gastlandes groß, die des eigenen klein schreiben
Das Sehen vor dem Denken, das Lernen vor dem Urteilen üben
Zeitdruck, Streß, Depression dem Anfänger überlassen, dem Narziß, dem Wichtigtuer, dem Kleinlichkeitskrämer, der Sklavenseele
Überall sein wollen, durch Wände sehen, Fühler ausstrecken, Notwendigkeiten wittern, mehrere Vorgänge gleichzeitig durchdenken, begleiten, lenken: Alles geht dich an

Den Ballast der Erkenntnisse über Bord werfen; leicht, leichtsinnig segeln
Und so weiter
Nachsatz: Trauer, die bittere Pille, zergehen lassen, nicht zerkauen
Leben – Wiedergutmachung

1975

Die Größe des Menschen ist der Pfeil,
nicht das Schwarze
José Lezama Lima

Bombendrohung

Einen tropfenden Knirps wie eine Maschinenpistole schwenkend, steht der Botschafter in meinem Zimmer: »Anruf vom COPCON, in der Botschaft wird eine Bombe hochgehen. Ich habe die Kanzlei räumen lassen. Entscheiden Sie, was Sie tun wollen.«

Während ich fühle, wie die Sekunden ticken, spüre ich, wie langsam Denken, das die Zeit überholen will, de facto funktioniert. Erster Gedanke, richtiger, erster und zweiter Gedanke: Sprachleiter fragen: »Wieviele Schüler sind im Haus? Wollen wir den Unterricht abbrechen und die Schüler nach Hause schicken? Oder wollen wir auf die Dicke der Trennmauer zwischen Institut und Botschaft setzen?« Dritter Gedanke: Erstmal Gisa, deren Sohn in Tancos stationiert ist, zu Rate ziehen. Gesagt, getan. »Wer hat die Nachricht übermittelt?« Ich übersetze Gisas Frage dem Botschafter. »Ein Oberst Furtado.«

Mit Pythiablick entschwebt Gisa nach oben, um im Privatissimum ihrer Wohnung zu telefonieren, und kehrt nach wenigen Minuten mit dem Fernblick der Weissagerin zurück: »Kein Gedanke. Falscher Alarm. Es gibt beim COPCON keinen Oberst dieses Namens.« – »Darf ich wissen, von wem die Auskunft stammt?« möchte der Botschafter wissen. Neuer Pythiablick, vertieft durch das Vorrecht des Wissens und der Furchtlosigkeit: »Bedaure, Privatinformation!«

(Meine Hochachtung, Gisa. Du bist als Proletarierin geboren, vielleicht noch stolz, eine zu sein; hast als Jungverheiratete Margarinemuster von Haus zu Haus getragen; bist die beste Mittlerin geworden zwischen Institut und Straße; hast in eigener Initiative ein wenig Deutsch gelernt, um Ferngespräche verbinden zu können, bist eine selbständige Frau geworden – in Portugal. Meine Hochachtung, Gisa!)

Ich begleite den Botschafter durch den nassen, schwerblütig duftenden Garten in den Botschaftshof hinüber. Dort tritt zusammengedrängt, halb im Nieselregen, halb unter den Wellblechgaragendächern, mit eingezogenen Köpfen, manche hilflos lächelnd über ihre demütigende Lage, eine Menschenherde auf der Stelle.

Mittlerweile ist dem Botschafter der Gedanke gekommen, beim Oberkommandierenden des COPCON den Anruf des Herrn Oberst Furtado überprüfen zu lassen. Nach einer halben Stunde bestätigt er mir telefonisch die Richtigkeit von Gisas Auskunft.

Vielleicht hätte man nur den Namen des Militärs zu überprüfen, das heißt: zu übersetzen brauchen: »furtar-se« heißt »sich drücken, sich entziehen«, »Furtado« = »Drückeberger«?

Ein Brief

Aber ich sage oft: Nur das Grab lehrt mich nichts mehr.
Bertolt Brecht, *Der Lernende*

»Herr Direktor:
Die Endestunterzeichneten sind heute, am 25. Februar, auf dem Campo dos Mártires da Pátria am Deutschen Institut vorbeigegangen und haben im Foyer ein Plakat der ›Weltausstellung der Photographie – Unterwegs zum Paradies‹ gesehen: ein Foto, darstellend einen lachenden Europäer in Shorts, umringt von afrikanischen Frauen mit nacktem Oberkörper. Angesichts dieser Darstellung betrachten wir das Plakat als faschistisch und reaktionär.
Wir ersuchen Sie daher um sofortige Entfernung des Plakats.
Maria Céu Robalo Antunes, Beamtin
Eugénio Varela da Silva, Autoschlosser
Eduardo Costa Dias, Beamter
(Verfasser des Briefes)
João António dos Anjos, Journalist
João Caria, Fotograf«
Da die aus Hamburg erwartete Plakatrolle wochenlang in der Ecke eines Botschaftszimmers verstaubte, ohne den Argwohn oder die Neugier eines Beamten zu erregen, haben wir an den wichtigsten Stellen der Stadt rechtzeitig den Plakatentwurf eines portugiesischen Grafikers ausgehängt. Daher ist das beanstandete STERN-Foto mit seinem neokolonialistischen Weltwarenhauscharakter – dessen selbstgefälliger Zynismus mir nicht rechtzeitig auffiel – glücklicherweise das einzige Exemplar, das den Unmut von Bürgern hervorrufen konnte, die augenblicklich die jahrhundertealte Hypothek der Kolonialherrschaft abschütteln. Dafür vermißt die linke Presse jede fortschrittliche Konzeption dieses aus der Optik des kapitalistischen, hedonistischen, pluralistischen Westens zusammengestellten Bildersammelsuriums.

Zwiegespräch in Coimbra

Die Lachtauben bringen Leben ins Haus.

Die Aufgabe ist heikel. Schon vor einem Jahr hat der Generalsekretär der Zentralverwaltung der Presse erklärt, Sparmaßnahmen – die in der Bundesrepublik immer zuerst die »brotlosen Künste«, die Kultur treffen – zwängen das Goethe-Institut, »wenig ertragreiche Zweigstellen wie Coimbra, wer weiß schon, wo das liegt«, zugunsten von neu zu eröffnenden, beispielsweise Atlanta, zu schließen. Der Altgermanist Paulo Quintela schäumt: »Die älteste Universität der Iberischen Halbinsel! (1290 gegründet!) Eine Schließung wird die Portugiesen, die sich seit dem 25. April von der Bundesrepublik ohnehin im Stich gelassen fühlen, vor den Kopf stoßen. Bringen Sie mir das in Ordnung; der Fall stinkt schon!«

Gemeinsamen Bemühungen gelingt es, das Auswärtige Amt von der Notwendigkeit zu überzeugen, daß Coimbra in einer Kompromißlösung erhalten bleibt; die Umwandlung der unabhängigen Zweigstelle in eine Nebenstelle von Lissabon muß unauffällig und taktvoll vonstatten gehen, damit berechtigte Empfindlichkeiten geschont werden.

Dr. Horst holt mich am Bahnhof ab. »Nun zuerst mal zum Essen. Das ist das Wichtigste an der Kultur!« lacht er lärmend. Trotz monatelanger Krankheit (Prostatakrebs) verzehrt Dr. Horst wider besseres Wissen jeden Morgen sechs Eier zum Frühstück.

Wir haben uns in fünf Jahren kaum gesehen; zur Zeit der Regionaltagungen hat er »leider immer Prüfungen«; seitdem ich in Lissabon arbeite, hat er nie einen Brief beantwortet, doch, einen vor vier Jahren, mit der Anmerkung: »Jeden Tag sage ich mir: Fünfundsechzig müßte man sein!« Im übrigen hat er nur Weihnachtswünsche gesandt. »Rundschreiben fliegen bei mir grundsätzlich in den Papierkorb.«

Anschließend fahren wir in die Casa Alemã, das Deutsche Haus, 1960 im Auftrag des Auswärtigen Amts von Dr. Horst eröffnet, ein hübsches dreistöckiges Privathaus aus der Jahrhundertwende, dem Britischen Institut gegenüber, zehn Gehminuten von der Universität entfernt. Hinter dem Schreibtisch des Sekretariats, erloschen wie das Notariat eines ausgestorbenen Dorfs, eine greise Astarte, wie eine geschminkte Spinne; »Trautchen«, nennt Dr. Horst sie und duzt sie – versehentlich, wie mir scheint. Kaum sind wir eingetreten, schleicht, schwankt, schwebt eine Schattengestalt hinter den Institutsleiter, der fast blinde Hüter des Hauses: »Senhor Armando; er hat alle Klassenzimmer gezimmert.« An den Wänden der Gänge, der Räume die Königin Ute, der Bamberger Reiter, Frühling in Heidelberg, Reproduktionen oder Plakate; verstaubt, verblichen. Im Arbeitszimmer des Leiters: mannshohe Stapel verjährter Aktenordner und fünfzehn Jahrgänge der Werbezeitschrift *Scala*. In einer Bodenkammer vier Aquarien. »Auch das ist Kultur, müssen Sie wissen!« fistelt Dr. Horst mit weinseligem Hohn.

Dr. Horst ist Botaniker; vor dem Krieg war er Assistent eines Naturwissenschaftlers an der Universität Coimbra; nach dem Krieg kehrte er nach Portugal zurück und wurde Sprachlehrer im Germanistischen Seminar. »Aber jetzt kommt die Hauptsache!« Wir steigen wieder ins Erdgeschoß hinunter. Wie ein Museumskustode öffnet er feierlich die Glastür zum Garten: »So . . .!« Mit strahlender Geste zwängt Dr. Horst sich mit mir auf dem schmalen Mittelweg durch das spärliche Pflanzenreich eines typisch portugiesischen Hinterhausgärtchens. »1959 lag hier nur Bauschutt, neben zwei Pflaumen-, Zitronen- und Orangenbäumen, sowie einer japanischen Mispel – *nespereira*. Und heute – sehen Sie, staunen Sie! Ein kleines Schmuckstück mit Freilandteich, mit Sträuchern, Blumenbeeten. Sehen Sie, wie unsere Weinreben bis zur Terrasse hochranken! Kommen Sie . . . Hier war früher ein Hühnerstall mit vergittertem Auslauf. Was sehen Sie jetzt? Eine blühende Kanarienvogel- und Lachtaubenzucht. Die bringen Leben in den Sprachunterricht! Auch das ist Kultur, selbst wenn Sie's nicht glauben, eine bessere als Ihre Wohlstands- und Konsumkultur.«

Meine Aufgabe ist schwierig. Das weiß mein Gastgeber und manövriert mich meisterhaft vom Thema weg. Dr. Horst ist Portugals deutscher Musterschüler: Bauernschläue heißt seine Tugend; sie ist ihm in Mark und Blut übergegangen und wird es bleiben bis zum Tage seiner Auferstehung bei Dom Sebastiãos nächster Wiederkehr.

Damit Karlheinz Delille, Professor der Germanistik an der Universität Coimbra, verheiratet mit Paulo Quintelas begabtester portugiesischer Assistentin, beide zweisprachig, gebildet, bewandert in allen Kulturbereichen, Dr. Horsts Nachfolge als Ortskraft antreten kann, muß der Mietskontrakt, der auf den Namen von Dr. Horst lief – eine der zähen Dilettantismen – auf das Lissabonner Institut überschrieben werden. »Das geht nicht vor dem nächsten Jahr!« Ich mache nicht den Vorschlag, gemeinsam mit dem Vermieter, einem Universitätsprofessor, zu sprechen; Dr. Horst würde die Demarche sofort hintertreiben. Er weiß nämlich nicht, wohin mit seinen Aquarien und seinen Siebensachen. »Ich weiche nicht von hier!« erklärt er plötzlich angriffslustig. »Notfalls gehe ich vor Gericht und zur Presse. Sie und München ... Sie wollen mich hier herausdrücken. Unmenschliche Menschen.« – »Keineswegs, lieber Dr. Horst. Sie sehnen sich doch seit Jahren nach Ihrem Ruhestand. Nun ist er da.« – »Das ist mir gleichgültig; der Mietskontrakt läuft auf meinen Namen. Notfalls zahle ich die Miete weiter.« Das ist keine Erpressung; der Mietzins ist niedrig. »Im übrigen – muß ich retten, was zu retten ist.« Fragend hebe ich die Brauen. »Damit hier nicht alles zusammenbricht, damit nicht alles nach der anderen Seite kippt.« Jetzt ist die Katze aus dem Sack. »Ich will hier keinen Kommunismus.« Dr. Horst ist Salazars gelehrigster deutscher Michel: Wer nicht für ihn ist, ist für Moskau. Alles, was die Bundesrepublik Deutschland nach Konrad Adenauer produziert, verurteilt Dr. Horst mit vernichtendem Kopfschütteln. »Willy Brandt hat den Ausverkauf des Landes an den Kommunismus bewerkstelligt.« Seit Gründung des Instituts bestehen Dr. Horsts Veranstaltungen aus Offenem Singen, Vorträgen über deutsche Landschaften, aus Gedichten von Goethe, Schillerschen Balladen, Filmen mit Liselotte Pulver; zu Weihnachten ein Umtrunk mit Tanz, »ohne das abscheuliche Niggergewackel«. Ausländische Besucher, auf der Rückreise über Lissabon, schütteln den Kopf »über den ulkigen Vogel, den Ihr da in Coimbra sitzen habt, der einen zu dem hakenkreuzgesäumten Mosaikfußboden römischer Thermen von Conímbriga wallfahren läßt und einem vorschwärmt von der vorbildlichen Disziplin in den ›Überseeprovinzen‹.«

»Es ist immer mein Grundsatz gewesen, die kulturellen Beziehungen zwischen beiden Ländern u n a b h ä n g i g vom Auf und Ab der politischen Strömungen in Deutschland zu gewährleisten.« Dr. Horst leiert Auswendiggelerntes. »Die Betrachtung der Nofretete beispielsweise, die uns heraushebt aus dem Schmutz des politischen Alltags, das ist Kultur, aber nicht ›Umrisse einer neuen Literatur – von Deutschland aus gesehen‹.« Das ist 1970 gewesen; in Walther Höllerers Vortragsthema hat Dr. Horst sofort Gefahr, das heißt politische Subversion gewittert und abgewinkt. Von Jahr zu Jahr hat er »aus Sparsamkeit«, wie er schlau lächelnd erklärt, aber auch wegen »Sprachprüfungen, Überlastung, Universitätsferien« so gut wie alle Tourneeangebote abgelehnt und durch Jahresendrückzahlungen sein Kulturprogramm zu einer Nichtigkeit schrumpfen lassen. Nach dem Grundgesetz des Auswärtigen Amtes, »Negatives zu verbrämen«, hat der reisende »Inspektor für Erfolgskontrolle«, statt an den deutschen Steuerzahler zu denken und radikale Maßnahmen zu fordern, in seinem Bericht nur die Empfehlung ausgesprochen, Coimbra möge sich bei der Planung von Lissabon beraten lassen. Nicht Dr. Horst hat das Institut ruiniert, sondern der Dilettantismus der deutschen Bürokratie.

Papier ist geduldig, denkt Dr. Horst, Lissabon fern, München noch ferner; man läßt die Zeit zerrinnen; man ist in Portugal – und lebt. Dr. Horst hat wieder Oberwasser. »Und wie steht es mit der Sprachabteilung?« frage ich, um neutralen Grund zu betreten. Eine seiner Lehrerinnen hatte mir die Klagen ihrer Schüler übermittelt: »Bringt uns doch Deutsch bei, damit wir Vorträgen folgen können!« Bei den meisten Studenten seien die Lehrer des Instituts als Faschisten verfemt; viele betreten das Deutsche Haus nicht mehr. Meinen Vorschlag für eine Modernisierung der Sprachmethoden, die ihm dreimal so viele Schüler bringen würde, lehnt Dr. Horst ab; von dialektischen Lehrmethoden will er nichts wissen. Bei einem Sprachseminar sollte ein Schüler nach dem Vorschlag des Lehrers ein Referat über die Bundesrepublik, ein zweiter eines über die DDR halten, mit anschließender Diskussion. Das zweite verbot Dr. Horst, und die Diskussion dazu. Beim Weihnachtspunsch setzte sich die Schülerin eines Lehrers auf den Schoß des Schülers einer Lehrerin. »Das gibt es bei mir nicht«, erklärt Dr. Horst aufgebracht. »Ich habe so etwas nie geduldet. Sehen Sie nicht, wie bei uns alles zusammenbricht. Der Atavismus unseres Jahrhunderts: Rückgang, Verfall, Verrat ... Ich setze keinen Schritt mehr in die Bundesrepublik. Ein Mann, der Staatsschulden macht wie Brandt, ist ein Hochverräter. (Ob Dr. Horst die Annahme seiner Rente aus der Bundesrepublik verweigern wird?) Überhaupt die Manieren der Neudeutschen! Läutet mir da doch einer abends um halbacht im Institut und will unterrichten. Dem hab' ich's besorgt: ›Erstens kommt man nicht so spät in ein Institut‹ – meinen Einwand, es sei zur Zeit der Abendkurse gewesen, fegt er unwirsch hinweg – ›und zweitens nehme ich keine Leute mit langen Haaren. Hippies kommen mir nicht ins Haus. Gute Nacht.‹«

Dr. Delille wird alle Hände voll zu tun haben, um ein Kränzchen mit fünfzehnjähriger Tradition in ein Kulturzentrum zu verwandeln.

»Unter solchen Bedingungen zu arbeiten, ist kein Vergnügen« März

Was ist das für ein Lärm im Treppenhaus?

Carlos Drummond de Andrade,
Pathetisches Gedicht

Aufgebracht kommt Hans Giesser in mein Arbeitszimmer gestürzt: »Das ist unerhört, das ist ein Grund zu sofortiger Kündigung!« Hans Giessers Augenlider klappern, sein Bärtchen zuckt. Um ihn zu beruhigen, bitte ich ihn um einen Bericht über das »Unerhörte«. »Aqui não passarão!« – »Hier kommen sie nicht durch!« – Diesen Revolutionsruf habe Gisa wie eine Furie den vor den Glastüren postierten Militärs zugeschrien; sie, Gisa Morais wisse, habe Gisa mit erhobenem Zeigefinger frohlockt, wo sie stehe und was sie der Revolution schuldig sei – so Hans Giesser.
Für ängstliche Seelen eine allerdings kitzlige Lage. Im Verlauf des vereitelten Gegenputsches vom 11. März – Spínolas Flucht im Hubschrauber nach Spanien, der Angriff der Fallschirmjäger von Tancos auf die Artilleriekaserne, Aufregung, Aufmärsche, Absperrung der Hauptstadt – haben vier Offiziere Asyl in der Deutschen Botschaft erzwungen. Kurz nach dem gestrigen Dienstschluß um 17 Uhr hat Botschaftshausmeister Justino wie so oft vor dem Botschaftsportal gelungert, als ein Panzerwagen vier Zivilisten ausspuckt, die, auf Justino zueilend, fragen: »Ist das die Deutsche Botschaft?«, und bevor Justino erwidern kann: »Die Botschaft ist geschlossen«, ihn beiseite stoßen, in die nur angelehnte Botschaftstür eindringen und erklären: »Hier gehen wir nicht wieder weg!« Bald belagern hunderte von Demonstranten die gegenüberliegende Straßenseite und die Parkwege, stimmen Sprechchöre an, fordern die Auslieferung der »Verräter« und schleudern gellende Rufe »Fascistas, nazistas« gegen die Botschaftsmauern. Das hat bis zum heutigen Vormittag angehalten. Mittlerweile, während zwischen Bonn und Lissabon verhandelt wird, ist der Botschafter mehrmals zum Außenministerium gefahren. Von meinem Balkon aus sehe ich, wie der treue Armando »seinen« Mercedes behutsam aus der Einfahrt durch die Gehsteig und Straße belagernde hechelnde Menge zwischen zwei wartende Panzerwa-

gen, die vom Oberkommando entsandte Eskorte, steuert. Vor der gesamten Fassade des Palais Valmor, das, von außen gesehen, ein einziges Botschafts- und Institutsgebäude ist, patroullieren Soldaten und Offiziere im Tarnanzug mit Schnellfeuerwaffen; ein gleiches Kontingent bewacht auf der Rückfront Hof und Garten beider Gebäudeteile. Das Revolutionsmilitär soll verhüten, daß die flüchtigen Offiziere durch den Botschaftshof über die hintere Mauer im Häusergewirr der Stadt untertauchen oder durch den Garteneingang des Instituts und das untere Foyer hinauf zum Haupteingang und somit ins Freie gelangen. Außerdem sind Botschaft und Institut durch eine stets verschlossene Balkonglastür im dritten, dem Balustradenstock, verbunden, die aber nur mein und Joaquims Passepartout öffnet. Hans Giesser behauptet hartnäckig, Gisa habe sich mit der unerlaubten Preisgabe der »Geheimtür«, die jeder sieht, der zum Klassenzimmer oder zur Hausmeisterwohnung des dritten Stocks hinaufsteigt, bei den Militärs lieb Kind machen wollen; damit habe sie die Treuepflicht gegenüber Institut und Botschaft verletzt und sei fristlos zu entlassen.
Treuepflicht, Pflichttreue, denke ich und gehe zu der telefondiensttuenden Gisa ins Vestibül hinunter; durch die hohen Fenster und die vier Glastürenflügel dröhnt das Volksgetöse aus Straße und Park. Mittlerweile hat die müßige Revolutionsjugend auf Parkbänken, Grasflächen und Bäumen ein Feldlager aufgeschlagen; mehrere überlastete Äste hängen gebrochen zu Boden; Reiher, Schwäne, Enten, Fasane nebst ihren Jungen lassen sich weder zu Wasser noch zu Lande aus der Ruhe bringen; in der Luft der Koniferenkronen kreischen die Revolutionspfauen mit verächtlich herabhängenden Schweifen.
Gisa erwidert auf meine Frage mit lächelnder Entrüstung, davon könne keine Rede sein; dabei blicken ihre schwermütigen Augen treuherzig, verschwörerisch und nicht ganz keusch. Sie weiß, daß ich ein Faible für sie habe, dank ihrer Pflichttreue, ihrer romanisch-arabisch-raubtierhaften Auffassungsgabe, ihrer Umsicht, ihrer Lernbegier, ihrer Gefälligkeit. Sie weiß, daß ich auf ihrer Seite stehe, selbst wenn die Botschaft das Asyl gewähren sollte. Sie ahnt, daß ich auch als Leiter einer ausländischen Institution, die unter Umständen die entgegengesetzte Position zu vertreten hätte, ihre Haltung als Portugiesin verteidigen würde.
Hier kommt die politische Kontroverse zum Ausbruch. Hans Giesser, von Natur ängstlich, an festumrissene Arbeitsbedingungen und -aufgaben gewöhnt, Jünger der Hierarchie und

Ordnung, ersehnt in der Krisensituation den Schutz der Botschaft und steht natürlich auf Seiten der Botschaftsbeamten, welche die Gewährung des Asyls befürworten, selbst wenn dies das Ansehen des Instituts in der portugiesischen Öffentlichkeit schädigen sollte. Das macht ihn blind für Gisas natürliche Parteinahme gegen die Reaktionäre, dafür, daß sie, Tochter eines vom entmachteten Regime verfolgten Fabrikpackers, links steht und alles tun würde, um das Entweichen der in die Botschaft geflüchteten Offiziere zu vereiteln. Nur eine zum Obrigkeitsdenken abgerichtete Beamtenseele wird der Portugiesin Gisa Morais ihr politisches Naturrecht absprechen. Sie hat mir versichert, sie habe dem Wachhabenden auf der Straße erklärt, falls die Offiziere durch Hof und Garten im Institut auftauchten, würde sie alles tun, um deren Flucht zu vereiteln. Ich sage, ich sei einverstanden. Gisa glüht; sie ist Patriotin; sie ist Revolutionärin; sie ist glücklich. Alle anderen Deutschen und Portugiesen fühlen sich unwohl in ihrer Haut und sind peinlich berührt, plötzlich mit Politik und das heißt: mit dem Leben der Stadt, und das heißt, mit einem Thema beschäftigt zu sein, das sie am liebsten verdrängt hätten; daher mißbilligen auch die Damen des Hauses das Verhalten Gisas, die sie Kommunistin nennen.
Inzwischen ist es ein Uhr mittags; die Soldaten vor dem Glasportal fordern die zum Essen gehenden Angestellten zum Vorzeigen ihrer Personalausweise auf. Eine halbe Stunde später gehe auch ich und knie nieder, um das in den unteren Glasrand eingelassene Schloß zu öffnen; der Gefreite draußen sieht verwundert zu; ich gebe ihm die Hand, erkläre, wer ich bin und schlendere unbehelligt durch den Park zum Café Primavera.
Vor dem Botschaftsportal starren im Gewühl zwei Jungbärte zum Wappenadler auf. »Beißt und krallt«, sagt der eine. »Schnäbeln tut er nicht«, der andere. »Adler ist nicht Taube.« – »Leichenfledderer« – »Leicht zerfleddert« – »Blutrünstig« – »Ausgeblutet« – »Aufgeplustert« – »Ausgerupft . . .« Den Rest verschluckt der Lärm.
Nachmittags kläre ich Hans Giesser über Gisas Handlungsweise auf. Erst die Unruhe und der Lärm, die politische Lage überhaupt, dann die Schreie »Faschisten, Nazisten«; all das hat ihn persönlich beleidigt: »Unter solchen Umständen zu arbeiten, ist wahrhaftig kein Vergnügen!« Ich erwidere, vor drei Jahren hätte ich den Durchdruck seiner Bewerbung für Lissabon erhalten. Daß es hier so kommen würde, entgegnet er, habe er damals nicht ahnen können. Wenn er Risiken scheue, sage

ich, so riete ich ihm, im stillen Stall zu München den Rest seiner Tage zu fristen. (Hans Giesser könnte mein Sohn sein.) »In der Zentralverwaltung ist auch nicht alles Gold, was glänzt.« Ob er sich nicht zutraue, dem Mutterhaus dank seiner Auslandserfahrungen ein paar Glanzlichter aufzusetzen. Hans Giesser verstummt.

Noch einen Tag dauert die Belagerung, dann fahren gegen Abend zwei Panzerwagen so dicht vor dem Botschaftsportal vor, daß die vier Offiziere einsteigen können, ohne von der anderen Straßenseite gesehen zu werden. Unter Berufung auf die Vereinbarung, daß es zwischen NATO-Staaten kein Asylrecht gibt, werden die Offiziere ausgeliefert mit der Zusicherung seitens des Revolutionsrats, daß sie gerecht abgeurteilt werden; für die Angehörigen hat der Botschafter freies Geleit in die Bundesrepublik erwirkt.

21. April. Offizieller Empfang im Garten der Britischen Botschaft anläßlich des Geburtstags der Königin. »Ganz Lissabon« ist versammelt. Auf unserer Wanderung zwischen Bäumen und Beeten treffen wir den Botschafter der DDR, ohne Begleitung. Wir begrüßen einander wie alte Bekannte. Er und Christiane sind gebürtige Berliner; plötzlich wird die geteilte Stadt das gemeinsame Thema; ihre Stadtteile, ihre baulichen Veränderungen. Dann sprechen wir über Portugal, über die Art und Weise, wie man dem Land wirksamer, rascher helfen könnte. Ich schlage dem Botschafter vor, Germanisten und Schriftsteller einzuladen; das Feld sei groß, der Nachholbedarf gewaltig; bei dem großen Interesse portugiesischer Theaterleute für Brecht sei ein Seminar mit dem »Berliner Ensemble« ein vorhersehbarer Erfolg. Der Botschafter erwidert, sein Land sei klein, die zahlenmäßig geringen Kräfte fast überfordert; es gelte, hauszuhalten. Überdies verwirre ihn die Lage in Portugal; das Ganze komme ihm seltsam, fast surrealistisch vor. Soviel guter Wille auf allen Seiten und so viel Durcheinander, Leerlauf, Inkompetenz. Wir scheiden in gegenseitiger Sympathie.

Dieses Land . . .
ein aufgetrenntes, inwendig geschiedenes Herz,
unsinnig tickend

H. M. Enzensberger, *Landessprache*

Foto-Ausstellung »Ein Jahr Portugiesische Revolution« in Zusammenarbeit mit der DDR im Museum der Neuen Kunst in Belém, gegenüber dem Hieronymus-Kloster. Im weiten Vorraum stehen die Veranstaltergruppen. Ich begrüße die vielen Freunde, erkenne den Botschafter der DDR, gehe auf ihn zu, schüttle ihm erfreut die Hand. Er stutzt, erkennt mich, entzieht mir brüsk seine Hand und zieht sich in den Schutzwall seiner Beamten zurück. Merkwürdig, denke ich? Ist die Mauer nachgereist? Dann treffen Christiane und ich Almeida Faria und seine deutsche Frau, wartend auf die Eröffnung der Ausstellung. Neben uns, fast in Tuchfühlung, ein Offizier in taubengrauer Uniform, die Mütze forsch auf dem graumelierten Haar; er könnte Lateinamerikaner sein. Christiane und Alrun machen ihre Glossen über den Betrieb, die Leute, die frohgemuten Gesichter der deutschen Traktorfahrer auf den Großfotos. Der Offizier neben uns blickt wie angewurzelt zum Portal. Plötzlich wird Christianes Gesicht gespannt; sie bricht ab. Dann, mit ungehaltener Lautstärke: »Daß diese Deutschen einander nur bespitzeln, statt miteinander zu reden wie alle anderen Menschen auf der Welt! Dabei kommen sie alle aus demselben Topf . . .« Der Offizier zuckt zusammen und entschwindet. Christianes Lippen zittern; ich lege den Arm um sie; nichts erregt sie so heftig wie Hinterlist und Feigheit. Gegen Falschheit und Herzensenge hilft nur eines: das offene Visier, das jede Verwundung vorwegnimmt. Eine Herausforderung auf Dauer.

10./11. Mai. »Schreiben, aber wie?« lautet das Thema des ersten öffentlichen Schriftstellerkongresses seit dem Jahre 1900, der unter Vorsitz des Präsidenten des Schriftstellerverbandes, José Gomes Ferreira, in Anwesenheit des Premierministers Vasco Gonçalves, in der Nationalbibliothek stattfindet. Von den rund 350 Mitgliedern melden sich siebenundfünfzig zu den Generalthemen »Ideologie, Kulturrevolution und Funktion des Schriftstellers«, »Kommunikation und Pädagogik der Literatur«, »Literarische Schaffensweise, ihre Besonderheit und/oder Instrumentalität«, »Textkritik«; es ist ihnen weniger darum zu tun, »eine verbindliche kulturpolitische Plattform zu schaffen, als zu debattieren und zu diskutieren«; außer Frage steht für alle Beteiligten die Notwendigkeit der Parteinahme. Einige Stimmen:
Sofia de Mello Breyner Andresen (geb. 1919) in »Poesie und Revolution«: ». . . wenn wir die bürgerliche Kultur und das heißt, den bürgerlichen Gebrauch der Kultur überwinden wollen, so, weil wir in ihr die Herrschaft der Teilung, das Scheitern des Projekts der Ganzheit erkennen . . . Wir verwerfen den bürgerlichen Gebrauch der Kultur, die das Hirn von der Hand, die den Geistesarbeiter vom Handarbeiter, die den Menschen von sich selber, von den anderen und vom Leben trennt . . . Wenn das Wort der Poesie der Politik nicht paßt, muß die Politik korrigiert werden . . . Die Poesie geht der Politik voraus. Nicht umsonst war Mao Tse-Tung Dichter. Nicht umsonst liebten Marx und Trotzki die Poesie. Daher kann kein Politiker, so rein sein Projekt sein mag, eine Poetik programmieren . . . Wir müssen begreifen, daß die Kunst weder Luxus noch Zierde ist. Der Mensch des Paläolithikums bemalte Höhlenwände, bevor er den Lehm zu brennen und das Land zu bestellen verstand. Er malte, um zu leben . . . Gegen Demagogie kämpfen, heißt, gegen die Degradation des Worts, gegen die Förderung der Mittelmäßigkeit, gegen Schlagworte und für die Freiheit des Schreibens kämpfen . . .«
Urbano Tavares Rodrigues (geb. 1923) in »Schriftsteller und Revolution«: ». . . Das Hauptproblem des Literaturbetriebs in Portugal ist weniger die Freiheit des Schriftstellers als die Freiheit des Lesers, der möglichen Leser, des Hilfsarbeiters, des Angestellten, des Bauern, die keine Kaufkraft und keinen Zugang zur Kultur haben. Daher geht der Weg der Kulturrevolution nicht durch die Erfindung einer neuen Sprache, sondern vor allem durch die Errichtung neuer Strukturen, welche diese Kontakte ermöglichen, denen der Anreiz zur Lektüre erwächst,

die das Buch durch Volksausgaben verbilligen. Zugleich fordern sie die Annäherung des Schriftstellers an die Arbeitermassen durch Kolloquien, Vorträge, kritische Diskussionen und Selbstkritik, kurz, durch eine Lehrzeit des Volkes, der sich der Literat fortan nicht mehr entziehen darf ... Die Kultur ist stets im weitesten Sinn politisch; sie spiegelt das Leben und trägt zu seiner Veränderung bei ...«

Maria Velho da Costa (geb. 1938) in »Beitrag zur Wiedereinsetzung des Sprachleibs«: »... Heute weiß und akzeptiere ich, daß es um das Problem zwischen mir und der Sprache, zwischen meiner persönlichen Identität und der konstitutiven Dimension der nationalen Identität von uns allen geht: der portugiesischen Sprache ... Der portugiesische Denker und Dichter wird mit wenigen Ausnahmen für die Sprache und Erkenntnis geboren, einer verfeinerten Kulturkolonisation zu dienen und sich im übrigen in kraftlos-gemeiner Selbstverhöhnung zu üben ... Hier ist der Punkt, wo wir in leidenschaftlicher Liebe zur Sprache des Vaterlandes, das uns erschuf, zurückkehren müssen. Denn die Angst davor zersplittert uns in falschen Streitereien, ob man für das Volk schreiben oder künstliche Kunst machen müsse. Man schreibt nicht für das Volk, man schreibt mit dem Volk oder gar nicht. Es gilt, ein Instrument und die Finger des Bewußtseins bis zur Grenze des Möglichen zu stimmen; Künstler und Instrument müssen aus ein und derselben Materie und Energie bestehen: aus dem portugiesischen Geschichtswort. Dies ist nicht Freiheit, es ist Befreiung. Für den Künstler gibt es keine andere Freiheit, als sich selbst zu befreien. Wir sind die Gestalter des formlosen, schlecht beherrschten Gesangs, der im Sprachleib des Landes bebt.«

Mário Cesariny de Vasconcellos (geb. 1923) in »Ideologie, Kulturrevolution und Funktion des Schriftstellers«: »... Die größte Aufdrucksfreiheit muß im Codex der Autorenrechte verankert werden. Zu dieser Freiheit, die den ethischen, politischen und sozialen Revolutionsinhalt gewährleisten wird, soll sich das Recht der Schreibfreiheit im Widerspruch zu den augenblicklichen Vorschriften der portugiesischen Grammatik gesellen ... Die in den letzten Jahrzehnten getroffenen orthographischen Übereinkünfte sind sofort aufzukündigen. Neu aufzustellende Brigaden sollen das Land auf der Suche nach der Volkssprache durchstreifen. An den Universitäten sind Lehrstühle für die Revolution der portugiesischen Sprache einzurichten. Im Grundschulunterricht müssen die Sprachkodexe bis zur Erarbeitung neuer Kodexe fließend gehalten werden ...«

Casimiro de Brito (geb. 1938) in »Parteinahme für die Revolution«: ». . . Muß der Schriftsteller nicht Partei ergreifen für den Materialismus gegen den Idealismus, wenn niemand besser als er weiß, daß der Terrorismus der kapitalistischen Gesellschaft sich unter pseudohumanistischen Formen verhüllt? . . . Wenn die Entwicklung unseres Landes auf dem Gebiet der kulturellen Ökonomie so ungleich ist, daß die Schranke, die uns von einigen unserer zeitgenössischen Vorfahren (Provinz Trás-os-Montes, Serra do Algarve, Hinterland der Inseln) trennt, Jahrhunderte beträgt? . . . Der Schriftsteller, ob er will oder nicht, muß seine (gelegentlich bequeme) Zweideutigkeit, seine (fraglos bequeme) Isolierung aufgeben und dem Konfusionismus und Opportunismus abschwören . . .«

Agustina Bessa Luís (geb. 1922): ». . . Der Intellektuelle muß strengster Meditation den Vorrang einräumen . . . Daher muß in einer revolutionären Epoche der Sprachkritik besondere Aufmerksamkeit geschenkt werden ... Die Eliten müssen die Wirklichkeit moralischer Menschen in einer unmoralischen Gesellschaft zeigen . . . Der größte Beweis für die Schwäche eines Volkes besteht darin, daß es von kindischem und zeitfremdem Denken regiert wird. Das war unser politisches Los in einer Zeit geringster Investierung seelischer und kollektiver Erkenntnis . . . Der Dialog muß auf unserem inneren Forum beginnen, bevor das erste Wort gewechselt werden kann. Doch dafür muß eine gemeinsame Wahrheit gefunden werden, welche die gemeinsamen Wünsche übersteigt . . . Niemand ist unschuldig, denn jedes Individuum ist für die Art, wie ein Staat regiert wird, mitverantwortlich . . . In Portugal konnte von der Verstellung oder kollektiven Nachsicht zur Überprüfung der Schuldbarkeit übergegangen werden, als der Unterschied zwischen der Ehre des Soldaten und der politischen Erkenntnis des Lebenssinns offenbar wurde . . . Jede Macht ist unrein . . . Innerhalb der revolutionären Diskussion ist der Denker verpflichtet, zwischen dem Erlaubten, dem zu Rechtfertigenden und dem Notwendigen zu unterscheiden – verschiedene Dinge, durch deren Gleichgewicht eine moderne Demokratie entstehen und ihre Gesetzmäßigkeit finden muß . . .«

Rui Mendes zuckt nicht mehr die Achseln

Seit dem 25. April geht der Pantomime und Schauspieler des Theaterensembles *Grupo 4* – einst waren es vier, heute mehr –, im Tanzschritt. Meinen Vorschlag, Peter Weiß' *Mockinpott* im Institut aufzuführen, hat er sofort aufgegriffen. Seit Wochen probt die Gruppe auf der Bühne des Saals – »die Linken zerkratzen mir meinen schönen Boden«, murrt Fräulein Lopes alle paar Tage mit hängendem Kinn. Im entgegengesetzten Teil wird eine transportable Volksfestbühne montiert, mit Treppchen und buntbemalten Landschafts- und Interieurvorhängen für die elf Bilder des Einaktstücks, welche die Mimen, die mit Ausnahme des Titelhelden jeder drei bis vier Rollen spielen, auf- und zuziehen werden. Ein gertenschlanker Conférencier mit weißseidenem Zylinder und Stöckchen wird die Abenteuer des chaplinesken Josef K. singend erläutern. In der portugiesischen Nachdichtung des Liederdichters und -sängers Ary dos Santos ist das Stück eine Volksdichtung mit Anklängen an Gil Vicente, an Ruzzante, an Pasolini, wie geschaffen für das zweite Revolutionsjahr, metaphernreich, farbig, strotzend von politischen Zwischenfällen, Reminiszenzen an die gestürzte Diktatur, eine deftige Satire. Der einfältige »Zé-Povinho«, der »Jupp-vom-Völkchen« stolpert vom Knast zum Anwalt, vom Gericht heim zur treulosen Ehefrau, von dort zum mittlerweile besetzten Arbeitsplatz, weiter ins Parlament zu den Politikern, von dort zur Gehirnwäsche beim Arzt, endlich zum Lieben Gott, einem Ex-Allmächtigen in Gehrock und Gamaschen – von Fußtritt zu Fußtritt, von Ungerechtigkeit zu Ungerechtigkeit, von Einsamkeit zu Einsamkeit, von allen gehetzt, von allen verhöhnt, bis zum letzten Augenblick, da er plötzlich auf sein Problem kommt, den Unterschied zwischen dem linken und dem rechten Schuh entdeckt, die er bislang vertauscht getragen hatte, und mit einem atemlosen Riesensatz ins Leben springt, von der Bühne hinunter ins Parkett, und auf festen Beinen durch die Zuschauer der Zukunft entgegenmarschiert, zu den Spieluhrklängen von »Brüder, zur Sonne, zur Freiheit . . .« Das Spiel wird den Institutssaal wochenlang füllen.

Die Zusammenarbeit mit der Gruppe ist ein Vergnügen; spielend einigen wir uns über Finanzierung, Probenzeiten (sie bekommt Haus-, Saal- und Lichtschüssel), technische Hilfe des Instituts, über Programm- und Werbetexte, gemeinsame Medienarbeit. »Reibungslos«, bei uns ein Lob, wäre hier eine Be-

leidigung: Alles verläuft in Sympathie, geschmeidig, geräuschlos, schon weil jeder dem anderen die eigene Empfindsamkeit und Empfindlichkeit zugesteht; Diskrepanzen werden taktvoll ausgeglichen. Trotz kameradschaftlicher Vertrautheit gehe ich nur in den Probensaal, wenn Rui Mendes mir eine fertige Szene zeigen will; sie sollen das Gefühl haben, daß das alte Palais Valmor, in dem die Leuchten ihres Landes Jura studiert haben, darunter einer der ihren, Morais e Castro, Anwalt und Schauspieler, während der Arbeit ihnen gehört.
Rui Mendes und die Seinen sind ehrgeizig, heiter, gelassen; trotz politischer Übereinstimmung wirken sie eigenwillig mit einem Anflug von anarchischem Individualismus, der alles Hierarchische, vom Diktatorischen zu schweigen, derart verachtet, daß er ihm eher ausweicht, als sich ihm zu stellen.
Sie arbeiten präzise, verrichten alle Nebenarbeiten, für die es an westlichen Bühnen zahllose Hilfskräfte gibt, und halten mit ihren Kräften haus; sie leben an der untersten Einnahmegrenze, essen und trinken maßvoll; sie haben jene sympathischen Eigenschaften, die sich offensichtlich nur in armen Ländern erhalten: ungezwungen im Umgang, liebenswürdig auf zurückhaltend weiche Art, ohne einen Funken Snobismus, dabei unwägbar stolz auf die gleichsam schlummernden Traditionen ihres Landes, und das verleiht auch den Jungen eine Art schimmernder Patina, die sie älter oder auf besondere Weise reifer macht als die Jugendlichen bei uns; etwas wie Tiefgang von Schiffen gibt ihrem Wesen Schwere und Bedacht, ein uraltes Wissen, auf das sie nicht zurückzugreifen brauchen. Merkwürdiger Widerspruch: Die Überlegenheit westlicher Industriegesellschaften sehen sie, überschätzen sie aber nicht, und wenn diese in ihnen Neid erregen, dann gleichzeitig auch Argwohn, denn es lohnt nicht, schon wegen des uneinholbaren Vorsprungs, mit ihnen zu wetteifern. Ihr Gefühl, unbeengt von Beton, Hast und manischem Rechnen, macht sie sicherer, als mancher Ausländer wahrhaben möchte.
Die Presse ist einhellig in ihrem Lob der Inszenierung und preist die Phantasie des neuentdeckten Regisseurs Rui Mendes. »Langsam löst sich das portugiesische Theater aus jahrzehntelanger Starre«, schreibt ein Kritiker. Ein zweiter beklagt »das Fehlen von portugiesischen Stücken, die auf der Höhe der Ereignisse stehen«. Ein dritter rühmt die Leichtigkeit, mit der Ary dos Santos die Gedanken des Deutschen in die Wirklichkeit Portugals übertragen habe. Carlos Porto bekennt nicht ohne Wehmut, das Deutsche Institut sei nach einem starken Jahr Re-

volution noch immer eines der seltenen lebendigen Zentren der Hauptstadt. Viriato Camilo weist auf den Gegensatz zwischen der Regierung der Bundesrepublik, deren Hilfe für das neue Portugal auf sich warten läßt, und dem von einem offenbar autonomen Institut aufgeführten linken Dramatiker deutscher Sprache hin (dessen Foto der vom Presse- und Informationsamt der Bundesregierung herausgegebene Werbeband *Tatsachen über Deutschland* ziert). Mário Sério fragt: »Sind es die schönen Augen der *Grupo 4* oder ihr Ruf, dem das unabhängige Ensemble die Einladung des Instituts verdankt? Fördert eine Theatergruppe, die nach dem 25. April den Ruf des Deutschen Instituts mehren hilft, nicht gleichzeitig den Ruf der bundesdeutschen Sozialdemokratie, die wie der Faschismus eine der vielen Masken der kapitalistischen Gesellschaft ist? War die gegen unser Land lancierte Kampagne nicht gleichfalls das Werk der Sozialdemokratie und ihrer Apostel? Wir meinen daher, daß die *Grupo 4* das Produkt ihrer Arbeit nicht an das Deutsche Institut zu verkaufen brauchte, es sei denn, sie hätte ein Stück über den Baader-Meinhof-Prozeß aufgeführt.«
Ist diese Polemik ein Test für die Glaubwürdigkeit des Instituts? Fraglos. Zum Abschlußbuffet im Foyer zu Ehren der *Grupo 4* sind alle Geladenen erschienen bis auf Mário Sério. Ein Institut, das sein Fernziel nicht aus den Augen verliert, weiß, wie es navigieren muß – gelassen und seiner Richtung bewußt, »insoucieux de tous les équipages«.
Vor eineinhalb Jahren, wenige Monate vor der Revolution, umrahmte die vermischte Linke Tankred Dorst beim Kolloquium in einhelliger Opposition gegen die Regierung. Heute wird ihre Spaltung durch den Katalysator der portugiesischen *Mockinpott*-Aufführung im Deutschen Institut sichtbar.
P. S. In den Sommerferien werden die Mimen der *Grupo 4* auf Tournee in den Süden fahren, durch ein Dutzend Städtchen und Dörfer, in denen seit Menschengedenken kein Theater gesehen worden ist. Sie werden nachts spielen, im Freien, auf Plätzen und Wiesen. Das Volk, viele tausende, werden die hellbestrahlte Wanderbühne umstehen, umlagern wie ein Rundtheater. Sie werden mitgehen, als würde ihr eigener Fall abgehandelt, bei offener Szene klatschen, Mockinpott anspornen, seine Widersacher zur Ordnung rufen.

Die Programmsaison des Instituts endet mit dem üblichen Cocktail für portugiesische Deutschlehrer; der ausnahmsweise ausgebliebene Wind erlaubt, ihn im Garten abzuhalten; ich will rasch einen Blick auf die Bewirtungsvorbereitungen werfen. (Vor dem 25. April haben wir Jahre gebraucht, um sechzig Namen aus denjenigen Lehrern der Hauptstadt zu sammeln, die an unentgeltlichen Fortbildungskursen interessiert waren; das »Encoberto« verbot dem Oberschullehrer die Preisgabe der Tatsache, daß er wenig mehr Deutsch verstand als seine Oberklassenschüler. Seit der Revolution hat sich mehr als die gleiche Zahl freiwillig gemeldet.)
Eine dickfaserige Hanfschnur, nackt wie eine neue Wäscheleine, sperrt den Garten mit seinem Fontänebecken, seinen Rasen- und Sitzflächen, seiner subtropischen Vegetation, ab gegen den Weg zum Garagenhof der Botschaft und damit gegen die dahinterliegende Aussichtsplatte vor der dichtbewachsenen alten Mauer, die zum Garten gehört. Mitten in den Gartenanlagen, die zum Flanieren einladen, ein Korral, wenn auch nicht elektrisch geladen?
Rasch wickle ich das häßliche, ungeschickt um Regenrohre, Stauden und den majestätischen Drachenbaum geschlungene Absperrungsseil ab und beteure dem Sprachleiter und Gastgeber Harro Krautze, der in dieser Sekunde in den Garten tritt, ich werde die Verantwortung für mögliche Übertretungen von Gästen auf das Hoheitsgebiet der Botschaft übernehmen. Demokratie sei doch Freiheit, oder? Was werden die Portugiesen, die vor einem Jahr ihre Ketten abgeschüttelt haben, von der plötzlichen Repression eines bundesrepublikanischen Kulturinstituts denken? Harro Krautze wechselt die Farbe; seine Stirn perlt. Ja, ja, wenn ich meine. Ich meine. »Ich will mir nur von niemandem einen Vorwurf machen lassen . . .« Harro Krautzes ängstliche Miene verrät, daß er nicht an Stil und Image denkt, mit denen ein Institut sich und damit sein Land, das eine Demokratie sein möchte, darstellen muß. Ich unterdrücke einen Seufzer und lächle ihm ermutigend zu. Fünf Jahre arbeitet Harro Krautze in Lissabon; fünf Jahre habe ich ihn zu bestärken versucht, Wissen und Gewissen als Richtschnur seines Tuns gelten zu lassen. Sind tote Vorschriften, Verbote, Sprachregelung, Grundsatzerklärungen, Ausführungsbestimmungen und ihre lebenden Antworten: Verbeugungen, Verengungen, weisungsgehorsame Diktion ohne Mark und Knochen, entpersönlicht und blutleer, alles, was seinen Alltag füllen darf? »Na denn man tau. Trinken wir noch einen! Mal sehen, wie alles weiter-

geht ...« brummt er außer Dienst, landsknechtsfroh, beim Schnaps, und kippt mutig sein Gläschen, in der Hoffnung, die Geste möge ihn befreien aus seiner engen Stirnhaut. Harro Krautze ist in Rostock aufgewachsen, sozialistisch geschult, seit über fünfzehn Jahren in der Bundesrepublik. Trotzdem macht er bei einer Begrüßung unter Kollegen noch immer einen »Diener«, statt seinem Gegenüber in die Augen zu blicken. Bis vor kurzem zog er seinen Rock an, bevor er in mein Zimmer trat, bis er sah, daß ich Besucher in Hemdsärmeln empfange und sie auch in diesem Aufzug bis zum Glasportal hinuntergeleite. Das wiederum tut er nicht; er fürchtet, als Leiter der Sprachabteilung könne er sich damit etwas vergeben. »Ein Gott versagte mir die Kunst, mich künstlich zu betragen.« Immer, bei solchen Gelegenheiten, liegt mir das Weltkind in den Ohren. Freilich müßte für diesen Zweck »künstlich« auf »sklavisch« paraphrasiert werden.
Harro Krautzes Tür steht meist zum Gang offen. Oft, wenn ich vorübergehe, spiele ich den betulichen Beamten, klopfe umständlich an, bringe ihn zum Lachen, setze mich ein paar Minuten zu ihm. Dann lockert sich seine Dienstmiene, sein Dienstkorsett, und er erzählt von seinen Sorgen, bald mit einem Sprachlehrer, bald mit einem Schüler. Neuerdings macht ihm die »rote Zelle« zu schaffen. Zwei Lehrerinnen und ein Lehrer, die sich »emanzipiert« haben und ein »progressives Programm« entwickeln wollen. Bald nach dem 25. April ließ Krautzes geschätzteste Ortskraft, Herr Klingler, verlauten, in der neuen Ära könne er, wo nicht den Posten des Institutsleiters, so zumindest den des Sprachleiters beanspruchen. Ich rate ihm, Klingler in aller Ruhe über seine Kompetenzen aufzuklären und ihn im übrigen gewähren zu lassen; unsere einzige Disziplin, die Selbstdisziplin, müsse den Freiraum des Instituts für alle abstecken. Innerhalb dessen müsse so ziemlich alles erlaubt sein. Im Zusammenspiel und Vergleich mit dreizehn Lehrerkollegen würden Klinglers Schüler diesen früher oder später automatisch in seine Grenzen weisen.

Bilder aus der deutschen Gegenwart II

Sich maskieren, um das Gesicht nicht zu verlieren.

Günter Kunert

Berlin. Annemarie teilt uns mit, ihr Freund wolle den Übersetzer von Nerudas Memoiren kennenlernen, wenn wir in Berlin seien. Zu dritt fahren wir in ihrem Wagen ab; in der Nähe der Mauer kauft sie ein nur im Westen erhältliches Räudepulver, bestimmte Wasserhahndichtungen, klassische Türbeschläge. Christiane kauft eine Flasche Whisky; ich habe Übersetzungen von Gedichten und Prosastücken der drei portugiesischen Schriftsteller für die Berliner Herbstfestspiele eingesteckt. Nach dem Grenzübergang gelangen wir durch Blankenburg und Karow nach halbstündiger Fahrt in das Dorf. Der seit den dreißiger Jahren so gut wie unveränderte Ort wirkt auf uns, die wir uns nicht an die Häßlichkeit einförmig modernisierter Dörfer im Westen gewöhnen können, trotz gewisser Verwahrlosung auf wehmütige Weise anheimelnd. Annemarie hält in der Nähe eines Schlößchens vor einer Backsteinvilla aus der Jahrhundertwende mit bunten Jugendstilfenstern. Auf dem Anwesen mit seinem verwilderten Garten liegt eine katzengraue Patina, als wolle es nicht von seiner dörflichen Umgebung abstechen. Dafür ist innen alles neu; fettgestrichenes Holz, helltapezierte Wände, neugepolsterte Möbel, leuchtende Teppiche; im Flur ein Stapel Edelholzplatten für die Verschalung des Damenbads im ersten Stock. Wir werden von dem Dichter und seiner Frau empfangen; sogleich befällt alle der Zwang, ein wohlerwogenes Repertoire von Wörtern auszutauschen wie Figuren, die nur auf einem übereingekommenen Abschnitt des Spielbretts bewegt werden dürfen. Wir werden mit vorzüglichem Kaffee, Sahne und einem hausgebackenen Käsekuchen bewirtet. Ich überreiche dem Gastgeber die portugiesischen Texte in der Hoffnung, über Fragen nach den Perspektiven von Portugals neuer Ära, nach meinen Erfahrungen in der Vorrevolutionszeit, nach Neruda oder Lateinamerika in ein Gespräch mit dem Dichter zu kommen. Vergebens. Dafür werden die kostspieligen Ausbauten des Hauses mit importierten Luxusartikeln und -installationen besprochen sowie die Zahnregulierung, der sich die Frau des Dichters in Hamburg oder London zu unterziehen gedenkt, als müsse das Thema »Restauration«

Menschen aus dem Westen, gleich welcher Fraktion und Farbe, fesseln. Der Dichter, hager, blasses, gespanntes Gesicht, bald lauernde, bald rastlose Augen, steht häufig auf, umspielt von einer Katzengilde, die zwischen Wiener Barocksesseln, Nippes, Fensterbänken und Fußbodenvasen akrobatisch umhergeistert. Dann setzt er sich und entläßt ohne Ankündigung zusammenhanglose Reden in verstellten gurgelnden Stimmen von Personen, die aus einem Wachsfigurenkabinett Daumiers stammen könnten. Oder hält er nur höhnisch maskierte Ansprachen an Spitzenbehörden? Zum Gespräch der Frauen über herbeibemühte Alltagsthemen stiftet der Dichter gelegentlich ein witziges Aperçu bei, während er seine Wanderung wieder aufnimmt, da und dort ein Möbelstück mit dem Zeigefinger betastend. Das Telefon läutet; die Frau des Dichters nimmt den Hörer auf: Marcel Reich-Ranicki will wissen, ob der ihm vorliegende Text noch zum Abdruck bereitsteht. »Er steht bereit«, sagt der Dichter in den Apparat. Ein kaum merkliches Lächeln des Ehepaars: Ja, wir stehen mit dem Westen telefonisch in Verbindung. Ohne die spürbare Absicht der Gastgeber, durch Überbetonung von Belanglosem Wesentliches aus dem Spiel zu lassen, wäre mir das befriedigte Lächeln nicht aufgefallen. Verschämt stelle ich unsere Flasche auf den Tisch; das Mitbringsel, als bescheidener Ausdruck meiner Bewunderung gedacht, kommt mir jetzt so vor, als steckte ich einem Unbekannten im Friseursalon heimlich eine Flasche in die Rocktasche. Wir verabschieden uns ebenso förmlich, wie wir einander begrüßt haben. Beim Grenzübergang fröstle ich.

Bilder aus der deutschen Gegenwart III

Unsere Teilnahme an den Berliner Festwochen ist beendet. Ich habe im Kreuzberger Haus Bethanien nach der Theatervorstellung von *A Ceia – Das Mahl* – des Lissabonner Ensembles *A Comuna* José Cardoso Pires' Diskussionsbeitrag »Sieben Bemerkungen zur Freiheit, Juli 1975« vorgelesen und seinen Dialog mit den jungen Theaterbesuchern gedolmetscht. Gescheit, humorig, schlagfertig hat er als Vertreter der eingeladenen Schriftstellergruppe die verwegensten Fragen pariert; Beispiel: »Was passiert, wenn die Bauern von Otelo bewaffnet würden?« – »Es wäre schlimm, wenn sie's nicht würden.«
Die beiden anderen Schriftsteller, José Gomes Ferreira und Maria Velho da Costa, haben wider Erwarten abgesagt. Da sie auf Einladung der Schriftstellervereinigung der DDR vorher nach Ostberlin geflogen sind, hat man ihnen dort erklärt, nach einem Abstecher nach Westberlin könnten sie weder in die DDR zurück – noch in die Sowjetunion weiterreisen, wohin sie gleichfalls eingeladen waren. Maria Velho da Costa hat mir ihr Absagetelegramm einen Tag vor Beginn des Berliner Programms nach Berlin geschickt. Ingeborg Drewitz, die Gastgeberin, ist verständlicherweise ungehalten, Christiane wütend; ich mache mir Vorwürfe, diese Möglichkeit nicht gewittert und Maria Velho nicht vor Wochen in Lissabon gefragt zu haben, ob sie beide pünktlich in Westberlin sein können, wenn sie zuerst nach Ostberlin fliegen. Später wird sie mir erklären, sie habe den Lissabonner Vorsitzenden der Freundschaftsliga Portugal – DDR um Rat gefragt; dieser hatte nicht gewagt, den DDR-Partner zu konsultieren.
Wir fahren zur Ausfahrtstraße, Richtung München. Am Transitweg Drewitz–Hirschberg biege ich nach Westen in die Autobahn ein, am Waldweg entlang. Bald darauf sage ich Christiane, ich glaubte, wir müßten irgendwo fragen, ob wir richtig sind. Wir überholen einen Streifenwagen. »Den fragen wir um Rat«, sage ich, schalte den rechten Winker ein, winke mit der linken Hand aus dem Fenster, halte am Straßenrand und steige aus. Der Streifenwagen bremst hinter uns. Ich bitte den Volkspolizisten um Orientierung. Er kommandiert mich zum nächsten Parkplatz, hält, tritt an mein Fenster, fordert Paß und Wagenpapiere. »Sie haben schuldhaft eine Ordnungswidrigkeit begangen«, erklärt der Vertreter der Bezirksbehörde der Deutschen Volkspolizei. Ich erwidere, mein Eindruck sei gewesen,

wir müßten uns westlich halten. Da ich auf den Schildern vergeblich den Namen *Hof* gesucht und *Hirschberg* als Grenzort nicht im Gedächtnis behalten hätte, seien mir Zweifel über die Richtung gekommen. Deshalb hätte ich ihn als auskunftsbefugten Verkehrspolizisten um Hilfe gebeten und nicht einen beliebigen Kraftfahrer. »Auf den Schildern der Bundesrepublik stehen auch nicht die Grenzstädte der DDR.« – »Aber Straßburg und Colmar stehen auf den Schildern westwärtsführender Autobahnen.« »Sie sind in der Deutschen Demokratischen Republik und haben unberechtigt den Transitweg Drewitz – Hirschberg verlassen.« »Gut, dann drehe ich um.« »Aber vorher wird gegen Sie eine Ordnungsstrafe von fünfzig Mark erhoben, umtauschbar eins zu eins.« Der Volkspolizist sagt es mechanisch; seine Gesichtshaut ist wachsdicht, jede Pore ein Paragraph. Der Volkspolizist behändigt mir eine »Ordnungsstrafverfügung 329 – A No 067934, VPKA Potsdam, den 19.09.75« – Geburtstagsgeschenk des deutschsprachigen Nachbarstaates. »Gegen diese Ordnungsstrafverfügung« – so lese ich – »steht Ihnen das Rechtsmittel der Beschwerde zu. Die Beschwerde ist innerhalb von zwei Wochen bei der obigen Dienststelle schriftlich einzulegen und zu begründen oder mündlich zu Protokoll zu erklären. Die Beschwerde hat keine aufschiebbare Wirkung.« Bei einer Volkspolizei, die ratsuchendes Volk bestraft, statt es zu beraten, werde ich keine Beschwerde einlegen. Christianes Lippen zittern; rasch denke ich an Portugal, um nicht von der Blässe deutschen Ordnungsdenkens angekränkelt zu werden. Eine alte Lesefrucht will mir zu Hilfe kommen: »Ich bin bis an meine Grenzen ausgedehnt; kein Groll kann mich verengen.« Bin ich es?

Bilder aus der deutschen Gegenwart IV

Gruß aus Schwabing

Wir sind alle Amerikaner.
Helmut Schmidt, Bundeskanzler

Daddy's Quick Store
Darling Child
disco-one
Fashion Home
Fashion Sweetheart
Fuck-off
Griffin's Tavern
Hammond Service
House of Hair
Hot Dog
Jerry Quickly Imbiß
Light and Sound
McDonald Cheeseburger
Music Center
Music City
Pleasure Bar
Robbins and Roses
Stop and Stay
Sunset
Sweetheart Joy
Thank you
We serve you warm dishes throughout the day
You are welcome.

27. September. Portugal im Herzen waren wir aus den Ferien zurückgekehrt, mit großen Erwartungen. Im Auto waren wir über Spaniens Hochebene geflogen, durch sommerheißen Herbstwind, waren durch Portugals Garten Eden geschwebt, die Provinz Alentejo, duftend nach Kiefern, nach Eukalyptus und Thymian. Unsere Ankunft: ein Stoß mit dem Kopf gegen eine dumpftönende Wand. Kurz vor der Tejo-Brücke, Abstecher nach Caparica. Politische konkrete Poesie im Sand: *Socialismo sim – so Ares não – Sozialismus ja – nur Lüfte nein.* Gegenspiel zwischen *Sozial* und *Soares.* Auf dem nebelverhüllten Strand, dicht neben uns, startet tosend ein Hubschrauber, darin ein Soldat mit seinem Liebchen. Welcher Vorgesetzte hindert ihn, den Treibstoff des Heeres für einen Sonntagnachmittagsausflug zu vergeuden? An der Zahlsperre der Brücke vom 25. April lungern vier oder fünf Buschkriegsversehrte; aus Protest gegen mangelnde Versorgung durch die Regierung lassen sie die Autofahrer ohne Entrichtung des Brückengelds passieren. Mag der Finanzminister zusehen, wie er die fälligen Zahlungsraten an die Hoch- und Tiefbaugesellschaft in den Vereinigten Staaten überweist! Die Ränder der Autobahn wimmeln von Unrat, hinterlassen von Angolaflüchtlingen; Caparicas Strand ist ein Müllhaufen. Überall bleiche, verhärmte, übernächtige Gesichter, ratlos wartend; ein junger kräftiger Mensch blickt uns mit verweinten Augen nach. Nie vorher haben wir die Leere, Stagnation, das Nichtwollen, Nichtkönnen so stark empfunden, trotz der mit soviel Aufschwung begonnenen Revolution. Auch das Wetter lähmt; der Himmel hängt tief über der Stadt und läßt nur einen hellen Streifen über dem Häuserhorizont frei. Morgens, in der Rua do Salitre, weist ein Polizist mich zur Umfahrt. Auf meine Frage nach dem Grund hebt er frohlockend die Arme: »Es brennt! Die Spanische Botschaft!« Die Kanzlei an der Ecke Avenida ist vollständig ausgebrannt; gelangweilt, abwesend stochert die Volksmenge in versengten Akten und Möbeln rings um das Gebäude. Das gesamte Botschaftspersonal ist mit einer Sondermaschine nach Spanien geflogen worden. Die Brandstiftung war eine Repressalie portugiesischer »Revolutionäre« gegen Francos Erschießung von Aufrührern. Die Massen gieren nach Ablenkung, nach Gewalt, nach einem Ventil für ihre unbefriedigten Bedürfnisse, die keine normale Betätigung mehr ausfüllt.
Habe den *Expresso* gelesen. Von A bis Z Nabelschauanalysen, politisches Altweibergeschwätz über gestrige Versäumnisse, beklommene und beklemmende Prognosen, Bedenken, zau-

dernde Mahnungen zum Tun, selbstgefällig-listiges Interview mit US-Senator McGovern. Sechzig Seiten Lektüre: eine Landschaft aus Asche, unter der sich ein agonisierender Puls regt. Kein mutiges Wort, keine sich regende Hand, nur Selbstzweifel, die jahrhundertealte Skepsis, die sich überlegen gibt. General Costa Gomes' Gesicht im Warschauer Fernsehen: schmaler, erfrorener Mund, starrer Blick, hohle, heisere Worte.

»Portugalisieren!«

Die Wörter erklären nicht, sie verdunkeln.
Faure de Rosa, *Die zerstörten Bilder*

»Das Leben neigt dazu, sich zu portugalisieren.«
In Frankreich, fünfziger Jahre, heißt das: zu stagnieren.

»Wir müssen unser Land portugalisieren.«
In Spanien, nach dem 25. April 1974, heißt das: revolutionieren.

»Wenn uns geholfen wird, werden wir dafür sorgen, daß unser Land sich nicht portugalisiert!«
Griechenlands Ministerpräsident Karamanlis, Athen, am 1. August 1975. Das heißt: chaotisieren.

Gespräch beim Zahnarzt

Die Revolutionen, wenn sie nur die der Nelken sind, hinterlassen Anarchie und wenig mehr . . .
Jose Cardoso Pires

»Achtzehn Monate Revolution sind vergangen. Was sagen Sie nun?« begrüßt mich Dr. Oliveira Pinto.
»Ich höre von Rekordernten.«
»Daß ich nicht lache. Zuchthengste spannen meine Landsleute vor die Ochsenkarren. Zuchtstiere werden gefüttert wie Kühe, Ergebnis: Typhus. Auf einem Hektar Land arbeiten viel zu viele Arbeiter. Ergebnis: Die Mähmaschinen gehen kaputt; die Ernte bleibt liegen. Die Jagd ist jetzt offen für alle. Ergebnis: Alles Niederwild wird abgeknallt, wider alle Bestimmungen. Mit diesem Volk ist kein Staat zu machen! Wo haben Sie je so eine Revolution gesehen?«
»Es ist die erste meines Lebens.«
»Seien Sie froh. Was Sie sehen, ist die Endparodie einer Revolution, schwankend zwischen Halluzination und Dummheit.«
»Und die vielen portugiesischen Begabungen, Talente?«
»Ausbrüche von Genie, von Kühnheit, von Fata Morgana – das ist die schlafwandlerische Aura, mit der wir uns zieren. Ob wir damit instinktiv gegen unsere Mittelmäßigkeit ankämpfen; ich weiß es nicht.«
»Das Programm ist groß. Geben Sie Ihren Landsleuten Zeit.«
»Die Zeit ist uns weggelaufen. Das macht uns müde.«
»Aber Beharrlichkeit macht frisch.«
»Das sagen Sie mal unseren Politikern. Mit Mittelmäßigkeit treibt man keine Revolution voran; kein Land befreit sich mit Anfängern.«
»Aber die große Volksmasse ist doch voller Bereitschaft.«
»Diese Bereitschaft, Bereitwilligkeit will aber orientiert sein; einem Jahrhunderte sich selbst überlassenen, verwahrlosten Volk muß mit gutem Beispiel vorangegangen werden. Ritualisierte Verantwortungslosigkeit als Ersatz für allgemeines Scheitern ist kein Vorbild.«
»Und die Einstimmigkeit der großen Massen?«
»Einstimmigkeit, durch Demagogen erzielt, ist künstlich und ohne Wert, jedenfalls ohne wirtschaftlichen Wert. Stimmungsmache ist nichts als Feuerwerk, Ablenkung. Warum wandern

denn die Ärzte aus, ganze Krankenhausteams, die Fachleute? Man spricht von insgesamt 30000.«
»Vielleicht hätte man systematischer planen müssen und ...«
»Wir sind maßlos und zugleich ängstlich, schwach und zugleich anmaßend, wenn nötig grausam. Systematisches Arbeiten kennen wir nicht. Wir haben kein auf unser Land zugeschnittenes Projekt.«
»Aber die ›kulturelle Dynamisierung‹, die Alphabetisierung?«
»Liegt im Argen. Ein trüber Teil dieses Volksfestes. Wir brauchen 18000 Volksschulklassenzimmer, davon achttausend sofort. In diesem Jahr sind knapp fünfhundert gebaut worden. Kindererziehung gibt es so gut wie nicht. Eineinhalb Millionen Schüler leben unter völlig ungenügenden Schulbauverhältnissen.
»Irrtümer gehören zum Handeln.«
»Die Zukunft wird sagen, wieviele unverzeihliche historische Irrtümer – und die haben das Gewicht von Jahren – in den letzten achtzehn Monaten begangen worden sind. Kein anderes Volk würde wie das unsere seinen Alltag leben, das immer mehr dem Jüngsten Tag gleicht.«
»Es ist aber geduldig.«
»Schlimm genug. Aber es spottet bereits. Das heißt: Es läßt sich nicht mehr hinters Licht führen.«
»Dafür steht die Zukunft doch immer vor uns.«
»Man muß sie aber fühlen. Und man kann sie nur fühlen, wenn die Nutzlosigkeit der Vergangenheit nicht mehr auf den Schultern lastet. Vielleicht kam die Erschütterung vom 25. April zu spät. Vielleicht sind wir historisch müde geworden.«

Herbsttag

Morgens im Taxi ins Institut. Das Autoradio berichtet über die Lage des portugiesischen Kabeljaufangs. Wichtigstes Faktum, gewissermaßen trotz des wichtigsten Datums der jüngsten Geschichte, des 25. April: vierhundert Jahre Tradition! Dennoch sei die Fischereiflotte des ältesten Seefahrervolks veraltet. Wie immer trägt Salazar die Schuld; seit fünf Jahren sind die Fangziffern des Volksnahrungsmittels um 50% zurückgegangen, allein um 10% im Revolutionsjahr. Unendliche Schwierigkeiten. Was tun? Devisen sind knapp, und so weiter. Nach bewährtem Rezept sucht der Sprecher dem verzwickten Problem mit einer verzwickten Sprache beizukommen, das heißt, den Ernst der Lage nach altbewährtem »Encoberto« nur verhüllt preiszugeben.
Auf dem Weg zum Mittagsimbiß im *Café Primavera* durch den Park, auf der Höhe des nachbarlichen Erzbischofspalais', wirbeln Pappelblätter und Flaumfedern putzsüchtiger Schwäne rund um den Teich. Sanfte Revolutionsluft kräuselt die spätsommerliche Oktoberwärme; fiebrige Ferienstimmung verscheucht die übliche Lethargie. Mit seinem fliegenden Kehricht, mit seinen von den Mauern wehenden Plakatfetzen verrät Lissabon, einst so sauber, jetzt so verwahrlost, mit einemmal Jugend und Ungeduld auf Umsturz. Aber Katastrophenstimmung, eine Konstante seit dem letzten Jahr, juckt höchstens die olivenölgepolsterte Haut der Portugiesen. Man genießt Gespräche über Gefahr und drohendes Unheil – lauter bürgerliche Reflexe, denn kein Spanischer Bürgerkrieg, kein Zweiter Weltkrieg, kein ferner afrikanischer Buschkrieg haben je auch nur eine Minute die portugiesischen Nerven des Mutterlandes ernstlich strapaziert. Warum übrigens sanfte Revolution? Weil auch die Lust an Anarchie hier sanft ist. Gefühle, welcher Art auch immer, müssen offenbar dem Ich schmeicheln und erotischen Kitzel verursachen.

Mittagessen mit Artur Ramos im einst eleganten, jetzt, wie er sagt, volkstümlichen *Tavares*. Er ist seit der Revolution Programmdirektor des Fernsehens; kürzlich hat er mich für Kortners letzte Fernsehinszenierung von *Clavigo* mit Thomas Holzmann zu einem Einführungszwiegespräch für seine Fernsehzuschauer eingeladen. Er erzählt von dem polarisierenden Auf-und-Ab im Staatssender. Seine Frage nach meiner Ansicht über den Gang der Revolution beantworte ich mit der Gegenfrage: Wieviele Volksschulen sind seither gebaut oder eingerichtet worden (seit Monaten wird die Verwirklichung eines alten Staatsauftrags von Fertigschulen an eine deutsch-schweizerische Baufirma im politischen Machtkampf hintertrieben); welche Fortschritte sind in der Lehrer-, in der Berufsausbildung erzielt worden? Ich sage, ich hörte nur ideologischen Überbau, aber nichts von konkreter Basisarbeit; ich sähe zwar Beratungen, Konventikel, aber wenig konstruktives Denken. »Erst müssen wir die Macht haben . . .« Artur Ramos weicht aus und spricht lieber von der Gefahr der Reaktion, vom Rückschlag des revolutionären Prozesses, von einem drohenden Putsch. Jetzt fließt seine Diktion; in der Luft der Ideologie navigiert er unbekümmerter. Ob in einem echten revolutionären Prozeß nicht zuerst »das Fressen, dann erst die Moral« käme; für mich als Laien fuße revolutionäres Denken und Handeln auf ökonomischen Grundlagen; mir fehle, da er es genau wissen wolle, die Dynamik, und die schlage sich in meinem Bewußtsein in folgenden Fragen nieder: Wieviele Studenten haben wievielen zehntausenden von Landarbeitern in den verflossenen vierzehn Monaten Lesen und Schreiben beigebracht (siehe Kubas Beispiel, siehe Paulo Freires Bücher)? Wieviele Landwege sind befahrbar gemacht; wieviele Straßen, Wasser-, Licht- und Telefonleitungen sind in den Landgebieten gebaut und verlegt worden? Ist ein ärztlicher Betreuungsdienst für schwangere Frauen landweit in Angriff genommen worden? Und so weiter . . . Plötzlich komme ich mir vor wie ein ohnmächtiger und dennoch verantwortlicher Zeuge portugiesischer Versäumnisse und Verdrängungen, Zeuge des Zerredens und Verschiebens unaufschiebbarer Aufgaben. Ich mißdeute die Lage; ich unterschätze die Schwierigkeiten, erwidert der Fernsehmann. In einem Jahr Revolution habe Portugal mehr Geschichte erlebt als in fünfzig Jahren Diktatur. Doch wie auch immer: Im Sozialismus werde es keine Tränen mehr geben, und wenn, werde man sie zu trocknen wissen. Ob Artur Ramos bedacht hat, daß auch der portugiesische Sozialismus nicht auf lachende und wei-

nende Herzen verzichten kann? Rosa Luxemburgs Brief aus ihrer Breslauer Gefängniszelle fällt mir ein: Auf ihrer steinharten Matratze liegend, empfindet sie plötzlich unbegreifliche innere Freude, und in diesem Geheimnis sieht sie nichts anderes als das Leben selbst; gleich darauf ist sie eins in Schmerz und Ohnmacht mit ihrem Bruder, dem mißhandelten Büffel, von dem ihr Brief erzählt.
Vieira Marques, Filmkritiker, Freund des Instituts, arbeitet seit einiger Zeit in dem neugegründeten Ministerium für Sozialkommunikation: »Wie steht es mit dem Leistungskoeffizienten der Revolutionsära?« frage ich ihn. Vieira Marques ist ein Spaßvogel; erst zwinkert er wie ein Osterhase, dann krümmt er sich wie ein Clown und blinzelt durch seine Hände, als ducke er sich vor der Ohrfeige des Zirkusdirektors: »Sprechen Sie doch nicht von solch schrecklichen Dingen ...« – »Habt ihr euch ausgerechnet, was pro Stunde geleistet werden muß, damit eure Rechnung aufgeht, damit Fortschritte erzielt werden? Welches Programm hat der MFA, die Bewegung der Streitkräfte?« Vieira Marques lacht: »Wo denken Sie hin ...« Er strahlt, als wolle ich ihn freundschaftlich zum Besten halten. »Programm? Herr des Himmels! Sie verlangen viel auf einmal ...«

Maria Rita

»Ich habe es Ihnen immer gesagt: Die *esperteza saloia* regiert das portugiesische Leben. Zu deutsch: Bauernschläue. Gleich, ob hoch, ob tief, ob Volk, ob Gesellschaft, ob vor dem 25. April, ob nach dem 25. April – Sie mögen's glauben oder nicht –: immer einen Fuß zurückgesetzt, sichernd, tastend: wer merkt, daß der andere verschiedener Meinung ist, Schweigen, das heißt: Verschlagenheit, Vorsicht, Feigheit ... Beim geringsten Widerstand, bei der ersten Schwierigkeit: in Deckung gehen, überlegen, wie man der Verantwortung entgehen kann, wie man ungeschoren davonkommt.
So werden Minderheiten geschaffen, unabhängig von der eigenen Anschauung. Die schweigende Minderheit wird zur schweigenden Mehrheit. Ergebnis: innere Spaltung, Schizophrenie ist die Folge. Verpestung der Luft, Unfreiheit, Fäulnis. Aber –: eine Art zu überleben.

Vor der Revolution mochten Sie sich einbilden, es gebe eine Einheitsfront gegen das Regime, wo nicht auf der Straße, so zumindest in Ihrem Institut, im politisch gesicherten Innenraum, der ungehemmte Rede erlaubte. Jetzt, mit zunehmender Polarisierung, wird alles kompliziert. Also: Opportunismus. Der Vizepräsident des Schriftstellerverbandes sagt zu Ihrem Böll-Abendessen erst zu, dann ab. Warum? Er weiß nicht genau, wer noch kommt; er fragt sich, wo Böll wirklich steht. Man kann nie wissen. Also, warum sich aussetzen? So ist es überall, oder?«

Ein Tag im Institut, 23. Oktober

Sieben Uhr aufstehen, trunkene Glieder wie immer, langsam erwachen Sehnen und Muskeln. Blick aus dem Fenster, feuchtwarme Luft, Batik-Himmel, Greco-Wolken über verschwommener Stadtkulisse. Dusche. An die Schreibmaschine; beim ersten Satz kräuselt Lachkitzel das Sonnengeflecht: Juan Carlos Onettis *Die Werft,* Uruguay, dieser Kontinent, immer wieder das Unbekannte! Zum Frühstück Trauben, scharfer Bergziegenkäse auf Toast zu süßem Milchkaffee. Gespräch mit Christiane, mezza voce, um den Morgen nicht zu stören, zwei Takte Solomon, musikalischer Pointillismus, um den Ton für ein paar Seiten Übersetzung zu stimmen. Zehn Uhr im Institut, leicht ermüdet, aber Laune hält an. Rasch durch die Eingangshalle, vorbei am schwatzfreudigen Gesicht Frau Platscheks; ein Blick erfaßt Atmosphäre, lesende Studenten. Zweimalzwei hinauf, die geordnete Post zweimal lesen, Nächstliegendes sofort anordnen, Kurznotizen in die Stenorette diktieren, eine Zeile aus einem eingetroffenen Buch kosten, mit Frau Nebelthau graphische Anordnung der Programmdruckfahnen verbessern. Sie erläutert die auf meinem Terminkalender notierten Verpflichtungen. Im Foyer eine gerade ausgepackte Ausstellung begutachten; den Bühnenarbeitern im Saal die Hand drücken, Wärme atmen, Morgenbedarf an Gemeinsamkeit. Gang durchs Institut, ziellos, auf der Suche nach was? Ein Wort mit Dr. Immel in der Bibliothek, in der Hoffnung auf Zuspruch. Die gestern für gut befundene Veranstaltung – rückblickend ein Fehlschlag? Wird sie nachwirken? Grundsätzliche Zweifel an meiner Arbeit – könnte man nicht alles g a n z anders machen, aber wie? Später darüber nachdenken, die Zeit drängt: welche? Die portugiesische, bundesdeutsche, die der Geschichte, meine eigene? Pflichten verscheuchen Bedenken; Anruf Artur Ramos: Er bittet bei Suhrkamp wegen Fernsehrechte *Verhör in Havana* für Veranstaltung mit H. M. Enzensberger zu reklamieren, außerdem um Ausleihe des Films *Dreigroschenoper* nebst Projektor. Besuch Wolfgang Schreyer *(Der gelbe Hai)* aus Leipzig. Freundlich-pfiffige Brillenaugen, kaum merkliches Sächsisch, gegenseitige Sympathie. Berichtet ohne Umschweife von offiziellen Reise-Kadern (Hermann Kant, Stefan Heym, andere Unbekannte zweiter/dritter Kategorie). DDR-Botschafter weiß nichts von seinem Besuch im Institut. Unterbrechung durch Alfredo Cayola wegen des von Frau Nebelthau

und mir revidierten Übersetzungsmanuskripts von Brechts *Die Tage der Commune* für das Teatro Experimental do Porto. Besprechung mit Cayola wegen Inszenierung *Der Bettler und der tote Hund,* womöglich Welturaufführung, Brechts Jugendstück sei nie inszeniert worden, zusammen mit *Ausnahme und Regel* im Institut (Januarprogramm). Gemeinsame Besichtigung des Saals, Vermessung der Bühne usw. Mitten hinein Horst Bieber (DIE ZEIT), zurück von Brasilien: Reaktorenwerke sind ein Tabu-Thema; Analphabetenziffern steigen absolut; Zahl der vom Industrialisierungsprozeß Ausgeschlossenen springt von 45% auf 50%. Lachend: »Ich komme, um dem Untergang Portugals beizuwohnen.« Will in einer halben Stunde heimlich aus Madrid eingereiste rechte Exilportugiesen treffen, die angeblich ein bewaffnetes 80000-Mann-Heer befehligen. Das offizielle verfüge über höchstens 10000 regierungstreue bewaffnete Truppen. Mittagessen mit Jorge Peixinho wegen Hans Werner Henze-Seminar (Konzert, Vortrag mit Bändern, Dias, Rundtischgespräch »Musik und Gesellschaft«). Erzählt von Warschauer Tagung: Polnischer Komponist kanzelt DDR-Nachwuchskomponist ab, der, statt kompositorische Erfahrungen zu vermitteln, Biographie herunterleiert. »Was Sie da gestern geboten haben (Symphonie in drei Sätzen, Konzert für Fagott und Orchester) – Scheiße.« Jorge Peixinho staunt über die für Portugals sanfte Sitten undenkbare Brüskierung. Im übrigen hält er Polen für eine echt fortgeschrittene Gesellschaft, der von der bruderfrommen DDR noch immer als Evangelium geheiligten sozialistischen Fibel ebenso weit voraus wie der im ranzigen Kapitalistenschmalz schmorenden BRD. »Die Polen sind arm, aber sie leben und schaffen Neues.«
An Tagen ohne Verabredung nach Institutsschluß um 13 Uhr eine halbe Stunde Zeitungslektüre in der verlassenen Bibliothek, Feuilletons, quer durch die Politik, rasch Wesentliches sammeln, Wichtiges (Akzente, Merkur, Kursbuch) mit ins Café Primavera jenseits des Parks, fünf Minuten Schlenderweg. Heimisches Gefühl unter bekannten Studenten-, Schüler-, Angestelltengesichtern, über Lehrbücher, Hefte, Zeitungen gebeugt. Immer das gleiche Schinkenkäsetoastbrot, Primavera-Pudding aus Orangensaft, Ei, Mandelboden; lauwarme, im Sommer kalte Milch; Mokka mit sämiger Decke, heiß und stark. Genießerisches Schütteln des Zuckersäckchens, schnurgerades Aufreißen des Papierrandes, Sanduhrrieseln in die Tasse, bedächtiges Umrühren. Ein Wort nach links, eines von rechts, Aufsaugen von Mienen, Aufspüren der Beziehungen, des In-

teresses am Studium, Erraten des Tagesablaufs an der Gebärdensprache der Mittagsgäste. Lektüre im Treiben des Cafés. Zurückbummeln; auf den Parkbänken Schläfer, strickende Frauen; Langhaarprophet für Kinder und Stromer füttert Taubenkundschaft; auf dem Mittelteich die Wappenbilder der Schwanenpaare, unbekümmert ums Geschnatter der Enten und schnabulierenden Jungen. Feuerblau ruhender Pfau beschämt bleiches Rasengrün. Wieder im Institut: Zwiesprache mit Stenorette, der gefügigen: Briefe in Portugiesisch und Deutsch an Wissenschaftler, Schriftsteller, Musiker, Journalisten, bildende Künstler; Beratungsprotokolle, Programmentwürfe, Pressetexte, Dankeskärtchen für freundliche Besprechungen, für Bücher. In vielen Fällen genügen ein, zwei Worte: Dank ihres Gedächtnisses, ihrer Einfühlungsgabe weiß Frau Nebelthau, ob die Sprache unpersönlich-förmlich, persönlich-verbindlich, brasilianisch-tropisch usw. klingen muß; sie beherrscht die unendliche Skala der Anreden, Redewendungen, Grußformen, die sich in romanischen Sprachen anbieten als Spiel, Lust am Wort, Zeitvertreib, Eros, Verlangen nach Gegenwart, Vorfreude auf Begegnung, Wiedersehen. Zwischenhinein Ablenkung durch erinnerten Klatsch: Harro Krautzes Bericht, Frau Platschek beschuldige Gisa kommunistischer Propaganda bei Institutsbesuchern; Hans Giesser leitet mir Gisas verhüllte Anfrage zu, ob sie im Falle einer Scheidung von Joaquim angestellt bliebe; von diesem, 48, schweratmig, gichtig, fühlt sich der zwanzigjährige jüngstverehelichte iberische 400-Meter-Jugendmeister und Postbote António in seinem Mannesstolz vorrevolutionär, das heißt faschistisch mißachtet: Wenn er, António, (hübsche) Sprachschülerinnen am Schalter bediene, winke Joaquim diese zu seinem Schreibtisch heran. Klatsch –: der Stoff, aus dem Geschichte wird, Literatur, Legende, Mythos. Fünfzehn Uhr: Erstes Telefongespräch, mit Dr. Himmel, Portoenser Institut: Planung eines Seminars über Arbeiterliteratur für April 76; Max von der Grün einladen. Neue Besucher: Impresario Rafael de Oliveira bittet um sofortiges Kommen von Peter Palitzsch als Berater für Inszenierung *Die Mutter*; alles Notwendige sei versprochen (sic): Hauptdarstellerin, Finanzierung, Regisseur. Drei blutjunge Schützlinge des Fernsehdirektors brauchen postwendend Fernsehrechte für Thomas Mann's *Tristan*, Weihnachtsproduktion; sie hoffen (sic) auf Stardarstellerin, Geld, haben die Übersetzung. »Und das Schneegebirge?« frage ich. »Ach so . . . Gerês würde gehen; in der Serra da Estrela schneit es manchmal zur Weihnachtszeit. Nach der portugiesischen Fassung denken sie an ein Melodram; an Hand des Originals mache ich sie auf den Ironiker aufmerksam. Große Augen. Ob vor oder nach dem 25. April: auf allen Gebieten Zeit- und Wirklichkeitsferne, Halluzination, Surrealismus, Wunschträume. Bei der geringsten Anforderung an eigene Leistung wird versucht, deutsches Bemühen um Genauigkeit durch den als genialisches Improvisationstalent drapierten Dilettantismus zu düpieren, zu beschämen. Anruf Phine: »Kommst Du zum Tee, Papa? Neueste Nachrichten aus der Schule: Heute abend gibt's einen Linksputsch!« Nein. Noch ein Besucher, Mendes de Carvalho, untersetzt, hager, graumeliert. Seine stillen, tierfeuchten Augen hinter dicken Gläsern verraten den Anlaß. Wir kennen uns aus der Buchhandlung *Opinião,* Treffpunkt der intellektuellen Opposition vor dem 25. April; er schreibt Theater und Lyrik. Lange Einleitung; Gespräche mit Portugiesen gründen Land, gemeinsamen Boden; sie verwerfen die Zeit. Die Schwierigkeit bei der Übersetzung von konkreter Poesie, Ethymologie und Semantik zu transportieren. Dann: »Haben Sie eine Arbeit für mich, irgendeine; ich mache alles, stelle keine Bedingungen. Es steht schlecht ...« (Er verbietet sich zu sagen: »Im Land.«) Fast hätte ich eine Chance bei der tunesischen Botschaft gehabt, aber dann ... Ich könnte natürlich nach Hause in mein Dorf, zu meinen alten Eltern, aber – kein Licht, kein Wasser, ein erbärmliches Leben. Was hilft's ... Ich war Geschäftsführer im Import. Die Firma steht auf der Kippe; in Kürze geht sie bankrott. Ich bin fünfzig, mich nimmt niemand mehr; als Schriftsteller kann ich keine Ansprüche erheben. Mein Französisch ist gut; Deutsch kann ich wenig, das heißt, gar keines; Sie können sich's denken ...« Nicht helfen können – das ist wie Seenot. Aufrichtigkeit allein kann den gemeinsamen Schiffbruch retten: »Der Institutshaushalt darf nur Veranstaltungen finanzieren; gelegentlich gibt's Sonderbudgets für Werkverträge, Seminararbeit, Übersetzungen von Katalogen – aus dem Deutschen freilich, leider kein verfügbares Geld außerhalb der beschränkten Planstellen ...«

Mendes de Carvalho verabschiedet sich mit leichter Geste: »Ich war gerne bei Ihnen ...« Neunzehn Uhr. Heimfahrt. In die Trauer über Portugal mischt sich Mißmut über jüngsten Vorfall: Harro Krautze hat einen nicht angemeldeten Ordinarius (Anliegen: Deutschkurse an seiner Fakultät: unser Interesse!) abgewiesen; wie ein nutzloser Bote sitzt er im Zimmer des stummen Verwaltungsangestellten, vor dessen Nase. Meine

Witterung führt mich an den Ort unserer Schande; rasch entschuldige ich mich, führe ihn zur Tür, verabrede eine telefonische Vereinbarung. Dann, zum ersten Mal in vielen Jahren, verliere ich – absichtlich? – die Beherrschung: »Wenn Ihr mir mein Institut ruinieren wollt, schicke ich Euch mit einem Empfehlungsbrief nach Hause; dann könnt ihr in München weitermuffen. Und Fräulein Lopes kommt ins Altersheim.« (Seit zwei Jahren sabotiert sie die Anfertigung eines hochwichtigen Dokumentarfilmkatalogs.) Ich schreie es durch den Flur. Anspruch auf BAT und Vergünstigungen, Wohnungs-, Kinder-, Krankenversicherungsbeihilfe; als Entgelt knochendürre Sachlichkeit, kein Funken Leidenschaft! Später versuche ich dem entsandten Dozenten mit erzwungener Geduld zu erklären, Kulturarbeit beginne beim Umgang mit dem Menschen. »Ich war mitten in Prüfungsvorbereitungen ...« – »Das hätten Sie dem Besucher sagen, sich höflich entschuldigen, ihm anbieten müssen, ihn baldigst aufzusuchen ...« »Von meinem norddeutschen Standpunkt aus ...« – »Oder noch besser: Nummer 23 wählen und mich bitten, den Herrn statt Ihrer zu empfangen. Sekundensache ...« Demokratie in den Kinderschuhen. Fräulein Lopes hinter ihrer Tür: »Der Chef ist *doch* kein Herr!«

Bombendrohung II

Abends übermittelt der Botschaftsrat ein Telex aus Bonn in meine Wohnung: »Wegen Todestag Holger Meins erhöhte Alarmbereitschaft; aus dem Ausland sind mehrere Bombenandrohungen gemeldet.«
Ich fahre ins Institut: Die letzte Vorstellung von Peter Weiß' *Mockinpott* ist überfüllt; vor den geöffneten Saaltüren drängen sich Menschentrauben auf Zehen und Stühlen. Was tun?
Ich vertraue mich drunten im Vestibül Joaquim an, der mit Zuspätgekommenen plaudert. Joaquim späht umher, ins Ferne, ins Nahe und verkündet mit der Ruhe des lusitanischen Seefahrers, der sich auf seine Antennen, auf Instinkt, Intuition, auf seine Witterung verlassen darf: »Ich glaube, es ist keine Gefahr.« – »Meinen Sie, wir sollten es riskieren, die Vorstellung nicht abzubrechen?« – »Ich meine es.« Blitzschnelle Kalkulation: Vierhundert Menschen mal zwölf, fünftausend Lissabonner würden gegebenenfalls von einem »geplanten Bombenangriff« aufs Institut reden, und schon würde mancher Besucher und Sprachschüler eine Zeitlang ausbleiben, abgesehen von der Einbuße an kulturellem Ansehen, an politischem Ruf, an menschlichem Vertrauen.
Ich bleibe im Institut, bis das letzte *Mockinpott*-Lied verhallt ist, die Schauspieler sich im Reigen verneigt und durch die Zuschauerreihen abgezogen sind, bis Joaquim und ich sämtliche Räume inspiziert und abgeschlossen haben.

10. November. Eröffnung der Vortragssaison mit Paulo Quintelas Lesung aus seinem letzten Übersetzungsband *Lieder und Gedichte von Bertolt Brecht.* Über hundert Menschen, meist Studenten, Freunde des alten Republikaners und Germanisten aus Coimbra. Die Ordnung des Saals ist umgekehrt; Quintela liest stehend, mit dem Rücken zu der Mockinpott-Volksbühne am hinteren Ende des Saals, neben seinem Vortragstisch. Einleitend erinnert er daran, daß noch vor wenigen Jahren ein Verleger zu ihm gesagt habe: »Brecht, einverstanden, aber ohne Kriegs- und Revolutionsgedichte . . .«

Quintela, herrscherlich, mit einem Stolz, halb Nerven, Sehnen, halb Rhetorik, liest mit zusammengekniffenen Augen, mal höhnisch aufblickend, mal eine wegwerfende Geste einstreuend, mit vorgeschobenem Kinn, angriffsgeschürzten Lippen. Er murrt, röhrt, mauschelt (natürlicher Laut des inwärts tönenden Portugiesisch), brummt, knurrt. Dazwischen eine Zigarette, verächtliches Pusten des Rauchs, Stichwortkommentare: biographisch, analytisch, historisch. Wenn ein Gedicht ins Zentrum der augenblicklichen Lage Portugals trifft, kündigt er an: »Garantiert echter Brecht.«
Das Publikum, wie immer, vielleicht noch mehr als sonst, zurückhaltend; nur ein junges Mädchen in der zweiten Reihe lächelt, wenn Quintela–Brecht ein herausforderndes Reimpaar geringschätzig in den Saal schleudert. Zwischenhinein singt Bertolt Brecht *Mackie Messer* und anderes vom Tonband, sparsam, aufreizend begleitet von kleinem Orchester; darunter Banjo, Becken, eine krächzende Kommandostimme; barsch, höhnisch, abgehackt; Brechts Aussprache klingt eher österreichisch als augsburgisch; man hört, woher die Giehse ihren Tonfall hat.
Quintela, jahrzehntelang befehdet und unterdrückt, genießt seinen Triumph; er spielt den mürrischen Transmontaner, den einsamen, den verkannten Alten aus Coimbra; rezitierend kanzelt er alle ab, das alte Nazideutschland, die DDR, seine Landsleute, das alte und das neue Portugal. Bei Brechts *Kriegsfibel* (»Der Schoß ist fruchtbar noch, aus dem das kroch«) verschämtes Klatschen. Die Stimmung im Saal ein Knäuel ungelöster, unerlöster Gefühle – wie so oft. Der große Brecht aus der Bundesrepublik, die uns nicht wohlwill, im Deutschen Institut, das auf unserer Seite steht. Brecht, unser Anwalt gegen die Reaktion. Wieso propagieren die Bundesdeutschen Brecht; woher nehmen diese Soziofaschisten das Recht? Die alten republikanischen Konservativen, Freunde Quintelas, ausgebootet aus dem revolutionären Portugal, befangen, gefangen, unglücklich. Überhaupt: der unbequeme Brecht, den man so schwer bequem und einseitig gebrauchen kann (Warum schaffen Sie dann nicht das Volk ab?). Auch Quintela ist unglücklich; er hat unsere Einladung als Ehrengast zu einem Seminar in München abgelehnt; in der augenblicklichen Lage möchte er sich im Ausland nicht zu Portugal äußern müssen.

»Das ist ja der reine Surrealismus . . .«

Sttau Monteiro

November. Abendessen im Dachrestaurant des Hotels Eduardo VII, veranstaltet von Intellektuellen der Hauptstadt zu Ehren von Peter Weiß, Gisèle Halimi, der französischen Frauenrechtlerin, und Exilspaniern. Sie waren auf Einladung der portugiesischen Dramatikergesellschaft angereist, um an der für den Abend geplanten Solidaritäts- und Protestkundgebung zugunsten von in Spanien inhaftierten Regimegegnern, darunter Peter Weiß' Freunden, der Dramatiker Alfonso Sastre und seine Frau Eva Forrest, teilzunehmen.
Die Stimmung ist aufgeregt, ein Gemisch aus zähneknirschendem Hohn und jungenhaftem Galgenhumor. Offenbar hatten die portugiesischen Intellektuellen ihre politische Macht überschätzt; jedenfalls hatten sie die Rechnung ohne den Wirt gemacht. Denn auf die durch die Medientrommel angekündigte Aktion hin hatte der spanische Botschafter im portugiesischen Außenministerium gedroht, Spanien werde den für die portugiesische Wirtschaft lebensnotwendigen Strom sperren, sofern die Kundgebung stattfinde.
Teilnehmer kommen und gehen; man versucht, beim Premierminister wenigstens eine Audienz für die ausländische Prominenz zu erwirken. Peter Weiß sitzt still bei Tisch; liebenswürdig und maßvoll antwortet er nach allen Seiten, genauso liebenswürdig und maßvoll wie heute morgen bei der Begrüßung auf dem Flugplatz oder tagsüber im Hotel unter portugiesischen Politikern und Künstlern, beim Beraten und Abfassen von Erklärungen für die in- und ausländische Presse.
Der Theaterkritiker Carlos Porto äußert seine Bewunderung über Peter Weiß' gesammelte, gleichsam durchlässigen Gesichtszüge, die mit äußerster Konzentration auf leiseste Zeichen zu reagieren und sie zu verarbeiten scheinen. Seine Bewegungen sind beherrscht, sein Körper schlank und agil, sein dunkler Blick stet und durchdringend, seine Stimme gleichmäßig; er spricht fließendes Englisch mit Oxford-Akzent. Jetzt regt sich unter seiner Haut verstecktes Staunen. Neben ihm wirft der Dramatiker Sttau Monteiro, aufs höchste irritiert durch die demütigende Lage, mitten im Kauen die Hände über den Kopf: »Wo leben wir eigentlich? Das ist ja reiner Surrealismus . . .« Ermutigt stimmt ihm gegenüber die Frau eines Kollegen ein: »É uma merda!« und bezeugt damit vor den Auslän-

dern, wie emanzipiert sie ist. »Das portugiesische Volk ist eine Kanaille«, zetert die füllige Dame weiter, ohne weitere Erläuterung und ohne zu bedenken, welche geringe Verantwortung das ebenso wehrlose wie gutwillige Volk Portugals an der Kopflosigkeit seiner Elite trägt. Zumindest ist an diesem Punkt die Souveränität, mit welcher Portugal der Welt seine Revolution und seinen Sozialismus als neues Modell und Vorbild zu bieten gedachte – so wie einst Salazar Reden »für die Welt« hielt und fremden Staatsmännern Lehren erteilen zu müssen glaubte – gelinde ins Schwanken geraten.

Schließlich tritt ein Bote mit erhobener Rechten in die Mitte des Saals: Der Premierminister sei bereit, die Abordnung zu empfangen – jedoch streng privat. Die Gäste brechen auf; Peter Weiß sichtlich erleichtert, die peinliche Szene zu verlassen.

Während wir essen, stehen hunderte von Menschen, welche die durch Rundfunk ausgestrahlte Absage der Protestveranstaltung nicht erreicht hatte, vor dem Sportpalast. Schließlich erfahren sie die Entscheidung der Regierung und ziehen ab. Später sammelt sich eine aufgebrachte Menschenmenge vor der spanischen Botschaft, wird jedoch von Militärpolizei zum Umkehren bewogen.

»Der gute Mensch von Köln«

Reinhold Schneiders *Das Leiden des Camões* hat Heinrich Bölls Neugierde auf Portugal früh geweckt; der Putsch von 1974 hat seinen Wunsch, das Land kennenzulernen, nur verstärkt. Er war zunächst bereit gewesen, zu Lesungen – »wenn es unbedingt sein muß« – und gerne zu Gesprächen mit Autoren und Studenten zu kommen. Doch der offizielle Sturm im Wasserglas, ausgelöst von den in Zusammenarbeit mit dem Goethe-Institut in London ausgestellten politischen Plakaten von Klaus Staeck, hatte ihn zu seinem offenen Brief an den bundesdeutschen Außenminister veranlaßt, in dem er sich weigerte, fortan die Bundesrepublik im Ausland zu vertreten, solange Hexenjagd auf Künstler wie Staeck gemacht werde.
Die Bölls sind mit einem Tag Verspätung eingetroffen: Trotz rückbestätigter Flugscheine ist das Ehepaar mit einem Dutzend Portugiesen auf dem Pariser Flughafen Orly aus der Linienmaschine der TAP komplimentiert worden, zugunsten einer sowjetischen Delegation, die ganz plötzlich Priorität erhielt. Daß es Sowjetbürger waren, hatte der Romancier an den Hüten der Damen erkannt. Schon auf dem Lissabonner Flugplatz merkt er, daß eine politische Krise im Anzug ist. Es sind die Tage vor dem 25. November.
Abgespannt, aber fröhlich und neugierig auf seine sinnlich-gefühlige Art, sitzt Heinrich Böll mir im Institut gegenüber; er ist »als interessierter Zeitgenosse gekommen«; ihn und Annemarie fesselt das, was viele in West und Ost fasziniert: Daß Portugal das einzige und erste Land in Europa ist, das sich aus eigener Kraft von der Diktatur befreit hat; daß junge Offiziere eines faschistischen Regimes, die in den afrikanischen Kolonien mit den verschiedensten Befreiungsbewegungen und mit marxistischem Gedankengut in Berührung kommen, im eigenen Land einen Umschwung erzwingen; daß Oppositionspolitiker einsehen, etwas wie auch immer geartetes Neues müsse geschehen; daß selbst die Kirche, von einer nicht eigentlich religiösen Regierung gestützt und als Machthebel benutzt, im Augenblick des Putsches eine Art von Befreiung empfindet.
Übrigens möchte Böll dem Botschafter »Guten Tag sagen«; dieser hatte ihm vor einigen Jahren in Heinemanns Auftrag einen Orden anheften sollen. Wie bei der Erinnerung an ein hochkomisches Mißverständnis schmunzelt Heinrich Böll in sich hinein: »Ich und ein Orden!«

Auf die Staeck-Kontroverse zurückkommend, frage ich, ob ein Schriftsteller, gleich welcher Nation, nicht vor allem sein eigenes Werk vertrete, für sich als Mensch und Angehöriger eines Landes einstehe. Man vertrete auch das Land, erwidert der Schriftsteller. Aber das Land sei nicht die Regierung. Das Goethe-Institut sei aber ein halb offizielles Organ, gibt Böll zurück und schlägt spöttisch lachend vor, man solle einmal als Test Vertreter der Adenauer-Stiftung auf Vortragsreise schicken, damit der Staat sehe, was aus dem Ruf wird, den seine, Bölls, Kollegen und er der Bundesrepublik eingebracht hätten. Wir sind uns einig, daß es zwischen Diplomatie und Kultur keine gemeinsame Sprachebene gibt und man immer von einem Stockwerk zum anderen redet.
Da Heinrich Böll nicht an Universitäten sprechen will, um »meinen Trumpf gegen den Außenminister nicht zu verspielen«, habe ich persönliche Begegnungen geplant. Gleich soll im Foyer ein Gespräch mit Dozenten und Studenten der Lissaboner Germanistik und Lehrern der Deutschen Schule stattfinden, Thema: die bundesdeutsche Berichterstattung über Portugal. Heinrich Böll meint, man könne nicht von einem ausländischen Korrespondenten erwarten, daß er die Lage besser überschaue als die Betroffenen, die Parteien, Militärs, Politiker.
Tatsächlich ist die Lage im Augenblick unüberschaubar, fiebrig; niemand kennt sich aus. All das geht Böll sichtlich unter die Haut. Er spricht leise, und seine leisesten Sätze sind die eindringlichsten. Er wirkt nachgiebig, und ist doch hartnäckig. Er scheint rasch zu ermüden und ist doch zäh. Er ist ein Dulder, und dabei unduldsam, wo er seine Grenzen bedroht fühlt. Als Organisator mahne ich zum Gehen: Wir sind im Schriftstellerverband verabredet. »Das hat Zeit«, winkt Böll ab, mit halb klagender, halb ungeduldiger Stimme. »Wir müssen hier noch ein paar Fragen bereden.« Seine Neugier ist grenzenlos, seine Gegenwärtigkeit entwaffnend. Er ist offenherzig und verschmitzt, todernst und humorvoll, ein Melancholiker, der gerne lacht, kurz: ein Mensch, der Vertrauen weckt und Vertrauen erntet. In den Tagen, die er in Lissabon, Porto, Fatima, auf einer jüngst besetzten landwirtschaftlichen Kommune verbringen will, wird er alles erfahren, was er wissen will: Warum die Kleinbauern im Norden, denen man ihre Angst nicht genommen hat, von der KP als kirchenhörig, als Reaktionäre verschrien werden, nur weil die Großgrundbesitzer, die gemeint sind mit Enteignung und Verstaatlichung, eine Angst schüren,

die ausgeblieben wäre, wenn richtig definiert worden wäre – so Bölls Schlußfolgerung. Daß in dem Augenblick nach dem 25. April 1974, als für ein neues Portugal Opfer hätten gebracht werden müssen, die Besitzenden als erste das Bargeld lastwagenweise aus dem Land schaffen. Daß zu Patriotismus und Opfergeist immer nur die Arbeitenden bereit sind – wie international zu beobachten ist – meint Böll. Daß die um die Jahrhundertwende säkularisierte Kirche Portugals zwar Bischofssitze und Priesterseminare besitzt, aber kein Land wie Italiens Kirche. Daß alle vom »Volk« reden – die Kirche, die Sozialisten, die Kommunisten, die Volksdemokraten, alles Leute, die der »classe dirigente«, der herrschenden Klasse angehören einschließlich Alvaro Cunhal mit seiner Diktion, seinem Gebaren, seiner Bildung; daß aber keiner von ihnen das Volk kennt und seine Sprache spricht. Daß – wie der Bischof von Porto, Dom Antonio Ferreira Gomes, Heinrich Böll erklärt – die herrschende Klasse ihren Ursprung in Inquisitionsbestimmungen hat: Daß laut den Rassegesetzen der Inquisition niemand mit jüdischem oder maurischem Blut eine hohe Position in Heer, Verwaltung und Kirche erlangen konnte, und daß das daraus entstandene Bildungs- und Stellungsprivileg bis zum heutigen Tag bewahrt worden sei.
»Ich habe nie eine friedlichere Bevölkerung gesehen«, wird Böll sagen. »Ich habe keinen Portugiesen brüllen hören – was für eine sympathische Eigenschaft; die können offenbar gar nicht brüllen. Und nie habe ich eine so friedliche Armee gesehen; vermutlich schießen ihre Soldaten ungern.«
Die Verlegerin von *Gruppenbild mit Dame* gibt ein Abendessen für die Bölls und zwei dutzend Gäste, den Parteiführer und Außenminister Mário Soares sowie Politiker und Schriftsteller, die der Partei nahestehen. Die Luft ist weniger sozialistisch als großbürgerlich; das Essen wird an mehreren Tischen in zwei Räumen der eleganten Zimmerflucht serviert. Spät am Abend, einem plötzlichen Damenwunsch folgend, verläßt Mário Soares die Gesellschaft, um aus der Bar der anwesenden Dichterin Natália Correia deren Pianistin zu holen. Kaum ist die zierliche Dame gereiften Alters stürmisch begrüßt worden, setzt sie sich an den Flügel und präludiert mit den Gesten und Grimassen eines Clowns, der auf einem Zwergpony durch die Manege trabt, politische Couplets, die Natália, wollüstig in die Sofaecke gespreitet, darbringt: Sie karikiert Alvaro Cunhal; sie persifliert den anwesenden Sozialistenführer, der großmütig lacht; die Stimmung wird ausgelassen, der Augenblick ist wichtiger als

bevorstehende Sorgen; Böll wird es etwas unheimlich zumute, weil, wie er sagt, »dabei nichts übrig bleibt«; er bekennt sich »anfällig für Stimmungsmache dieser Art, einem Gemisch aus Bohème, Nihilismus und Nostalgie«.
Bei einem Abschiedsessen in unserer Wohnung treffen Annemarie und Heinrich Böll eine neue Gruppe von Schriftstellern mit ihren Frauen; Christiane und ich bewirten die Gäste vom Eßtisch aus; man ißt und trinkt zwischen Eß- und Wohnzimmer, sitzend, stehend. Der stille Lyriker Carlos de Oliveira ist gekommen; die Romanschriftstellerin Maria Velho da Costa, eine der »Drei Marias«; José Cardoso Pires, der Böll von einem Pen-Treffen in Dublin kennt; die Romanciers Fernando Namora und Vergílio Ferreira; der Lyriker und Redakteur Fernando Assis Pacheco, dessen Bildung Böll bei einem Interview beeindruckt hat; die Dichterin Sophia Mello Breyner Andresen und ihr Mann, Anwalt und Chefredakteur. Nach Mitternacht, in der berühmten portugiesischen Stunde, weitet sich die Zeit zum Raum; das Gespräch zentriert sich um Heinrich Böll, der fragt, zuhört, antwortet, wieder fragt mit vorgeneigtem Kopf, die schwermütigen Clownsbrauen heimchenhaft zusammengezogen, nachdenklich rauchend, an seinem Glas nippend. Er erfährt, warum die Schriftsteller in einem Land, dessen Lage sich von Tag zu Tag wandelt, nicht nur politisch, auch stimmungsmäßig, nicht schreiben können, keinen historischen Roman, keinen Gegenwartsroman, keinen utopischen Roman; warum die meisten von ihnen als Abgeordnete, als Publizisten, als Stadtkämmerer, als Rundfunk- und Zeitungsredakteure ihren Beitrag leisten; warum sie, vom Strom des Geschehens mitgerissen, sich aus Loyalität zur Revolution weder apologetisch noch abfällig äußern wollen. Erst im Morgengrauen geht man auseinander, ein Anflug von *saudade* in aller Augen.
Fernando Namora (vom gleichen Jahrgang wie Böll) bemerkt zu dieser Begegnung:
»In der Regel betrachtet das gebildete Europa uns als Auswuchs oder als Überspanntheit. Wir haben eine Daseinsform, die nicht zum gemeinsamen Nenner der Europäer paßt; andrerseits wird unser kulturelles Image an unserem sozioökonomischen Image eines unterentwickelten Landes vorurteilsvoll gemessen. Daher unterdrückt der illustre Ausländer, der uns besucht, nur mühsam eine gewisse großmütige Herablassung oder eine gewisse Neugierde, die er sonst für seltsame Tiere bereithält. Das fällt auch dann auf, wenn der Fremde uns freundschaftliches Interesse entgegenbringt.

Daher gehört Heinrich Bölls Besuch in Portugal zu jenen Erinnerungen, die man gerne bewahrt. Heinrich Böll besuchte uns vorurteilslos, mit der seelischen und geistigen Bereitschaft, die wenige aufbringen, mit der Vorbehaltlosigkeit, die nur wahrhaft große Menschen zu vermitteln verstehen. Seine Neugierde und seine Besorgnis für unsere Probleme, unsere Ratlosigkeiten und Euphorien waren echt. Für persönliche und gemeinsame Schmerzen, die auch seine Schmerzen sind, brachte er keine fertigen Rezepte und Ideen mit. Er wollte uns nur nach Möglichkeit kennenlernen, unserem Wesen, unseren Bestrebungen auf den Grund gehen. Seine Fähigkeit zu verstehen und mitzuleben zeigte sich von Anfang an, und das setzt intellektuelle Bescheidenheit, ökumenische Bescheidenheit voraus, an die wir, wie gesagt, nicht gewöhnt sind, wenn es sich um ›zivilisierte‹ Fremde handelt. Daher geschah an diesem Abend etwas, was besonders unter schreibenden Portugiesen selten ist: Enthemmung. Ein jeder empfand die Gelegenheit und Notwendigkeit, sich zu eröffnen – sich dank Heinrich Bölls katalysierender Präsenz seinen eigenen Landsleuten zu eröffnen. Selten ist mir eine so wohltuende Katharsis vergönnt gewesen. Der 25. April hat das portugiesische Bewußtsein offenbart, wenn diese von mancher Überraschung begleitete Offenbarung sich auch selten rückhaltlos vollzog. Doch an diesem unvergeßlichen Abend verlief dank dem echten, diskreten Stimulans eines, der auf so solidarische Weise zuzuhören versteht, alles ganz ungewöhnlich.«

Anfang der siebziger Jahre hat das Auswärtige Amt zum Preise von DM 1500000,– deutscher Steuergelder durch das sogenannte Peisert-Gutachten wissenschaftlich zu ermitteln gesucht, wie Kulturpolitik, »die dritte Säule der Außenpolitik«, effizient durchzuführen sei. Verstünde das Amt, die richtigen Leute zur richtigen Stunde zu befragen und anzuhören, könnte es sich zeitraubende, kostspielige und ungenaue Messungen ersparen.

Ruben ist tot

Rubinho, dem ich letztlich mein portugiesisches Abenteuer verdanke, ist in London einem Herzinfarkt erlegen. Vor einem Jahr hatte er die Leitung des Staatssekretariats für Kultur übernommen. »Eine Riesenscheiße, kann ich dir sagen. Ich bin fast der einzige, der hier arbeitet. Keine Katze, wenn ich um neun Uhr eintreffe. Mache praktisch alles allein.« Wenn ich ihn fragte, wie alles aussehe, wie alles weitergehen solle, winkte er ab, halb höhnisch, halb verbittert: »Wenn du wüßtest, was hinter all dem steckt . . .« Ich habe es aus seinem Munde nie erfahren. Um Portugal verlassen zu können, hatte er sich die Stelle eines »Senior Professor« in Oxford besorgt, ein alter Wunsch; dort wollte er mit einer neuen Frau, der Frau eines anderen, eine neue Lebensphase beginnen. Seit Jahren war er nicht mehr im Institut erschienen, nur einmal, zu einer kleinen Camões-Ausstellung, Pflichthuldigung für das Lusiaden-Jahr, 1972; die politische Richtung des Instituts hatte ihm nicht behagt. Beim Verlassen des Landes war er an der spanischen Grenze festgehalten worden und hatte nach Lissabon zurückkehren müssen, um Erklärungen abzugeben, anscheinend wegen mitgeführter Kunstschätze. Jahrzehntelang hatte er in Spannung gelebt; sein Ehrgeiz, als Schriftsteller und Mann der Öffentlichkeit anerkannt zu werden, dazu die Aufregungen der Abreise, hatten seine Kräfte überfordert. Zum Andenken lese ich in seinen Briefen.

Lissabon, 2. Februar 1968

Lieber Curt,
soeben aufgetaucht aus einer versunkenen Welt. Ich habe João Cabral de Melo Neto, Edelmann des Worts und Pernambucos, acht Tage lang auf einer Literatur- und Huldigungsreise begleitet. Ich habe nichts getan; er hat mich erledigt; daß ein Poet einen Prosaisten mordet, dreht einem die Eingeweide um. Von Lissabon fuhren wir zu einem Ort namens Fundão, das den Geburtstag seiner Zeitung beging und die Gelegenheit wahrnahm, den Autor von *Hund ohne Federn* zu feiern. Es war ein sehr interessantes Treffen, siebenhundert Personen in einem Theater, Honoratioren, Schriftsteller und Pseudoschriftsteller, Hohlköpfe und Hellköpfe, Schlaue und Dumme, eine Kälte, um die verpacktesten Knöchel zu spalten, eine Nacht nahe der Serra

da Estrela, tiefgreifender Aufruf der Geister in einem geknebelten Land, überall Polizei, überall Zensur, das Drama der europäischen Unterentwicklung, das tragischste unserer Zeit. Sollen die Amerikaner in Vietnam sterben; sollen sie sich alle auffressen, aber sie sollen Europa im Innersten seines Schaffens fortschreiten lassen. Unser João hielt keine Vorträge, sondern beantwortete nur klar und klug die Fragen der Hörerschaft; fast drei Stunden Zwiesprache, übrigens auf annehmbarem Niveau. Ungezähmt wie ich bin, glaube ich nicht an öffentliche Diskussionen; ich glaube nicht an die Poeten; ich glaube an nichts; Injektionen dieser Art bereiten mir Ekel, Brechreiz; Leute, die bloß von Literatur reden, als sei Literatur Häkelarbeit, Automechanik, eine belesene Hure. Nichts, gehobene Eseleien, beredte Eseleien, und alle überzeugt, sie hätten den Genius gepachtet. Scheiße! Und draußen eine Landschaft, um die Sinne zu betören; Schönheiten über Schönheiten, aber alle gleichgültig, sowas! Sie mögen nur eine gedruckte, eine unmitteilbare Welt; Schönheit läßt sie kalt. Auf der Fahrt nach Castelo Branco versuchte ich fast furchtsam zu zeigen, daß die Landschaft Distanz besitzt, ein Maß ohne Maß, ein Feld mit Korkeichen, ein Bischofsgarten mit Statuen. Nichts, nichts, nichts, Scheißpoesie, Allesscheiße; ich bin der erklärteste Anti-Intellektuelle des Okzidents. Am nächsten Morgen floh ich nach Alpendrinha, hochgelegenes Dorf in Gardunha; Schönheiten in Granit, in Statuen und Brunnen; Säulendächern und Gassen von Leben und Tod, aber nicht nach Severinos Art (Anspielung auf João Cabrals Versdichtung *Tod und Leben des Severino*). Ich mußte zu einem gräßlichen, grausamen Mittagessen zurück sein; es dauerte, Ehrenwort, von ein Uhr mittags bis halbsechs; es gab 14, mein Sohn, vierzehn Reden; von wegen demokratisches Land, ein Land, das weder die Zeit noch die Weisheit zu nutzen weiß; ein Land, das den anderen die Zeit stiehlt, ist ein Land voll von Verbrechern, ohne Rechte noch Linke. Fünf Stunden Reden, weißt Du, was das heißt? Schließlich spielte ich Kreuzworträtsel mit mir selber und lachte über Zahlen – ein Irrer im Irrenhaus; dann fuhren wir über die Serra da Estrela nach Coimbra weiter. Landschaft ist für João Cabral Schutt, gerade gut, um hindurchzubrausen, sonst nichts, ohne Erregung; ich möchte ihn mal vor einer Frau an einer Böschung sehen, an einem Bach, an einem Tümpel mit Seerosen, möchte ihn an einem Sumpf koitieren sehen. Nichts. Für João Cabral ist Poesie eine Aluminiumschraube, und damit hat sich's. Die Serra da Estrela hatte einen ihrer großen Tage; Wolken nagten an Kiefern, ein Fuchs jagte einen Hasen, Bergler suchten Schutz vor dem Reif; tausende von Felsbrocken der Urgeschichte; Dorffest, Dorfmusik, Kirchen und Kapellen; Seinsschöpfung Mensch, zum Teufel, die Natur verschlingen, an ihren Eutern trinken, was die Liebesspritzer spenden. Curt, mein Kleiner, das Leben ist mehr wert als diese Intellektuellenscheiße. Ich bin ein Mann mit Hoden, um zu bezeugen, daß das der Ursprung des Worts ist, bravo. In Coimbra noch mehr Poesiesitzungen, mehr und mehr, und ich am Boden zerstört, dann Rückfahrt nach Lissabon, dazwischen Besuch in Conimbriga; die Kiesel, die wunderbaren römischen Mosaikteppiche, bunte Steinchen, ein Pompeji primitivster Schönheit. Nach einem kurzen Abstecher durch Batalha gelangten wir nach Lissabon. Ich erledigt; ich sage wie eine Figur aus Amados *Alten Seeleuten* »Und jetzt zu den Huren!«. Am nächsten Tag, Dienstag, neues Kolloquium in der Fakultät, dann offizielles Mittagessen, abends neues Treffen; verdammt, er hielt aus, aber ich zweimal. Um gerecht zu sein: Ich bewundere João Cabral als Mensch, aber er ist verdorrt, vorzeitig verstorben; weißt du, was das heißt? Ein Mann, der sich vor der Liebe schämt, von dem Ja der Sinne; nur Kanne, Kopf; ein höchst vorsichtiger Mensch, was seine Biographie betrifft; nur aufs Feilen der Schrauben bedacht. Genug . . . Ich brauche REINE ZEIT; weißt du, was das ist? Reine Zeit, verschieden vom Reinen Raum, REINE ZEIT ist das Gefühl, im Unendlichen unseres Geistes zu schreiben; dafür heißt es, Hindernisse wegfegen, Kleinlichkeiten, die kleinen Scheißen aus Reimereien, Marmeladen, Schoßhündchen. Schreib wenn du kannst . . .

Herbststimmen der Revolution

Mich, weil ich alles seh, kann nichts erschrecken!
Camões

Wir werden nicht mit Siebenmeilenstiefeln vorwärtsgehen, sondern im Schneckentempo. Ja, wir werden alles, alles noch einmal in Frage stellen.
Bertolt Brecht, *Leben des Galilei*

Ein Taxichauffeur zu Christiane, an der er vorbeifahren will: »Jetzt fahre ich nur noch das Volk . . . Halt, steigen Sie ein, Sie sind sympathisch.«
Ein Fischer am Strand von Caparica: »Der einzige, der arbeitet, bin ich. Die anderen mit ihrem erhöhten Gehalt tun keinen Streich mehr. Man müßte die Faschisten rufen, damit sie alle abknallen!«
Die Marquise von Cadaval während einer Konzertpause in der Gulbenkian-Stiftung: »Mein Gott, ist das alles langweilig geworden!«
Bauer von Coimbra: »Wer säen will, soll säen! Wir pflanzen nur noch an, was wir für unsere Familie brauchen.«
Eine Marktfrau zu Christiane: »Die da oben treiben nur Schindluder!«
Ein Gärtner: »Das ist das Ende Portugals!«
Ein Plakat: »Soldaten sind kein Kanonenfutter. Soldaten sind Söhne des Volkes. Krieg des Volkes gegen Kolonialkrieg!«
Ein Journalist: »Nur die Intelligenz ist revolutionär!«

Miguel Torga

Freiheit

– Freiheit, die Du bist im Himmel ...
Ich betete das Vaterunser, das ich kannte,
Und bat Dich in Demut
Um das tägliche Brot.
Aber Deine allmächtige Güte
Erhörte mich nicht.

– Freiheit, die Du bist auf Erden ...
Und meine Stimme schwoll
Vor Erregung.
Aber trauriges Schweigen begrub
Den Glauben, der aufstieg
Aus dem Gebet.

Bis ich eines Tages mutig
Anders sah und schließlich
Staunend schmeckte
Das Brot meines Hungers.
– Freiheit, die Du bist in mir,
Geheiligt sei Dein Name.

1976

Dem Traum folgen, bis zum Ende
Joseph Conrad, Lord Jim

Ein Fall

Der Lauscher an der Wand . . .

Angst denkt zuviel
Philine

Gespräch zwischen SL (Sprachleiter) und IL (Institutsleiter)
SL: Haben Sie gehört, die Botschaft der DDR hat telefonisch um die Adresse von Fräulein Budweis gebeten?
IL: Renate Budweis stammt, soviel ich weiß, aus Weimar. Vielleicht will man sie für die Sprachkurse des neuen Herder-Instituts werben.
SL: Niemals, damit würden die doch eine Informantin verlieren.
IL: Das Institut hütet keine Geheimnisse.
SL: Aber unser Prestige-Verlust?
IL: Bin ich draus, bin ich drin? Ist's Verlust, ist's Gewinn?
SP: Sie scherzen . . .
IL: Mein Scherz ist mein Ernst.
SL: Drüben kennt man das Wort »fair« nicht.
IL: Wer anderen eine Grube gräbt . . .
SL: Ich kenne Ihren Idealismus. Geben Sie sich keinen Illusionen hin.
IL: Davon lebe ich. Metaphysik! Zu hoch fürs Heute.
SL: Glauben Sie bloß nicht, daß es Ihnen etwas nützt, wenn Sie Martin Walser einladen.
IL: Ein Schriftsteller ist ein Schriftsteller ist ein Schrift . . .
SL: Die drüben sind kalt. Ich werde Ihnen eine Geschichte erzählen: In Rostock, als Klassenerster, war ich Klassensprecher. Einmal gab es einen Anstand, und ich schlug vor, einen Kameraden mit zum Lehrerausschuß zu nehmen. Die Klasse wählte ihn, den strammen Kommunisten, und ließ mich fallen.
IL: Selbst ist der Mann. Aber: Erfahrung ist alles. Stammt von Kierkegaard.
SL: Aber Ideologie ist gefährlich.
IL: Bereitsein ist alles. Stammt von Hamlet.
SL: Sie machen über alles Spaß.
IL: Der Spaß ist mein Maß.
SL: Ich mache mir eben meine Gedanken.
IL: Angst denkt zuviel. Stammt von Philine. Nicht weitersagen!

SL: Ich habe ein Problem: Fräulein Budweis hat im Garten fotografiert, und mich mit, vor der Glastür – genau unter dem Funkmast der Botschaft. Was soll ich tun?
IL: Der Dame ein Archivfoto der Vorderfront schenken, mit Kulturgrüßen des Instituts.
SL: Fräulein Budweis wird aber vom Verfassungsschutz der Botschaft beschattet.
IL: Was sie nicht weiß, macht mich nicht heiß.
SL: Außerdem hat sie beim Lehrercocktail öffentlich über deutsche Illustrierte hergezogen.
IL: Bravo, tue ich auch.
SL: Von einem Angestellten des Goethe-Instituts wird eine positive Einstellung zur Bundesrepublik erwartet.
IL: Positiv unkritisch oder positiv kritisch?
SL: Außerdem hat sie gesagt, drüben sei vieles besser.
IL: Im Institut findet keine Zensur statt.
SL: Der Kulturreferent der Botschaft möchte den Fall mit Ihnen besprechen. Er möchte sie sich anschauen.
IL: Ich mache die beiden mit Vergnügen bekannt.
SL: Er meint: Ohne gesehen zu werden, unauffällig.
IL: Ich übernehme keine Spitzeldienste. Wir haben ein offenes Haus.
SL: Gesundes Mißtrauen ist keine Unhöflichkeit.
IL: Die Höflichkeit dieses Hauses heißt: Vertrauen.

Ein Sonntag auf dem Lande, 25. Januar

Von Grândola – »Grândola, vila morena«, José Afonsos, unter Salazar verbotenes Lied, weckte am 25. April 1974 das Land aus achtundvierzig Jahren Diktatur –, von Grândola ab zeigt an jeder Kreuzung ein Wegweiser nach *União faz a força, Einigkeit macht stark.* Unterwegs überholen wir fahnengeschmückte Omnibusse und Traktoren von Genossenschaften mit Landarbeiterfamilien, die singen, winken, rufen, auf der Fahrt zu einem Volksfest. Links und rechts des Sandweges, der sich von der Landstraße zwischen Korkeichen zum »monte«, dem höchstgelegenen Mittelpunkt des Landguts, schlängelt, parken Omnibusse, Traktoren, ein VW-Bus mit jungen Schweden, die auf der Kooperative arbeiten wollen. In einer grasbedeckten Bachsenke lagern Familien, umgeben von ihren Eßbeuteln und Korbflaschen. Der beschattete, wellige Sandboden vor dem Gut ist frischgerodet und bepflanzt, Hackbau, dicke Bohnen für Mensch und Vieh, zaghaftes Wachstum. Ich erfahre, später sollen Getreide, Kartoffeln und Tomaten angebaut werden. Wir treffen Günter Wallraff, der sich in einer Kammer des Nebengebäudes mit gestampftem Erdboden eingerichtet hat, um mit den Arbeitern zu leben, ihre Arbeitsweise und Lebensgewohnheiten kennenzulernen. Mehrere tausend Menschen, Landbevölkerung, wandern oder stehen im Gelände um das Gut, redend, lachend, da und dort macht eine Korbflasche die Runde, hindurch reitet ein älterer Mann in alentejaner Tracht und schwarzer Zipfelmütze auf einem Esel, in der Faust die rote Fahne, vor sich ein Hündchen, Brot kauend, Wein trinkend; Neugierigen erzählt er von seinem neuen Verdienst im Straßenbau, 7500 Escudos statt 4000 in der Landwirtschaft.

Auf der zur Bühne ausgebauten Veranda des Gutshauses, dem offenen Feld zu, nehmen die geladenen Gäste Platz, die Vertreter des Arbeitsministeriums, der Militärregion, des deutschen Solidaritätskomitees, der Abgeordneten der Genossenschaften. José Gomes Ferreira, der weißhaarige Poet und Präsident des Schriftstellerverbandes ist da, und Franz Xaver Kroetz. Anlaß des Festes ist die offizielle Einweihung der landwirtschaftlichen Kooperative *Einigkeit macht stark*, verbunden mit der Überreichung des in der Bundesrepublik gesammelten Geldbetrages. Mitten im Grasland, umgeben von Landarbeitern, steht der von einem Teil des gestifteten Betrages gekaufte blitzblaue Traktor. Die Ehrengäste werden vom Festleiter vorgestellt, klatschend drängt sich die Menge um die Tribüne. Die Redner geben einander das Mikrophon in die Hand, Volksfeststimmung, Sprechchöre – »Einheit«, »Nieder mit der Reaktion«, »Vereint werden wir siegen« – unterbrechen die Ansprachen, rhythmisches Fäusteschwingen, Fröhlichkeit weht Rhetorik und Militanz hinweg. Dann ruft ein Festredner zu Spenden auf, die Menge gerät in Bewegung, Metall- und Papiergeld fällt freigebig in einen aufgehaltenen Sack, Mitglieder von Genossenschaften bringen ihre Geschenke, blanke Schaufeln, Eimer, Hacken. Immer wieder springt einer aus der benachbarten Tomatenfabrik auf die Bühne und sagt eigene Gedichte auf, abgelöst von »Grândola, vila morena« aus tausend Kehlen. Ein Landarbeiter ergreift eines der neuen Ackergeräte und führt die Griffe der alten Fron in neugewonnener Freiheit vor, Hacken, Umgraben, Aufhäufeln, die Alltagsgebärde wird zum Einweihungsritual, einfach wie Kinderspiel. Beifallklatschen, Gelächter in den gegerbten Gesichtern, gespannte Haut über den Backenknochen, die entbehrungsreiche Arbeit macht sie älter als ihre Jahre. Franz Xaver Kroetz neben mir schüttelt ungläubig den Kopf, er ist ergriffen von der Kraft und Ursprünglichkeit dieses Gemeinschaftserlebnisses. Wir kommen mit Teilnehmern ins Gespräch. »No tempo da outra Senhora« – »zur Zeit der anderen Herrin« wird Salazars Regime genannt – »waren diese Landarbeiter, richtiger: Taglöhner, ein ihres Willens beraubtes Objekt. Mit einemmal sind sie Subjekt, Menschen mit eigenem Gesicht, Herren eigenen Willens und Handelns«, erklärt einer. »Man sieht es ihren Mienen an, daß sie nie wieder fremden Herren ausgeliefert sein wollen, finden Sie nicht?« Ein anderer: »Viele, zumal die unter der alten Herrschaft Verfolgten, würden die Agrarreform mit dem Leben verteidigen.« – »Ohne Agrarreform ist Demokratie und Freiheit für uns nichts als Papier.« Wenn die Besitzer, die ihren Boden nie bearbeiten haben, kraft Gesetz zurückkehren, werden wir nicht mit verschränkten Armen zusehen.« Natürlich sei der Anfang schwierig, sagen sie, aber sie könnten mit der Hilfe der benachbarten Kooperativen rechnen für die Ernte, fürs Ausleihen von Maschinen, für die Verbindung zwischen Erzeugung und Verarbeitung. Natürlich hänge die Zukunft der Landarbeiterkooperativen vom Erfolg oder Mißerfolg der sozialen Revolution ab, von der Schaffung kollektiver Arbeitshaltung und Disziplin, von der Steierung von Ertrag und Verdienst, vom Vertrauen der Arbeiter in die Dauer der Kooperative und ihrer Legalisierung. Ob Verstaatlichung mit Achtstundentag

ohne Motivation zu engagierter Leistung statt Pflichtleistung zum Erfolg führen könne, will ein ausländischer Gast wissen. Sie wissen es nicht, noch nicht. Was Kroetz beeindruckt, ist der Widerspruch zwischen den erbärmlichen, in der Bundesrepublik unvorstellbaren Lebensbedingungen des alentejaner Landvolkes und seiner Willenskraft, seiner Lebensfreude, seiner Entschlossenheit, für die Agrarreform zu kämpfen. »Es hat die Kraft des Überlebens, diese Leute sind Künstler des Überlebens«, erklärt er einem Reporter.
Die Kooperative »União faz a força« liegt 160 Kilometer südlich von Lissabon im Kreis Santiago de Cacém, 700 Hektar groß. Der Agrarreform zufolge können Besitzungen ab 500 Hektar für unbewässertes und ab 50 Hektar für bewässertes Land enteignet werden. Als die Besetzer im Oktober letzten Jahres kamen, fanden sie außer den Korkeichen nur »mato« vor, Buschwerk, Gestrüpp. Vor dreißig Jahren hatten zwanzig Familien von dem Besitz gelebt. Später ließ der Besitzer alles verfallen bis auf die Korkeichen; sie werden alle acht bis neun Jahre geschält; dafür wurden Arbeiter gemietet, Männer zu siebzehn, Frauen zu neun Escudos Höchsttageslohn. Den Kork verarbeitete der Besitzer zum Teil in der eigenen Fabrik in Santiago de Cacém. Für die Wartung des Landes genügte schließlich ein Pächter mit etwas Vieh. Den Landarbeitern blieb nur die Wahl, die Bedingungen des Grundherrn für die Erntearbeit anzunehmen oder ab- beziehungsweise auszuwandern.
Die Mehrzahl der alentejaner Landgüter wurden nicht agrarwirtschaftlich genutzt, sondern nur für Jagdveranstaltungen und Familienfeste der Grundherren verwendet, die meist in Stadthäusern in und um Lissabon wohnten. Zehn bis fünfzehn Arbeiter für zweitausend Hektar waren keine Seltenheit. Schulbildung, soweit sie erworben werden konnte, waren die von Salazar als ausreichend angesehenen vier Jahre Grundschule. Die Ernährung der Landarbeiter war arm an Kalorien, reich an billigem Landwein der Großgrundbesitzer; als Ersatznahrungsmittel zähmte er die Landproletarier, zu sechzig Prozent Analphabeten, im Alentejo weit mehr als in anderen Landesteilen; als einziges Betäubungsmittel ersetzte er Arzt und Arzneien. Alkoholismus und Analphabetentum –: die Hauptprobleme der Landarbeiterschaft. Das Hauptmotiv für die Besetzungswelle im Jahre 1975 war die Suche des Landproletariats nach Arbeit und Brot.

Politica, 6. Februar

Der Botschafter und sein Botschaftsrat Erster Klasse rennen durch das Foyer des Hotel Ritz, der Botschafter mit eingezogenem Genick, sein blauer Anzug zerknittert, er schlenkert die schüttere Aktentasche wie ein zu spät kommender Schüler, sein Rat Erster Klasse bleicher und scheeler als sonst, übrigens auf dem rechten Auge. Ich drehe mich in die Richtung, aus der sie kommen. Sie waren Dienstwagen entstiegen, die wie Überfallwagen quietschend gebremst hatten. Aber ich sehe keinen Sensenmann, keinen Pauker mit geschwungenem Rohrstöckchen. Wer hetzt sie? Die Allangst des deutschen Beamtentums vor dem muffigen Moloch Autorität, oder vor dem hohen Besucher, ihrem Meister und Minister?
Dieser steht schwitzend, aus Hemdkragen und Jackett platzend, in einem Nebengang, schwankend wie ein überfrachteter Lastkahn, umgeben von einer Rotte tüchtiger Mannen, Gesicht und Anzug von der bundesdeutschen Stange (Simius vulgaris Teutonicus).
Auf der Treppe zum Festsaal vertritt mir ein grauer Bürger mit grauer Miene den Weg. Ich zeige meine Einladungskarte. »Eigentlich müßten Sie außen herum, über die Straße.« – »Wir hier in Portugal sind nicht so furchtbar fürs Legale«, werfe ich hin. »Aber ich. Ich bin für die Sicherheit des Herrn Ministers verantwortlich.« – »Dann müssen Sie natürlich Ihres Amtes walten«, räume ich ein. Das Gesicht des Beamten entspannt sich, sicherheitsuchend befingert er seine Plakette am Revers.
Im Cocktailraum des Hotel Ritz drängen sich die Gäste. Die portugiesischen Minister, Honoratioren aus Parteien und Öffentlichkeit, mit Ausnahme der KP, schlendern herein wie zu einem Freundschaftstreffen; Portugiesen verwandeln Öffentlichkeit stets zu einer Privatangelegenheit, ganz Portugal ist eine Familie, stellt sich als Familie dar, selbst wenn sie sich förmlich gibt. Und Formen sind ihnen angeboren wie die römischen Relikte ihrem kargen Boden.
Ich treffe Dr. Andresen vom Außenministerium; wir sprechen von seinem jüngst verstorbenen Vetter Ruben, Rubinho, als sei er noch am Leben. Jetzt kommt Vitorino Nemésio, der betagte Dichter, vor einigen Jahren ausgezeichnet mit dem Hamburger Montaigne-Preis, gelb und runzlig wie eine Mumie, aber seit wenigen Monaten Direktor der von ihm gegründeten Tageszeitung »O Dia« (liberal-konservativ). »Worum geht es hier ei-

gentlich?« fragt er, blinzelnd wie ein erwachendes Eichhörnchen. »Um Geld«, sage ich. »Der deutsche Außenminister hat ein Geschenk mitgebracht und wird seinem portugiesischen Kollegen zuzwinkern: ›Aber kein Techtelmechtel mit Cunhal . . .‹« Der neue Außenminister Major Melo Antunes hat wiederholt im Fernsehen erklärt, eine Regierung ohne die Beteiligung der Kommunistischen Partei sei undenkbar. Vitorino Nemésio macht sein schwieriges Gesicht; hat er Hühneraugenweh oder beeinträchtigen Wörter, die sich in seinem Gehirn gerade zu einem Vers sammeln wollen, sein Verständnis für die schwierige Materie? Jedenfalls krakeliert sich seine Gesichtshaut enigmatisch, äonisch. Lustwandelnd tritt Minister Almeida Santos herzu und verwickelt den greisen Poeten in Reminiszenzen aus seiner Studentenzeit, als er dessen Vorlesungen hörte. Ein Stück Geschichte entfaltet sich, portugiesische Familien-, Kultur- und Nationalgeschichte, sehr fern von der Wirklichkeit des bundesdeutschen Außenministers mit seinem zerknitterten Hemdkragen, seinem zu prallen Jackett und Zeitplan; sein Gesicht ist beschlagen wie sein Gin-Glas. Wie eine Glucke wacht er über das Protokoll und den Augenblick, da er seinen portugiesischen Gast zum Fest-Lunch in den Saal geleiten wird. Der Botschafter stellt mich dem Außenminister vor. Sein wasserblasser Blick, weder nah noch fern, verschlägt mir die Frage: »Hätten Sie Lust und Zeit, das Deutsche Institut zu besichtigen?« Auch sein Mund bleibt stumm; das Utopicum deutscher Kulturarbeit im Ausland scheint kein Spiegel für seine Sehnsüchte. Daher wandert sein Blick ins Ungewisse und bleibt im Irgendwo hängen, auf der Suche nach einer interessierten Kamera, nach einem Mikrofon.
An der langgestreckten Tafel sitzen etwa vierzig männliche Personen, die einzige Frau ist die zierliche Dolmetscherin. Die Portugiesen scheinen sich in dieser frauenlosen Gesellschaft nicht sonderlich wohl zu fühlen; in der Mitte des Tischs die beiden Minister einander gegenüber. Die Bedienung ist schleppend, das Essen halbkalt, das Fleisch hart, der deutsche Weißwein für den Landesgeschmack zu schwer. Die *captatio benevolentiae* des deutschen Außenministers mißlingt; seine scherzhaft gemeinte Einleitung – seine im Flugzeug genährten Zweifel, ob er als ehemaliger Unteroffizier bei der Begrüßung vor seinem Kollegen, einem Major, stramm stehen solle – löst statt Heiterkeit nur saures Lächeln aus; ein portugiesischer Politiker in meiner Nähe denkt laut: »Die Hast der berechnenden Deutschen . . .«

Euch fehlt das Maß, hat mir in meiner Jugend ein Romane gesagt, das mittelmeerische Gemisch aus Höflichkeit und Sympathie als Auftakt für den natürlichen Umgang mit dem Menschen. Entweder ihr werft euch einem an den Hals, sofern ihr einem nicht an die Gurgel springt, oder ihr bleibt stur in eurem Winkel. Beim Geschäft erwärmt ihr euch, beim Menschen bleibt ihr kühl: er könnte euch schaden. Erst mal abtasten. Was ihr nicht kennt, ist die Neugierde nach dem Unbekannten, die Erwartung auf den Anderen. Eure Tüchtigkeit ist nichts als ein geschminkter Makel. Dafür seid ihr tierliebend; Tiere sind ungefährlich.
Der Minister Melo Antunes antwortet förmlich, höflich, er ist kein Routinier, sondern ernst, klar, besonnen, darin liegt seine Anziehungskraft und seine Würde.

Felix Culpa II

Denn wo die Bosheit nicht überzeugte,
möge ein wenig Einfalt herrschen.
Agustina Bessa Luís

7.2. Telefongespräch zwischen B (Botschaftsrat als Geschäftsträger des abwesenden Botschafters) und I (Institutsleiter):
B: Die Tagespresse berichtet, Günter Wallraff habe im Rahmen eines Vortragszyklus des Deutschen Instituts in der Universität über »Reportage als Literatur« gesprochen, »mit anschließender Diskussion«. Sie haben der Botschaft kein Programm zur Begutachtung vorgelegt.
I: Da Wallraff hier durch Wagenbachs »Lesebuch – Deutsche Literatur der sechziger Jahre«, das für den Deutschunterricht in Seminaren der Germanistischen Abteilung verwendet wird, und durch seine Bücher bekannt ist, habe ich seine Anwesenheit kurzfristig genutzt.
B: Sie lassen einen in Deutschland prozessierten Autor für das Institut sprechen! Wird dieser »Schriftsteller« überhaupt vom Goethe-Institut eingeladen?
I: Wallraff hat in Instituten Schwedens, Großbritanniens, Hollands mit Erfolg gelesen und diskutiert.
B: Wie Sie wissen, ist die portugiesische Regierung bestrebt, Ausländer, die sich vor dem 25. November 1975 politisch betätigt haben, als unerwünschte Agitatoren auszuweisen.

I: Fällt Günter Wallraff unter diese Kategorie?
B: Wenn Günter Wallraff ausgewiesen wird, schädigt seine Verbindung zum Deutschen Institut das Ansehen der Diplomatischen Vertretung der Bundesrepublik in Portugal.
I: Günter Wallraff ist laut Pressebildbericht am 17. Januar vom Staatspräsidenten General Costa Gomes empfangen worden.
B: Mit seiner Sammelinitiative für die Kooperative *Einigkeit macht stark* hat er die deutschen Sparer schändlich hinters Licht geführt.
I: Das bundesdeutsche Hilfskomitee, dem Wallraff angehört, hat der Kooperative DM 80000,- zum Ankauf landwirtschaftlicher Maschinen und Geräte zur Verfügung gestellt.
B: Sie werden mir nicht einreden wollen, daß dahinter nur Menschenliebe steht und nicht konkrete politische Ziele.
I: Natürlich beides, berechtigterweise.
B: Und die Massenkundgebung auf dem Gut mit Franz Xaver Kroetz und seinen Parteigenossen unter der Devise »Zusammenarbeit, Solidarität, Frieden und Freundschaft«?
I: Waren Sie dort?
B: Die Botschaft distanziert sich scharf von dieser Privatinitiative. Sie sollten das gleiche tun.
I: Die von Wallraff ins Leben gerufene deutsche Hilfsaktion hat als Vorbild und Ansporn zu Sammlungen unter portugiesischen Institutionen und Personen geführt.
B: Die Landreform steht im Gegensatz zu den Vorstellungen der portugiesischen Regierung. Jedenfalls geht heute, wenn auch sozusagen *post festum,* ein Bericht ans AA. Günter Wallraff gilt in den Augen maßgeblicher Kreise Deutschlands als disqualifizierter Autor. Daß so ein Mensch von einem Goethe-Institut überhaupt auf Reisen geschickt wird...

Nachsatz: Der Generalsekretär der Zentralverwaltung München am 15. März: »Man hat mir dort (AA) ausdrücklich versichert, daß es nicht um die Person von Herrn Wallraff, seine schriftstellerischen oder sonstigen Arbeiten oder seine Äußerungen gegangen sei, sondern lediglich darum, daß die laut Vertrag aus dem Jahre 1969, Ziffer 3, gegebene Möglichkeit des Einspruchs nicht gegeben war.« Gottlob nicht: Glückliche Schuld!

Bericht von der Universität (João Barrento):

Seit 1974 besitzt die Fakultät eine eigentliche Germanistik. Jetzt wird fünf Jahre statt drei Jahre deutsche Sprache gemacht. Die Abschaffung von Vorlesungen und Examina hat zu neuen Formen der Zusammenarbeit mit Studenten in kleineren Gruppen geführt, die trotz mancher Rückschläge erhalten geblieben sind. Die Fakultät zählt nicht mehr 3000 Studenten wie von 1972/73, die auch Deutsch machen, sondern etwa 600 – ob die Zahl in der Zukunft zurückgeht? –, von denen aber eine weit größere Zahl als früher echtes Interesse für das Fach Deutsch mitbringt. In der neuen Ära wurden die Klassiker zunächst einmal vergessen, kehren aber allmählich wieder in die Programme zurück. Schwerpunkte: Brecht und das politische Theater (Piscator, Agitprop, Dokumentartheater); zeitgenössische Prosa der beiden Deutschland – die Literatur der DDR: ein völlig neues Feld; aber auch Heine und das »Junge Deutschland«, überdies die bis 1974 übergangenen literarischen Polemiken der zwanziger und dreißiger Jahre im marxistischen Lager und im Exil. Zum ersten Mal wird Elias Canetti behandelt.

Das Interesse für die moderne deutsche Literatur ist im Augenblick größer denn je, sowohl unter unseren (jungen) Dozenten als auch »draußen«, bei Übersetzern, Kritikern, Schriftstellern, Theatergruppen.

Die »Dissertação de Licenciatura«, seit 1974 abgeschafft, wird für Studenten, welche die akademische Laufbahn einschlagen, wieder eingeführt.

Heimkehrer

Vergessen Sie bloß nie, um sich zu blikken, dann werden Sie immer wieder »gut« sein.

Rosa Luxemburg an Sophie Liebknecht, 2. August 1917

Beim Geldwechseln in einer Bankfiliale der Innenstadt steht Christiane neben einem Männchen, mindestens fünfzig Jahre alt, in Begleitung einer Frau. Christiane erkennt in ihm sofort den »Angolaner«, den »Retornado« oder Heimkehrer. Der Mann ist steintaub und hat größte Schwierigkeiten, dem geduldigen Bankbeamten sein Anliegen verständlich zu machen. Er möchte seine zwei überfälligen Monatsgehälter abheben, er habe in Luanda bei der Eisenbahn gearbeitet. »Bei welcher Eisenbahngesellschaft?« fragt der Beamte. Bei der Eisenbahn, bei welcher, wisse er nicht. Wie groß das Gehalt sei, will der Beamte wissen, und der Mann sagt »Sieben Contos«. – »Im Ganzen oder pro Monat?« fragt der Beamte, und der Mann weiß keine Antwort. »Für welchen Monat denn, Juli, August?« – »Nein, Mai und Juni.« Wie er denn gerade in diese Bank käme, fragt der Beamte weiter, und jetzt greift die Frau ein und erklärt, weiter unten, vor der Bank in der Nähe der Praça Pombal, warte eine endlose Schlange von *Retornados* auf die Auszahlung ihrer überfälligen Gehälter von drüben, und da sie nicht viel Zeit verlieren könnten, hätten sie gedacht . . . Nun erklärt der Beamte geduldig, nachsichtig, um Geld bei einer Bank abheben zu können, müsse man ein Konto bei dieser Bank haben und dazu ein Guthaben auf diesem Konto. Ja, aber man habe ihnen gesagt, die Gehälter würden überwiesen auf die Bank, die Regierung habe das gesagt, nicht irgendwer, deshalb hätten sie gedacht . . .

Das erzählt Christiane bei Tisch und wir schweigen und denken nur, wie lange wird es dauern, bis die Ordnungen umgekehrt sind und die Oberen solange nur Pflichten bekommen und keine Rechte, bis alle Menschen aus ihrer Unwissenheit befreit, bis alle, aber auch alle Rechte der Unteren befriedigt sind, bis in allem an der Basis begonnen und nach oben gearbeitet wird und nicht von oben nach unten . . .

März. Mittagessen bei Sophia de Mello Breyner Andresen. Sie hat letztes Jahr bei einem Instituts-Kolloquium über politische Lyrik mit Hans Magnus Enzensberger und portugiesischen Dichtern diskutiert; bei anderer Gelegenheit hat sie über die langanhaltende »Rezeption Rainer Maria Rilkes in der portugiesischen Lyrik« referiert. Sie fährt in Kürze mit Kollegen in die Bundesrepublik und möchte Anregungen, um ihre Zeit dort besser nutzen zu können.
Beim Mokka blicke ich aus dem Fenster auf die Stadt, die sie im Morgengrauen des 25. April sah, in der Ekstase der Befreiung. Sie unterbricht meine Reminiszenz mit einer Begebenheit aus dem Parlament: Nach dem Anhören eines Manifestes des linken Flügels ihrer Partei – sie ist Abgeordnete der Sozialistischen Partei, einst Verbündete von Mário Soares während seines Pariser Exils – habe sie erklärt: »An dieser Arbeit stimmt nicht einmal die Grammatik.« Worauf der Landwirtschaftsminister Lopes Cardoso erwidert habe: »Das Volk braucht keine Grammatik!«
Da die Alphabetisierungskampagne in ihren Anfängen steckengeblieben zu sein scheint, klingt diese Ansicht wie ein Rückfall in Salazars Zeiten, als der Abgeordnete Querubim Guimarães 1960 ungestraft erklären durfte: »Wozu das Land alphabetisieren? Vasco da Gamas Matrosen, Analphabeten, haben den Seeweg nach Indien gefunden!«
Dann blättert Sophia mir ihr jüngstes Manuskript *Tag für Tag* vor, aus dem ich mir zwei Strophen abschreibe:

> Wir werden die verfehlte Begegnung besingen
> Die verlorene Schwelle und verlorene Strecke
> Wir werden die verfehlte Begegnung besingen
> Das verirrte Leben in einem verirrten Land
> Neue Ratten zeigen die alte Gier

Und diese:

> Erschöpft fliehe ich die Arena des Unerträglichen
> Die Götter der Zerstörung haben sich neben mich gesetzt
> Die Stadt in der ich wohne ist reich an Verhängnissen
> Und doch gibt es den glatten Strand den ich erträumte

Ein Traum

Die Revolution beginnt im Gehirn der Philosophen.

Karl Marx

Am Schreibtisch der Institutsleitung, unter dem Goethe-Bild (Kreidezeichnung Johann Heinrich Lips, 1791), gegenüber dem Rauchtischchen mit dem silbergerahmten Widmungsfoto (Botschafter mit Institutsleiter in Jodhpurs zu Pferd mit loser Wassertrense, sportlich lächelnd, Bombay 1974) sitzt der neue Institutsleiter und bedenkt die Worte, mit denen er den Staatssekretär im Bundesministerium für Wirtschaft bei einer geplanten »Woche der Wirtschaft und Kultur« einführen will. Die Wirtschaft sichert dem Menschen die Freiheit seiner Existenz, die Kultur spendet ihm dazu seine Würde – sinniert der kommende Institutsleiter und fixiert sein eigenes Foto. Denn wie der lichte Kamm der Welle ohne den tiefen Grund des Meeres nicht existiert ... – ja, so etwa muß das klingen, geradezu für das Portugiesische konzipiert, Durchdruck des Entwurfs an den Herrn Staatssekretär – gibt es auch keine Würde ohne die Freiheit der Existenz ... Doch plötzlich durchkreuzt des Institutsleiters Gedankengang eine neue Idee. Er läßt die Dame von der Zentrale heraufrufen und spricht: Kaufen Sie mir eine schöne Weihnachtstanne und schönen Baumschmuck. Der Institutsleiter läßt den Boten António rufen und spricht: António, trag er mir diese Schachtel mit Christbaumschmuck hinunter ins Vestibül. Der Institutsleiter erhebt sich und schreitet durch Gänge und über Marmorstufen zwischen den achtungsvoll sich verneigenden Angestellten hinunter in die Eingangshalle, gefolgt von António, die federleichte Schachtel auf zwei Händen tragend wie ein Page die Reichskleinodien. Die Dame von der Zentrale treibt ihre Leibesfülle mit Windmühlenflügelarmen herbei. Der Institutsleiter winkt mit nachsichtiger Braue ab. Er flötet: António, die Leiter. Er zupft den hinaufsteigenden António am Ärmel: Das mache ich stets selber. Anmutig rückt er die Leiter in den richtigen Winkel und sagt: So. Und die Bügelfalten seiner Beinkleider hochzupfend, erklimmt er adrett die Leiter, faßt mit kühnem Schwung rittlings Tritt: António, das Lametta. Mit anmutiger Hüftdrehung beugt er sich rückwärts, um die Wirkung seiner Kunst zu begutachten: António, eine silberne Kugel – nein, eine goldene Kugel. Mit zwei Kennerfingern faßt er das Haltedrähtchen, neigt den Kopf zur Seite, blickt rechts, blickt links, mit geschürzten Lippen: Ja. Die Kugel zittert. Sie schimmert. Sie singt. Drunten, tief drunten stehen die Angestellten, die herbeigeeilt sind aus der Bibliothek, aus der Verwaltung, aus der Sprachabteilung und schauen, schauen. Manche, die nicht begreifen, was vorgeht, tippen augenzwinkernd den linken Zeigefinger an die linke Schläfe. Und nun eine silberne! Wieder fassen zwei Kennerfinger das Haltedrähtchen. Hier . . . Nein, dort! Das ist's, der goldene Schnitt. (O selig, o selig, ein Kind noch zu sein.) Und dann ist der Baum geschmückt vom Gipfel bis zum Fußboden, von der Krone bis zum ausladenden Astwerk. Mit Schlachtenlenkergeste befiehlt der Institutsleiter: Fort mit der Leiter. Dann kniet er nieder, nicht ohne die scharfen Falten der Beinkleider hochgezupft zu haben, wehrt dem hilfsbereiten António und breitet eigenhändig das grüne Rupfentuch in Falten und Fältchen rings um den Fuß des Stamms. Der Institutsleiter tritt zurück, er wischt sich die Transpiration von der Stirn, mit abgespreiztem Siegelringfinger; das Tüchlein – sein Blick ruht andächtig auf dem Baum – findet blind heim in die bebende Brusttasche. Die Dame von der Zentrale schluckt, wieder segeln ihre Windmühlenflügelarme, hilflos. Aber der Institutsleiter wehrt ab, diesmal abwesend, denn jetzt fällt ihm die Ergänzung zu seiner Einführung des Festredners ein. Camões, meine sehr verehrten Damen und Herren, Sie werden es im Hieronymus-Kloster gewahr, Luís Vaz de Camões, der lusitanische Barde des Goldenen Zeitalters, besang die Großtaten des christlichen Entdeckerlandes Portugal . . . Der Institutsleiter, dessen Züge ich im Traum nicht erkennen kann, setzt einen zögernden Fuß auf die erste Treppenstufe. Im Faust II – wüßte ich nur die Stelle, doch gemach, das Zitat macht's – schreitet der Knabe Lenker vor Plutos Wagen . . . Und jetzt der große Übergang: Ausgehend vom ›Prinzip Hoffnung‹, um die Reste abendländischer Humanität zu retten . . . undsoweiterundsofort . . . Warum nicht eine Revolution, meine Damen und Herren, eine europäische Renaissance, fußend auf der Europäischen Wirtschaftsgemeinschaft . . . Vielleicht einbauen: Deutsche Kaufkraft, deutsches Kunstwerk . . . Und dann eine melancholische, fast portugiesische Zurücknahme: Schon vor siebenhundert Jahren schrieb Gottfried von Straßburg: ›Man findet es leichter, als man es festhalten kann . . .« Und bekränzt vom Lorbeer der Eingebung, wehrt der kommende Institutsleiter nochmals müde ab und entschreitet treppaufwärts, lächelnd, senkrecht und ge-

sammelt wie eine Weihnachtskerze, entschlossen, nur die schönen Seiten des Lebens darzustellen, die schönen Seiten der Bundesrepublik, kein *Messer im Kopf* . . .
Und allen Menschen ein Wohlgefallen.

Familie Portugal

Seit einiger Zeit geht unter Lissabons Intellektuellen ein Flüstern um. Wissend, daß meine Zeit seit einem knappen Jahr um ist, ich aber noch da bin – freilich nicht um meiner blauen Augen willen, sondern weil Bonn meint, einer, der es mit den Linken kann (oder es womöglich mit der Linken hält), sei angesichts der im Lande herrschenden politischen Polarisation geeignet, das kulturelle Ansehen der Bundesrepublik bis zur »Konsolidierung der Kulturvertretung« zu verteidigen, haben meine Freunde eine Petition um Verlängerung meines Kontraktes an das Goethe-Institut aufgesetzt und ihren Außenminister eingeladen, bei einem gemeinsamen Abendessen dem deutschen Botschafter kundzutun, daß das geistige Portugal sich noch nicht von seinem Freund, einem Mitverschworenen des Widerstands gegen »das Konsulat Marcello Caetano« trennen möchte.
Es sind vierzig Teilnehmer, Schriftsteller, Redakteure, Kritiker, Theaterleute, Bildende Künstler, Komponisten; sie kennen einander seit Jahren, viele sind befreundet, einige sanft befehdet; doch alle betrachten sich als meine Freunde – ein schwindelerregender Gedanke! Sie haben sich heute abend im Straßenanzug und Straßenkleid im holzgetäfelten ersten Stock des Jugendstilrestaurants *Tavares* zusammengefunden; viele, die nicht aufgefordert werden konnten, haben ihre symbolische Teilnahme durch Glückwunschtelegramme bekundet. Sechs oder sieben Tische umgeben den Mitteltisch mit Christiane zur Rechten des Außenministers, links von ihm die Dichterin Sophia Mello Breyner, der Botschafter, José Cardoso Pires, gegenüber zwischen Maria Velho da Costa, Präsidentin des Schriftstellerverbandes, und Gabriela Melo Antunes ich, neben dieser der schlohweiße Poeta Laureatus José Gomes Ferreira.
Das Essen ist einfach, mäßig gekocht, die großen Zeiten des *Tavares* sind offenbar vorüber, es spielt keine Rolle, alle bilden

einen Freundschaftskreis rings um das Protokoll, vertreten durch den bundesdeutschen Botschafter; den portugiesischen Außenminister, mitverantwortlicher Offizier der Revolution, betrachten sie als einen der ihren. Die Unterhaltung erwärmt sich rasch, alle Tische sind verbunden durch Blicke, Winke, kurze Wortwechsel. Der nüchtern wirkende Major Ernesto Melo Antunes, strenger Denker und bedächtiger Sprecher, verrät durch behagliches Schmunzeln seinen Sinn für Widersprüche, und das heißt, für Humor. Dem ungekünstelten Gebaren seiner jungen Frau ist anzumerken, daß sie die Tatsache, Gattin eines Ministers zu sein, den niemand für einen Militär halten würde, bis heute nicht als selbstverständlich ansieht. Nun naht das Unvermeidliche: Cardoso Pires steht auf. Vor wenigen Minuten hat er einen Zettel zu Maria Velho herüberschieben lassen: muß er als Gastgeber erst den deutschen Botschafter, dann den Außenminister, und als dritten den Freund begrüßen, oder umgekehrt? Maria Velho, der Oberschicht entstammend, braucht nicht nachzudenken; sie nickt »Zé« zustimmend hinüber. Ich weiß längst, was Cardoso Pires sagen wird, ich kenne seine Redeweise, holzgeschnitzt, durchdacht, bar jeder Rhetorik. Somit kann ich, »allem Abschied voraus«, antworten, was mir in den Sinn kommt.

Ich skizziere die Anfänge meiner Arbeit, die behutsam angebahnten, allmählich zu Freundschaften gewachsenen Beziehungen, ich erinnere an die gefährdete Insel des Instituts, an Aussprüche der Freunde, so an Carlos Portos »Kafka darstellen in der Wüste!« (ich beziehe mich auf den Kafka-Zyklus mit José Luiz Gómez' unvergeßlichem *Bericht für eine Akademie*) und ende bei meiner Begegnung mit der Nelke am Vorabend des 1. Mai 1974; die damalige Spenderin, Manuela Prado Coelho, die Frau Eduardos, eines häufigen Veranstaltungspartners, lächelt verwundert. Ich bitte José Gomes Ferreira um die Erlaubnis, von einem »momento augurioso« sprechen zu dürfen, obwohl die portugiesische Sprache zu dem Hauptwort »augúrio« kein Eigenschaftswort gebildet habe – »Sie bildet es heute!« ruft der greise Dichter, und alle lachen –, ich erwähne die dürre Zeit ohne Nelken, rühme die neue Zeit mit Nelken, wiederhole mein »Lob der Nelke«, die nichts sei als das Sinnbild unserer wiedergefundenen Geschichte und die uns an unsere Zukunft gemahne.

Der Augenblick, die jahrelang ausgestandene Nervenanspannung und Not, das unerwartete Glück des 25. April, die Monate der Euphorie, die ersten politischen Schocks und Rückschläge, die Machtkämpfe im Überbau um vermeintliche Rechte und Freiheiten, die Furcht vor einem Bürgerkrieg, die zaghafte Zuversicht, die schwankenden Hoffnungen – all das klingt zusammen in der Stimmung der Stunde, in einem Gefühl der Zusammengehörigkeit über alle Grenzen, Ökumene des Menschseins, die das scheinbar Unabänderliche nicht hinnimmt und das Gegebene als Aufgabe erkennt. Alle sind ernst geworden und still, Sophia beißt sich auf die Lippen, Maria Velho treten Tränen in die Augen.

Ich grüße Portugal, das ich, sage ich, plötzlich zu erkennen meine in seinen feinsten Verästelungen des Fühlens und Denkens, der komplizierten Beziehungen wie eine große, trotz Zwistigkeiten einige, standhafte, Bestand behaltende Familie, die sich verändert hat und ich mit ihr, in ihr. Und dann stehen alle auf, plötzlich s i n d sie eine Familie, Zärtlichkeit schwingt durch den Raum, Mokka wird gereicht, die Gruppen vermischen sich, José Gomes Ferreira umarmt mich, ich fühle das Glück des Dichters darüber, daß seine Sprache, gesprochen von 130 Millionen Menschen und doch so wenig bekannt in der westlichen Welt, von einem Fremden gepflegt wird wie von seinesgleichen. Das Band der Sprache – verläßlicher, dauerhafter als die aufwendigste Repräsentation. »Wir *sind* eine Familie, Sie haben das richtig gesehen«, sagte der Dichter, »aber was für eine schwierige, verzwickte, mitunter unverträgliche, daher haben wir es so schwer, einen Staatschef zu finden, der alle unter einen Hut bringt. Sie wären der Mann, Sie haben es verstanden, in Ihrem Institut Gegner an einem Tisch zu vereinen.« Gelächter. »Wie ist das, Major, könnte ein naturalisierter Ausländer Staatschef werden . . .?« Neues Gelächter. Mittlerweile macht die Petition die Runde, und der Major Melo Antunes besteht darauf, seinen Namen darunter zu setzen, obwohl das diplomatische Protokoll dergleichen Gesten verbietet. Aber was heißt hier Protokoll, würde er vielleicht entgegnen, das ist unser Portugal, für uns gelten die Gesetze des Herzens, die Empfindungen des Einzelnen in einem nach Ort und Sekunde bestimmbaren Zeit-Raum, dem Raum der menschlichen Zeit, der unteilbaren Gegenwart, Dauer im Entschwinden . . .

Das Konventikel wird unterbrochen von Sttau Monteiro, der mit Melo Antunes in Afrika war, und ihm den Österreicher Helmut Winkelmeyer vorstellt, einen Spinnenforscher und Spintisierer, seit Jahren mit seiner französischen Frau auf Madeira ansäßig, als Randalierer aus Berufung hat er sich in tausendundeine politische Machenschaft der Maoisten, Trotzki-

sten oder Anarchisten verstrickt, er ist mehrfach verhaftet, auf Bewährung freigelassen, wieder verhaftet und mehrfach ausgewiesen worden. Schaum vor dem Schnauzbart, schwenkt der Spinnenforscher ein Bündel Akten vor der Nase des Außenministers, gestikuliert mit Spinnenfingern, holt aus von weither, peroriert im Diskant, Namen zitierend. Mit der legendären Geduld und Höflichkeit der Landeskinder hört der Major Ernesto Melo Antunes zu, er übersieht den unziemlichen Einbruch in das Fest, verspricht, sich der Sache anzunehmen, Sttau möge ihm die Dokumente zusenden.
Und dann kommt der Augenblick der Trennung, und der Major Melo Antunes hofft, man werde sich noch häufig sehen, und wieder *abraços,* und Abschied von einem bleibenden Moment der portugiesischen Zeit.

Bombendrohung III, 9. Mai

Am Samstag abend um acht Uhr ruft Gisa an, eine Stimme habe ihr durchs Telefon angekündigt, um 0.30 Uhr werde im Institut eine Bombe platzen. Man wolle Todesopfer vermeiden und rate daher, das Institut zu räumen. Das klingt wahrlich nach den »Sanften Sitten« der Portugiesen, wie Seixas Santos' frostige Filmsatire *Brandos Costumes* über das Leben im Salazar-Regime heißt. Gisa fügt hinzu, sie habe dem Anrufer vorgehalten: »Sie müssen sich in der Adresse geirrt haben.« So überzeugt ist sie von der politischen Unantastbarkeit des Deutschen Instituts. Umsichtig hat sie bereits die Polizeistreife gerufen und den Hausmeister der Botschaft alarmiert.
Ich benachrichtige den Botschafter, der den Kanzler anrufen wird, und fahre zum Institut. Die Polizeistreife, drei Mann, ist bereits eingetroffen mit hausbackenen Stablampen, aber keinen Geigerzählern. Gemeinsam durchsuchen wir das Gebäude von den Kellerräumen bis unters Dach, spähen in jeden Schrank, in jeden Papierkorb, in alle Bänke der Sprachlabors und Klassenzimmer. Es ist wie ein Ausflug, eine Bergbesteigung, von Aussichtsplatte zu Aussichtsplatte. Die Polizisten machen freundliche Miene zum freudlosen Spiel. Kaltblütigkeit, ich merke es an meiner fröstelnden Wollust, ist offenbar ein Stimulans wie beim Schreiben. Obwohl im abgelaufenen Jahr

Hunderte von Bomben im Land geplatzt sind, und häufig mit verheerenden Folgen, nehme ich die Sache offensichtlich nur halb ernst, als könne – welche Hoffart! – uns nichts Ernstes zustoßen, während meine Augen nachts im Bett nervenzerrüttende Katastrophen erleben.
In der Botschaft wiederholt sich die Prozedur, dort ist die Stimmung nervös; Hausmeister Justino ist seit dem Asyl-Fall anfällig für politisch gefärbte Prüfungen; ein deutscher Beamter, der die Kurierwohnung im dritten Stock bewohnt, tritt bleich und ratlos von einem Fuß auf den anderen.
Zum Schluß überbringe ich unserem Hausmeisterehepaar, zugleich Institutsangestellte, Christianes Botschaft: sie mögen ihr Schlafzeug zusammenpacken und bei uns übernachten. Beide lächeln stolz und ergeben. Gisa sagt, wenn sie wollte, könnte sie bei ihrer Mutter nächtigen; mit der Miene eines Steuermanns am Ruder seines sturmumtosten Schiffchens lehnt Joaquim es ab, »seinen Posten zu verlassen«. Ich weiß, daß er mich schätzt; er hat einmal Christiane anvertraut, ich sei ein achtbarer Mann, ich hätte mich nie an den Institutsgeldern vergriffen und mich immer mit meinem Gehalt begnügt. Wir scheiden wie Verwandte nach einem Familientreffen. Zu Hause, nach Mitternacht, trinken Christiane und ich einen Cognac *Constantino* auf das Wohl unserer Freunde. Wir merken, daß wir bereits ein wenig eingewurzelt sind.
Die Nachmittagszeitungen hatten Ulrike Meinhofs Selbstmord in der Stammheimer Strafanstalt gemeldet.

Deutsch für Goethekulturschaffende

›Irgend jemand muß Geist haben‹, sagte Settembrini.
Thomas Mann, *Der Zauberberg*

»Da in unserer Verfassungswirklichkeit die Zuständigkeiten für kulturelle Dinge innerhalb der in der Bundesregierung von einer Reihe von Bundesministerien wahrgenommen, da also im Gegensatz zu anderen internen Sachbereichen mit außenpolitischer Relevanz (Wirtschaft, Finanzen, Verteidigung, Verkehr etc.) im kulturellen Bereich eine einheitliche Zuständigkeit innerhalb der Bundesregierung nicht gegeben ist, gewinnt die in allen Fragen der internationalen Beziehungen ohnehin gegebene primäre Zuständigkeit des Bundesaußenministeriums im Bereich der internationalen kulturellen Beziehungen ein besonderes, zusätzliches Gewicht.«
Der Leiter der Abteilung für auswärtige Kulturpolitik im Auswärtigen Amt, Bonn *(Sprache im technischen Zeitalter)*

»Ich hatte damals der These, daß ›Sprache nicht Geist, sondern Werkzeug des Geistes‹ sei, ein wertneutrales Kommunikationsinstrument also, das beliebig austauschbar sei, die These entgegengestellt (die dann als Ergebnis des Colloquiums festgehalten wurde), daß Sprache wohl allein Kommunikationsvehikel sein könne, sofern es sich um logisch und terminologisch klar abgegrenzte oder abgrenzbare Bereiche handle – und dann auch beliebig austauschbar sei, d. h. statt Deutsch sei dann Englisch, Französisch oder Japanisch ein ebenso gutes Kommunikationsvehikel, – das aber in anderen Bereichen die Sprache auch Mitformer der Gedanken, der Inhalte also, sei, indem sie gewisse Denk-, Wert- und Verhaltensmuster involviere.«
Der Leiter der Abteilung Sprache des Goethe-Instituts, Zentralverwaltung München. *(Ebenda)*

»Gehört ein weitgehendes Aufgehen im lokalen Kulturleben mit teilweiser Übernahme lokaldefinierter, durch einheimische gesellschaftliche Prozesse herausgebildeter Zielvorstellungen in Hinsicht auf nationale und kulturelle Identität tatsächlich zu unseren erklärten Zielen? Ist es nicht vielmehr so, daß wir das Fremde sind, und unser Nutzen gerade darin besteht, daß unsere Partner im Gastland zu einer Auseinandersetzung mit die-

sem Fremden veranlaßt werden und damit ein komplizierter seelischer Prozeß gefördert wird, der nicht durch simple Integration, sondern durch Besinnung auf das Eigene, durch Herausarbeitung der strukturellen Unterschiede zwischen uns und den anderen in Bewegung gehalten werden muß?«
Der Leiter der Abteilung Ausland des Goethe-Instituts, Zentralverwaltung München, *(intern)*.

Fremdsprachen

Filmwoche mit Volker Schlöndorff und Margarete von Trotta. Wie immer hat João Motta ein Sammelprogramm mit Bio-Bibliographie und Einzelprogrammhefte mit französischen, englischen, deutschen und portugiesischen Kritiken zusammengestellt; ein junger Zeichner hat das Titelblatt zu jedem Film entworfen. J. J. Mottas Programme, die er vor fünf Jahren aus eigener Initiative für das Institut entworfen und weiterentwikkelt hat, haben Sammlerwert gewonnen; Filmklubs und Feuilletons greifen auf sie zurück. Der Zyklus, begonnen mit dem alten, unvergessen neuen *Törless*, endet mit *Katarina Blum*. Bei der Diskussion nach der letzten Vorstellung sitzen der Filmemacher und der Kritiker Alves Costa, der Schlöndorff vor zehn Jahren in Portugal bekannt gemacht hat, auf der Bühnenrampe. Schlöndorff spricht Französisch, das die Portugiesen gerne hören und sprechen; er spricht es mezza voce, leicht und fließend. Auf die vielen Fragen – Teamwork, Gemeinschaftsregie, Drehbedingungen, Verwendung von Amateurschauspielern, Entstehung seiner Filme, besonders dem im faschistischen Portugal berühmt gewordenen *Der plötzliche Reichtum der armen Leute von Kombach* – antwortet er unmittelbar und präzise, ausführlich und zugleich verkürzt. Wunder der französischen Sprache! Sie zwingt den Sprecher zur Disziplin, zum blitzschnellen Koordinieren, zur sparsamen Verwendung treffender Eigenschaftswörter. Das Französische wirkt bei ihm als Tonregulator; es unterstreicht höchstens den in seiner Natur angelegten ironischen Humor, erleichtert einen modulierten Ausruf, ein zögerndes Lachen als Fermate, einen zweifelnden Satzbeginn. Schlöndorff schürzt weder übertrieben die Lippen noch läßt er die »e«-Endungen kokett ausschwingen: eine wohl-

tuende Mimikry, nie eine Zwangsjacke, immer ein Kostüm, das ihm Bewegungsfreiheit läßt. Zumal bei dieser betont politischen Diskussion.
Später tauschen wir Erfahrungen aus über die Einübung in und die Übung von Fremdsprachen. Über deren Zwang, unsere Syntax geschmeidig zu machen, über das Erzieherische daran, über das bändigende Element, zumal auf unsere teutonische Neigung, formlos zu werden, auf das »Maßgebende« des Französischen, um ballernde Muskelhärte in federndes Florett umzumünzen.
Schlöndorff gesteht, daß er bei bestimmten Diskussionen, wären sie auf Französisch geführt worden, nie so laut und brutal geworden wäre wie in seiner Muttersprache. »Hélas«, fügt er, die Arme hebend, hinzu. Wir lachen.

Ein Abschiedsgeschenk

João Barrento bringt mir, frisch aus der Druckerpresse, EXPRESSIONISMO ALEMÃO, Antologia Poética, hundert Gedichte, zweisprachig, von Becher und Benn bis Paul Zech, mit Jahreszahlen, in fünf Themengruppen: »Programmatische Gedichte«, »Pathos und Utopie«, »Revolution der Metapher«, »Groteske und Entzauberung«, »Absolute Poesie«; ausführlicher Essay (Februar 1976); umfangreicher biobibliographischer Anhang. In seiner »einführenden Notiz« erinnert er daran, daß er die Idee zu dieser Arbeit dem 1973 im Deutschen Institut veranstalteten »Zyklus über den Expressionismus« (Ballett, Bildende Kunst, Film, Lyrik, Theater) verdankt, bei dem der Herausgeber an zwei Abenden die Lyrik mit zweisprachigen Lesungen vorstellte.
João Barrento, von 1965–1968 Lektor für Portugiesisch an der Universität Hamburg, zweisprachiger Dozent an der Universität Lissabon, hat an seiner Fakultät jahrelang deutsche Germanisten vorgestellt, Institutsvorträge übersetzt, Diskussionen gedolmetscht; bei Kolloquien mit Wissenschaftlern, Schriftstellern, Film- und Theaterleuten hat er zweisprachig moderiert.
Bei seinen Nachdichtungen hat er Rhythmus, Reim, Versmaß und Duktus nachgeahmt; um idiomatische Äquivalenz zu er-

reichen, hat er kühn und phantasievoll von der Kompensation zwischen Über- und Unterlegenheiten seiner Sprache Gebrauch gemacht. Eine Meisterleistung, die dem Leser die Originale auf dem Umweg über die Übersetzung neu erschließt. Sein Buch wird portugiesischen und brasilianischen Universitäten willkommen sein und Lyriker und Leser in zwei Kontinenten bereichern.

João Barrentos Veröffentlichung scheint mich in meinem Gefühl, mit dem ich meine Arbeit in Lissabon begann, zu bestätigen: nicht rechnen, nicht hasten, raschen Repräsentationserfolg verschmähen, auf Nachwirkung und unberechenbare Folgen setzen.

Weinheber versus Bernfeld

Nachdrücklich möchte ich feststellen, daß ich den Ausdruck »destruktiver schrecklicher Kerl« nie gebraucht und Herrn Bernhard auch nicht, wie mir unterstellt, öffentlich lächerlich gemacht habe.

Dr. Heinz Weinberger, österreichischer Botschafter in Portugal (*die presse*, Wille, 17.6.76)

In Wahrheit sei der Mensch ein durch und durch politischer Mensch, er kann tun und denken wie er wolle und diese Tatsache abstreiten, wann immer er wolle.

Thomas Bernhard, *Korrektur*

Zwei Städte liebe er, Warschau und Lissabon, hat Thomas Bernhard Christiane strahlend erklärt, als sie ihn in Stuttgart nach seiner Lesung einlädt, während ich sein *Der Herr Präsident* sehe.
Nun steht er auf dem Flugplatz von Lissabon. Wie ein jüngerer Bruder des Fürsten von Hochgobernitz aus *Verstörung* lächelt er mir zu, als verachteten wir beide die gleichen Dinge, durchschauten die gleichen Dinge, liebten die gleichen Dinge. Er trägt eine Cordhose, nicht zu alt, nicht zu neu, eine Tweedjacke mit lederbesetzten Ellbogen, olivgrünes Hemd und Scarf. Er steht da, als habe er eine verwöhnte, nicht eine Salzburger »Keller«-Jugend hinter sich und verfüge über alle Muße der Welt. Er streckt die Hand zur Begrüßung waagrecht aus, fest und kühl, wie es der europäische Adel tut. Er lächelt, das heißt, seine Augen blitzen kurz und seine Lippen verschieben sich halb liebenswürdig, halb spöttisch.
Abends kommt er auf die Minute zum Essen, umgezogen, frisch, dunkler Blazer, wie für ein mondänes Treffen im *Dorchester*. Aus Höflichkeit nippt er an einem weißen Madeira, die Unterhaltung ist heiter, unbeschwert. Beim Abendessen zu dritt sitzt er in unserer Mitte; während die Distanz schwindet, wächst die Schwierigkeit der Verständigung. Anscheinend hat

Bernhards Kopf mediale Fähigkeiten, denn ich bekomme Kopfschmerzen, stottere, fühle mich in Bernhards unendliche pascalische Räume hinabgerissen, mühsam arbeite ich mich an die Oberfläche zurück, langsam kommt das Dreiecksseil zur Ruhe, auf dem unsere Unterhaltung dahinbalanciert. Nachher, im Wohnzimmer, fragen wir nach seinen Wünschen. Einheimische Schriftsteller? Lieber nicht. Günter Grass, den wir in wenigen Tagen erwarten? Ja, obwohl er seine Bücher nicht kennt. Eine Tasse Tee bei der Marquise von Cadaval, damit er den Sitz eines altportugiesischen Geschlechts kennenlernt? Gerne. Landschaften, das Alentejo? Auch. Wir bereden die Einzelheiten seiner bevorstehenden Lesung. Am gleichen Abend seien wir bei einem österreichischen Ehepaar eingeladen, sagt Christiane, die Gastgeberin hatte gebeten, Bernhard mitzubringen, »ein Schriftsteller zur Abwechslung sei doch ganz interessant«. Mittlerweile habe aber der österreichische Botschafter bei einem Kolonie-Cocktail gemeint, man solle lieber nicht zu seinem Vortrag gehen, gegen Herrn Bernhard laufe in Österreich ein Prozeß, überdies sei er »ein so negativer, schrecklicher Kerl.« Worauf die Dame Christiane gebeten habe, Herrn Bernhard doch lieber nicht mitzubringen. Christiane erzählt das ebenso arglos wie herzlich. Während des Bruchteils einer Sekunde – ich habe es kommen sehen – verschiebt Thomas Bernhard die Lippen und erzwingt ein Lächeln, das erstarrt. Um die Stagnation zu überwinden, sage ich: um die diplomatische Vertretung seines Landes nicht zu übergehen, hätte ich dieser vorgeschlagen, den mit dem österreichischen Staatspreis ausgezeichneten Schriftsteller gemeinsam im Deutschen Institut vorzustellen. Worauf sein Botschafter mir erklärt habe, das österreichische Innenministerium untersage aus Neutralitätsgründen den Auslandsvertretungen Kulturveranstaltungen mit der Bundesrepublik Deutschland. Sonst sei man in Österreich großzügig und bestehe auch nicht darauf, daß Mozart nur von österreichischen Musikern gespielt werde. Thomas Bernhard berichtet von Schwierigkeiten mit Landsleuten, mit Preisen, die Regierungsbeamte einem »Holländer« überreichen, von der Ignoranz und dem Mangel an Savoir-faire der Kulturbehörden im Besonderen und Allgemeinen. Wir lachen, Thomas Bernhard erzählt mit diebischem Humor, seine verengten Augen sprühen, wie eine Eidechse huscht seine spitze Zunge befeuchtend über die erhitzten Lippen.

Am nächsten Vormittag holen wir ihn im Hotel ab, nach einem Telefongespräch mit einer Freundin in Österreich ist er aufge-

kratzt, sitzt aber auf der Fahrt zur Universität mit Lampenfieber neben mir. Der österreichische Lektor führt ihn langatmig ein, Thomas Bernhard berichtigt ihn mehrmals. Stehend liest er Erzählungen. Eine Lesung des Musikers Thomas Bernhard ist ein musikalischer Vorgang, ein Akt des Dirigierens: deutlich hörbar, sichtbar, formen seine Instrumente, sein Mund, das Crescendo, das Ritardando, die Tutti, die Soli, die Fermaten. Die Hörer sind portugiesische Studenten der Germanistik, Lektoren, Lehrer und Schüler der Deutschen Schule. Die Diskussion mißlingt; beliebige Fragen nach dem Zweck des Schreibens und dem politischen Engagement zu stellen, fällt offensichtlich leichter als präzise auf Stoff, Komposition, Stil und Rhythmus seiner Prosa einzugehen.
Christiane führt Thomas Bernhard ins Alentejo, das heißt, er fährt sie schweigsam, rasch, konzentriert. Auf dem Marktplatz von Alcácer do Sal, bevölkert wie bei einer Kundgebung, machen sie halt. »Wissen Sie, was das auf deutsch heißt: Salzburg!« Christiane schlägt die Autotür zu, hat aber den Zündschlüssel drinnen stecken lassen. Was tun? In einem Laden findet sie einen Helfer, der nur nach der Automarke fragt. Nach wenigen Minuten sieht sie ihn über den Platz traben, mit verengten Lidern und einer Flachzange einen schnurgeraden Draht zu Rundungen knicken und einer Schlinge biegen, gefolgt von einem zweiten, der wie ein Schatten die gleichen Handgriffe verrichtet. Wie bei einem Turnier, dessen Richter die Menge ist, schreiten die beiden mit Mienen, in denen ein Kassenschrankknacker, Falschspieler, Bauer und Automechaniker um den Vorrang kämpfen, von zwei Seiten auf das Auto zu und führen unter glucksendem Atmen der Menge die Drähte durch die Gummidichtung der Fensterrahmen ein. Die Feinarbeit beginnt. Nahestehende beobachten, wie die Schlingen auf die Knöpfe zuschlängeln, sie betasten, sie – Ah! – umhalsen. Nun kommt das Schwierigste: den Knopf geduldig, behutsam, aber behende zu lüpfen. Fünf Sekunden vor seinem Nebenbuhler öffnet der Sieger mit der Grandezza eines Zirkusdirektors die linke Tür. Beifallsbrausen. Thomas Bernhard ist verblüfft, entzückt. Christiane will ihren Retter belohnen, doch der hebt stolz die Hände und winkt ein notleidendes Männchen, das stumm dabeigestanden ist, herbei. Dieser empfängt die Belohnung mit einer Verbeugung; der Zauberer, zufrieden mit seinem Ruhm und gefolgt von seinem geschlagenen Schatten enteilt unter Beifallsgelächter. In Estremoz essen die Ausflügler zu Mittag. Bei Tisch steht Thomas Bernhard unauffällig auf, wenn Chri-

stiane hinausgeht, steht unauffällig auf, wenn sie zurückkehrt; geht er hinaus, kehrt er unter Beschreibung eines großen Bogens zurück, um nicht von hinten auf ihren Tisch zuzugehen. Als Christiane bezahlen will, schiebt er unauffällig ihre Hand beiseite und bezahlt ebenso unauffällig. »Hier möchte ich Erzbischof sein«, sagt er mit seinem berühmten Lächeln, in dem Liebenswürdigkeit und Spott schillern wie in einem Batiktuch. »Und Sie würden gut zu den Armen sein, sie aber nicht von silbernen Tellern essen lassen. Oder?« fragt Christiane forschend. »Und warum nicht?« fragt Thomas Bernhard ebenso forschend. »Damit sie nicht ihre Gesichter sehen können«, erwidert Christiane. Thomas Bernhard lacht wie ein Lehrer, der nicht umhin kann, eine richtige Antwort mit »Gut« zu benoten.

Gegen Abend fahren wir mit Thomas Bernhard zum Grundgesetzgeburtstags-Cocktail in der Residenz des Botschafters. Unbeobachtet steht Thomas Bernhard auf der Terrasse und beobachtet die vorbeiziehenden Gäste und Politiker, die ich ihm zeige: die Opernsängerperücke von Mário Soares, Alvaro Cunhals Habichtsbrauen und -nase unter seiner weißen Mähne, die leutselige Glatze des Ex-Königs Umberto von Italien, den österreichischen Botschafter. Dieser, so erzähle ich Bernhard, habe mir soeben anvertraut, eine Besucherin aus Österreich kenne Bernfelds Werk sehr gut. Wir beschließen, den Botschafter als Gegengabe von Weinberger in Weinheber umzutaufen: Weinheber versus Bernfeld.

Nachbemerkung: nach Ohlsdorf zurückgekehrt, wird Thomas Bernhard einen bissigen Reisebericht in der Wiener «Presse« veröffentlichen; dieser wird einen wochenlangen kulturellen Sturm im Wasserglas entfesseln; mehrere Persönlichkeiten werden gekränkt, erregt, aggressiv reagieren.

»Vergeßt nicht, daß ihr Faschisten seid!« 20. Juli 1976

Letzte Institutsveranstaltung der Saison 75/76, meine letzte Veranstaltung: Peter Lilienthals und Antonio Skarmetas Film *Es herrscht Ruhe im Land.* Skarmeta ist aus Berlin zur Uraufführung gekommen. Bei der anschließenden Diskussion kommt die Entstehungsgeschichte des Films zur Sprache.
Antonio Skarmeta (Studium an der Columbia-University, Professor für spanisch-amerikanische Literatur an der Universität Santiago) beginnt unter Allende ein Forschungsprojekt zu bearbeiten: »Verdeckung und Entdeckung Lateinamerikas durch seine Literaturen«, Versuch, Europas Vorstellung und Beherrschung von Lateinamerika ideologisch zu analysieren. Dabei entdeckt Skarmeta, daß die Schriftsteller seines Landes hinter der politischen Entwicklung einherhinken. Zu dieser Zeit entsteht Lilienthals und Skarmetas optimistischer Film *La Victoria.* Es folgt Pinochets Putsch. Und die Erfahrung, daß faschistische Brutalität im massakrierten Volk Chiles größere Einigkeit, stärkere Hilfsbereitschaft, Dennoch-Fröhlichkeit und tieferes Bewußtsein auslöst als zur Zeit der Volksfront, liefert Skarmeta Idee und Stoff zu einem neuen Drehbuch: *Es herrscht Ruhe im Land.* Offenbar gibt es Dinge, die der Faschismus nicht auszurotten vermag: Solidarität angesichts politischen Terrors.
Die Handlung: Eine Gruppe politischer Gefangener versucht anläßlich der Überführung in ein anderes Gefängnis zu fliehen. Das Heer schlägt zu, und bald ist die halbe Bevölkerung des Städtchens inhaftiert.
Nach vergeblichen Versuchen, diese auf die politischen Praktiken Argentiniens und Uruguays erweiterte Thematik in einem lateinamerikanischen Land zu verfilmen, wählen Lilienthal und Skarmeta die an die Landschaft bestimmter chilenischer Kleinstädte erinnernde Industrie- und Arbeiterstadt Setúbal, 80 Kilometer südlich von Lissabon.
Um die bundesdeutsche Botschaft aus dem Spiel zu lassen, stellt die Institutsleitung nach Vereinbarung zwischen der deutschen Gruppe und dem portugiesischen Koproduzenten beim Oberkommandierenden des Heeres General Fabião einen Antrag auf Bereitstellung von Truppeneinheiten sowie von Späh- und Panzerwagen.
Mitwirkende sind der Franzose Charles Vanel, portugiesische Film- und Bühnenschauspieler, chilenische, argentinische, brasilianische politische Flüchtlinge, Wärter und Häftlinge der Strafanstalt Pinheiro da Cruz, Soldaten aus Setúbals Kaserne,

ausgediente, eingefärbte Uniformen, neue Schilder auf Straßen und Plätzen der Fabrikstadt. Mir hat Lilienthal die Rolle eines gutherzigen, aber schwachen Richters zugedacht.
Kurz vor Drehbeginn im Januar rufen die Filmmacher durch eine Presseanzeige und -konferenz Setúbals Bürger zur »Teilnahme an einem antifaschistischen Film« auf; am nächsten Tag meldet sich die halbe Bevölkerung zur Stelle.
Unter allgemeiner Heiterkeit wird eine besondere Szene erinnert: Ein Truppenkommando muß gewaltsam gegen einen Leichenzug vorgehen. »Vergeßt nicht, daß ihr nicht Portugiesen, sondern lateinamerikanische Faschisten seid!« ruft Lilienthal ihnen zu. Nach gefilmtem Auftritt laufen die Soldaten-Mimen, erschrocken über ihre eigene Handlungsweise, auf die mißhandelten Statisten zu, umarmen sie, pflücken die Blumen aus den Kränzen des Katafalks und stecken sie in ihre Gewehrläufe – wie ein Jahr zuvor, am 25. April. Skarmeta ist beeindruckt von der Ausdruckskraft der portugiesischen Laienspieler, von der Theatertradition im Volk, die ihm in diesem Maße andernorts nicht begegnet ist.
Am Tag meines zweiten Auftritts überrede ich Christiane, mit nach Setúbal zu fahren. Alle Teilnehmer, etwa dreißig, sitzen beim Mittagessen im Hotel, als einer von Lilienthals Assistenten, ein portugiesischer Wuschelkopf, glühenden Blickes hereinstürzt: »Lissabon wird bombadiert!« Christiane erbleicht und wird zornig, die Leichtfertigkeit, mit der »diese grünen Jungens« offenbar Revolution, Chaos, Verantwortungslosigkeit genießen, empört sie. In Sorge um unsere Kinder, die zur Stunde wohl der Schulbus auf Umwegen nach Hause bringen wird, entschließen wir uns zur Rückfahrt. An Setúbals gesperrter Ausfahrt fordern Männer mit KP-Armbinden unsere Ausweise, an der von Zivilhilfstruppen besetzten Tejo-Brücke wird der Kofferraum unseres Wagens nach Waffen durchsucht. »Gute Reise und viel Glück«, wünscht mir ein Junge mit roter Armbinde auf Deutsch. Ich wünsche ihm das gleiche für die Revolution, auf Portugiesisch. Dank unserer deutschen Autonummer hält man uns für Touristen. Fröhlichkeit und Gelächter. Über dem Fluß und der Stadt kreisen dickbäuchig wie Brummer zwei Militärsportflugzeuge in geringer Höhe, von Schießerei keine Rede, Spínolas »Flucht« im Hubschrauber nach Spanien wirkt wie ein Operettencoup. Das Ereignis scheint die Pressedemagogen und die Gemüter der Bevölkerung mehr zu erhitzen, als daß es die Verantwortlichen zu verstärkter Planung und Tätigkeit anspornt.

Dieter E. Zimmer fragt für DIE ZEIT (20. August):

Wie schätzen Sie nach Ihrer siebenjährigen Gastrolle das Goethe-Institut insgesamt ein?

Die Möglichkeiten dieser Institution sind unermesslich. Ich halte sie für ein hervorragendes, für ein vielseitiges, geschmeidiges Instrument, jedenfalls in der Hand von Menschen, deren Thema der Mensch ist, über alle Grenzen, Schranken hinaus, durch alle Sprachen, Neigungen, Denkweisen hindurch. Die relative Unabhängigkeit der einzelnen Zweigstellen vom Auswärtigen Amt, der Diplomatie und der Münchner Zentrale ist eine Ausgangsposition, um die uns die Kollegen aus anderen Ländern nur beneiden können.

Aber klagen nicht alle Goethe-Kollegen über die Bürokratie der Zentrale?

Soweit sie die Verwaltung betrifft, halte ich sie für ein minimales Übel, Schlimmer ist der Mangel an Geist, sozusagen am Pathos des Freiberuflichen. Statt Kulturbedienstete abzurichten, die schon in jungen Jahren nur BAT im Kopf haben, ihre sogenannte Karriere wie die Diplomaten, ihre Watteverpackung gegen alle Risiken, ihre geheiligte Vierzigstundenwoche, ihr lauwarmes Pflichtbewußtsein, müßte eine Organisation wie das Goethe-Institut, dem die ehrenvolle und schwierige Aufgabe obliegt, in allen Teilen der Erde zu geben und zu nehmen, einen besonderen Typ des Mitarbeiters heranbilden, Leute, die Unternehmungsgeist besitzen, Abenteuerlust, Eros und Ethos zugleich, besessen von der Passion zur Sache, zum Detail – denn wie in der Kunst steckt auch in der Kulturarbeit Gott im Detail –, Menschen, die vollkommen geöffnet sind und nicht verengt und engherzig, die Mut haben und den Wunsch, stets das Ganze ins Auge zu fassen, die unersättliche Neugierde verspüren nach neuen Menschen, Verhältnissen, Sprachen, Künsten, Dingen. Und diese Menschen müssen politische Köpfe sein, politisch bewußt handelnd, damit endlich das hysterische Gezeter der Obrigkeit aufhört, die Institute könnten Schaden nehmen, wenn sie politisiert werden. Das Gegenteil ist der Fall: Wenn ein Institut die Politik tabuisiert, wird es unglaubwürdig, ja lächerlich. Auf all das müßte die Zentrale bei der Anwerbung und Auswahl neuer Anwärter achten.

Und noch etwas: Seit Jahren vergeudet die Zentrale ein unerhörtes Potential, die Erfahrungen und Verbindungen von einhundertundzehn Auslandsinstituten. Als Kulturzentrale könnte die Verwaltungszentrale langsam im eigenen Lande den Ruf gewinnen, den ihre besten Zweigstellen im Ausland genießen, sie könnte ein internationaler Umschlagplatz der Kultur werden, indem sie die ausländischen Autoren, Künstler, Regisseure, Städteplaner, Wissenschaftler nach Deutschland einlüde und an europäische Gremien vermittelte. Damit könnte die auswärtige Kulturpolitik vollständig werden.«

Doch frißt die Zeit in Eid und Schwur sich ein,
ihr Zufall löst, was Königsworte waren,
stumpft Plan und Ziel, und stumpft der Schönheit Schein,
lenkt starken Sinn hinweg zum Wandelbaren.
Shakespeare, Sonett CXV

Wo denken Sie hin?
Glauben Sie nicht, daß Sie hier etwas ausgerichtet haben oder je ausrichten würden! Sie sind in Portugal. Haben Sie das noch nicht begriffen? Sind Sie noch nicht erwacht aus Ihrem Traum? Sie schauen mich groß an!
Ich bin das, was die Neufaschisten – oder Altfaschisten, wenn das Ihnen besser gefällt – einen *Estrangeirado*, einen Entfremdeten nennen, der es dick hat mit diesem Land, der sich verschlissen hat in diesem Sumpf. In diesem Seelensumpf. Warum haben wir's denn so mit den Frauen? Weil sie ein Sumpf sind, ein süßer, samtiger Sumpf, in dem wir versinken, vergessen. Was vergessen? Unsere Aufgabe, unsere längst vergessene, zu erwachen, erwachsen zu werden.
Wie bitte? Auch das war Surrealismus, die große Conquista, die Seefahrt, das große Abenteuer des Landes. Das war ein Coup, dank der jüdischen Intelligenz, die uns für Augenblicke heraushob aus der Landschaft Europas. Der Reiz der Eroberung, des Goldes, des Reichtums, nichts anderes. Von Mission, von Christianisierung keine Rede.
Wo denken Sie hin?
Und nun? Aus für immer und ewig. Ein Ländchen, ein kleiner Tintenfleck auf der Landkarte, ein Nichts. Erinnern Sie sich an Salazars Landkarte: Portugal plus Kolonien, quer über Europas Ausdehnung gespannt vom Kap São Vicente bis zum Ural. Sehr portugiesisch, Hybris in Provinzformat, Einbildung, aber das Schlimme, oder soll ich sagen: das Gelungene daran ist, daß es keiner von uns ernst nimmt, noch je ernst genommen hat. Es war nur eine Geste, etwas, das man sich vorstellt, vors Gesicht hält.
Und die Revolution? Wo denken Sie hin? Revolution, ohne daß die Fetzen fliegen, ohne daß Köpfe rollen, Revolution ohne Zukunftsglauben und Gegenwartswillen, ohne daß das Oberste zuunterst gekehrt wird, Revolution ohne Frühaufstehen, Tatendrang, Zucht und Rücksichtslosigkeit um der Mehrheit wil-

len – so eine Revolution gibt es nicht. Schön wär's gewesen. Nur Toren wie Sie konnten sich für diese Schimäre begeistern. Nur Sie mit Ihrer »Nelke im Herzen«. Hübsch anzuhören. Aber realiter? Sagen Sie selbst, Sie Preuße! Sie lachen. Das sind und bleiben Sie. Alles so ernst zu nehmen. Und die Portugiesen ernst zu nehmen . . . Der Witz des Jahrhunderts, wenn es einen gibt in diesem Jahrhundert.

Wo denken Sie hin?

Sie sind hergekommen, haben sich einlullen lassen von den Schmachtaugen der sogenannten Opposition, den Trauertränen der zensurgeschundenen Regisseure, die nicht inszenieren durften, von unseren Nabelbeschauern, die nur Nabelbeschauerzuschauer suchen, die sie hätscheln, bewundern, bestärken. Sie haben meine Landsleute ernst genommen, haben Ihnen gegeben, was Sie konnten, haben sich gängeln lassen, weil Sie an Ihre Aufgabe glaubten. Daß ich nicht lache. Haben womöglich mitgelitten, schlaflose Nächte gehabt, während meine lieben Portugiesen nach ihrem Stockfisch und Rotwein zu ihren Frauen und Geliebten ins Bett krochen und untertauchten im Mutterschoß, der ihnen Vergessen schenkte und sie wieder aufnahm ins Kinderreich, damit sie sich am nächsten Morgen blinzelnd gegen die gloriose Durchsichtigkeit des grausamen portugiesischen Lichts verteidigen konnten. Vielleicht ist unser Licht an allem schuld. Vielleicht verstecken wir uns deshalb seit Jahrhunderten vor Ihnen, vor uns, vielleicht geht deshalb bei uns alles im Verborgenen, im Helldunkeln, im Unausgesprochenen vor sich: im »vielleicht«, im »würde« und »könnte«. Haben Sie einmal über unsere stereotype Antwort auf eine konkrete Frage nachgedacht? »Wie man's nimmt!« – »Je nach dem.« – »Kommt drauf an«. Das beantwortet alles. Weil es Sie im Dunkeln, Unklaren, Ungewissen läßt. Es bejaht und verneint es, macht Sie hoffen und bangen, zweifeln und vertrauen. Bindet Sie und läßt Sie im Stich, lockt Sie und läßt Sie zappeln. Das ist Portugal, das war es und wird es sein. Das ist die Sprache der Händler, der Unterhändler, Zwischenhändler, Groß- und Kleinhändler. Haben Sie hierzulande schon einmal zwei gleich gehende Uhren gesehen?

Haben Sie schon einmal einen Portugiesen gesehen, der bei grünem Licht sofort losfährt, um seine Hintermänner nicht warten zu lassen? Ich nicht.

Also unzuverlässig? Nicht ganz. Denn wir sind treu, im Gefühl. In einem vegetativen, verschwimmenden Gefühl, das sich in Laichtiefe ablagert und langsam hochsteigt, weil die Erinne-

rung ihren Stollenweg zur Oberfläche nur allmählich findet. Nur erwarten dürfen Sie nichts. Und nicht auf Zeit, in Zeitdimensionen, in Zeitrechnung.
Plötzlich, seit dem 25. April 1974, scheinen wir zu rechnen, fieberhaft zu rechnen, mit dem 25. September 1974, mit dem 11. März 1975, mit dem 25. November 1975. Plötzlich sind all das geschichtliche Ereignisse, Höhepunkte unseres Revolutionsprozesses. Illusion, Surrealismus, Selbsttäuschung. Wir mußten uns an etwas klammern, um nicht einsehen zu müssen, daß die Revolution, wie wir eifrige Nachplapperer den Putsch einer Handvoll verzweifelter, verdrossener Offiziere zu nennen gelernt haben, am Tag ihrer Proklamation verloren und vertan war. Daher fiel es auch so leicht, die Devisen- und Goldreserven aufzuessen, bevor das zweite Jahr herum war. Würde ich heute als Abgeordneter den Antrag stellen: Alle Landesflaggen auf Halbmast, bis unser letzter Landsmann lesen und schreiben kann, ich würde verhöhnt und geächtet werden. Das ist Portugal. Keiner von uns nimmt irgend etwas ernst, sobald er seinen Wortatem vergeudet hat. Solange er Worte hat, bildet er sich ein, daß er existiert, eine Funktion erfüllt, eine echte Rolle spielt. Denn er tut nichts anderes. Keiner von uns tut etwas anderes.
»Der Poet verstellt sich, täuscht . . .« Nicht nur er. Wir alle, obwohl die wenigsten von uns Fernando Pessoas Gedicht kennen. Er spricht nur unsere Wirklichkeit aus. Nur Sie wollten sie nicht wahrnehmen, wahrhaben. Obwohl Sie unsere Akademiker kennen, unsere Universitäten, unsere Künstler. Alles ist aufgesetzt bei uns, angelernt, nachgeahmt, nachgesprochen. Haben Sie unsere Dichter ihre Erzeugnisse aufsagen hören? Sie tragen alle ihren *Machão* von Männchen im Gesicht, wenn sie rezitieren. Ihre Gedichte sind Erektionen, für die sie Zuschauer wünschen. Wenn sie fertig sind, kann der Zuschauer abtreten. Mit dieser Situation sind wir, die »Estrangeirados« konfrontiert. Wir sind nichts als Erektion oder »post coitum omne animal triste« oder Mutterschoßschlaf. Dazwischen schleichen wir durch die unwirtliche Welt.
Und nun ist das Geld aus und alles ist aus. Und wir sind gekränkt, weil wir uns eingebildet haben, wir seien am 25. April erwacht, und haben zwei Jahre die Augen verdreht, haben uns geplustert und getummelt und den Mund voll genommen. Und haben gemeint: Nun schenken wir Europa eine neue Lebensweise, eine neue Lebensqualität, einen Sozialismus mit portugiesischem Gesicht, Gesetz, Geblüt. Und als wir, Knaben an der

Sandkiste, aus unseren Tag- und Dämmerungsträumen erwachend, merkten, daß wir uns die neue Wirklichkeit wieder einmal aus der Durchsichtigkeit des lusitanischenLichts geangelt hatten, spielten wir eine Weile weiter und erfanden eine neue, weltweite und weltwichtige Rolle: Die des Mittlers zwischen der Alten und der Dritten Welt. Aber die Dritte Welt will von uns weniger wissen als wir von ihr: wir wollen uns mit ihrer Hilfe nur eine neue Rolle erfinden, um unsere Persönlichkeit auf niederer Ebene rekonstruieren zu können – wie C. G. Jung sagen würde. Und nun sitzen wir da und möchten am liebsten mit Miguel Torga sagen:

> Dankbar dem Meer, mich niemals mehr zu wekken.
> Dankbar dem Himmel auch, mich immer zu bedecken.

Und Sie, Preuße, Deutscher, Tor und Freund, glaubten: Fabelhaft, dies Portugal, das kleine, stolze, tapfere, seiner Bestimmung, Tradition, Herkunft und Kraft treue Land baut etwas Nagelneues, es alphabetisiert sein Land in kürzerer Zeit, als Kuba es vermochte, weil es ein europäisches Land mit achthundert Jahre Geschichte ist. Pustekuchen!

Wir werden noch lange nicht alphabetisiert sein, darauf gebe ich Ihnen Brief und Siegel. Eine Kastengesellschaft sind und bleiben wir. Und eine Familie – das haben Sie richtig gesehen, eine zerstrittene zwar, aber die zusammengehört in ihrer Pflanzlichkeit, in ihrem schmalen Nest zwischen Spanien und dem Atlantik.

Stechen Sie sich den Star: vergessen Sie alles, was Sie hier zu tun versucht, vergessen Sie nicht, was Sie hier gesehen haben. Behalten Sie in Gottes Namen Ihre Nelke im Herzen. Sie sind Europäer, bei Ihnen mag sie blühen, Samen tragen, von neuem blühen. Bei uns ist sie verblüht, denn ihr Samen fiel auf Ödland, wie es in der Bibel heißt, und das trägt keine Frucht.

Sie haben sich zu weit mit uns eingelassen. Tragen Sie die Kosten, sie werden Ihnen Zinsen bringen und den Mut zum Aushalten, zum Widerstehen gegen alles, was Sie quälen wird für den Rest Ihrer Zeit. Ich prophezeie Ihnen Augenblicke des Schmerzes über unser Versagen, das Sie mit Haut und Haaren nichts angeht. Sie werden denen dankbar sein, die versagt haben, gegen ihren Willen. Denn Portugal wird Ihnen verbleiben wie eine sanft verzweifelte Liebe, weil in unserem Land alles sanft ist und etwas verzweifelt. Sie werden an dieser Liebe lei-

den, wie man an verlorenen Lieben leidet, aber davon gesund bleiben. Und das wird Sie daran erinnern, daß es in unserem Land etwas gibt, was unnachahmlich ist und unersetzlich, und daß wir die Gebenden sind und Sie der Nehmende. Nehmen Sie dieses Leiden mit als Geschenk, denn Ihr Land droht am Nichtleiden unterzugehen, am »Todlos« Ihrer kollektiven Umnachtung, die Fremdheit heißt im eigenen Hause.
Es gibt Länder, die untergehen können. Unseres nicht, unseres ist ewig, ich spreche das große Wort aus, ohne zu erröten. Studieren Sie die Physis unseres Landes, das der Atlantikwind reinfegt bis nach Estremadura hin, Jahrtausend um Jahrtausend. Daraus leben wir trotz der Kargheit des Bodens und unserer Armut, die trotz und gegen Salazar unsere Würde ist und unsere Anmut. Im Grunde verachten wir Europa, weil wir nichts von Euch lernen können. Eure Lehren sind schal. Euer Schimpfwort »Armenhaus Europas« ist unser Ehrenzeichen. Euer Zynismus tötet nur euch, nicht uns. Leben Sie wohl! Ich danke Ihnen für dieses Gespräch – wie man bei Ihnen sagt. Ihr Freund und »estrangeirado« . . .

Nachsatz: Brief aus Portugal, 22. Januar 1979

Lieber Curt Meyer-Clason:
wie schön, von Ihnen einen Brief bekommen zu haben. Ja, das waren Zeiten, als Sie das Leben im Institut schmeißen durften. Da gab es noch eine »Oposição unida«, einen gemeinsamen Feind, und Sie waren der gemeinsame Freund ... Jetzt ist die Linke zersplittert. Sie würden es schwer haben mit ihr. Sozialisten und Kommunisten = Hund und Katze. Traditionsmäßig. Das alte Lied der Machtpositionen. Der Dritte lacht sich eins ins Fäustchen und schwillt dabei zum Sieger an. Langsam rutschen wir in den alten Zustand. Es gibt schon wieder Ultravorsichtige, die es mit den – vielleicht – Zukünftigen nicht verderben wollen. Beim Fernsehen wird gekürzt, protestiert, beim Radio hat man Igrejas Caeiro (Partido Socialista) mir nichts dir nichts vor die Tür gesetzt. Man kann zwar noch »meckern«, aber man weiß nicht genau, ob einem das nicht zum Nachteil gereichen wird. Das »antiquísima« *(uralte)* Wort »democracia« hat seinen Sinn verloren ... Hier sind nun alle Parteien Demokraten: die CDS *(Centro Democrático Social)*, die PSD *(Partido Social Democrata)*, die PS *(Partido Socialista)*, die PCP *(Partido Comunista Português)*, die UDP *(União Democrática Portuguesa)*, etc., etc. Wohl auch die MIRN *(Movimento Independente Revolucionário Nacional)*, wo man Hakenkreuze liebt. Allesamt diskutieren und diskurrieren, tagtäglich regnet der Regen; alle sind sie tüchtig dabei, Untergehen ist. ... Alle buhlen sie um diese alte Hure democracia, die es mit jedem tut ...
Ich war dieses Jahr in Deutschland, aber weit weg von Ihnen: Melle-Osnabrück, Berlin-West, Berlin-Ost, Leipzig und schließlich als Rückstart Frankfurt a. M. Buh! Was für ein Land! Luxus, Luxus im Westen, dabei Angst, linksverdächtig zu sein (was sich da tut, ist einfach toll), Terrorangst, Berufsverbot, phantastische Küche, umfangreiche Damen, die Schlagsahne verschlingen ... Im Osten: Luxus niente, aber tiefe Sehnsucht danach, Intershops, die die Jugend korrumpieren, Angst, seine Meinung von sich zu geben, Schwarzmarkt, Devisenfieber. Natürlich nette Freunde, da wie dort, miese Typen da wie dort. Wie der zynische Heine wird man um den Schlaf gebracht, wenn man an dieses große, geteilte »Vaterland« denkt ...

Um abraço amigo Ilse Losa

Nachtrag, 1987

Querido Amigo, ich stelle mir vor, wir säßen uns gegenüber, wie damals. Elf Jahre ist es her, oder? Wir sind nicht jünger geworden. Auch unsere Länder nicht. Aber der Orangenpudding hier im Café Primavera schmeckt wie immer. Nur der Kaffee ist nicht mehr der alte, aus Angola, der beste der Welt. Dort gibt's keinen mehr. Alles zerstört. Die Angolaner müssen Kaffee einführen. Unsere Schuld. Wir wollten festhalten, festhalten, statt loszulassen, allmählich zu übergeben. Vorbei. Sie schauen so neugierig. Sie möchten natürlich wissen, wie ich heute denke, über die Portugiesen, über Portugal und Europa, über Portugal und die EG. Themen ... Nein, ein »Estrangeirado«, ein Entfremdeter bin ich nicht mehr. Ich versuche, Portugiese meines Tages zu sein, mit Blick auf die Gegenwart. Wo denken Sie hin? Der Traum von Dom Sebastião ist ausgeträumt. Keiner von uns erwartet einen messianischen König, der, von Pater António Vieira im 17. Jahrhundert verkündet, uns heraufführen würde zu neuer Weltgeltung. Das müßten wir schon selber tun, wenn überhaupt. Stimmen hat es gegeben die letzten zehn Jahre, für und wider, beredte, geschwätzige, wenn Sie wüßten. Aber kein Wort darüber. Gewiß möchten Sie wissen, wie es bei uns weiterging seit Ihrem Weggang.
Also: Unsere Saudade ist dahin. Keiner von uns zitiert mehr Camões:

> Zerrinnen laß ich die gequälte Zeit
> und streue meine Sehnsucht ohne Ende
> am Meeresufer hin in Einsamkeit ...

Wir sind selber die Zeit, wir müssen sie leben, sie nutzen. Und arbeiten. So wie unsere EG-Vertreter in Brüssel arbeiten. Heute heißt es mit Fernando Pessoa:

> Das Meer hat sich erfüllt und das Reich zerfiel.
> Herr, nun fehlt noch, Portugal zu erfüllen.

Eduardo Lourenço, einer unserer gescheitesten Köpfe, schreibt in seiner *Psicoanálise mítica do destino portugues – Mythische Psychoanalyse des portugiesischen Schicksals*: »Nicht zu arbeiten war in Portugal immer ein Zeichen von Adel, und als die Arbeit ihrerseits wie im protestantischen Europa als Zeichen der Erwählung zu gelten begann, entdeckten wir kollektiv, wie man ein uraltes Erbe verfeinert, und übertrugen diese peinvolle Pflicht den Schwarzen. Genau besehen ist dies die authentische Essenz der Entdeckungen, der Rest, wenn auch immens, ist Beiwerk.« Nicht von ungefähr heißt es im Volksmund: Es arbeitet nur, wer nichts Besseres zu tun weiß. Ich höre noch manche feurigen Linken der Revolutionsjahre, Herrensöhnchen, stöhnen: Jetzt müssen wir arbeiten, uff!

Wie ging es weiter? Es ging darum, die Demokratie zu verteidigen, sie als die Kraft zu verteidigen, die uns von unserer vergangenen Unterdrückung entgiften sollte. Auf dem Aufbau des Landes durfte kein Schatten des alten Fluchs lasten. Im Juli 1975 – das haben Sie noch erlebt – schrieb der Romancier José Cardoso Pires in den *Sete observações em torno à liberdade – Sieben Bemerkungen zur Freiheit*: »Wir glauben nicht, daß der politische Pluralismus das ausschließliche Vorrecht der fortgeschrittenen bürgerlichen Demokratien ist (die ihn als Nährboden der privilegierten Klassen benutzen). Wir glauben, daß er möglich ist und gesund in einem Revolutionsprozeß, solange das Volk in seiner Basis zu seinem Gebrauch über die vertikale Macht und eine dauernde Stimme verfügt. Und das ist es, was in unserem Land in immer stärkerem Maße vorhanden ist.«

Banken und Industrien wurden verstaatlicht; erhebliche Teile des Großgrundbesitzes in der Kornkammer des Landes, der Provinz Alentejo, gingen in den Besitz von Landkommunen über, doch statt den Ertrag von Weizen zu steigern, fiel die Produktion gegenüber den Ziffern der Vorrevolutionszeit. Salazars Goldreserven schwanden schnell; die früheren afrikanischen Kolonien brachten keinen Escudo mehr ein und bürdeten dem einstigen Mutterland die Last von Hunderttausenden von Rückkehrern auf, die überall im Land in Blechbarackensiedlungen der Vorstädte und Strände ein armseliges Dasein zu fristen begannen. Die Währung verfiel; Geldentwertung und Inflation machten sich breit.

1983 sieht sich der bereits erwähnte José Cardoso Pires gezwungen, seinen optimistischen Ausblick von 1975 zu revidieren, in einem Aufsatz mit dem Titel *Aqui, no crepúsolo – Hier, in der Dämmerung*. Lassen Sie mich einige Stellen zitieren! »Fast acht Jahre nach der Revolution der Nelken versinkt der kulturelle Weg der Demokratie in einer Zone aus Dunkelheiten und Scheitern ... Das ökonomische Verhängnis gesellt sich zur Entmotivierung kultureller Interessen. Inflation und Arbeitslosigkeit schränken nicht nur das Unterrichtswesen auf zunehmend elitistische Bezirke ein, sondern sie korrumpieren auch die Beziehungen zwischen Kunst und Publikum und lassen ihre Bedeutung in den Hintergrund treten: die Malerei ist nichts als Spekulationsanlage, das Buch eine schutzlose Ware im Konkurrenzdschungel des großen Supermarkts ... Achtundvierzig Jahre – ein halbes Jahrhundert! – hindurch lebten die portugiesischen Schriftsteller unter der Last einer Diktatur, ohne daß die besten, die Vielzahl unter ihnen, sich bereit erklärt hätten, die offizielle Lüge zu unterschreiben ... Heute lehrt uns die Erfahrung mit der Freiheit, daß die Wahrheit nicht nur durch die Zensur verschwiegen wird: sie mit Geschwätz und Chaos zuzudecken, ist eine Form, sie der Anarchie und ohne Gewicht der Zerstreuung zu überantworten, und das war die unmittelbare Aufgabe der Feinde der Demokratie nach dem Sieg der Revolution. Sie begegnen uns auf der Straße, sie sind frei. Niemand hat ihnen Rechenschaft für die Vergangenheit abverlangt, in der sie unser Schreiben folterten und uns die Stimmen verboten, niemand. Indem sie den durch die Zensur geknebelten Lesehunger des Volkes nutzten, lancierten sie Zeitungen und pulverisierten die Wahrheit mit Hilfe von wilder Alarmschlagerei im Wettstreit mit den Institutionen, die dem Terrorismus der Ultrarechten den Weg ebneten, und so, wie sie früher das Schweigen ausgebeutet hatten, beuten sie jetzt das Wort aus. Sie benutzen es in einer Inflation der Orientierungslosigkeit ... So wird im Schulunterricht bereits mittels bürokratischer Zwänge nahezu die Gesamtheit der lebenden Schriftsteller aus den Programmen gestrichen ... Erholt sich die Vergangenheit wieder? Im Augenblick bewegt sich die gesamte politische Polizei des Faschismus mit ihren zwanzigtausend Informanten und allen achtzigtausend Aktivisten der Ultrarechten durch unser soziales Gefüge. Die Justizbeamten, welche die Urteile des Terrorregimes unterschrieben, sitzen wieder an den Tischen der Gerichtshöfe, sie waren es, die erlaubten, daß der portugiesische Himmler, Barbiere Cardoso, trotz einstimmiger Proteste des Parlaments ins Land zurückkehrte. Moreira Baptista, der letzte Minister der politischen Polizei, ist wieder in Portugal und wurde für seine nach der Revolution im Exil verbrachten Jahre entschädigt.«

Während der letzten Jahre haben die Schriftsteller Portugals begonnen, die politische Vergangenheit ihres Landes aufzuarbeiten. Als erster schildert José Saramago in *Levantado do chão – Vom Erdboden aufgestanden* – die Geschichte einer bäuerlichen Taglöhnerfamilie der Provinz Alentejo vor und nach der Revolution. Fernando Namora erzählt in *O Rio Triste*

– *Der traurige Fluß* von einem Verschwundenen, der gesucht wird und sich selber sucht in einem Land, das »nach Polizei riecht«, die es »geräuschlos bewacht« mit Einwohnern, die traurig im Wartesaal eines Bahnhofs sitzen, ohne zu wissen, wann der Zug der Veränderung einfährt, in einer Stadt an einem Fluß, dem Tejo, dem unbewegten, weil zur Bedeutungslosigkeit geschrumpften Tejo. Teolinda Gersão schreibt in *Paisagem com mulher e mar no fundo – Landschaft mit Frau und Meer im Hintergrund* von einem Volk, das wie eine offene Wunde ist; es durchquert eine Wüste, von der Sonne verbrannt und vom Durst verzehrt, im Westen ist es blockiert vom Meer, ein Volk von Ertrunkenen, das sich nicht auflehnt, denn »Ich [das Meer] bin der Anfang und das Ende, und es gibt kein Entkommen aus meinem Reich, du kannst nach Norden und nach Süden und nach Westen gehen, du bist von allen Seiten vom Meer umgeben, und wenn du nach Osten fliehst, weil du meinst, es gäbe eine Tür nach Osten, triffst du auf aufgepflanzte Bajonette und in Schilderhäuschen postierte Soldaten, die dir den Grenzübertritt verwehren, gib dich meiner Nacht anheim und hör auf, nach einem Fluchtweg zu suchen, schlaf ein, schlaf ein in meinem Wasser.« Hauptperson des Buchs ist O. S., der alle Handlungen durchdringt, der allgegenwärtige, nur durch O. S. gekennzeichnete Oliveira Salazar. Um ein viertes Buch der letzten Jahre zu nennen: Die *A balada da praia dos cães – Ballade vom Hundestrand,* der mit dem Großen Romanpreis der portugiesischen Schriftstellergesellschaft ausgezeichnete Roman von José Cardoso Pires über ein unter Salazar verübtes Mordverbrechen, das der Autor erst 1975 in den freigegebenen Archiven der PIDE, der Politischen Polizei der Diktatur, ergründen konnte. »Die Angst«, sagt eine Figur des Buchs, »ist eine extreme Form der Vereinsamung«. – »Je tiefer ich in die Einzelheiten des Prozesses eindrang«, ergänzt der Schriftsteller, »desto mehr wurde mir klar, daß bei diesem Verbrechen der Mechanismus eines Systems auf der Anklagebank saß, in dem die Angst allmächtig war und die Lüge sich jeder Verantwortung entzog.« Im Zentrum der Geschichte stehen also nicht die Verschwörer oder die Polizei, sondern ein Lissabon, in dem die Selbstherrlichkeit der Autorität Wand an Wand mit kleinen Gemeinheiten und Niederträchtigkeiten wohnt. Das Buch atmet die Atmosphäre der sechziger Jahre. Vielleicht sollte ich noch ein fünftes Buch nennen, der mit dem Großen Preis der Schriftstellergesellschaft prämierte Roman *Auto dos Danados – Ketzergericht der Verdammten* des vierundvierzigjährigen

Lobo Antunes. Ein auf persönlichste Art verfaßter Gesang des Zorns, ein Gesang des Hohns und des Fluchs auf eine der Panik und der Gier ausgelieferte Gesellschaft, die portugiesische Gesellschaft der Gegenwart. Ein ungestümer, grimmiger Atem, der Sie im Sturm durch eine Welt von Verdammten bis zum endgültigen Gelächter führt.

Damit stehen wir in des Landes jüngster Gegenwart, sagen wir: am 1. Januar 1986, Tag des Eintritts Portugals, Finis Terrae Europas, als Vollmitglied in die Europäische Gemeinschaft. Wie steht das Land da? möchten Sie sicherlich wissen.

Dank der dynamischen Exportwirtschaft wuchs das Bruttosozialprodukt um 25% gegenüber dem Vorjahr. Die jährliche Inflationsrate konnte auf 19,3% (von 29,3% im Vorjahr) gesenkt werden. Zum 1. Januar betrug sie sogar nur noch 11,7%. Die Zahl der Arbeitslosen bei einer Gesamtbevölkerung von 10,1 Millionen Einwohnern lag mit 10,9%, bis Jahresende 9,6%, beträchtlich niedriger als im Vorjahr. Im eigenen Land infolge niedriger Arbeitslöhne zu Hinhalte- und Abwehrstellung gezwungen, arbeitet der Portugiese im Ausland so gut wie sein dortiger Kollege. Infolge weiter zunehmender Exporte und rückläufiger Importe in Dollarwerten ergab sich bis Ende November 1985 eine Deckungsquote der Importe durch Exporte von 75,1%, Ende 1986 76,2%. Ausländische Investitionen stiegen gegenüber dem Vorjahr um 53%. Die Importe von Lebensmitteln beliefen sich auf 15% der Gesamteinfuhren. Trotz des hohen Beschäftigungsanteils im Ernährungsbereich ist Portugal heute noch weit von einer auch nur annähernden Selbstversorgung entfernt. Das Land verfüge über wenig bebaubares Land, wird behauptet. Vergleicht man vom Flugzeug aus die kleinen und kleinsten Hangäcker der Schweiz mit Portugals Landschaften, so beschleichen den Betrachter Zweifel. Immerhin sind 80% der portugiesischen Höfe kleiner als drei Hektar und daher zu klein, um wirtschaftlich zu arbeiten. Im Alentejo, dessen Weizenerzeugung seit der Beendigung der Diktatur infolge der Besetzung durch Landkommunen wesentlich zurückgegangen ist, schweben 600 Prozesse wegen Rückgabe von Landgütern. Der Getreideanbau stagniert, anscheinend infolge einer Überbeschäftigung von Arbeitskräften. Es fehlt an Kompetenz, modernen Maschinen, rationaler Arbeitsweise. Es fehlt ein fachlich funktionierendes Statistisches Amt, um Daten und Fakten zu ermitteln und Verbesserungen zu erarbeiten. Überdies hat das Land nach wie vor 30% Analphabeten und eine landesweite Unfähigkeit, arithmetische Grundsätze

zu begreifen. Es fehlt an Management, so wird gesagt, nicht etwa an Know-how. Dem Mann auf der Straße bereitet die drohende europäische Mehrwertsteuer, viel zu hoch für portugiesische Einkommen, Angst und Sorgen. Direktoren öffentlicher Institutionen dagegen erhoffen sich vom Vorbild europäischen Denkens und Organisierens Druck und Zwang zu eigenen Anstrengungen, den Antrieb, Europa nachzueifern. Die Auslandsverschuldung betrug am 30. 6. 1985 15,7 Milliarden US-Dollar. Manch besorgter Bürger meint, der Außenminister müsse, um im Sportjargon zu reden, zur Offensive übergehen; die Handelskammern müßten sich um Exportförderung kümmern, statt für den Import zu werben. Es fehle an einer »Philosophie des Marketing«, die dem Portugiesen womöglich als unwürdig erscheine. Man will umworben werden, aber nicht für sich werben müssen. Immerhin sollen erste Zuwendungen der EG dem Bau von Straßen, von Schulen, von Hospitälern zukommen. Jedenfalls sehen Wirtschaftsbeobachter die Entwicklung Portugals als eines europäischen Partners im Verlauf der nächsten fünf Jahre als günstig und positiv an. Sie sehen: wir haben es schwer mit uns selbst.
Der jüngst verstorbene kritische Zeitgenosse Alexandre O'Neill, der in seinem Buch *O país relativo – Das relative Land* die Lupe an Land und Leute legt, sagt:

> Portugal: Streit, in dem ich mit mir selber liege,
> Schnitt bis auf die Knochen, Hunger ohne Linderung,
> vorstehender Jagdhund, ohne Spürsinn und ohne Rebhuhn,
> geschniegelte Schindmähre,
> kopfhängerischer Jahrmarkt,
> meine Reue,
> meine Reue über uns alle ...

Miguel Torga, der sich als »lyrischer Wächter der lusitanischen Identität« bezeichnet, würde seinem um zwei Generationen jüngeren Kollegen recht geben, vielleicht weil Portugal, wie er meint, nach achthundert Jahren Existenz noch nicht seine nationale Identität gefunden hat, weil es zwar vorbildliche Männer besitzt, diese aber nicht als Vorbilder dienen, einsame Baudenkmäler ohne architektonisches Echo in der Nachbarschaft errichtet, weil es Revolutionen macht, die immer Frustrationen sind, und in jedem seiner Söhne das innere Gefühl einer gesellschaftlichen Waisenschaft nährt, vielleicht weil der

Portugiese schon immer unter zwei Diktaturen, der politischen und der sozialen, zu leiden hatte. Am 7. Mai 1974 notiert der Dichter in sein *Diário*: »Je tiefer ich in die Wege unserer Literatur, in die Ausbrüche meiner Berufsgenossen eindringe, desto tiefer gräbt sich in meinen Geist die Überzeugung ein, daß in Portugal alle wahren Schriftsteller in negativer Spannung schreiben. Mit Wut, mit Sarkasmus, mit Ironie oder mit Bitterkeit. Man braucht nur die im Besten eines jeden Werks verstreuten gereizten Seiten zu lesen. Alles stellt sich ihm in den Weg, von der feindseligen Umwelt, in der wir leben, unfähig, den Schöpfungsakt zu begreifen, bis zu den immer schwierigen, qualvollen Beziehungen *inter pares*. Deshalb machen wir aus dem Stift eine Stütze, ein Brenneisen, einen Pfeil oder ein Büßerhemd. Ein Werkzeug der Aggression und zugleich der Kasteiung.«

Aber »Das Beste des Landes riecht nach Stall« – so charakterisiert der vor Jahren verstorbene große Romancier Aquilino Ribeiro sein Land – rüde, aber zutreffend, freilich mit Ausnahme der einstmals weltbeherrschenden Haupt- und Hafenstadt Lissabon, für die wiederum Fernando Pessoa nur eine Bezeichnung fand: »Provinz«. Die eigentliche, die echte Provinz mit ihrem »Stallgeruch« öffnet Weiten im Sinne des Irdischen, der Instinkte, der animalischen Wärme eines Volkes, das klare, karge Architektur liebt, das Weiß des Kalks, den herben Gesang der Zikaden. Ein Volk, das die gesprochene Sprache liebt, karg und rein wie ein archaisches Zeremoniell, Zeremoniell der Hauptbedürfnisse von Leib und Seele. Ein Volk, das dem Herzen mehr vertraut als dem Kopf.

Sie wollen wissen, wie ich mir die Zukunft Portugals vorstelle, das europäische Portugal. Wir haben gesehen: Portugal gehört weder zu der Gruppe hochentwickelter Länder noch zu den unterentwickelten, peripheren Ländern; es gehört weder zur Ersten noch zur Dritten Welt. Sozial betrachtet sind wir eine Zwischengesellschaft. Wir fühlen uns am Rande, verbannt aus Europa. Wir empfinden Groll, sind gleichzeitig angezogen, fühlen uns unterlegen und zugleich überlegen. Wir haben keinen Dante, keinen Shakespeare, keinen Goethe, keinen Cervantes. Immerhin einen Fernando Pessoa, der seit einigen Jahren von den europäischen Sprachen entdeckt wird. Oft werden wir nach dem, was wir nicht haben, negativ beurteilt: Hans Magnus Enzensberger wundert sich, wie ein so armes Land wie Portugal so viele Utopien nähren könne – vom Sebastianismus bis zur Revolution der Nelken. Schon vor hun-

dert Jahren hat ein Dichter, Antero de Quental, ausgerufen: Nie hat ein Volk so viele Schätze eingeheimst und ist dabei so arm geblieben!
Sicherlich lag einer unserer Irrtümer der letzten zehn Jahre darin, unsere angestammte Rolle als Mittlervolk zwischen Europa und Afrika, zwischen Europa und Lateinamerika vernachlässigt zu haben. Ein vorlauter portugiesischer Sänger unserer Tage, kaum mehr als ein Kind, nannte kürzlich Portugal »ein großes Kind, das sich in seiner Wiege umdreht«. Doch ernstlich: Was kann Portugal in der Welt, in Europa tun? Erstens: Wir müssen unsere Armut, diesen Nachteil, in einen Vorteil ummünzen. Portugal besitzt eine ungebrochene Identität. Die Römischen Verträge reihen uns auf wirtschaftlicher Ebene ein, und doch wird Europa nur durch die Kultur geschaffen – oder gar nicht. Daher müssen wir unsere Identität verwerten. Unsere literarische Produktion ist im Vergleich zur Bevölkerungszahl bedeutend. Was kennt Deutschland davon? Ihr Deutschland, das wissen Sie, ist das unterentwickeltste Land Europas in Sachen portugiesischer Kultur – Bildende Kunst, Musik, Literatur. Seit 1945 warten wir auf eine bundesdeutsche Auswahl unserer reichen Lyrik der Gegenwart. Letztes Jahr erschien mit einer Verspätung von hundert Jahren, in einer Lizenzausgabe der DDR, das Romanmeisterwerk unseres neunzehnten Jahrhunderts, *Die Maias* von Eça de Queirós. Sie werden fragen: Warum sind Sie unfähig, Ihre Identität auszuwerten? Vielleicht hat das etwas mit unserem Wesen zu tun, mit unserer Vereinzelung nach dem Verlust unserer Rolle als Weltmacht, mit dem Fehlen einer planvollen Selbstwerbung in der Welt. Die Spanier haben für ihren Beitritt zur EG mit Hilfe eines kostspieligen Programms im In- und Ausland geworben. Während die portugiesische Presse unserem Beitritt mit einer Zeitungsnotiz Genüge tat, feierte sie mit der Nation die Überführung der sterblichen Reste unseres größten Dichters Fernando Pessoa fünfzig Jahre nach seinem Hinscheiden in Portugals Nationalheiligtum, das Hieronymus-Kloster am Tejo, als Jahrhundertereignis. Daran können Sie unsere Wertskala erkennen. Sie hat etwas zu tun mit unserem Image. Dies gilt es zu vermitteln. Daher könnte ich mir denken, daß unser Ministerpräsident einen würdigen Präsidenten des Europarates abgäbe. Portugal müßte sich als Mittlerland, als Land qualifizierter kultureller Dienstleistungen profilieren, um dadurch der Konkurrenz mit Spanien als Industrieland auszuweichen. Lissabon scheint mir die geeignete Stadt als Sitz des Europäischen Parlaments zu

sein. Denn Portugal ist europäischer als Spanien. Und warum? Weil wir offener sind. Kulturell sind wir das östlichste Land Europas. Unsere Hauptstadt blickt nach draußen, Madrid blickt auf seinen Nabel. Noch etwas: ein Land mit Meeresküste ist nie ein kleines Land, auch wenn es das ärmste Europas ist. Dazu ein Wort der Schriftstellerin Agostina Bessa Luis (gesprochen bei einem Schriftstellerkongreß vor einigen Jahren), das Sie als Angehörigen eines reichen Landes angeht: »Und doch wird die Welt der Zukunft arm sein. Weder verlassen noch unwissend, besiegt oder siegreich – aber arm. Für fast alle, die heute leben, scheint dies ein unerträglicher Gedanke zu sein und stellt eine Art von Beleidigung dar, so sehr verbinden wir mit der Armut einen uralten Makel, einen niederschmetternden Fluch. Die moralische wie unmoralische Betrachtung der Fakten beraubt diese eines tieferen Sinns. Wenn das Ausland Portugal Armenhaus Europas nennt, gebraucht es diesen Ausdruck hämisch und stellt uns auf eine tiefere Stufe menschlicher Verdienste. Und doch wissen wir alle, wo nicht im Sinn einer Philosophie, doch zumindest als Vorahnung, daß etwas in der unteilbaren Solidarität der Menschen zur Armut neigt. Und daß sie in Zukunft die einzige Form zivilisierter Distinktion sein wird, welcher der menschliche Wille Glauben schenken kann . . .«

Wir können ein Land der internationalen Beziehungen sein. Unsere ehemaligen Kolonien sprechen unsere Sprache in zahllosen Variationen. Denken Sie an Luandino Vieiras angolanische Prosa, an die Sprachschattierungen der lusophonen afrikanischen Lyriker. Denken Sie an die heutige Prosa Brasiliens, von Moacyr Scliar im südlichen Rio Grande do Sul bis nordwärts zu José Sarney in Maranhão und Márcio Souza in Amazonas. Alle nähren sich aus Portugals Sprachwurzeln. Und da streiten wir mit Brasilien um die gemeinsame Abschaffung von Akzenten! Statt Abweichungen, Farbtöne, Tonfarben zu rühmen, zu fördern, versuchen wir zu vereinfachen, zu vereinheitlichen – zu verengen!

Zurück zu meinem Ausgangspunkt: Lissabon könnte eine der Hauptstädte des am Meer wohnenden Europa sein. Portugal besitzt das beste Hafensystem Europas. Ich halte unsere Lusitanität als Grundlage unserer Beziehung zu Brasilien für wichtig. Die vierte Weltsprache in Europa ist die unsere; sie wird nicht nur von zehn, sondern von 150 Millionen Menschen gesprochen. Europa braucht Lissabon, wie wir Europa brauchen. Wir müssen Lissabon als europäische Landeshauptstadt der Kulturindustrie, der Ausstellungen, der Messen, der Kongresse aufwerten. Noch eines: Wir erleben ein Weltproblem, den Bruch zwischen der Kultur und den politischen Entscheidungen. Portugal ist schwach in wirtschaftlicher und militärischer Hinsicht. Aber diese Schwäche, vermehrt durch unsere in allen Kontinenten angesehene dialogische Beziehung, ist ein Trumpf für Europa. Denn der europäische Raum müßte über die Europäische Gemeinschaft hinausgehen. Ich denke dabei an ein Europa vom Atlantik bis zum Ural. Hat nicht selbst Gorbatschow von einem »europäischen Haus« gesprochen? Dadurch hören wir auf, Europas Schwanzende zu sein. Wir sind das Land, das als erstes die Todesstrafe abschaffte. Wir sind eine Kultur des Friedens und nicht eine Kultur der Gewalt. Valéry Larbaud hat einmal, wie er sagte, »dem Schauspiel einer kleinen Revolution, die nicht auf dem Programm stand«, beigewohnt und kam zu dem Schluß: »Eine portugiesische Revolution bringt niemanden um.« 1974 haben wir seine Beobachtung bestätigt. Wir sind das spezialisierteste Land Europas in Mischgesellschaften. Wir haben eine besondere Fähigkeit, uns mit anderen zu verständigen. Haben wir nicht mit Spanien Lateinamerika erfunden, in dem unsere Kultur Blüten getrieben hat, die heute die Welt begeistern, beflügeln? Vielleicht sind wir im Grunde europäischer als wir selber vermuten. Gewiß, einmal waren wir Frankreich hörig; das begann mit dem Marquis von Pombal und dauerte bis zum Ende des neunzehnten Jahrhunderts; das war unsere Suche nach dem Gelobten Land; wir wollten uns europäisieren. Doch dann begann Europa, einst geschichtliche und geistige Arena der Sinnsuche, Gott »zu rupfen«, wie Mallarmé sagte, und wurde zu einem Ort der Sinnleere, des Atheismus, aus dem wir geheilt zurückkehrten an den iberischen Herd. Dann rief ein Heteronym von Fernando Pessoa, Álvaro de Campos, uns mit seinem *Ultimato, O Quinto Império – Ultimatum, Fünftes Reich* genannt, zu uns selbst zurück. Zur Landnahme der Welt durch den Geist, gegen die Macht, gegen das Geld, gegen die Gewalt: als Gemeinschaft der Menschen, als wahre Ökumene. Ich bezweifle daher, daß wir Portugiesen dem Zauber einer europäischen Elite von Industriekapitänen, von Financiers, von Erfindern und Ingenieuren erliegen werden, die eine Produktionsmaschine lenken, eine Elite, die längst Goethes *Zauberlehrling* ähnelt. Wir werden uns nicht als schwache Kapuzinermönche dem kapitalistischen multinationalen Wolf ausliefern, wir werden keine Lakaien im Haus des Reichen sein. Dem Geist der politischen und kulturellen Zwietracht, die zum modernen Europa, zu jenem Europa, das uns jahrhundertelang geringschätzte und betörte, zu gehören scheint, werden wir die Forderung nach einer uralten, unerreichbaren, unbenennbaren Sinngewißheit, nach einem ethischen Sinn entgegensetzen, den kein wirtschaftlicher Erfolg, keine wissenschaftliche Leistung, keine spitzfindige Schöngeisterei zu ersetzen vermögen. Vielleicht ist ein portugiesisch-europäischer Humanismus unser Beitrag zu Europa. Vielleicht sind wir im Grunde europäischer als wir selbst vermuten.

So werden wir, die ersten Verbannten Europas und Mittler der Universalität, Europa *unser* Europa bringen. Und so werden wir uns mit uns selbst versöhnen. Drum bewahren Sie Portugal in Ihrem Herzen und vergessen Sie nicht Ihren Freund, *cordialmente seu,*

den europäischen Portugiesen.

Nachwort von Walter Jens

Die *Portugiesischen Tagebücher* lesen sich wie Passagen aus einem Schelmenroman, in dem der Held, witzig, listig, sprachmächtig, ironisch und selbstbewußt, die großen Leute mit den ordensgeschmückten Brüsten, dem dazugehörenden Amtsbewußtsein und der Beherrschung des Protokolls in sein klitzekleines Messer laufen läßt. Blut fließt dabei nicht, ja, es ist sogar ungewiß, ob die von Curt Meyer-Clason verwundeten Exzellenzen, Hoheiten und Ladies überhaupt merken werden, daß sie allesamt zum Opfer eines winzigen Papiermessers wurden: immer noch am Leben und alleweil regierend, aber in Wahrheit, erledigt durch die Metaphern-Späße des Schelmen, längst unter jene homerischen Toten verbannt, zu denen sie, die Lebenden, seit jeher gehörten.

Ein Meisterstück kunstfertiger Erledigung: Wie uniform handelnde, redende, salbadernde Marionetten nehmen sich die großen Herren aus, stereotyp drauflosplappernd – Versatzstükke ausspuckend, die vorgeformt sind. Ein Puppen-Zeremoniell. Unbekümmert um die Situation und unfähig, dem Wandel der Zeit in einer sich mit ihr verändernden Sprache zu begegnen, mit einem ebenso stolzen wie anschmiegsamen Stil, reden die Damen und Herren der Botschaft, der Zentralverwaltung oder des Militärs ein hier steif-zeremoniöses, dort (wenn sie sich's wohl sein lassen möchten) eher krachledernes Deutsch. Sagen die einen, die Verwalter: »Verfügen Sie über Beschreibung oder Diagramm des Modellinstituts zwischen einem Ein- und Dreißig-Mann-Betrieb als Niederschlag aus den Erfahrungen von einhundertundzehn Instituten im Verlauf von siebzehn Jahren Existenz der Institution?«, so planen die anderen ihre tristen Soireen, mit *black tie* und großem Diner, Wagenauffahrt und gestanztem small talk, als ginge es ans Feiern wie in der Zeit Ludwigs des Vierzehnten: Jeder Schritt genau kalkuliert, jede (scheinbar spontane) Floskel wohleinstudiert, da in saurer Karrierearbeit erlernt.

Beschreibung zweier Welten. Hüben der Bereich des Zeremoniells, drüben das Gefild der lustigen Schelme, Improvisierer und Zauberkünstler, die am Grenzrain von portugiesischer und deutscher Kultur (auch Subkultur: *leider*, wie die Zeremonienmeister sagen) tätig sind.

Natürlich ist da auch Ironie und, mehr noch, Selbstironie mit im Spiel, wenn den warmen Mittagessen (fünf Gänge), dem Festkonzert (wenn der Staatschef kommt, »erheben sich die Anwesenden in ehrfürchtigem Verstummen«), den Banketten (»Hummer, Trüffel, Gänseleberpastete, Kapaun, Fasan und Filet«) die volksnahen, sich an die Massen der Gebildeten und nicht an die ungebildeten *upper ten* wendenden Schelmenstükke der Kulturschaffenden am Campo dos Mártires da Pátria gegenübergestellt werden: allesamt, vom Boten über die Sekretärin bis zum Leiter der Sprachabteilung, strotzend von Vitalität, Güte und Bösartigkeit – und über ihnen thronend der Meister der scharfzüngigen Rede und des sittigenden Worts, der Institutsdirektor in Person, alleweil unterwegs, um sein Papiermesser aufschnappen zu lassen und, mit wahrhaft berauschender Sprachkraft, Spottkübel und Weihwassertöpfchen über Ungerechte und Gerechte auszugießen.

Und *wie* er redet! *Wie* er das traurig-tiefmenschliche Portugal, das unfanatische, von Brechtscher Freundlichkeit bestimmte Land vorführt, als wenn es ein Mensch wäre – ein Mensch mit einer sehr langen und widerspruchsvollen Geschichte! Wie er die Atmosphäre beschreibt, das Klima, die Küsten, die Tristesse und Sanftmut und, dies vor allem, die verräterische Sprache! (*Verräterisch* heißt für Meyer-Clason: Eigenarten aufdeckend.) Ein Enthüllen *e contrario* als Stilprinzip der Notizen. »Im Grunde weiß ich wenig von Portugal . . . (aber) ich spreche und schreibe die Sprache des Landes, richtiger: die Sprache von Portugals größter Entdeckung, Brasilien, dieses vokalhelle, springende, singende, von Schwarzafrika und Japan bereicherte Idiom, das die herbe rhetorische Syntax des geschlossenen, verschlossenen Portugiesisch aufgelockert hat. Es verzichtet gerne auf Artikel und Pronomina, eine geborene Dialogsprache, die auf den anderen zugeht, die Anspielungen liebt, Wortspiele, Indirektes und die offen ist, statt wie der zum Monolog neigende Portugiese die Vokale und Konsonanten zu verschlucken und gleichsam stets ängstlich an sich zu halten, als fürchte er, der andere könne ihm etwas wegnehmen. Ein brasilianischer Spötter hat einmal gemeint, das Portugiesische, das im sechzehnten Jahrhundert angeblich so geklungen hat wie das Brasilianische noch heute, sei zu einer Geheimsprache von Geschäftsleuten, von Lebensmittelhändlern geschrumpft, seit bald fünfzig Jahren dann zu der Klischeesprache von Faschisten geworden, die von ihrer undurchdringlichen Fassade wegsprechen, damit niemand wage, sie in ein vertrauliches Gespräch zu ziehen.«

Semantik und Rhetorik als Gegenstände einer hochpoetischen

Detektiv-Story; zur Kenntlichkeit entstellte Sprachen; das Verschleifen und Verschlucken: Ausdruck der ängstlichen Lusitanier, die für sich behalten möchten, was in souveränen Demokratien, im Akt des lebendigen Austauschs, preisgegeben wird, um hernach in veränderter, vom Gesprächspartner neu akzentuierter Weise zum ersten Redner zurückzukommen und dann abermals aufgegriffen, abermals nuanciert werden . . . und so weiter und so fort, um, unter Gruppen und Schichten und Ständen und Klassen, ein humanes, also dialogisches Leben zu gewährleisten. Wenn Meyer-Clason, auf die Sprache und die Kleidung blickend, auf die Manier, wie einer Pakete trägt und der andere sie sich tragen läßt, auf Namen und alltägliche Gewohnheiten (wie Marktfrauen sprechen und wie Otto von Habsburg), auf das Meublement und auf den Stil einer plebejischen, wahrhaft freien Aufwartung von Gästen (nie devot und arrogant, sondern in der rechten, wohlangemessenen Mittellage) . . . wenn Meyer-Clason, bei der Betrachtung der Schau- und Rückseite des ihm Begegnenden (es kann eine Kirche so gut wie ein Diner oder eine doppeldeutige Sprachfloskel sein) unversehens ins Zaubern gerät – immer weiter, immer höher, immer diffiziler! –, dann ist der Leser bisweilen geneigt, spontan in die Hände zu klatschen.
»Er schreibt *zu* gut«, heißt es bei Fontane. *Zu* gut, das soll heißen: so elegant, kenntnisreich und amüsant, wie es sonst nur noch Wolfgang Koeppen vermag – nur daß der Autor der *Tauben im Gras*, des *Treibhauses*, des *Tod in Rom* und der Reiseberichte sich mehr ans Sichtbare hält, ans Augenfällige (das hernach assoziativ erweitert sein will), während Meyer-Clason seinen Sprachwitz nicht zuletzt im Abstrakten entfaltet: dort, wo es um das Arrangement von Sprach- und Bewegungs-Elementen geht, um das Sich-in-Szene-Setzen der Mächtigen und der Ohnmächtigen, um die große *show* und die sanftmütigen Darbietungen von Gebeutelten.
Da wird ein Erzählstil benutzt, dessen Fruchtbarkeit sich nicht zuletzt an jenem Punkt erweist, wo, nach dem großen Umschwung vom April 1974, die Geltungs-Prinzipien sich, für kurze Zeit jedenfalls, vertauschen, die Großen kläglich zurückhaltend und ressentimentgeladen, die Kleinen hingegen ein bißchen mißtrauisch, ein bißchen glücklich, ein bißchen verwundert über die plötzliche Wende, offener als früher zu sprechen beginnen.
Wie seine sympathischen Gegenüber, die republikanischen Schriftsteller und die rhetorischen Naturbegabungen aus dem

Volk, ist Meyer-Clason ein Feind großer Worte. Statt in langem historischem Exkurs über die portugiesische Revolution zu spekulieren, macht er die Wandlung hin zur Demokratie höchst indirekt anschaulich – bei Gelegenheit eines Rundgangs durch die verlassenen, von den Denunzianten, Apparatschiks und Mördern aufgegebenen Räume: »Wir sehen die nach kurzem, unblutigem Schußwechsel hastig geräumten Kanzleien, Kasematten, Einzelzellen, Folterwerkzeuge, die vergitterten Gänge und Innenhöfe, aus denen es kein Entkommen gibt, die Karteikästen mit hunderttausenden von Dossiers, die Fotoalben mit hunderten von politisch Verdächtigen.«
Wieviel Dramatik, zu Beginn und in der Mitte der siebziger Jahre zwischen Lissabon und Coimbra; und wie leise, zurückgenommen, ins Behutsam-Elegische gewendet, ist Curt Meyer-Clasons Betrachtungsweise. So gern er hier und dort, gelegentlich ein bißchen gar zu selbstgefällig-keck, den großen Zauberer spielt, der's seinen Oberen wieder einmal gezeigt hat, den Nußknacker-Figuren aus der Zentrale und dem diplomatischen Dienst, so sanft und poetisch (verfremdet durch eingestreute Statistiken, das Land und dessen Hauptstadt betreffend) ist der Grund-Duktus seines Berichts, dieser Summe ziselierter Miniaturen, an deren Beispiel sich portugiesische Geschichte und deutsch-lusitanische Wechselbeziehung deutlicher als durch eine direkte Darstellung der historischen und sozialen Makrostruktur beschreiben läßt.
Ein subjektiver, eigenwilliger und couragierter Bericht des Zweifronten-Kämpfers Curt Meyer-Clason liegt hier vor; eine Kampfansage an die Adresse portugiesischer Faschisten und deren deutscher Sympathisanten – aber kein schrilles Wort, keine Phrase dabei, sondern das Bekenntnis eines Musilschen *Monsieur le Vivisecteur,* der seinem Gastland abzulauschen hat, was es, in seiner überwältigenden Mehrheit, denkt, träumt und erhofft, und der, in eins damit, dem Gastland die widerspruchsvolle, von viel Kritik und wenig Affirmation bestehender Machtverhältnisse bestimmte Kultur des Mutterlandes verdeutlichen muß und dabei ständig riskiert, daß die Konservativen hüben und drüben solche Kultur, von José Gomes Ferreira bis Hans Magnus Enzensberger, von Bernardo Santareno bis zu Peter Weiss, von Luandino Vieira bis Volker Schlöndorff, von Vergilio Ferreira bis Heinrich Böll, von Herzen mißachten. Ein wahrer Goethe-Mann, eine wahre Goethe-Frau (wie die vom Goethe-Institut entsandten Mitarbeiter genannt werden) ist, so wird in diesem Buch deutlich, immer ein Zwitterwesen, ein

Freund der Volkshochschullehrer, Gewerkschafter, rebellischen Poeten im Gastland und zugleich ein Anwalt deren Kultur im eigenen Land, die er (oder sie) für zeitbestimmend und charakteristisch erachtet. (Mit vielen bunten Vögeln, die sich in keine Ordnung fügen wollen, mit vielen Außenseitern und Positions-Wechslern darunter.)
Und schon treten die Gegenkräfte auf den Plan: Portugiesen, die das von ihnen entworfene Bild einer Gemeinschaft der Leisen, Taktvollen, Gewaltlosen *(kein Blut! keine Rache!),* auf Kontinuität *viel,* auf spontane Neuanfänge *wenig* Setzenden nicht anerkennen mögen: nicht die *saudade* als das Grundempfinden einer friedlichen, aber von gewaltigen, verzehrenden und ausschweifenden Gedanken-Utopien bestimmten Nation; einer Nation, die keine Zeit kennt (nur ein vages Ungefähr), weil ihre Träume sie mit Macht in die Zeitlosigkeit ziehen.
Und dann erst die Eigenen, die kulturvollen Damen und Herren von der Diplomatie, die Böll für einen Schmuddelfink, Weiss für einen Agitator und Handke, auch das kommt vor, für einen Hölderlin redivivus ansehen, mit priesterlicher Geste und einer Schaustellerei, die sich als tiefsinnig ausgibt.
Und dazu schließlich noch die deutsche Kolonie, die sich nicht recht vertreten fühlt durch Walser und Wallraff: Gäbe es keinen Ernst Jünger und keinen Manfred Hausmann im Lande daheim?
Und der Institutionsleiter: mitten dazwischen – zuerst vom Faschismus, dann von der Revolution, schließlich von dem großen *roll back* in Atem gehalten. Da muß einer schon viel Geduld haben, Standfestigkeit und, nicht zuletzt, Brechtsche List, um sich zu behaupten, dem Gast- und dem Mutterland gegenüber seine Schuldigkeit zu tun, Traditionen zu bewahren und zugleich Veränderungen im Kulturbereich (und nicht nur dort) vorauszuahnen.
Ich denke, Meyer-Clason hat sich auf beides verstanden, hat sich als Makler und nicht (im Sinne der unsäglichen, in kuriosem Deutsch gehaltenen Forderungen des Franz Josef Strauß bei seiner Attacke gegen die »internationale Kultur-Schickeria«) als Schön- und Ruhmredner, Lobsprecher und Preisender der bundesrepublikanischen Kultur-Szene verstanden.
Ein sensibler Demokrat ist er gewesen und ist er noch: einer, der, im Sinne Blochs, dem Kommenden hüben und drüben, dem, was latent und potent ist (vorhanden, aber noch versteckt; wirkungsträchtig, jedoch einstweilen nur im Geheimen), zum Durchbruch verhelfen wollte.

Ich kann's bezeugen; ich war vor und nach der Revolution Gastredner des Instituts am Campo dos Mártires da Pátria; wir, meine Frau und ich, haben die Totenstille, die unter Salazar herrschte, ebenso erfahren wie die große Blumen-Revolution nach 1974 – eine Revolution, der das Ende schon sehr bald bestimmt sein sollte, durch fremde und auch durch eigene Schuld.

»Alphabetisierung und Revolution schließen sich aus«, sagte einer der mächtigsten Hochschullehrer in der Demokratie der ersten Stunde zu den Gästen aus der Bundesrepublik. Curt Meyer-Clason sah uns an, resigniert und sich ein bißchen zerstreut gebend (so wie er's liebt): Nein, auf diese Art und Weise würde es wohl nichts werden mit dem großen Aufbruch im Lande; ganz ohne Disziplin und verläßlichen Komment ginge es schließlich denn doch nicht.

Aber dann lächelte er auch schon wieder, CMC, so, als habe er dem Volk, *seinem anderen* Volk, das in der Wirklichkeit untätig und im Stoff, aus dem die Träume sind, ingeniös wirke, etwas Unbilliges, Teutonisch-Fremdes, ein Charakteristikum *seines einen und ersten* Volks zugemutet – eine Sekunde lang nicht bedenkend, wie fremd sich die akkurat operierenden Männer und Frauen, die Tüchtigen, die Zielbewußten und die, das *Ungefähr* verachtend, Sich-in-der-Zeit-Haltenden »in der weichen, fließenden Meereswelt Lusitaniens« ausmachen: »Männer, Frauen, Jugendliche aller Art, die nur gekommen scheinen, um zu flanieren, zu parlieren, um Zeit hinzubringen, um Menschen . . . halb neugierig, halb müßig zu betrachten.«

Ein Buch, diese »Portugiesischen Tagebücher«, das zur Pflichtlektüre der Goethe-Frauen und -Männer, der Botschafts-Angestellten (unter denen es, mittlerweile, gottlob eine ganze Reihe von *echten* Kulturpolitikern gibt), der Schriftsteller, Filmemacher, Musiker und bildenden Künstler bei uns und schließlich der Leser schlechthin werden sollte – der Leser, die wissen möchten, wie man es anstellt, als Zwei-Länder-Figur und Zwitterwesen dennoch, in überschaubarem Bereich, jene humane Wirksamkeit zu entfalten, die den Technizisten versagt bleibt.

Dank an CMC und mit ihm an jene vielen Goethe-Frauen und Goethe-Männer, die in Athen oder Ankara oder Madrid während der Diktaturen Vergleichbares geleistet haben wie der eine, der hier für sie spricht.

Für sie und für jene Unzähligen, die heute zwei Vaterländer haben: also weniger als eins.

Zeittafel

1926	Militärputsch.
1928	Salazar wird Finanzminister.
1930	Kolonialakte, welche die Beziehungen zwischen Mutterland und den afrikanischen Besitzungen grundsätzlich verändert.
1931	Revolte in Madeira. Schaffung der »União Nacional«.
1932	Salazar wird Regierungsoberhaupt.
1933	Die neue politische und administrative Verfassung einschließlich Kolonialakte wird durch Volksabstimmung gutgeheißen.
1935	Wahl des Marschalls Carmona zum Präsidenten der Republik. Eine Militärbewegung gegen das Regime scheitert.
1936	Niederwerfung eines Matrosenaufstands auf dem Tejo.
1937	4. Juli: Sprengstoffanschlag gegen Salazar.
1938	Gründung der »Portugiesischen Legion« und der »Portugiesischen Jugend«.
1946	Scheitern der Militärrevolte von Mealhada.
1947	28. Mai: Regierungstreue Truppen vereiteln eine Verschwörung von Liberal-Republikanern und Dissidenten.
1948	Erste Präsidentschaftswahlen unter Teilnahme der Opposition, die vor den Urnen verzichtet.
1951	Tod des Marschalls Carmona und neue Präsidentschaftswahlen. Die Opposition verzichtet.
1958	Bei der betrügerischen Präsidentschaftswahl tritt nur General Humberto Delgado gegen den Admiral Tomás an.
1959	11. März: Revolutionsversuch, genannt »da Sé«, unter der Leitung des Oberstleutnants Pastor Fernandes und des Katholiken Manuel Serra.
1961	Henrique Galvão entführt die *Santa Maria*; Palma Inácio bemächtigt sich eines Flugzeugs der TAP und überfliegt Lissabon sowie den Süden des Landes.
	Die Indische Union annektiert Goa, Damão und Diu. Beginn der Guerilla in Angola.

1962 General Humberto Delgado und andere greifen die Kaserne von Beja, Provinz Alentejo, an; die Revolution scheitert. In Guinea unternimmt der *PAIGC* seine ersten Aktionen.

1964 Erste Guerilla-Bewegungen in Moçambique.

1965 Wiederwahl des Admirals Tomás. In der Nähe von Badajoz auf spanischem Hoheitsgebiet wird General Humberto Delgado ermordet.

1968 7. September: Nach einem Unfall (Sturz vom Stuhl) wird Salazar ins Hospital eingeliefert.

26. September: Marcello Caetano tritt seine Nachfolge an.

1973 Juni: Erste Kontakte zwischen Offizieren des Landheeres.

1. Dezember: Geheimbesprechungen der Offiziere über Berufsfragen und die Krise der Streitkräfte als Folge des Überseekriegs und der offiziellen Regierungspolitik.

22. Dezember: Versuch eines Rechtsputsches gegen den Ministerpräsidenten.

1974 8. Februar: In ihrem ersten Kommuniqué fordert die »Bewegung der Offiziere«, angesichts der durch die Staatsmacht bereits unkontrollierbaren Krise des Regimes, die Demokratisierung der Institutionen des Landes und eine politische Lösung des praktisch verlorenen Überseekriegs.

12. Februar: Ministerpräsident Marcello Caetano (der bereits ein Exemplar von General Spínolas Buch besitzt) erklärt öffentlich, er habe bereits 1962 die These einer Konföderation mit den afrikanischen Kolonien verteidigt.

22. Februar: António de Spínolas *Portugal und die Zukunft*: »Das Überleben der Nation steht auf dem Spiel, solange wir in der Auffassung beharren, daß die Weltmeinung irrt und alle unsere Probleme nur von der Gier und mangelnden Weitsicht Dritter herrühren.«

5. März: Marcello Caetano hält vor der Nationalversammlung die längste Rede ihrer Geschichte: Ohne ihn zu erwähnen, greift er Spínolas Thesen heftig an und fordert nachdrücklich Portugals ungeschmälerte Präsenz in den »Überseeprovinzen«.

14. März: Die Generäle Costa Gomes und Spínola werden ihrer Posten enthoben. Bombenexplosion in der Kaserne von Lamego.
15.–16. März: Gescheiterter Versuch eines Putsches und Marschs des 5. Infanterieregiments von Caldas da Rainha auf die 100 Kilometer südlich gelegene Hauptstadt. Regierungserklärung: »Es herrscht Ordnung im ganzen Land.«
18. März: In ihrem zweiten Kommuniqué erklärt die »Bewegung der Offiziere« sich mit dem überstürzten Aufstand von Caldas da Rainha solidarisch und bezichtigt die verantwortlichen ultrarechten Generäle der Kollaboration mit der Kolonialpolitik der Regierung, geprägt »von Intoleranz, Ahnungslosigkeit der Probleme, völliger Unfähigkeit sowie politischer und verwaltungstechnischer Blindheit«.
29. März: Letztes »Familiengespräch« des Ministerpräsidenten im Fernsehen: »Glauben Sie, ich könnte die braven Eingeborenen von Bissau, von Lourenço Marques, von Nova Lisboa, die mir so stürmisch bekundet haben, sie wollten Portugiesen sein und bleiben, ihrem Schicksal überlassen?«
20. April: *Informaciones,* Madrid: »Der mit dem Aufstand von Caldas eröffnete militärische Prozeß ist nicht abgeschlossen. Die Helden sind müde.«
24. April: Letzte Sitzung der Nationalversammlung.
25. April: Mangels Quorum findet die Plenarsitzung nicht statt; um 15.43 Uhr verbergen die anwesenden Abgeordneten nicht mehr ihre Besorgnis über den Verlauf der Ereignisse.
19.30 Uhr: Ex-Ministerpräsident, Ex-Minister des Inneren und Äußeren befinden sich in Schutzhaft des MFA, der Bewegung der Streitkräfte.
15. Mai: 1. Provisorische Regierung. Präsident der Republik: General António de Spínola; Außenminister: Dr. Mário Soares. Erste Maßnahmen: Freiheit für Versammlungen und Vereinigungen; für Meinungsäußerung und Gedankenfreiheit. Neues Gesetz für Rundfunk, Fernsehen,

Presse, Theater und Film. Abschaffung der Sondergerichte. Entwurf einer Friedenspolitik für eine politische Lösung des Überseekriegs. Die afrikanischen Befreiungsbewegungen – Moçambiques *Frelimo,* Angolas *MPLA* und *FNLA,* Guineas und Kap Verdes *PAIGC* – verwerfen Spínolas föderalistische Hypothese und fordern uneingeschränkte Unabhängigkeit. Maßnahmen der »Junta de Salvação Nacional«: Auflösung von Nationalversammlung und Staatsrat; Abschaffung der Geheimen Staatspolizei und der »Portugiesischen Legion«; Sanierung der Streit- und Hilfsstreitkräfte; Amnestie für alle politischen Gefangenen; Abschaffung der Zensur; Maßnahmen gegen Korruption und Spekulation.

Namensverzeichnis

Abelaira, Augusto	geb. 1926, Romancier mit existentiell-ethischer Thematik, u. a. dem Scheitern der intellektuellen Jugend; sozio-politische Bühnensatiren
Almeida Garret, (João Baptista da Silva Leitão de)	1799–1854, Dichter und Politiker, Haupt der portugiesischen Romantik
Barros, João de	1497–1562, Schatzmeister, Faktor der »Casa da India«, Superintendent des portugiesischen Überseehandels, Historiker
Bessa Luís, Agustina	geb. 1922, Romanschriftstellerin und Erzählerin; Thema: die menschlichen Beziehungen der Provinz
Botelho, Fernanda	geb. 1926, erst Gedichte, dann Erzählungen, Romane
Camões, Luís Vaz de	1524–1580, Portugals bedeutendster Renaissance-Dichter (Ekloge bis Terzine), auch Komödiendichter
Cardoso Pires, José	geb. 1925, Romancier des Neorealismus, Erzähler, Dramatiker, Essayist
Castelo Branco, Camilo	1825–1890, Romanschriftsteller realistischer, handlungsdichter Darstellung
Cesariny de Vasconcellos, Mário	geb. 1923, Lyriker, Exponent des portugiesischen Surrealismus
Correia, Natália	geb. 1923, satirische Lyrikerin, Dramatikerin, Essayistin
Dinis, Júlio	1839–1871, Romancier mit dem Ideal des Schönen, Wahren, Guten; auch Lyriker und Dramatiker
Ferreira de Castro, (José Maria)	1898–1974, Romancier und sozialkritischer Erzähler, Vorläufer des portugiesischen Neorealismus
Ferreira, Vergílio	geb. 1916, bedeutendster Romancier seiner Generation, auch Erzähler und Essayist
Figueiredo, Tomaz de	1902–1972, großes Roman- und Erzählwerk aus der Sicht eines Landedelmanns
Gomes Ferreira, José	1900–1984, bedeutendster Lyriker seiner Generation, auch Journalist, Übersetzer, Erzähler; persönliche, sozial-kritische Perspektive
Guimarães Rosa, João	1908–1967, größter brasilianischer Epiker
Helder, Herberto	geb. 1930, Lyriker experimenteller und surrealistischer Observanz; auch Erzähler

Lezama Lima, José	1910–1976, kubanischer Lyriker und Romancier *(Paradiso)*
Losa, Ilse	geb. 1913, Romanschriftstellerin und Erzählerin deutscher Abstammung; Thematik: die Erfahrungen der Verfolgung, Emigration, Neueingliederung, Leben zwischen zwei Sprachen
Lowell, Robert	1917–1977, bedeutender amerikanischer Lyriker, auch Dramatiker und Übersetzer
Mello Breyner Andresen, Sophia de	geb. 1919, bedeutendste Lyrikerin ihrer Generation. Auch Erzählungen, Kindergeschichten, Übersetzungen
Mourão-Ferreira, David	geb. 1927, Lyriker, Erzähler, Romancier, Literaturkritiker
Namora, Fernando	geb. 1919, Romancier, Erzähler, Chronist; Exponent des Neorealismus
Oliveira, Carlos de	1921–1981, Lyriker; Ton: Elegie und Rebellion; Romancier; Thematik: Provinzbürger- und Außenseitertum
O'Neill, Alexandre	1924–1986, Lyriker, erst Neorealist, dann ironischer Surrealist
Paço d'Arcos, Joaquim	geb. 1908, Romancier, Verfasser der *Chronik des Lissabonner Lebens*
Pascoães, Teixeira de	(eigentlich Joaquim Pereira Teixeira de Vasconcelos), 1877–1952, Lyriker, Dramatiker, Wortführer des »saudosismo«
Pessoa, Fernando	1888–1935, größter portugiesischer Dichter des Jahrhunderts und bedeutendster Lyriker seit den Tagen des Camões
Quental, Antero de	1842–1893, Antiromantiker, utopischer Sozialist, Höhepunkt der portugiesischen Lyrik des 19. Jahrhunderts
Ramalho Ortigão, (José Duarte)	1836–1915, Schriftsteller und Kritiker, Freund von Eça de Queirós
Ruben, A.	(eigentlich Ruben Andresen Leitão), 1920–1975, Romancier und Erzähler aus surrealistisch-fantastischer Optik
Santareno, Bernardo	(eigentlich António Martinho de Rosário), geb. 1924, bedeutendster lebender Dramatiker eines historisch-sozialen Realismus
Sttau Monteiro, Luís de	geb. 1926, Dramatiker; Deutung historischer Gegebenheiten nach Brechtschem Vorbild
Tavares Rodrigues, Urbano	geb. 1923, Redakteur, Erzähler, Romancier, Essayist; erst existentialistisch-humanistische, dann marxistische Perspektive

Torga, Miguel	(eigentlich Adolfo Correia da Rocha), geb. 1907, Lyriker, Erzähler, Tagebuchschreiber von aufbegehrendem Expressionismus
Velho da Costa, Maria	(eigentlich Maria Fátima Bivar), geb. 1938, bedeutendste Romanschriftstellerin ihrer Generation, Koautorin von *Neue Portugiesische Briefe*
Vieira, Luandino	(eigentlich José Graça Vieira), 1936 in Portugal geboren, in Angola aufgewachsen, Erzähler, heute Intendant des Staatlichen Fernsehens der Volksrepublik Angola